이혼 후 성장

Growth following divorce

오은규 저

학지사

• 추천사 •

과거 우리 사회는 이혼을 통해 헤어진 부부를 파경(破鏡)에 이르렀다고 표현했습니다. 서로를 바로 보는 거울이 깨졌다는 의미이겠지요. 심지어 이혼으로 인해 양부모와 함께 살 수 없는 가족들을 결손(缺損) 가정이라고 부르기도 했습니다. 모두 지극히 부정적인 함의를 담고 있는 표현들입니다. 20년 전 미국 전문상담센터에서 처음 인턴 상담가를 시작했을 때, 지도감독자가 제게 처음으로 주지시켰던 사실은 이혼을 깨진 거울이나 도로 붙일 수 없는 마지막 상황으로 여겼던 한국적인 편견을 스스로 인식하고 내려놓도록 한 일이었습니다. 이혼은 반드시 파경이나 파국으로 종결되는 일이 아니라, 새로운 변화와 성장으로 가는 일이 가능하다는 부부상담 지도감독자가 제시한 전제는 당시에는 받아들이기가 결코 쉽지 않았던 것 같습니다. 하지만 이제 한국사회에서 이러한 시각은 상담전문가뿐 아니라 우리 시대를 사는 모든 이에게 필요한 안목이 되었습니다. 오은규 박사의 『이혼 후 성장』은 이혼을 경험하는 가족이 어떻게 새로운 변화를 받아들이고 의미 있는 성장 경험으로 승화시킬 수 있는지 그 여정을 매우 친절하게 소개하고 있습니다. 또한 상담전문가는 물론 이혼의 아픔을 겪는 이들과 그들을 돕고자 하는 누구라도 구체적이고 실제적인 가이드라인을 제공하리라 믿어 의심치 않습니다. 시의적절한 시기에 출간을 축하드리며, 모두에게 적극적으로 필독을 권합니다.

연세대학교 상담코칭학과 교수, 한국상담진흥협회 회장

권수영

현재 한국 사회에서 이혼의 상처를 경험하고 힘들어하는 사람들이 많이 증가하고 있다. 또한 이혼의 상처가 본인들에게만이 아니라 자녀들에게도 성장의 상흔을 남기는 경우를 볼 수 있다. 이혼자들이 이 경험을 통해 성장을 할 수도 있다. 하지만 대체적으로 이혼을 맞이하는 직후에는 힘겨운 싸움을 한다. 이런 가운데 오은규 박사의 책『이혼 후 성장』은 이혼자들에게 새로운 관점에서 자신의 이혼을 바라볼 수 있게 해 준다. 뿐만 아니라 이혼이라고 하는 고통이 단순한 고통의 사건이 아니라, 오히려 성장으로 이끄는 촉매제가 될 수 있다는 새로운 시각을 제시해 준다. 오늘날 이혼자들에게 이혼 후 자신의 삶을 성찰하고 돌아볼 수 있는 기회를 제공하는 책들을 찾기가 힘들다. 그런 점에서 이 책은 이혼자들의 적응과 성장에 큰 도움이 될 수 있으리라 생각한다. 오은규 박사는 다양한 상담 현장과 임상 사례를 통하여 이 책을 저술하였다. 그의 책 속에는 이혼자들의 고통과 눈물이 담겨 있다. 그리고 힘든 시간들을 당당하게 잘 이겨 낸 성장의 이야기가 녹아 있다. 이 책은 이혼자 본인의 회복과 성장 및 그들을 돕기 원하는 상담가들 모두에게 귀한 안내서가 될 것이다.

연세대학교 상담코칭학과 교수, (前)한국상담심리학회 회장

유영권

인생의 여정에서 누구나 한번쯤은 '영혼의 어두운 밤'을 만나게 된다. 이 점에서 밤이 지나고 새날을 맞으며 하루가 지난다는 구약성서의 묘사는 우리가 맞고 있는 시간과 삶의 이야기들에 대한 깊은 통찰을 담고 있다. 어두운 밤의 요소에는 여러 가지가 있겠지만 결혼 갈등과 위기, 그리고 이혼에 이르는 고통의 과정을 겪는 것도 분명 그 요소 중 하나일 것이다. 최근의 통계를 통해 한국 사회가 수년간 높은 이혼율을 보인다는 것을 알 수 있다. 어두운 밤을 만나고 있는 사람들이 우리 주변에 그만큼 많아졌다는 의미이다. 누구나 고통을 피하고 싶지만 우리 삶의 다양한 요소는 그리 녹록하지가 않다. 문제는 고통을 맞이하는 태도이다. 고통을 피하고 살 수만은 없다. 고통과 함께 인생의 여정을 새로운 의미 창출로 만들어 가는 것이 삶을 살아가는 지혜이고 심리학과 종교, 영성의 전통이 함축한 지혜라 믿는다. 오은규 박사님이 출간한 『이혼 후 성장』은 오 박사님이 이혼자들을 위한 상담에 헌신하면서 연세대학교 상담코칭학 박사학위논문의 주제로 수년간 연구한 결과물이다. 이 책에는 이혼의 아픔을 겪어 낸 사람들의 경험들을 질적 연구의 방법론으로 인터뷰한 자료들과 심리학적 이론들 그리고 그들을 견디게 해 주는 내적 자원으로서의 영성적 자원들을 함께 엮어 이혼의 아픔을 겪어 낸 사람들의 살아 있는 목소리와 그들의 회복탄력성의 자원들을 심도 있게 담고 있다. 그들이 그 어두운 밤의 경험을 어떻게 성장과 성숙을 위해 사용하고 있는가를 심리학적, 신학적 관점에서 정리한, 창의적이고 통찰의 깊이가 있는 책이다. 부부상담에 관심을 둔 전문가들뿐만 아니라 결혼생활을 보다 창의적이고 행복하게 만들어 가고 싶어 하는 모든 이에게 일독을 권한다.

연세대학교 상담코칭학과 교수, 한국가족문화상담협회 회장

정석환

• 머리말 •

우리는 이혼이 보편화된 사회를 살아가고 있다. 불과 20년 전만 하더라도 이혼에 대한 부정적인 인식과 편견이 많았다. 하지만 작금의 한국 사회는 이혼에 대한 부정적 견해가 많이 변화되고 있다. 물론 이혼에 관한 부정적 생각이 완전히 사라지지는 않았지만, 개인의 새로운 삶을 위한 자연스러운 적응 경험으로 수용되고 있는 분위기이다. 이 책을 쓰고자 마음먹었던 계기는 2019년 발표된 내 박사 논문의 동기로 거슬러 올라간다. 이 책 내용의 대부분은 내 박사논문인 「이혼자들의 이혼 후 성장 경험에 관한 연구」(2019)를 바탕으로 기술되었음을 밝혀 둔다.

2000년도 초반 나는 매우 친하게 지내던 선배로부터 이혼 소식을 전해 들었다. 평소 밝고 낙천적이며 그 누구보다도 행복하게 보였던 선배의 이혼 소식은 내게 큰 충격이었다. 당시만 하더라도 내 주변에서 나와 가까운 이들 중 이혼자를 만나기는 쉽지 않았다. 나는 선배의 결혼생활과 이혼에 관한 이야기를 들으면서 그날 이혼자의 고통이 얼마나 큰지를 깨닫게 되었다. 선배는 결국 이혼자라는 꼬리표 때문에 몸담았던 직장 일을 더 이상 할 수 없게 되었다. 그의 직업을 밝히긴 어렵지만, 그는 꿈과 직업이 일치된 삶을 살아온 축복받은 사람이었다. 그런 그가 자신의 꿈과 비전을 이루어 준 직장을 더 이상 다닐 수 없었던 이유는 바로 이혼에 관한 한국 사회의 부정적 시각 때문이었다. 이혼 사실을 공개하고 직장 일을 하기에는 이혼이 수용되기 어려운 환경이었다. 이혼이 한 사람의 인생을 바꿀 정도로 영향이 컸던 것이다. 물론 그때나 지금이나 이혼이 큰 문제가 되지 않는 직업도 많다. 하지만 선배에게는 그렇지 않았다. 아무튼 그는 이혼이 계기가 되어 새로운 삶을 살아내기 위해 인생의 방향을 전환했는데, 오히려 이전보다 더 그의 본성적 모습에 어울리는 일과 직업을 발견하게 되었다. 참으로 다행이기도 하고 놀라운 일이기도 하다.

그 당시 선배는 나에게 이혼이라는 주제로 논문을 써 보라고 조언했다. 그리고 기꺼이 그가 내 논문 작업을 위한 첫 번째 인터뷰 대상자가 되어 주기로 약속했다. 이혼과 이혼자에 대한 관심이 전혀 없었던 나에게 선배의 조언은 큰 영향을 끼쳤다. 나는 오랜 시간 동안 고민 끝에 박사 논문의 주제를 '이혼'으로 결정하고 논문을 쓰기로 마음먹었다. 내가 박사 논문을 쓰기로 결정한 때가 2010년경이었는데, 그때는 내 주변에도 꽤 많은 이혼자가 생겨나고 있었다. 그래서 나는 이혼을 주제로 하는 논문을 쉽게 쓸 수 있으리라 생각했다. 그러나 논문을 쓰기 위한 인터뷰 대상자를 찾으면서부터 난항에 부딪쳤다. 가깝고 친밀하다고 생각한 이들이 이혼과 관련된 자신의 이야기를 하는 것에 대하여 상당한 거부감을 보인 것이다. 이유를 생각해 보니, 이혼 경험이 주는 수치심과 외상적(트라우마) 경험, 이혼에 관한 자신의 부정적 인식 등이 인터뷰를 거부하게 만든 것 같다.

그래서 나는 이혼자들을 오롯이 인터뷰하는 데 2년이라는 시간을 마냥 기다려야만 했다. 나중에 논문을 쓰면서 깨닫게 된 것이지만, 이혼에 관한 질적 연구 결과물들이 부족한 이유는 이혼자를 연구 대상자로 만나는 것 자체가 굉장히 힘든 일이기 때문이다. 이 사실은 한국뿐만 아니라 전 세계적으로 비슷한 것 같다. 해외 논문들을 찾아 읽다 보면 비슷한 고민들을 한 저자들의 흔적이 보인다. 그만큼 이혼의 아픔이 큰 것이다. 물론 요즘은 이혼 이후에도 크게 힘들어하지 않고 잘 살아가는 이들도 많다. 아마도 여러 요인이 있겠지만 사회의 인식 변화와 같은 시대의 변화가 이혼 후 적응과 고통의 완화에 기여하는 것으로 보인다.

어쨌든 나는 그렇게 2년여의 기다림 끝에 반가운 이혼자를 만나 첫 인터뷰를 끝낼 수 있었다. 그것이 계기가 되어 줄줄이 인터뷰 대상자들과 연결되었고, 불과 한 달 만에 20여 명 가까운 사람들을 인터뷰할 수 있게 되었다. 이혼자들과 연결되는 데 가장 좋은 소개자는 바로 이혼자였다. 이 책에서도 그 점이 잘 나타나 있다. 같은 경험을 한 이혼자들이야말로 이혼자들에게 최고의 지지 자원이며 상담가, 위로자들이다. 내게 귀한 시간을 내준 인터뷰 대상자들과 상담 현장에서 자신의 이혼 이야기를 솔직하게 해 준 모든 분께 이 지면을 빌려 감사의 말씀을 전하고 싶다. 그리고 나에게 이혼자들을 위한 논문을 써 보라고 권해 준 선배에게도 감사를 전한다. 그 선배는 내 박사 논문과 이 책을 쓰도록 만든 상당한 기여자이다. 그러나 역설적으로 그 역시 이혼 외상의 피해자였기 때문에 논문 작업을 위한 인터뷰에는 결국 응하지 못했다. 그만큼 이혼의 경험이 아픈 사건이며, 회상하기 힘든 작업임을 보여 주는 사례일 것이다.

내가 이 책을 쓰기로 마음먹은 또 다른 이유는 이혼자를 위한 상담서적이나 전문서적이 거의 없다는 사실이다. 이혼의 위기에 있거나 이혼한 사람들이 읽을 수 있는 이혼 관련 상담서적은 손에 꼽을 수 있을 만큼 적다. 대부분의 이혼 관련 서적은 주로 이혼 전 결혼생활의 갈등을 해결하고 이혼을 막기 위한 전략과 방법들을 다룬다. 그 외에도 이혼과 관련된 법률적 조언을 제공하는 서적이 다수이다. 이혼을 하고 난 이후 자신의 삶을 돌보고, 어떻게 살아갈 수 있을지에 대한 전문적 조언과 돌봄을 위한 방법을 구체적으로 제시하고 있는 책은 거의 없다. 그런 점에서 나는 이혼자들이 이혼 이후 자신의 삶을 돌아보고 회복하며, 심지어 성장에 이를 수 있는 방안을 제시하기 위하여 이 책을 썼다.

이 책은 이혼자나 혹 그들의 가정을 돌보기 원하는 가족과 친구들, 상담전문가, 사회복지사, 성직자 등에게 지침서가 될 수 있을 것이다. 또한 이혼 후 스스로 자신의 삶을 돌보고 회복하고 싶은 이혼자들에게도 길잡이가 될 수 있을 것이다. 가급적이면 이론과 더불어 사례 중심으로 기술하여 읽기 쉽도록 집필하였다.

또한 이 책을 쓰면서 중요하게 염두에 두었던 부분은 이혼과 종교의 연관성, 이혼 이후 적응의 과정에 미치는 종교의 기능에 관한 내용이다. 이 책은 이혼과 관련된 종교적 해석이나 교리를 기술하고 있지는 않다. 그러나 대부분의 이혼 관련 책이나 논문이 최근 대두되고 있는 영성적인 부분을 간과하고 있기 때문에, 나는 이 책에서 이혼과 관련된 영성적인 부분의 중요성에 대해 기술했다. 특별히 한국 사회에서 많은 이혼자는 그들이 가지고 있는 특정한 종교로 인하여 결혼생활과 이혼에 영향을 받고 있다. 그래서 이혼자들을 돌보는 상담가나 전문가는 그들의 종교에 대한 이해가 매우 중요하고 필요하다.

이 책은 이혼과 관련된 이론뿐만 아니라 현장에서 직접 상담했거나 만나 인터뷰했던 이혼자들의 생생한 목소리를 담고 있다. 나는 오래전부터 이 책을 쓰기 위해서 이혼자들을 위한 자조 모임 집단에 오랜 기간 동안 참여관찰자로 참가하기도 했다. 그리고 인터뷰를 통해 만났던 이혼자들의 목소리를 이 책에 담았다. 그들의 표현을 사실적으로 전달하기 위해서 인터뷰 내용을 전사했고, 그 내용을 거의 그대로 인용했다. 단지 그들의 신상이 노출될 수 있는 주요 내용은 삭제하거나 약간의 수정을 거쳐 이 책에 실었음을 미리 알려 둔다. 많은 이혼자를 인터뷰했지만, 그들 중 성장의 이야기를 나타내고 있는 사례를 모아 분석했으며, 인터뷰 당시 했던 내용을 재검증하기 위해서 개인차가 있지만, 대략 4~6년 이후 다시 연락을 취해 첫 인터뷰와 동일한 내용과 성장의 목소리를 확인했고, 그 내용을 바탕으로 이 책이 기술되었다.

모든 경험이 이 책을 쓰는데 귀중한 자료가 되었음을 밝혀 둔다. 그리고 이 책의 배경이 된 논문을 작성하면서 알게 된 '외상 및 역경 후 성장' 이론은 처음 나에게 '이혼자' 논문을 권했던 선배의 삶과 인터뷰 대상자들의 삶을 통해서 확인되었다. 외상 및 역경 후 성장 이론의 주요 내용은 전쟁, 사고, 질병, 이혼 등과 같은 삶의 외상(트라우마) 경험 이후에 평소 그가 가진 핵심 신념에 변화가 생겨 이후 새로운 삶에 적응하면서 성장의 경험을 하게 된다는 것이다. 외상 후 성장 이론의 핵심은 외상, 즉 트라우마 경험이 무조건 부정적인 결과만을 남기는 것이 아니라, 오히려 잘 대처하면 성장의 경험을 낳을 수 있다는 것이다. 처음 내게 자신의 이혼 이야기를 들려준 선배의 삶은 '외상 및 역경 후 성장' 이론을 잘 증명해 주었다. 그리고 2년이나 기다린 끝에 일상에서 만난 이혼자들은 이혼 후 성장의 이야기를 내게 들려주었다. 그들의 이혼 이야기에는 눈물과 고통, 아픔도 있지만, 변화된 삶의 깨달음, 환희와 기쁨, 감격, 지혜의 이야기가 담겨 있다. 이것이 논문으로 작성되면서, 나는 이혼자들에게 희망을 주는 성장 이야기를 책을 통해서 소개하고 싶었다. '당신들의 이혼 이야기는 실패나 절망의 이야기가 아니라, 새로운 삶을 살 수 있도록 동력을 제공하는 촉매제가 될 수 있다.'라는 교훈 말이다.

이혼 후 절망적인 삶의 이야기를 희망과 성장의 이야기로 바꾸는 데 매우 중요하게 작용했던 자원 중 하나는 종교였다. 한국 사회에서 오늘날만큼 종교가 심각한 비판과 사회의 우려를 받은 적은 없었던 것 같다. 하지만 본래의 종교적 기능과 원천은 인간의 삶에 매우 유익할 뿐만 아니라 영혼의 호흡과 같은 것이다. 따라서 이혼이나 외상적 경험을 한 이들이 종교를 잘 활용할 경우 회복과 성장에 큰 도움이 될 수 있다.

또 다른 자원으로 아주 중요한 요소는 지지적인 공동체이다. 이혼 치유와 회복, 성장에 가장 크게 기여하는 요소가 바로 같은 경험을 한 동료 이혼자들의 지지와 격려이다. 더 나아가 이혼자들을 둘러싸고 있는 가족과 친척 그리고 이웃들이 그들을 따뜻하게 감싸 주고 수용해 주면 회복과 성장에 큰 도움이 된다. 그런 측면에서 이 책 이후 나는 이혼자들을 위한 지원 집단이나 워크숍 등이 많이 생기기를 소망한다. 이혼의 아픔은 혼자 극복하기보다, 동일한 경험을 한 이들이 함께 모여 위로하고 지지할 때 큰 힘을 얻을 수 있게 된다.

이 책은 이혼이라는 단어를 성장과 연결 지어 새롭게 바라볼 수 있는 관점을 제시하고 있다. 좋은 이혼은 없지만, 이혼 사건을 어떻게 대처하느냐에 따라서 새로운 인생이 될 수도 있다. 혹시 절망 중에 있는 이혼자 분들이 계시다면 꼭 희망을 가지고 다시 일어서기를 이 책을 통해 격려하고 싶다.

이 책을 출판할 수 있도록 귀한 기회를 주신 학지사 김진환 대표님에게 감사의 말씀을 전하고 싶다. 책을 집필할 만큼 내세울 만한 것이 전혀 없음에도 불구하고 기꺼이 책을 낼 수 있도록 도움을 주신 것에 다시 한번 감사의 말씀을 드리고 싶다. 그리고 이 책이 나오기까지 수고해 준 학지사 직원 소민지, 박나리 씨 및 편집부에게도 감사의 말씀을 드린다. 또한 이 책을 쓸 수 있도록 기도와 성원을 해 준 아내와 어머니, 동생에게 감사를 드린다.

마지막으로 이 글을 쓸 수 있도록 도움을 준 이혼자들과 그들의 고통과 아픔에 눈물지으며 회복과 성장을 위해 한없는 사랑을 베푸시는 하나님께 감사를 드립니다.

이혼의 아픔을 가진 이들이 회복과 성장의 길로 나아가기를 바라며

오은규

• 들어가는 말 •

최근 유명 연예인들과 정치인들 그리고 사회 지도층 인사들의 이혼 소식은 더 이상 특별하거나 낯선 이야기가 아니라 우리 일상생활 속에서 쉽게 접할 수 있는 사건이 되고 있다. 또한 방송에서 출연자들이 자신의 이혼 이야기를 예전보다 스스럼없이 공개하는 일이 잦아지고 있다. 드라마나 영화 속에서는 극중 인물인 이혼자가 과거와 달리 오히려 매력적인 결혼 상대자로 등장하기도 한다.

이런 흐름은 가족 구조, 남녀 역할 및 성 평등과 같은 사고의 변화 및 이혼에 대한 부정적 인식과 사회적 편견의 완화로부터 비롯된 것이다. 이혼 사건을 실패나 부적응이 아닌 자연스러운 적응 경험으로 보는 관점의 변화는 이혼의 이해와 연구에 대한 새로운 접근을 요구한다. 하지만 이혼이 사회적으로 용인되고 수용될지라도 이혼을 결정하고 실행하기까지의 과정은 대부분의 사람에게 고통스럽고 힘든 경험이다. 비록 이혼 이후 스트레스나 고통의 정도가 예전보다 줄었다는 사회적 분위기에도 불구하고 거의 대부분의 이혼자는 이혼하는 시점까지 엄청난 고통과 스트레스에 시달렸다고 고백한다. 그런 의미에서 이혼은 단회적인 경험이 아닌 복합적이고 다양한 변화를 동반하는 과정으로 이해될 필요가 있다. 비록 이혼 사건 이후 긴장의 완화와 해방감을 느낄지라도 이혼에 이르게 되는 사건은 분명히 역경(逆境)적 경험이 맞다.

통계청 자료에 의하면 현재 한국 사회의 이혼율은 2003년을 기점으로 정점에 올랐다가 서서히 떨어지고 있지만, 우리나라의 결혼 20년 이상 이혼 비중은 경제협력개발기구(OECD) 국가와 비교해서 높은 편이다. 우리는 한국 사회의 높은 이혼율 때문에 직장과 사회 그리고 주변 이웃과 가족 중에서 쉽게 이혼자들을 만날 수 있다. 그러나 최근까지의 연구들은 아직도 한국 사회에서 이혼자들을 대하는 태도가 크게 개선되지 않았음을 보고한다. 그런 점에서 이혼자들이 사회 속에서 어떤 적응 경험을 하고 있는지에 대한 이해와 그리고 그 적응 경험에 따른 적절한 개입의 전략을 마련할 필요가 있다.

지난 수십 년 동안 세계적으로 이혼에 관한 많은 연구가 진행되었다. 그러나 자녀에 대한 연구에서는 굉장히 많은 연구 결과물이 생산되었지만 이혼 당사자인 성인들의 이혼 적응에 관한 깊이 있는 경험적 연구는 상대적으로 빈약했다(Krumrei, 2009). 그것은 아마도 이혼이라는 사건이 성인으로서 경험할 수 있는 가장 고통스러운 삶의 경험중 하나이며, 막대한 부정적 결과물들을 만들어 내기 때문일 것이다(Hetherington & Kelly, 2002). 따라서 이혼자들은 사회적으로 부정적 인식과 주목을 받고 있는 이혼 경험을 연구자들에게 마음을 열고 쉽게 털어놓지 못한다. 그 결과 연구자들은 이혼 당사자의 경험에 대한 심층적 접근의 어려움을 느껴(현경자, 2010; 박형숙, 배영실, 이성화, 유수정, 전소영, 2016), 상대적으로 접근의 용이성을 가진 가족들과 자녀들에 대한 연구를 많이 수행하게 된 것이다.

기존에 수행되었던 이혼자들의 적응에 관한 연구는 대체적으로 심리학 분야의 연구가 긍정적인 효과보다는 주로 부정적인 요소에 초점을 맞추어 온 것처럼 대체로 부정적인 결과에 초점을 맞추어 왔다(Forste & Heaton, 2004; Kitson, 1992; Miller, Smerglia, Gaudet, & Kitson, 1998; Wang & Amato, 2000; 김수정, 권신영, 2001; 김미숙, 원영희, 이현송, 장혜경, 2005; 박부진, 2000; 변화순, 김혜영, 윤홍식, 한지숙, 2006). 이혼 적응의 경험은 대체적으로 힘들고 고통스러운 과정이며(Simonič & Klobučar, 2017), 심각할 경우 외상 후 스트레스 장애로까지 발전한다는 보고가 있다(Godleski, 2010). 그래서 대부분의 이혼 적응 경험에 관한 연구는 스트레스 관점에서 연구가 되었다.

이혼에 관한 부정적 인식 및 이해는 이혼자들로 하여금 일상의 삶으로부터 움츠러들게 하고 행복한 삶을 누리지 못하게 만들어 왔다. 뿐만 아니라 주변인들이 이혼자를 돕는 것을 어렵게 만들었다. 그러나 만일 이혼 이후의 적응적 삶 속에서 이혼이라고 하는 역경에도 불구하고 긍정적인 변화를 찾을 수 있다면 그리고 긍정적인 변화에 도움이 되는 요인들을 발견해 낸다면 이혼자들의 회복과 성장을 위한 개입에 큰 도움이 될 것이다.

최근의 연구에서 이혼자들의 적응에 관한 긍정적인 성취가 발견되고 있다(Wallerstein, 1986; 김지혜, 2008; 성정현, 2007; 유순희, 정민자, 2013; 최은화, 이윤화, 2010; 현경자, 2010). 그러므로 나는 이 책에서 이혼자들의 삶 속에서 발생하는 긍정적인 변화 경험을 소개하려고 한다. 그것들은 최근 20여 년 사이에 부상하고 있는 '외상 및 역경 후 성장' 이론의 관점에서 설명이 가능하다. 최근 등장한 역경 후 성장(growth following adversity) 및 외상 후 성장(posttraumatic growth) 이론은 삶의 위기적 사건 후에 성장이 일어날 수 있다는 새로운 시각을 제공한다. 이런 관점은 이혼 사건을 새롭게 해석할 수 있는 이론적 토대를 제공한다. 대부분의 심리학자가 외상 후 스트레스를 장애의 증상으로 간주한 데 반하여, 조셉(Joseph, 2013)은 외상 및 역경 후 스트레스 개념을 인지 처리의 정상적인 심리적 적응 과정으로 이해했다. 거기에 덧붙여서 외상 후 스트레스를 잘 처리하면 새로운 변화, 즉 성장의 경험이 발생한다는 것을 증명해 냈다. 이런 관점을 이혼 경험에 적용하면 이혼 후 발생하는 외상(外傷) 경험은 오히려 이혼자의 삶에 큰 변화를 일으키는 촉매제가 되어 이혼자의 핵심 신념을 변화시키고 이전의 모습과 다른 새로운 적응인 성장의 경험으로 이끌 수 있게 된다.

나는 이 책에서 내가 상담현장과 인터뷰를 통해서 만났던 이혼자들의 긍정적 변화 경험을 기술하려고 한다. 그들 역시 이혼 후 처음에는 극심한 스트레스 및 고통을 겪었다. 그럼에도 이혼 후 그들이 했던 대처 방식과 적극적인 노력들은 그들의 삶을 새롭게 변화시킬 수 있었다. 아니 그들은 변화가 아닌 성장의 모습을 보여 주었다. 나는 어떤 요소가 그들의 삶을 변화시켰는지, 그리고 성공적으로 적응하고 성장하는 데 도움이 되었는지를 관찰했고 그 내용을 이 책에 소개하고자 한다.

이 책이 이혼 경험과 이혼자에 대한 인식을 새롭게 바꾸는 계기가 되길 바란다. 또한 이혼으로 인하여 힘들어하는 사람들에게 새로운 차원의 삶, 성장과 변화의 삶이 가능하다는 희망을 주기 원한다.

• 차례 •

:: 추천사 _ 3

:: 머리말 _ 7

:: 들어가는 말 _ 13

제1부 이혼 이해

제1장 한국 사회의 이혼 이해 _ 23

1. 초창기 이혼 연구 / 24
2. 문제 현상으로서 이혼 이해 / 25
3. 보편적 사회 현상 및 다양한 관점의 이혼 이해 / 31

제2장 이혼의 특징 _ 39

1. 외상 및 역경 사건 / 39
2. 자유와 해방 경험 / 47
3. 이혼 후 부적응 문제 / 50
4. 복합적 변화 과정 / 51
5. 이혼의 다양한 모습 / 52

제3장

이혼 후 건강 _ 59

1. 정신건강 / 59
2. 육체건강 / 75

제4장

이혼 후 인식 _ 79

1. 사회 인식 / 80
2. 개인 인식 / 85
3. 사회와 개인의 인식 변화 / 90

제2부 이혼 후 적응

제5장

이혼 후 적응의 어려움 _ 97

1. 자녀양육 및 경제적 어려움 / 97
2. 가족관계 / 102
3. 성 욕구 문제 / 105

제6장

이혼 후 적응 요인과 변화 _ 113

1. 이혼 후 적응 요인 / 113
2. 이혼 후 고통의 지속성 논쟁 / 116
3. 이혼 적응과 종교 및 영성 / 119
4. 이혼 후 회복과 성장 / 128

제7장

이혼 후 대처 _ 133

1. 회피적 대처 / 135
2. 접근 지향적 대처 / 140
3. 건설적 자기 노출 / 157
4. 새로운 만남 / 161

제3부 이혼 후 성장

제8장

회복과 성장을 위한 개인적 자원 _ 165

1. 상담 및 학습 / 166
2. 긍정적 성격 및 태도 / 172
3. 용서 / 175

제9장

회복과 성장을 위한 외부적 자원 _ 183

1. 정서적 지지 / 183
2. 사회 인식의 변화 / 192
3. 종교와 영성 / 198

제10장

외상 및 역경 후 성장 _ 211

1. 심리학적 배경 / 212
2. 외상 및 역경 후 성장 개념의 발달 / 224
3. 외상 및 역경 후 성장의 특징 / 231
4. 외상 및 역경 후 성장과 행복 / 238
5. 외상 및 역경 후 성장 모델 / 241
6. 유사한 개념들 / 249

제11장

이혼을 통한 성장 경험 _ 251

1. 개인의 변화 / 251
2. 타자와의 관계 변화 / 258
3. 인생철학의 변화 / 263

제12장

이혼 후 상담과 돌봄 _ 273

1. 돌봄 전략 / 273
2. 이혼자를 위한 성장 상담 / 279
3. 지원 집단 / 298
4. 제언 / 300

:: 부록 _ 305

:: 참고문헌 _ 313

:: 찾아보기 _ 339

Growth following divorce

이혼 후 성장

제1부

이혼 이해

한국 사회의 이혼 이해

이혼에 관한 한국 사회의 인식과 태도는 많은 변화를 맞고 있다. 이혼 현상에 대한 다양한 시각과 관점을 살펴보기 위해서는 그동안 수행된 이혼 관련 논문들을 분석해 볼 필요가 있다. 현재 한국 사회에서 발표된 이혼 관련 주제의 박사학위논문 편수는 2019년을 기준으로 대략 120편 이상이다. 많다고 생각하면 많을 수 있고 적다고 생각하면 생각보다 많지 않은 편수이다. 이혼을 주제로 연구한 박사논문들을 분석해 보면 한국 사회의 이혼에 관한 의식과 이후 이혼 현상에 관한 흐름과 방향을 어느 정도 예측할 수 있다. 한국 사회의 이혼 연구는 확실히 해외의 이혼 연구와는 그 흐름과 방향이 다르다.

최근 2000년대 해외 연구들을 살펴보면 주로 이혼자 및 가족들의 복지 향상에 초점을 맞추어 오고 있다. 이혼에 대한 관점과 가족에 대한 새로운 이해는 이혼을 다양한 체계와 관점에서 이해하고자 하는 시도들로 나타난다. 또한 최근의 해외 이혼 연구는 이혼과 건강 문제에 대한 논의가 주를 이룬다. 한국 사회에서는 여전히 이혼에 대한 시각, 이혼자의 힘겨운 삶 등과 같은 사회적 인식과 자기 정체성에 관련된 논의가 많다. 그러나 해외 이혼 연구의 흐름은 더 이상 이혼의 사회적 인식 문제나 가치 판단의 관점에 머물러 있지 않다. 그래서 주로 이혼 연구는 이혼 이후 개인과 가족들의 복지적인 관점에서 진행되고 있다. 또한 2000년대 이후 해외 이혼 연구의 관심은 이혼 적응에 있어서 주로 용서, 종교와 영성의 기능, 회복을 위한 상담 및 사회적 개입에 대한 논의들에 집중하고 있다. 그에 반하여 한국 사회의 본격적인 이혼 연구는 2010년대 이후 활발해지고 있으며 연구의 방향성도 다원화되는 추세에 있다.

따라서 이 장에서는 한국 사회에서 그동안 수행된 '이혼 연구'에 관한 연도별 주제와 내용을 분석하여 한국 사회의 이혼 인식 및 의식 변화의 흐름을 살펴보고자 한다.

국회전자도서관에서 '이혼'을 검색하여 박사학위논문의 간행편수를 분석해 본 결과 1960년대는 1편, 1970년대는 6편, 1980년대는 0편, 1990년대는 11편, 2000년대는 38편, 2010년 이후로는 현재 70편 이상의 논문이 발표되었다. 박사학위논문의 증가는 한국 사회 이혼율의 증가와 그 흐름이 비슷하다. 특별히 2003년 이혼율이 가장 정점이었는데, 2010년 이후 논문 편수가 2000년대 10년간의 전체 논문 편수의 2배에 해당할 만큼 많이 발표된 것은 높은 이혼율의 결과로 연구자들이 이혼이라는 주제에 관심을 많이 갖게 된 것으로 볼 수 있다. 따라서 이번 장에서는 그동안의 국내 이혼 연구의 동향을 시대와 주제에 따라 분류해 봄으로써 한국 사회의 이혼에 관한 의식 변화를 살펴보고자 한다.

1. 초창기 이혼 연구

먼저, 시대별로 이혼 연구를 살펴보면 1960~1970년대 이혼 관련 논문은 가족법과 이혼법, 이혼 소송과 관련된 주로 법적이고 제도적인 문제의 연구에 초점을 맞추었다.

1980년대에는 이혼 관련 박사학위논문이 한 편도 발표되지 않았다. 1990년대 들어서서 나온 논문들을 분석해 보면 총 11편 중 7편이 여전히 이혼과 관련된 재산분할 청구 및 양육제도, 이혼청구권과 같은 법률과 제도적 내용을 다루었다. 이와 더불어 이혼 가정 아동의 적응, 부부갈등과 이혼 치유, 이혼 여성의 적응과 같은 이혼 당사자들에 대한 관심의 연구가 미미하게 진행되기 시작했다. 하지만 이 시대 이혼 연구에 대한 대다수의 관심사는 법과 제도를 중심으로 이루어졌다. 아마도 그 이유는 '이혼'이라는 용어가 법률적 의미를 담고 있고, 당시 시대 분위기가 이혼을 금기시했기 때문인 것 같다. 그 이후 2000년대까지 이혼에 대한 연구는 연구자들의 관심을 전혀 끌지 못했다. 그러므로 초창기의 이혼 연구는 주로 법과 제도를 중심으로 이루어진 한계성을 띤다.

한편으로 이혼 당사자들과 그들의 적응에 대한 연구의 부족은 이혼에 대한 부정적 시각과 편견이 사회에 만연되어 있음을 보여 주는 증거이기도 하다. 한국 사회에서 이혼 연구의 특징은 사회적 시대상과 의식을 반영하여 발달하고 있는데 여러 연구 결과는 이 같은 점을 확신하게 해 준다. 이 장에서는 이와 같은 관점에서 2000년대 이후 '이혼' 연구들의 주제를 분류하여 그 흐름 및 특징을 분석해 보았다. 이를 토대로 한국 사회와 개인들이 가지고 있는 이혼에 관한 인식 및 의식을 파악해 보았다.

2. 문제 현상으로서 이혼 이해

1) 이혼의 실태 및 원인에 대한 연구

2000년대 초반의 이혼 연구는 이혼율 증대가 사회문제로 대두됨으로 인하여 이혼의 실태와 원인에 대한 관심으로부터 시작되었다. 이러한 연구의 배경에는 이혼이 여전히 개인들의 문제이며, 사회나 집단 속에서도 이혼 당사자들을 문제가 있는 존재 혹은 부적응자로 간주하는 의식이 내재되어 있음을 보여 준다.

1990년대 이혼 상담을 신청한 여성 내담자는 1980년대와 비교하여 약 5.9배나 증가하였다(곽배희, 2002). 이혼 상담의 증가는 1990년대 이혼율의 증가로 나타났으며 이혼으로 인한 사회문제는 2000년대 초반 연구자들로 하여금 이혼 현상에 대한 실태와 원인을 파악하기 위한 연구에 집중하도록 만들었다.

1960년대와 1970년대의 이혼 사유는 주로 배우자의 외도문제였다(곽배희, 2002). 그러나 1970년대 이후 산업화와 도시화로 인한 한국 사회의 사회변화는 전통적 가족관계인 남성중심, 부모중심, 시집중심의 가치관에 변화를 주었고 남녀 간 평등한 가족관계를 지향하는 새로운 가치관을 등장시켰다. 그 결과 평등한 가족관계를 지향하는 여성들과 전통적인 남성 중심적 가족관계를 추구하는 남성들 사이에서 갈등과 마찰이 일어나게 되었다. 여성들은 급격한 사회문화적 변화를 빨리 수용하였지만 남성들은 시대적 흐름에 맞는 의식 변화를 이루지 못하여 이혼율이 증가하였다. 이와 같은 이혼율 증가의 배경은 결국 사회의식의 변화에 대한 수용성의 차이에서 기인한 것이다. 따라서 2000년대 초반의 주요 이혼 연구는 사회상을 반영하여 이혼을 심각한 사회문제로 보고, 그 문제의 원인과 요인을 파악하는 데 집중하였다. 또한 이혼 사유에 있어서도 '기타 혼인을 계속하기 어려운 중대한 사유'인 6호 사유의 비율이 남녀 모두 크게 증가되어 이혼 사유의 질적 변화가 나타남을 보여 주고 있다(곽배희, 2002).

이러한 흐름은 이무영(2003)의 연구에서 잘 나타나고 있다. 이무영은 이혼을 단순한 개인의 문제가 아닌 사회문화적 구조와 깊은 연관성을 갖는 것으로 보았다. 그녀에 따르면 이혼 결정 과정에 있어서 개인특성과 가족특성, 사회적 자원특성이 영향을 미친다. 특별히 주변인의 반응, 경제지원 관련 자원, 정서지원 관련 자원과 같이 사회적 자원의 영향력이 이혼 결정에 중요한 영향을 미친다는 것이다. 따라서 2000년대 한국 사회에서 이혼에 대한 시각은 단순히 부부 사이의 개인적 문제로만 간주하는 것이 아닌 사회문화 구조적 차원에서 복합적으로 이해하고 접근해야 할 필요성을 제시해 준다. 2000년도 초반 이혼 연구의 흐름은 이혼을 실패 경험 내지 문제적 경험으로 간주하여 그 문제를 해결하기 위한 원인과 진단에 맞추어져 왔다. 그러나 점차 다양한 관점으로부터 이혼 연구의 진행은 이혼에 대한 개인 및 사회의 시각 변화를 보여 준다.

2) 피해자 관점의 여성과 아동에 대한 이혼 연구

2000년대의 10년 동안 이혼 사건은 사회적으로 개인의 문제 혹은 부적응적 관점으로 인식되었다. 따라서 그에 대한 원인과 진단에 대한 연구가 주를 이루었다. 한편으로는 이혼의 결과로 어려움을 겪는 피해자가 있음을 염두에 둔 연구 또한 진행되었다. 그 결과 특별히 2000~2010년까지 대부분의 이혼 연구는 여성과 아동의 부적응 문제에 집중되었다. 한국 사회가 가부장적이고 남성 중심적이며, 남성이 경제권을 가지고 있기 때문에 이혼 이후 대체적으로 여성들과 아이들이 경제적, 사회적으로 큰 피해를 입고 있다는 관점에서 연구들이 진행되었다. 그런 이유로 말미암아 대부분의 연구는 여성들을 피해자 관점으로 보고, 여성들의 이혼 과정과 경험에 대한 연구를 주로 수행하였다.

최정숙(2004)은 근거이론적 방법으로 여성의 이혼 과정을 연구하였다. 그 결과에 따르면 여성들의 이혼 과정에서 중심 현상은 '분리(分離)의 혼돈(混沌)'이며, 핵심 범주는 '분리의 혼돈에서 삶을 재구축해 나아가기'로 나타났다. 또한 여성의 이혼 과정은 '이혼으로 내몰림 단계' '분리의 혼돈 단계' '일으킴 단계' '재정립 단계' '나아감 단계'로 파악되었다. 이러한 결과들은 여전히 한국 사회에서 이혼이 여성들에게 큰 위기와 고통을 가져다주는 부정적 경험임을 나타낸다. 하지만 부분적으로 여성들이 자신의 삶을 추스르고 정리하며 나아갈 때 성장의 기회를 얻게 될 수 있다는 여지도 보여 준다. 결론적으로 이혼을 경험하는 여성들은 본인, 가족, 사회문화적인 부정적 인식과 부적절감으로 인해서 여전히 어려움을 겪고 있다.

곽배희(2002)의 연구에서 언급했듯이 남성 중심적 사회의 패러다임은 남성과 여성의 역할 갈등을 낳았고, 시대적 변화를 일찍 포착하고 수용하고자 하는 여성과 그렇지 못한 남성의 가치 충돌로 인하여 이혼율이 증가하게 된 것이다. 한편, 이러한 가치 충돌의 과정에서 조금씩 여성들은 이혼을 단지 내몰리는 현상만으로 경험하는 것이 아닌, 강요된 자기를 버리고 진정한 자신을 찾고자 하는 열망으로 이혼을 결정한다는 연구 결과가 새롭게 등장했다(주혜주, 2005). 이 결과는 한국 사회에서 여성들 및 이혼자들이 이혼에 대한 인식 변화를 보여 주는 중요한 시사점을 제공해 준다. 이혼에 대한 현상 및 연구 결과들은 결국 사회와 이혼 당사자의 의식 변화에 따라 새로운 양상을 보여 준다. 2000년대 10년간의 이혼 연구는 남성 중심의 가부장적인 구시대의 패러다임과 다양성 및 자기실현이라고 하는 새로운 패러다임의 현상이 중첩되어 나타나고 있음을 반영하고 있다.

또한 이혼으로 인하여 가장 큰 어려움을 겪는 아동에 관한 연구가 2000년대 초, 중반에 집중적으로 쏟아져 나왔다. 이혼 가정의 아동에 대한 연구는 가장 많은 연구자의 주제이며, 현재까지 꾸준하게 연구가 진행되어 오고 있다. 아마도 부모의 헤어짐으로 인하여 가장 큰 충격 및 고통을 받는 대상이기 때문일 것이다. 또한 국가의 미래를 위한 복지적 차원에서 가장 관심을 가져야 할 대상이기 때문일 것이다. 또한 연구 대상자로서 이혼 당사자에 대한 접근보다 아동에 대한 연구가 용이할 수 있다는 점도 많은 연구의 수행과 연관이 있는 것 같다.

이혼 가정 아동에 대한 송미승(2001)의 연구는 이혼 이후 여성들이 경제적으로 정서적으로 어려움에 직면하여 자녀양육에 어려움을 겪고 있음을 보여 준다. 그녀의 연구 결과에 따르면 이혼 여성의 자녀양육 중심 현상은 짐이 됨이며 이혼 제의, 경제 상태, 사회적 시선에 따라 영향을 받는다는 것이다. 특별히 이혼 여성이 이혼을 먼저 제의하였고, 경제 상태가 좋으며, 사회적 시선을 덜 의식할수록 '짐이 됨'의 강도가 약해진다는 것을 밝히고 있다. 이 연구 결과 역시 한국 사회의 이혼에 대한 부정적 시각, 가부장적 가족제도와 유교적 문화의 영향을 반영해 준다.

한준아(2008)의 연구 역시 부모의 이혼이 아동의 자아 지각 및 문제 행동에 어떤 영향을 주는지를 검토하였다. 연구에 따르면 부모의 이혼 자체가 반드시 아동의 부적응을 낳는 요인으로 보기보다는, 이혼 경험을 변화된 환경에 적응을 요구하는 과정으로 인식할 필요가 있다는 것이다. 그녀의 연구 결과에 따르면 이혼한 부모가 자녀양육에 스트레스를 덜 받을수록, 자녀가 자신의 능력을 높이 지각하고, 친구·교사·가족으로부터 지지를 많이 받을수록 긍정적 대처전략을 사용하여 자아적절성을 높게 가진다는 것이다. 이 같은 결과는 이혼 사건이 부정적으로만 작용하기보다 이혼 경험을 어떻게 인식하고 해석하느냐에 따라서 긍정적 경험을 할 수 있는 새로운 가능성의 시각을 보여 준다.

3) 해결 접근의 이혼 연구

이혼으로 인한 가정의 붕괴는 개인 및 자녀들의 부적응 및 일탈로 인한 사회문제가 됨으로 말미암아 2000년대 중반부터 본격적으로 이혼 가정을 위한 부모교육 프로그램 및 문제해결, 가족상담제도, 회복, 치유라는 주제로 이혼 사건의 문제점과 부작용을 해결하고자 하는 연구들이 수행되었다.

한국의 이혼율은 2003년에 정점을 찍었다. 그리고 이후 이혼율이 조금씩 감소하고 있는 실정이다. 그런 연유인지 모르지만 2005년과 2006년에 이혼 가정 및 자녀를 위한 부모교육 프로그램에 관한 학위논문들이 발표되었다. 김재연(2005)의 부모교육 프로그램에 관한 연구는 이혼 재판 절차 중에 있는 부모들이 부모교육을 통하여 이혼 부모 역할에 대한 인식을 증진시킬 수 있다는 결과를 얻었다. 뿐만 아니라 이혼을 하고자 하는 부모들은 부모교육을 받음으로써 자녀양육과 관련된 이혼 문제를 효과적으로 조정하였음이 증명

되었다.

이현정(2005)의 연구에 따르면 국내의 부모교육 프로그램은 두 가지 초점을 가지고 진행되어 왔는데, 그간의 연구는 주로 이혼한 부모를 대상으로 하는 프로그램이었다. 그러다 보니 이혼 가정의 자녀를 대상으로 하는 부모교육이 부족했다고 지적한다. 문헌고찰, 면접, 설문조사 등을 통하여 자녀를 중심으로 하는 부모교육 프로그램의 구성요소를 네 가지 주제로 선정하였는데, 1회기는 이혼이 자녀에게 미치는 심리적 영향, 2회기는 부모의 이혼에 대한 설명, 3회기는 효과적인 부모-자녀 관계, 4회기는 이혼 가정에서 협력적 부모역할로 구성하였다. 이와 같은 프로그램은 이혼한 부모가 자녀를 교육하는 데 있어서 긍정적 효과가 있음을 보여 준다.

이현정의 연구가 이혼 부모들의 자녀교육에 초점이 맞추어진 데 반하여, 황은숙(2006)의 연구는 이혼한 부모들을 중심으로 하는 부모교육 프로그램을 개발하였다. 그녀의 연구 결과에 따르면 이혼 가정 부모와 자녀가 현실을 극복하고 행복한 이혼 가정을 이룩하기 위하여 자아 재발견, 현실극복, 이혼 가정 자녀 이해, 부모-자녀 관계 개선, 사회지원망 활용 등의 목표가 이혼 적응에 도움이 되는 목표임을 확인하였다. 이를 토대로 한 부모교육 프로그램은 이혼 가정 부모의 적응에 긍정적인 영향을 미쳤으며, 프로그램 활성화를 위해서 '이혼 이해교육'이 아주 중요한 주제임을 발견하였다.

그 외 치료적 접근으로 박재식(2010)은 이혼 여성들이 가지고 있는 부정적인 정서를 해결하기 위한 방법으로 독서치료를 활용하여 네 가지 회복과정인 문제인식단계, 정서적 반응단계, 문제 해결단계, 자기적용단계를 발견하였다. 이러한 과정은 긍정적 삶의 태도 찾아가기로 설명할 수 있으며, 인지적 반응형은 일상적 회복이 뚜렷하게 나타나는 것으로 드러났다.

김설화(2011)의 연구 역시 집단미술치료를 통해 모자보호시설에 있는 이혼 여성들의 불안, 우울 및 자아존중감에 미치는 영향을 알아보았는데, 미술치료를 받은 이혼 여성들이 그렇지 않은 여성들과의 비교에서 불안과 우울은 감소하였고, 자아존중감은 증가하였다는 결과를 얻었다. 따라서 미술치료 프로그램이 모자보호 시설에 있는 이혼 여성들을 위한 프로그램으로 활용할 가치가 있음을 증명하였다. 이후에도 이혼 전후를 배경으로 하는 치유 및 회복을 위한 프로그램들을 제안하고 효과를 입증하는 연구들이 계속적으로 수행되어 왔다. 이와 같은 연구들은 모두가 이혼 사건을 부정적 경험 내지 피해자 관점으로 인식하고, 문제를 해결하거나 극복할 필요성이 있음을 보여 준다.

3. 보편적 사회 현상 및 다양한 관점의 이혼 이해

1) 이혼 연구 주제의 다양화

2003년 이혼율이 정점을 찍은 이후 한국 사회의 이혼 연구는 대상자에 대한 세분화와 보편화된 사회 현상을 반영하는 인식에서 접근하고 있다. 2000년대 초반 한국 사회에서 이혼에 대한 의식은 '개인의 삶 실패'라는 부정적인 면과 억눌린 잠재력과 가능성을 발전시킬 수 있는 '성장의 기회'가 된다고 보는 긍정적인 면이 공존하고 있었다. 따라서 이혼을 더 이상 사회적 실패라고 보는 관점에서 벗어나서 개인이 사회에 적응하기 위한 과정으로 보는 시각의 확장이 필요하다는 주장이 제기되었다.

그동안의 '이혼' 연구가 주로 이혼 현상의 문제점과 피해자로서의 여성과 자녀양육에 대한 문제 해결에 초점을 맞추어 왔다면, 2000년대 중반 이후부터는 중년 · 노년기와 같은 연령별 이혼의 특징과 그동안 연구되지 않았던 남성의 이혼에 대한 관심이 시작되었고, 다문화 가정의 이혼 문제가 사회 이슈화되면서 연구자들의 관심을 불러일으켰다.

이러한 특징은 더 이상 이혼을 한 개인의 문제적 관점에서만 바라볼 것이 아니라 보편적인 사회 현상 중의 하나로 인식하여, 이혼 현상이 가지고 있는 성별의 차이, 나이, 인종, 국가, 다양한 사회문화적 특성과의 관련성을 살펴

볼 필요성이 있음을 알려 주는 것이다. 이와 같은 흐름에서 이혼 연구는 다음의 세 가지 주제를 가진 방향성으로 다양화되었다.

첫 번째, 노년기의 황혼 이혼과 관련된 연구의 등장이다. 우리나라의 노인인구는 2000년 7월 1일을 기점으로 65세 이상의 노인인구가 전체 인구의 7%를 넘어서는 '고령화 사회'의 범주에 속하게 되었고, 이러한 증가 추세는 다양한 노인문제를 야기하게 되었다. 동아일보 2005년 6월 22일자 보도에 따르면 동거기간이 20년 이상인 '황혼 이혼'의 비율이 1981년 4.8%에서 2004년 18.3%로 4배나 증가했고, 통계청 자료 '2012년 혼인 · 이혼 통계'에 따르면 혼인 지속 기간 20년 이상인 황혼 이혼은 26.4%를 차지하여 4년 이하 신혼 이혼 비율 24.7%를 처음으로 추월했다. 그리고 2018년 통계청 자료에 따르면 황혼 이혼 비율은 다시 크게 증가하여 전체 이혼 중 33.4%를 차지하는 가장 높은 비중을 보이고 있다. 65세 고령자 이혼 역시 2019년 고령자 통계에 따르면 전년 대비 남성은 16.7%, 여성은 21% 증가하여 전체 이혼 건수 증가율 2.5%를 크게 앞질렀다. 이와 같은 이혼 흐름의 변화는 한국 사회의 고령화 특성을 잘 반영해 준다고 볼 수 있으며 개인의 문제가 아닌 사회적인 문제로서 인식하고 개입할 필요성이 있음을 보여 준다.

사회의 고령화를 반영한 차성희(2006)의 연구는 연구의 대상자를 노년기 부부로 선정하였다는 점에서 기존의 연구와 차별성을 보여 주었다. 차성희의 연구 결과에 따르면 노년기의 부부갈등은 주로 의사소통과 가정생활 영역에서 발생하며, 자녀 · 친구 · 상담기관과 같은 사회적 자원이 부부갈등과 이혼을 완화시키는 것으로 나타났다. 또한 문제 해결 능력이 부부갈등의 완화에 도움이 되는데 이를 위해서 교육을 통하여 문제 해결에 대한 자신감과 감정을 통제하는 능력을 향상시킬 필요가 있다고 제안했다.

유순희(2017)는 노년기의 '황혼 이혼 결정과정에 관한 연구'를 통하여 황혼 이혼 결정과정은 '독립적 삶 선택 어려움의 위기를 성장의 기회로 전환시킴'으로 파악하였다. 황혼 이혼자들에게 이혼은 그동안 쌓여 온 부부갈등을 해소하는 하나의 방법이며, 고령화로 인해 증가된 수명을 행복하게 살고자 하는 최선의 선택이라는 것이다. 황혼 이혼의 과정은 갈등의 단계, 마음 잡기 단계, 현실 적응 단계, 성장의 단계인 4단계로 드러났다. 황혼 이혼은 '현실 불안형' '현실 안주형' '성장지향형'의 세 가지 유형으로 나타났다. 이 결과를 통해 주목할 만한 점은 황혼 이혼을 통해서 일부의 이혼자들은 성장의 단계에 이르거나, 성장의 모습을 나타내고 있다는 점이다. 연구 결과 황혼 이혼자들의 성장 특징은 새로운 삶의 변화를 받아들이고, 자아실현을 위해 노력하고, 어려움을 극복하면서 자신감을 얻고, 타인을 돌아보며, 자신의 삶을 성찰하여 제2의 삶을 구축하는 성장의 기회로 삼는다는 점이다. 이 연구는 노인들이 자아실현 및 행복실현의 욕구를 위하여 주체적이면서 적극적으로 삶을 선택하는 의식의 변화를 보여 준다. 뿐만 아니라 개인들의 자아성장 및 다양한 삶의 형태를 수용할 수 있는 사회가 되었음을 보여 주는 결과이기도 하다.

두 번째, 다문화 사회가 되면서 결혼이주여성의 이혼율이 증가함에 따라 결혼이주여성에 관한 이혼 연구가 증가하고 있다. 1990년대 한국 사회의 구조적 문제로 인한 농촌총각들의 혼인문제 해결을 위하여 결혼이주여성이 한국 사회에 유입되었다. 2000년 국제결혼 비율이 3.5%에서 2005년 13.5%까지 증가했다가 최근 감소하고 있다. 2015년 통계청 인구동향조사 자료에 의하면 국제결혼 비율은 2014년 7.6%를 차지하고 있으며, 지난 20년간 우리나라는 국제결혼이 계속적으로 증가 추세에 있었다(안윤지, 2016). 한국인 남성의 외국인 아내와의 이혼 건수는 2004년부터 급격하게 증가하여 2011년에 최고 정점을 찍고 감소추세로 돌아서고 있다.

결혼이주여성의 이혼이 사회 문제가 되는 이유는 부부간의 문제뿐만 아니라 이들의 자녀가 성장하여 사회로 진출하는 시기가 되면서 생계, 자녀, 체류에 대한 법적 지위 등 생활 전반에 걸쳐 위기에 직면할 가능성이 있기 때문이다. 결혼이주여성의 이혼이 일반적 이혼과 또 다른 특징은 그들의 결혼 동기 중 하나가 본국 가족들의 생계를 책임지기 위한 임금노동자로서의 역할을 수행하기 위한 목적으로 결혼을 선택했다는 점이다. 그런데 결혼 이후 가사 노동자 혹은 남편의 성적 파트너로서만 강요받아 임금노동자의 역할을 감당할 수 없게 되었기 때문에, 이혼이 생존을 위한 삶의 선택이었고, 오히려 관계의 확장과 사회경제적 지지망을 구축하게 되는 정착지를 찾게 되는 과정인 것이다(박미정, 2011). 또한 결혼이주여성의 이혼은 이주여성들의 성장 과정, 결혼 동기, 결혼 전 국적, 주거지역, 주변의 지원 집단, 자녀의 유무, 연령, 국적 취득과 같은 법적 문제, 한국어 능력, 결혼 기간, 사회문화, 남편의 친정에 대한 경제적 지원 유무, 부부 관계 변인 등의 다양한 요인을 가지고 있다. 따라서 결혼이주여성의 이혼 원인은 개인적, 경제적, 사회문화적, 사회구조적, 법적, 초국가적인 측면의 다양한 변인과 체계에서 깊이 이해될 필요가 있다(이해경, 2014). 결혼이주여성들의 이혼 후 적응 경험에 있어서, 이주여성들은 그들의 종교를 주로 기독교로 개종하여 의지하면서 삶이 단단해지는 경험을 하였다(이해경, 2014). 그들에게 기독교는 새로운 자원 및 지지체계를 제공하는 역할을 한 것이다. 그런 점에서 결혼이주여성들의 적응경험에 종교적 자원의 중요성이 한국 이혼자들과 동일하게 나타나고 있음을 알 수 있다.

정리해 보면 결혼이주여성에 대한 이혼 논의는 기존의 이혼 연구에 대한 단선적이고 이분법적인 한계를 넘어서서 다양한 사회적 현상을 반영하는 다차원적이고 복합적인 현상으로 이해할 필요가 있다.

세 번째, 남성 이혼에 대한 관심과 연구의 등장이다. 그동안의 연구가 주로 여성과 한 부모 여성의 이혼에 집중되었다면, 노정자(2010)의 연구는 한 부모 남성의 홀로서기 과정에 대한 실체적 접근을 통하여 침묵하고 있던 남성들의 이혼 경험을 드러냈다는 점에서 의의가 있다. 그녀의 연구 결과에 따르면 한 부모 남성의 이혼 역시 여성들의 이혼 경험과 비슷한 맥락에서 주로 경제적인 어려움, 배우자에 대한 부정적 감정, 자녀양육의 고통을 드러내고 있다. 서진환(2011)의 연구는 기독교인 남성들의 이혼 경험을 연구했는데, 기독교 신앙이 결혼생활의 유지와 이혼을 막는 데 크게 영향을 주진 못했으나, 이혼의 고통을 감당하고 늦추는 효과와, 이혼 이후 신앙의 변증법적 발전 및 영향을 주었다는 사실을 발견하였다. 서진환의 연구 역시 남성들의 이혼 경험을 실체적으로 드러냈다는 것과 이혼에 대한 종교와 신앙의 작용을 검토했다는 점에서 의의가 있다. 임경택(2015)의 연구는 이혼 후 자녀양육에 관한 연구가 주로 여성들에게 국한되어 있었는데, 이혼 남성의 입장에서 자녀양육 경험을 현상학적으로 밝혀냈다는 점에서 의미가 있다. 이혼 이후 남성들도 여성과 동일하게 배우자에 대한 분노, 자녀양육에 대한 버거움과 고통 등이 있음이 드러났다. 그러나 부성애에 눈뜨면서 성숙한 아버지로 성장해 가는 모습을 발견할 수 있었다. 남성 이혼 연구의 특징을 보면 그동안 주로 가해자로서의 인식 때문에 남성의 이혼 연구가 거의 없었다. 하지만 남성들 역시 여성들과 동일하게 이혼으로 인한 고통과 어려움을 겪고 있다는 점과, 자신들의 억눌린 감정을 토로하지 못하다가 최근 사회의 의식 변화에 맞춰 자신의 목소리를 내기 시작했다는 점이다. 남성 역시도 가부장적이고 남성 중심적 문화의 피해자였던 것이다. 남녀평등 및 다원화된 사회에서 획일적인 남성성, 여성성을 탈피하여 자유롭게 자신을 표현하고 드러낼 수 있는 시대상을 반영해 주는 연구 결과라는 점에서 의미가 있다.

2) 긍정적 변화 및 성장 경험의 이혼 이해

기존의 이혼 연구가 문제 중심적 관점 및 해결 중심적 관점에서 수행되었다면 새로운 이혼 이해는 행복하지 않은 결혼생활에 대한 대안적인 선택으로서 이해하려는 경향성이 있다. 이혼자들의 웰빙, 즉 행복을 위한 적응 요인 찾기 및 개인의 발달적 관점에서 이혼 사건의 영향을 탐색하고자 하는 시도가 나타나고 있다. 이러한 관점의 이혼 이해는 개인의 행복과 성장, 자신의 개성화를 위한 기회로 보는 경향성을 반영한다.

이혼 후 한부모의 적응 관련 요인 탐색 연구(이경희, 2006)에서는 인지평가와 회복적인 심리적 특성이 적응에 중요한 요인임을 발견하였다. 잘못된 인지적 도식을 긍정적으로 바꾸어 줄 때 적응에 효과적임을 발견하였고, 회복적인 심리적 특성으로 태도와 기대, 행동 등을 긍정적 성취의 경험으로 증진시킬 때 적응에 효과적임을 발견하였다.

그동안의 이혼 연구가 이혼 현상과 자녀양육에 머물러 있었는데, 김지혜(2008)의 연구는 한 개인의 발달적 시기에 따라 이혼 사건이 다르게 영향을 끼칠 수 있다고 보는 관점에서 이혼이 중년여성들의 발달 과업에 어떤 영향을 끼치는지를 발달적 맥락에서 탐색하였다. 신체적인 측면에서 이혼 여성들은 이혼 이후 오히려 건강을 회복하는 경향이 있었고, 사회적인 측면에서, 모-자녀 관계에서는 상호호혜적인 관계가 형성되었고, 시부모나 친정부모의 부양 부담에서 벗어날 수 있었으며, 노년을 보낼 준비를 하는 것이 중요한 과업으로 나타났다. 마지막으로 심리내적 · 자아 측면에서는 이혼 경험을 자신의 정체성으로 수용하여 삶의 의미를 발견하고 평가하였으며, 기존 신념과 가치관을 변형시켜 삶의 수용력과 시각이 확장되었고, 자아성장과 직업역할을 통해서 긍정적으로 자신을 인식하는 모습을 보여 주었다. 김지혜의 연구 결과는 그동안 부정적으로 인식되어 오던 이혼 경험에 대한 긍정적인 측면과 인식을 드러내었다는 점에서 의의가 있다. 또한 이혼의 다양한 의미와 경험의 다양성을 고려하는 대안적 관점의 필요성을 제시하였다. 뿐만 아니라 이혼 사건을 성장 경험으로 볼 수 있는 새로운 토대와 사회적 인식을 발견했다는 점에서 의의가 있다.

김순남(2009)의 연구는 심층 인터뷰를 통해서 남성과 여성의 이혼 이후의 '상실'의 경험에 대한 해석에서 나타나는 젠더 차이를 연구했다. 그녀의 연구 결과에 의하면 남성들은 상실에 대한 해석에 있어서 남성 중심의 가족결혼에 대한 인식에서 벗어나지 못해 이전 배우자를 원망하며 분노 혹은 후회하는 정체감을 보여 주는 데 반하여 여성들은 결혼 '상실'의 경험으로 이혼을 '자아 상실'을 회복하고 새롭게 자신을 찾는 여정으로 이해하였다.

현경자(2010)의 연구는 중도장애, 이혼과 같은 위기 경험자의 복합적인 자기 해석이 관점의 다각화를 가져와 역경 극복에 도움이 되는 의미 찾기를 돕고, 긍정적 태도를 만들어, 심리적 안정에 기여하고 있다는 것을 발견했다. 또한 최은화, 이윤화(2010)의 이혼 후 여성의 자기 인식 변화과정에 관한 질적 연구에서도 이혼 후 전보다 긍정적이고 성장한 자기인식이 일어나는 것을 보여 준다.

가족 리질리언스의 관점에서 이혼 가족을 연구한 유순희, 정민자는 가정 폭력으로 인해 이혼한 여성 한 부모에 관한 질적 연구를 수행했다(유순희, 정민자, 2013). 그들의 연구에 따르면 비록 가정 폭력을 경험했지만 먼저 이혼을 제안하여 이혼을 수행한 결과 가족 리질리언스의 분석틀인 신념체계, 조직패턴, 의사소통과정에서 긍정적인 효과를 내어 낙관적인 태도의 삶을 살고 있음을 보여 준다. 그런 점에서 근래의 연구들은 연구의 대상자가 주로 여성이라는 한계점에도 불구하고 이혼 경험 및 이혼 후 적응의 긍정적 변화 및 성장의 가능성을 발견했다는 점에서 한국 사회의 이혼에 관한 의식이 변화되고 있음을 보여 주는 사례라 하겠다.

제2장 • Growth following divorce

이혼의 특징

1. 외상 및 역경 사건

이혼으로 야기되는 고통의 강도와 증상은 다양하다. 이혼을 외상(trauma) 및 역경(逆境) 경험으로 바라보는 세 가지 관점은 다음과 같다.

1) 스트레스 사건

이혼자들은 이혼 직후 가벼운 증상에서부터 그들의 삶을 몇 년 동안이나 뒤흔드는 부정적 감정의 고통을 경험한다. 홈즈와 라헤(Holmes & Rahe, 1967)에 따르면 이혼은 삶 속에서 겪는 두 번째로 가장 큰 스트레스 사건이다. 가장 큰 스트레스 사건은 사별이다. 그러나 이혼자들은 사별보다 이혼이 더 큰 스트레스 사건일 수 있다고 주장한다. 왜냐하면 사별은 배우자를 볼 수 없기 때문에 어쩌면 쉽게 받아들일 수 있다. 그러나 고통스러운 결말을 맺은 이혼 경험은 배우자가 남아 있기 때문에 잊기 힘들다. 또한 배우자와 연관된 자녀, 주변 관계들, 직업의 그물망이 전 배우자를 떠올리게 만들어 스트레스를 경험하게 한다.

2) 외상 경험

이혼은 우울증 증상을 고양시키고, 명확하게 많은 사람에게 고통을 주는 과정이다(Webb et al., 2010). 이혼 사건은 생명에 위협을 주는 질병, 사별, 이별, 아동학대, 교통사고 등과 같이 우리 존재의 가장 핵심을 흔들어 놓을 수 있는 힘을 가지고 있는데, 이런 결과의 내용들을 외상이라고 부른다(Joseph, 2013/2018). 아마토(Amato, 2000) 역시 이혼자들이 겪는 다양한 삶의 사건은 그들에게 심리적, 육체적으로 가장 멀리 도달할 정도의 영향을 주는 외상적 경험으로 바라본다.

외상(trauma)이라는 용어는 의학적인 의미로 사용되었지만 시간이 흘러 심리적인 보호막을 찢고 정서적인 상처를 주는 심리학적 상처의 개념을 내포하는 것으로도 사용되고 있다(Joseph, 2013/2018). 테데스키와 캘훈(Tedeschi & Calhoun, 2004b)은 외상을 위기, 높은 스트레스 사건 및 비슷한 의미를 지닌 용어들과 서로 대체할 수 있는 동일한 표현으로 사용한다. 외상이라는 용어에 대한 이들의 용법은 몇몇 문헌들에서 사용하는 것보다 다소 폭넓고 덜 제한적이다(예, American Psychiatric Association, 2000). 그런 점에서 볼 때 이혼의 고통을 외상적 경험으로 간주하는 관점은 DSM-5에서 정의하는 외상 후 스트레스 개념을 포함한 더 넓은 의미로 사용된다.

알렌(Allen, 2005/2010)은 개인의 내적인 의미체계가 손상되어 신념의 변화가 일어나 극단적인 상황에서 낙망과 절망에 이르는 실존적 외상(existential trauma)을 외상 후 스트레스 장애 개념과 별도로 제안했다. 외상 후 스트레스 장애 개념만으로 설명하기 어려운 외상 경험들이 많기 때문이다. 이혼의 외상 경험 중에는 알렌이 제안했던 실존적 외상과 같은 증상들이 나타나기도

한다. 이것을 이혼 경험 인터뷰에 응했던 이혼자들은 그들의 삶에서 가장 고통스러운 경험이라고 표현했다.

이혼의 경험이 그들의 삶에서 최고의 고통스러운 사건이 되는 이유는, 첫째, 죽을 것 같은 느낌을 주는 고통이기 때문이다. 일전에 이혼자로부터 다음과 같은 고백을 들은 적이 있다. "이혼은 이 땅에서 살아 있으면서 육체적으로 죽지 않고 죽음을 미리 맛보는 경험입니다." 세 번이나 이혼한 또 다른 사람은 이렇게 표현했다. "이혼을 할 때마다 팔과 다리 한쪽씩이 잘리는 듯한 고통의 느낌이었습니다." 이들의 고백처럼 이혼은 죽음을 생각하게 하고 자신의 팔과 다리가 잘리는 듯한 극단의 고통을 주는 경험이다. 둘째, 이혼 경험이 가장 고통스러운 사건이 되는 이유는 '분리' 경험을 하기 때문이다. 유아는 탄생하면서 엄마와의 분리에서 큰 고통을 맛본다. 뿐만 아니라 자라면서 유아는 중요한 돌봄 제공자와의 애착관계에서 분리불안을 느낄 때 성격에 큰 영향을 받는다. 이와 같은 분리의 공포를 재경험하는 것이 바로 이혼이다. 셋째, 이혼경험이 가장 큰 고통의 사건인 이유는 '무너져 내린 경험' 때문이다. 다시 말하면 이혼은 가정의 깨어짐인데, 이것은 다른 체험과 달리 대체물로 되돌릴 수 없는 경험이다. 이와 같은 이유들로 인하여 많은 이혼자는 이혼 경험을 그들 생애 최고의 고통스러운 사건 1위로 손꼽았다. 이 경험들의 공통적 특징은 모두가 절망과 낙망에 빠져 있다는 것이다.

이혼자 C는 이혼 경험을 통해서 자살충동과 죽음의 공포를 직면했다고 털어놓았다. 살아 있으나 죽은 것과 같은 이혼 경험은 그들의 삶 속에서 가장 아픈 상처를 남긴 사건이었다.

[죽고 싶은 고통]

저는 그때 당시로 봤을 때는 그게 최고죠! 특히 이혼하려고 일 년 반 동안은 완전 난 자살하고 싶었어요. 진짜 완전 정말 장난 아니었어요. 저는 그 시기가 오래됐잖아요. 지금 당장 이혼하신 분한테 물어보면 아마 자살하고 싶다고 생각할 거예요. 내가 굉장히 상태가 많이 안 좋을 때였죠. (이혼자 C의 사례)

알렌(2005)은 외상의 핵심을 두려움과 혼자라는 느낌이라고 강조한다. 이혼자 L은 유독 외로움을 많이 탄다고 고백했다. 그녀에게 있어서 외로움의 이슈는 이혼 경험을 가장 고통스러운 아픔으로 해석하는 근거가 된다.

[혼자됨의 고통]

저는 이혼이라고 생각해요. 우리 딸도 그렇게 아파 봤고, 엄마의 상처도 있고, 부모님도 그렇게 돌아가셨지만 내가 한 가정에 소속되어 있었잖아요. 거기서 떨어졌구나……. 저는 그게 제일 크다고 생각해요! 여러 사람 앞에서 결혼한다고 살겠다고 선포하고 부모나 친척에게 다했잖아요. 거기서 떨어져 나왔구나. 저는 부모의 돌아가심보다 저한테는 그게 제일 커요. (이혼자 L의 사례)

이혼자 H 역시 이혼을 최고의 고통스러운 사건으로 기억하는데, 그녀에게 있어서 이혼 사건은 혈육인 자녀와의 영원한 이별을 말하는 것이기에 찢어지는 아픔이라고 다음과 같이 묘사한다.

[분리의 고통]

최고죠! 그거는 진짜 다시는 겪고 싶지 않은……. 저 같은 경우에는 자식을 못 보니까 이건 찢어지는 아픔이에요. 살을 찢는 거랑 마찬가지예요. 그게 가장 커요. (이혼자 H의 사례)

이혼자 I와 J에게 있어서 이혼 사건이 최고의 스트레스인 이유는 되돌릴 수 없는 현상이기 때문이다. 그들에게 이혼은 자신들의 삶을 무너져 내리게 만들어 스스로의 힘으로는 다시 일어설 수 없게 만드는 경험이다. 한마디로 절망 경험인 것이다. 배우자의 신뢰를 얻는 것이 그녀의 노력에 의해 될 수 없다는 것을 깨닫는 순간 삶의 낙심을 경험했다. 세상에서 내 노력으로 되지 않는 것이 있구나 하는 한계성에 대한 자각은 절망과 좌절감을 안겨 주어 이혼을 가장 고통스러운 경험으로 인식하게 만들었다. 한계성과 유한성에 대한 자각은 영적인 문제와 연결되기 때문에, 이들의 치유와 회복은 영적인 차원에서의 접근과 돌봄이 필요하다.

[절망감]

제일 먼저라고 생각해요. 그런 고통이 어떤 거냐고 하면 내 자신이 패배감을 주는 거니까……. 자존감도 상실되고. (다른 고통은 그 정도까지는 아닌 건가요?) 그렇죠. 다른 고통은 그 정도까지는 아닌 거죠. 그렇죠. 완전히 인생의 결론까지 내린 상태가 되어 버린 거니까 아무리 아버지하고 적대적인 관계가 있다고 하더라도 완전히 자존감을 상실하지 않았거든요. 이혼을 통해서 완전히 무너진 거죠. (이혼자 I의 사례)

[삶이 무너짐]

1위! 모든 게 다 신뢰를 바탕으로 하잖아요. 거래도 마찬가지고 사람관계도 마찬가지고 근데 그 신뢰가 무너졌다는 게 세상이 무너진 것 같아요 느낌이. 그리고 일을, 돈 같은 경우에는 내가 이 일을 못하면 다른 일을 하면서 신뢰를 쌓을 수 있고 다른 일을 하면서 내 노력에 대해서 대가를 받을 수 있는데, 이 사람에 대한 신뢰는 내가 노력해서 되는 게 아니라는 게 되게 컸던 것 같아요. 내가 노력을 많이 했거든요. 결혼하고 나서도 잘 살아 보려고 진짜 노력을 많이 했는데 그게 저랑 안 맞았던 것 같아요. (이혼자 J의 사례)

3) 외상 후 스트레스 장애 및 스트레스 장애

이혼의 심각한 결과는 극단적으로는 외상 후 스트레스 장애로까지 발전할 수 있다(Godleski, 2010). 이혼에 대한 스트레스 장애 관점은 좀 더 병리학적이고 진단적인 입장에서 이혼의 고통을 바라보는 관점이다.

외상적인 경험의 범위는 한계가 없고 외상적 사건의 유형, 심각도, 기간에 따라 외상 후 스트레스의 임상적 차이가 있다. 이혼 역시도 마찬가지이다. 이혼의 유형과 이혼의 심각도 이혼에 걸리는 기간 등에 따라 이혼으로 인한 외상 후 스트레스 장애 및 스트레스 장애와 같은 심각한 경험을 할 수도 있다. 외상 후 스트레스 장애 혹은 외상으로 인해 유발되는 스트레스 장애의 주된 증상은 재경험하기, 과각성, 회피와 마비 등이다(Allen, 2005/2010).

(1) 재경험하기

이혼과 같은 외상을 경험한 사람들은 그 사건에 대한 영상, 생각, 지각 등이 반복적이고 침습적으로 떠오르다. 이혼 이후 이혼자들은 이혼의 과정에서 겪었던 고통스러운 상황이 자꾸 떠올라서 힘들었다고 고백한다. 그리고 반복적으로 발생하는 괴로운 꿈과 당시의 느낌과 사건을 다시 경험하는 것과 같은 지각과 착각, 환각 때문에 심리적인 고통과 혹은 생리적 재반응이 일어난다. 한 이혼자의 경우 자신의 이혼 경험에 대한 인터뷰를 하기로 약속하고, 보내 준 질문지를 보고 난 다음, 당시의 고통스러운 감정과 생각 등이 떠올라 도저히 인터뷰에 응할 수 없다고 거절했다. 이처럼 끊임없이 이혼과 같은 외상의 기억과 경험이 가라앉아 있다가, 어느 순간 의식 속으로 불쑥 찾아와서 괴롭히는 것이 외상의 재경험이다. 외상의 재경험 증상에는 수면장애도 포함된다. 고통스러운 외상의 기억은 악몽을 통해서 반복된다. 또한 우울증은 수면장애를 일으키는데, 이혼으로 인한 고통은 불안과 공포를 일으켜 수면을 방해하고, 우울증으로 인한 수면 박탈 효과를 악화시킨다.

이혼자 F의 사례는 이혼으로 인해 죽을 것 같은 두려움과 방임에 대한 고통을 호소하는데, 이는 외상을 재경험하는 전형적인 모습을 보여 준다.

[죽을 것 같은 고통]

최고일 거예요. 정말이에요. 다른 거는 내가 마음이 아프다는 느낌이……. 아내가 집을 나간 뒤 그 기간 동안 저는 죽을 것 같은 느낌으로 계속 아팠어요. 헤어진다는 것이 저한테는 죽음이었어요. 매일매일 죽을까 봐 두려워서 맨날 울고 그랬어요. 너무 울고 넘어간 적도 있었고, 공황발작도 있었고 그리고 너무 정말 어려운 말씀이지만 실존의 기로에서 하루하루 죽느냐 사느냐 그게 되게 무서웠어요. (이혼자 F의 사례)

(2) 과각성

외상 후 스트레스 장애의 두 번째 특징은 과각성이다. 외상으로 매우 민감하게 되어 잠들지 못하거나, 집중 곤란, 지나친 경계, 과장된 놀람, 분노 폭발 등의 반응을 나타낸다. 과각성 증상은 신경계가 민감화되어서 두려움과 분노를 쉽게 유발하며 다수의 생리적인 반응들이 신체기관을 통해 표현된다. 심장의 두근거림과 같은 순환계, 다양한 통증을 보여 주는 신경근육계, 메스꺼움, 구토, 복통 설사를 일으키는 소화계, 호흡곤란, 불규칙한 호흡을 일으키는 호흡계 등을 통해 다양하게 나타난다. 불안은 위협적인 상황에 과도하게 주의를 기울여서 과각성을 불러일으킨다. 침습적인 기억에 집중하는 것도 과각성에 영향을 준다. 플래시백과 공황 발작에 대한 공포도 불안을 일으킨다.

이혼자 H는 이혼만 생각하면 분노와 억울한 마음이 생겨서 잠을 이룰 수 없을 정도로 힘들었다고 토로한다.

> 밤에 잠을 못 잤어요. 계속 뭐 하나 생각하면 너무나 많은 것을 겪었으니까 꼬리에 꼬리를 물고 그래 가지고 분노, 화나고 억울한 것 때문에 차마 잠을 잘 수가 없었던 거예요. 거의 일 년 정도 지속됐어요. 저는 그때 병원을 가야 되나 이런 생각을 했어요. 내가 이걸 누군가에게 숨길 게 아니라 내가 치료를 받고 건강하게 되어 내 아이를 키워야 된다는 그런 생각을 했어요. (이혼자 H의 사례)

A 역시 이혼의 극심한 스트레스로 인한 과각성 증상으로 잠들지 못하는 불면의 어려움을 토로했다.

> 잠이 안 오는 게 거듭되다 보니까 그게 사람으로서 살아갈 수 없는 상태, 멍한 상태, 맨날 잠이 안 오니까 일하러 갔는데도 일할 수가 없는 거예요. 밤새고 나서 갔더니 일도 안 되고 초점도 흐려지고 난 여기서 잘렸으면 좋겠다. 난 하고 싶지 않다. 견딜 수 없이 너무 괴로워서 밤에 잠을 자지 못하니까 낮에 누워 있어요. 밤에도 누워도 잠이 안 오고 이래도 나갔는데 활동을 할 수가 없는 거예요. (이혼자 A의 사례)

(3) 회피와 마비

외상 경험은 침습적인 증상과 마음의 각성을 일으킨다. 이런 공격에 대비하기 위히여 자기 보호 반응으로서 외상과 관련된 자극을 지속적으로 회피하고 반응을 마비시키는 행동을 하게 된다. 외상을 경험한 이혼자들은 이혼과 연관된 생각, 느낌, 배우자를 떠올리게 하는 장소와 활동, 연관된 사람들을 피하려는 노력을 한다. 더불어 외상을 회상하게 만드는 상황, 특정한 활동에 관하여 현저하게 감소된 흥미나 참여, 사람들과의 분리된 느낌, 제한된 정서, 미래가 축소된 느낌 등을 갖는다.

따라서 외상 후 스트레스 장애가 장기화되면 삶이 위축되고 제한된다. 한 이혼자는 이혼 이후 새로운 직업을 얻어 잘 생활하고 있다가도, 이혼과 연관된 인터뷰나 대화를 하려고 하면 지속적으로 회피하는 증상을 보였다. 이혼 후 적응의 과정에서 물질 남용의 문제가 일어나기도 한다. 지나친 음주와 흡연에 몰입하여 외상 후 스트레스로 인한 불안과 두려움을 떨치고자 한다. 항불안제, 대마초나 각종 마약류, 마취제 등에 의지하는 것은 각성을 무디게 하여 고통을 회피하거나 둔감화시키는 전략들이다.

침습적 기억을 차단하기 위해 외상적 상황을 떠오르게 하는 기억들을 회피하는 것처럼 과각성을 중화시키기 위하여 정서적 반응을 마비시키기도 한다. 엔도르핀이나 내인성 아편제가 통증을 차단해 주는 것과 같이 마비의 신경생물학적 기제는 스트레스가 유도한 통증 차단이 무통을 느끼게 하는 것이다. 외상 후 스트레스 장애는 침습적 증상과 회피, 과각성과 마비의 조합이라는 정서를 초래한다. 외상 후 스트레스 장애를 가진 사람들은 즐거운 감정을 경험하는 것을 어려워하고, 다른 사람들이 보기에 정서적으로 냉담하고 고립되며, 무반응을 보인다.

이혼자 A의 사례는 이혼의 스트레스로 인한 지속적인 회피 반응과 생리적 반응을, 이혼자 F는 마비 반응의 경험이 어떤 것인지를 잘 나타내 준다.

[회피]

그 이후에 제가 2~3년은 바깥 생활을 못했어요. 처음에는 제가 숨기고 말을 안 했으니까~ 이혼녀 딱지가 붙는 것을 참을 수가 없었어요. 그래서 제가 3년이 지날 때까지 말을 못했어요. 그리고 혈압이 너무 떨어져서 일상생활이 가능하지 않다고 의사가. 일어나서 앉아 있을 수도 없었어요. 그래서 너무 힘드니까 받아들이기가 힘들어서 하여튼 너무 아팠어요. 몸으로 와서 살 수가 없었어요. 지금보다 8~9kg이 안 나갔으니까. (이혼자 A의 사례)

[마비]

또 하나의 변화가 그때 너무 많이 울었거든요. 약간 감정 표현이 닫혔어요. 사람들이 저보고 약간 그래요. 감정 표현이 좀 덜한 것 같다고……. 정서적인 표현을 잘 못해요. 그래서 저는 머리로는 이제 안에서는 하는데, 표현이 확 잘 안 되고 대화할 때 힘든 것이 상대방의 이야기를 듣고 공감을 해 주잖아요~ 저도 모르게 되게 위축된 공감을 해줘요. 그땐 고민도 좀 많이 했고, 지금은 말로 대신 그냥, 제가 표현이 안 되면 말이라도 막 그렇게 해 주는데 그게 좀 심했었어요. (이혼자 F의 사례)

2. 자유와 해방 경험

이혼자들이 이혼 후 고통스러운 감정만을 느끼는 것은 아니다. 아주 역설적으로 오히려 긍정적인 정서의 해방감, 자유로움, 안정감 등을 경험하기도 한다. 아마토와 호만-메리어트(Amato & Hohmann-Marriott, 2007)는 고통스러운 결혼생활 이후 이혼한 사람들은 행복감을 느낀다는 연구 결과를 통해서 이를 증명했다.

특별히 결혼생활 내내 큰 갈등을 겪었거나, 오랜 부부생활의 다툼 끝에 이혼을 한 경우에는 의외로 정서적 해방감과 자유로움을 크게 느낀다. 왕과 아마토(Wang & Amato, 2000)의 연구 결과는 이혼을 먼저 시도한 배우자가 이혼 이후 적응을 잘한다고 보고하고 있다. 아마도 이혼을 먼저 준비하면서 마음의 정리를 했기 때문에 정서적으로 덜 힘들 수 있다.

덧붙여 이혼을 하는 당시 감정이 얼어붙어 정서적으로 큰 고통을 느끼지 못한 채 이혼의 과정을 보내는 사람도 있다. 아마도 고통으로부터 자신을 보호하기 위하여 무의식적으로 방어기제를 작동시켜 감정을 무디게 만들었을 것이다. 또한 결혼생활에서 큰 흥미나 만족이 없었던 배우자의 경우 이혼 후 감정의 변화가 없이 무덤덤한 반응을 보인다.

이혼자 C는 이혼 전에는 죽을 것 같은 고통으로 이혼하려고 몸부림을 쳤다. 그러나 이혼이 되고 난 후에는 전혀 고통스러운 감정을 느끼지 못했을 뿐만 아니라 이혼을 먼저 시도했기 때문에 편안함과 해방감을 느꼈다고 묘사한다.

[편안함]

매일 싸우던 사람이 없어졌기 때문에 정서적으로는 안정이 됐어요. (이혼자 B의 사례)

[해방감]

하고 나서는 후련했어요. 시원했어요. 완전 자유다. 이제 내가 뭔가를 할 수 있겠다. 일단 어찌 됐건 간에 남편이 있었을 때는 남편 눈치도 보고 남편 기분이나 그런 거 상태들을 되게 신경 쓰고 제 딴에는 신경 썼던 성향이었기 때문에 남편도 안 보고 뭔가를 할 수 있는 내가 하고 싶은 거를 할 수 있다라고 생각을 했기 때문에 후련했어요. 그래서 이혼하는 당일날 접수를 바로 했거든요……. (이혼자 D의 사례)

[감당할 만함]

저는 이혼하고 나니까 훨씬 더 편해요……. 이혼했을 때의 강도는 그렇게 세지 않다고 봐요. 그전에 충분히 고통을 맛봤기 때문에요. 오히려 이혼할 때는 그렇게 다른 사람들이 책에서 보는 것처럼 심하지는 않았어요. 이혼하고 나서 그 여파지요. (이혼자 G의 사례)

[후련함]

전혀 그거는 힘들지 않았어요. 되게 시원했어요. 그러니까 시원하고 상대방한테만 미안했죠. 일단 남자로서 남편으로서 잘 자리매김을 해야 했는데 내가 너무 준비가 되지 않은 상태에서 너무 낭만만 가지고 결혼을 해서 그래서……. 근데 정확한 성찰은 지금까지도 상대방에 대한 원망은 일도 없어요……. 힘든 거나 고통스러운 거는 없었고 후련하다, 많이 배웠다! 결혼은 이런 거구나! 어, 고통지수를 만점 10점으로 봤을 때 2점! 아주 일찍 정리해서 아주 잘된 거죠. (이혼자 K의 사례)

이혼 후 고통에 시달리기도 하지만, 오히려 많은 이혼자는 이혼을 하기 전 과정에서 대부분의 고통스러운 감정과 어려움을 겪는다. 그래서 막상 이혼이 결정되었을 때는 특별한 감정을 느끼지 못하고 감정이 무디어져 무덤덤한 느낌을 갖기도 한다. 이혼자 C는 앞에서 언급한 것처럼 이혼 직후에는 너무 편안하고 좋았으며, 이혼 전 과정이 힘들었기 때문에 이혼이 막상 되고 나서는 감정을 못 느꼈다고 고백한다.

[무감정]

네, 저는 지금 생각해 보면 이혼하려고 했던 1년 6개월 기간은 삶이 아니에요. 삶이 아니고 사람도 아니고, 일도 안 되고, 이혼해서는 오히려 그때에 비하면 별로 힘든 건 없죠. 모르는 게 많은 것 같아요. 내 감정을 내가 못 느끼는 게 대부분의 이혼한 분이 그럴 거예요. 그러니까 그냥 살아야 되니까 나같은 경우는 경제적인 문제는 없지만, 대부분은 경제적인 문제가 생기잖아요. 특히 애 같은 경우. 살아야 되니까 그냥 사는 거죠. 벌어야 되고 바쁘게 움직이는 거죠. 두 사람이 할 몫을 혼자 다 해야 되다 보니까 그러다 보니까 자기가 이혼해서 힘들다거나 이런 거 잘 모르고 그냥 막 하는 거죠. (이혼자 C의 사례)

[감정의 변화가 없음]

애들한테 미안했어요. 통지를 받고 가서 신고하잖아요. 애들한테 되게 미안했어요.

이 사람하고 오래 그런 관계가 있어서 그런지 그냥 뭐 내가 살던 대로 사는 거지 특별하게 마음에 감정적인 그런 자신이 있었으니까 내가 이혼을 마음먹었을 때는 이 사람이 없어도 내가 살겠다잖아요……. 응, 원래 있으나 마나였기 때문에 난 혼자 살 자신이 있었어요. 그래서 그냥 살던 거 계속 사는 거다. 특별한 마음의 동요나 그런 건 없었어요. (이혼자 E의 사례)

3. 이혼 후 부적응 문제

이혼은 해방감 및 자유로움을 안겨 주는 긍정적인 결과 외에도 미래에 대한 불안과 그로 인하여 삶의 적응 과정에서 여러 가지 문제점을 발생시킨다. 이혼 후 적응을 위하여 제일 처음 시도하는 대처 방법이 주로 술과 담배와 같은 약물의 오남용이다. 이혼자 I는 이혼의 고통을 이겨 내기 위해 거의 매일 술과 담배를 했다고 이야기한다.

저는 그때 주로 술과 담배죠. 중독이죠. 하루에 한 모금이라도 안 마시면 잠을 못 자는 거였으니까. 소주, 막걸리 이렇게 가리지를 않았으니까. 제가 몸에 좋고 그러면 보통 때는 술 먹으면 제가 또 한 세 병. 소주 적게 먹으면 두 병. 그걸 10년 정도 먹은 거죠. 흡연은 담배는 두 갑. 두 갑도 적게 피는 거죠 그때는. 지금 생각하면 도움이 안 된 것 같아요. 제가 우울증이나 분노가 이렇게 오잖아요. 술을 먹으면 상처를 잊어버리려고 취해요. 아무 고통 없이 자요. 또 마음에 분노가 일어날 때는 진짜 피면 속이 좀 메스껍지만 그땐 좀 가라앉아요. 이혼한 사람치고 술담배 끊는 사람 없어요. 그때 하고 있었는데 더 강화됐죠! (이혼자 I의 사례)

그리고 자신의 삶에 대한 통제를 상실하기도 한다. 이혼 이후 삶의 위기와 관련된 연구 결과에 따르면 이혼 또는 별거 후의 기간이 반복적으로 알코올과 약물 사용, 정신병, 자동차 사고, 자살, 이른 사망의 증가와 연관성이 있는 것으로 나타났다(Amato, 2000).

심지어는 공동체 안에서 별거, 이혼의 유행이 살인에 영향을 주는 가능성 사이에 대한 상관 관계적 연구도 있다(Schwartz, 2006). 중앙일보 2019년 7월 8일자 사회면에 실린 기사의 내용은 이혼으로 인한 살인사건의 비극적 소식을 전하고 있다. 한국 사회 역시 이혼 이후 폭력 및 살인과 같은 범죄가 끊이지 않고 있다.

> 부부가 이혼을 해 남이 된 이후에도 폭력이나 살인 사건이 일어나는 경우가 꽤 있다. 양육비나 위자료 등이 얽혀 이혼 과정에서 서로 감정이 상하는 일이 많은 데다 이혼 후에도 상대방의 사생활을 존중해 주지 않고 집착하는 일이 생긴다는 것이다. 특히 전(前) 부부 사이에서 발생하는 범죄는 우발적이라기보다 계획적으로 이뤄지는 일이 많다. 실제 고유정은 전 남편을 살해하기 전 미리 흉기와 졸피뎀을 준비한 것으로 알려졌고, 살해 뒤에도 시신을 훼손하고 유기하는 등 참혹한 범행을 저질렀다. 지난해 10월 서울 등촌동의 한 아파트 주차장에서 전처를 살해한 김모(50) 씨도 범행 전 장소를 여러 차례 답사하고, GPS로 아내를 추적하는 등 치밀하게 범죄를 준비했다. 김성순 법무법인 한일 변호사는 "함께 있는 시간이 많은 부부 사이에선 주로 우발적 범죄가 벌어지는 일이 많지만, 오히려 물리적 거리가 있는 이혼 부부 사이에선 골 깊은 원한에 따른 계획 범죄가 벌어지는 사례가 많다"고 설명했다(중앙일보, 2019. 7. 8.).

4. 복합적 변화 과정

아마토(Amato, 2000)는 이혼을 단일한 사건의 경험일 뿐만 아니라 이후의 과정에서 다양한 영향을 끼칠 수 있는 변화의 과정으로 이해하였다. 이혼의 특징상 어느 시점을 기준으로 시작과 끝을 정확하게 구분할 수 없다. 최종적인 이혼은 부부간의 갈등으로부터 먼저 시작되며, 그로 인하여 별거 혹은 부부의 분리가 진행되고, 그 과정에서 협의로 끝나거나 혹은 재판과 같은 소송으로 마무리된다. 그래서 부부가 이혼을 하기로 마음먹고, 개시하여 최종 이혼이 되기까지는 최소 몇 달에서 재판에 넘겨질 경우 몇 년이 걸린다. 그렇기 때문에 이혼을 일회적인 단일 사건으로만 보기는 어렵나. 따라서 이혼은 이후 가족 구성원 모두의 삶에 일생 동안 다양한 영향을 끼쳐 그들 삶의 변화에 작용한다. 따라서 이혼은 일회적인 사건으로만 끝나는 것이 아니며 한 개인의 총체적인 삶을 지배하고 변화에 작용하는 과정적인 단계로 이해해야 할 필요가 있다.

이 이론에 대한 전망은 1990년대에 처음 시작되었으며(Capaldi & Patterson, 1991; Wu & Martinson, 1993), 이후 이 이론에 대한 지지적 연구들이 계속되고 있다. 이혼을 경험한 아동들은 이후 삶의 변화 과정에서 여러 가지 경험을 하게 되는데, 이혼은 아동의 복지에 영향을 미치는 변수가 되며, 이후 다양한 변화과정을 보여 준다. 아동기 동안 가족의 구조적 변천들은 약물남용(Cavanagh, 2008), 표면화된 문제들과 비행일탈행동(Fomby & Cherlin, 2007), 학업성취(Hill, Yeung, & Duncan, 2001; Martinez & Forgatch, 2002), 심리적 행복(Amato, 2003), 미혼 출산(Hill et al., 2001), 그리고 성인기 관계의 불안정성(Wolfinger, 2000)과 어린이들의 문제행동들(Cavanagh & Huston, 2006; Osborne & McLanahan, 2007)과 연관이 있다. 따라서 이혼은 이후 가족 구성원들 특히 자녀들의 삶에 지속적으로 영향을 미치는 사건임을 명심해야 한다. 그런 점에서 이혼은 단회적인 사건을 넘어서는, 개인과 사회에 다양한 영향을 미칠 수 있는 지속적이고 복합적인 경험으로 이해할 필요가 있다.

5. 이혼의 다양한 모습

우리나라에서 이혼의 방법은 협의상 이혼과 재판상 이혼 두 가지가 있다. 협의상 이혼은 부부가 이혼과 자녀양육에 관한 내용을 협의하고 그 내용을 기재한 서류를 가정법원에 제출한다. 그리고 판사의 확인을 받아 관할 시 ·

구청, 읍, 면사무소에 이혼 신고를 함으로써 혼인이 해소되는 제도이다. 이 제도는 우리나라와 일본에만 있는 제도이며 처음에는 부부가 이혼 신고만 하도록 되어 있었는데, 1977년 민법이 개정되면서 법원의 이혼의사 확인 절차를 밟아 법원의 개입을 받도록 한 것이다(장창국 외, 2011).

재판상 이혼은 부부 간에 이혼 협의가 되지 않을 때(예를 들어, 상대방이 이혼을 거부하거나 행방불명이어서 협의가 불가능할 때, 협의상 이혼의사 확인기일에 불출석할 때 등) 법원이 개입하여 강제로 이혼을 시키는 제도이다(장창국 외, 2011).

따라서 이혼은 법률적인 형태를 띤다. 그러나 법률적인 이혼 외에도 부부가 결혼을 하고 나서 가정을 꾸렸다가 이혼을 하게 되는 경우 단순하게 법률적인 이혼의 모습만 있는 것은 아니다. 앞서 지적했듯이 이혼은 복잡성을 띠고 있으며, 다양한 변화의 과정이 개인의 삶에 일어난다. 이혼자들은 법적인 이혼으로 관계가 정리되는 것이 아니라, 이혼 과정에서 겪는 다양한 경험의 분리를 통해서 완전한 이혼에 이르게 된다. 다양한 이혼의 모습은 이혼 이전부터 시작하여 이혼 이후까지 일어나는 분리 경험들이다. 톰슨(Thompson, 1988/1995)은 이혼의 여러 가지 모습을 다음과 같이 소개한다.

1) 정서적 이혼

이혼은 정서적으로 매우 충격적인 사건이다. 이혼의 결과 이혼자들은 다양한 부정적인 정서 경험을 한다. 그들이 겪는 다양한 부정적 정서들은 결혼생활의 갈등에서부터 시작된다. 그리고 결혼생활의 과정과 이혼 이후에도 크게 나타난다. 유명한 가족치료사인 버지니아 사티어(Virginia Satir)는 이혼을 외과수술에 비유하여 개인의 삶이 부서진 것으로 보았다. 이혼 후 자신의 삶을 잘 살아내기 위해서는 부서진 조각들을 잘 모을 수 있어야 하며, 그 시기에는 절망, 복수심, 실망, 무기력함, 희망 없음 등을 강하게 경험한다고 말하였다.

사티어는 이혼 단계를 죽음의 과정에 맞서 싸우는 사람들이 경험하는 것과 유사한 것으로 이해했다. 이혼이 일어났지만 그것을 받아들이지 못한 채 부정한다. 그리고 자신의 삶에 일어나는 어려움을 상대 배우자 탓으로 돌리며 분노한다. 그다음 현실의 삶을 받아들이기 위해서 타협하는 과정을 거친다. 그러고는 자신의 삶을 돌아보면서 후회도 하고 죄책감도 느끼며 우울에 빠진다. 마지막으로 결국 그 모든 상황을 받아들이며 자신의 삶을 수용하는 단계에 이른다.

브루스 피셔(Bruce Fisher)는 이혼의 관계를 버리는 사람과 버림받는 사람으로 묘사한다. 버리는 사람은 죄의식과 함께 예상치 못한 경제적, 법적 어려움 등으로 충격과 분노를 경험한다. 반대로 버림받는 사람은 상실과 슬픔, 분노, 배신감 등을 강하게 느끼며 자신의 삶이 부적절하다는 생각에 빠진다. 비록 이혼으로 인해 관계가 끝났음에도 불구하고 정서적인 미련으로 관계를 끝내지 못한 채 살아가는 이혼자들은 관계가 완전히 끝났다는 것을 받아들일 때 완전한 이혼이 이루어질 수 있다. 이혼 후 자신의 감정을 잘 들여다보고, 그 감정을 돌봄으로써 감정의 문제를 해결할 때 그는 자신의 삶을 다시 살아갈 수 있게 된다.

2) 경제적 · 공동양육의 이혼

정서적 이혼, 법적 이혼과 더불어 경제적 · 공동양육의 이혼이 있다. 현재 협의상 이혼이든 재판상 이혼이든 이혼을 결정하는 과정에서 친권자와 양육자 지정, 양육비, 면접교섭, 위자료, 재산분할 등이 논의되고 결정된다. 따라서 이혼이 되고 난 후에는 대부분의 이혼자는 경제적으로 수입이 감소한다. 부부가 공동으로 관리해 온 재산은 분할로 인해 재산의 가치가 줄어든다. 공동 재산을 나누기 위해 집과 차를 팔기도 한다. 한쪽 부모는 자녀를 양육하는 부모에게 매달 양육비를 지급해야 한다. 자녀양육을 맡은 부모가 경제활동을 하지 않았다면 직장을 찾아야 할 수도 있다. 모든 면에서 이혼은 경제적 삶의 축소를 가져온다. 그리고 함께 자녀를 양육했다면 이제 정해진 부모만이 자녀를 맡아 양육하게 된다. 이혼이 되는 순간 모든 경제적인 자산가치가 절반으로 줄어든다. 자녀들은 어쩔 수 없이 한 부모와 함께 생활할 수밖에 없다. 간혹 이혼을 했음에도 불구하고, 재산을 나누지 못해서 한집에서 사는 경우도 있다. 또한 어린자녀에게는 이혼 사실을 숨긴 채 배우자가 직장일로 멀리 떠났다고 전달한다. 이럴 경우 이혼의 후유증에서 벗어나기 어렵다. 따라서 법적 · 경제적 문제와 더불어 자녀양육에 대한 협상을 잘 정리하여 결혼생활이 끝났음을 받아들여야 한다.

비록 부부간의 갈등으로 이혼을 하게 되지만, 이혼하는 과정에서 자녀의 복지를 위하여 경제적인 부분과 양육에 관련된 부분을 잘 정리하는 것이 중요하다. 부모의 이혼 과정에서 큰 상처를 입은 자녀들의 경우 공격적인 행동이나, 우울증, 자살시도를 통해서 부모를 재결합시키려는 환상을 가지기도 한다. 비록 부모가 이혼했을지라도 자녀들에 대한 사랑은 변함없다는 것을 재산분할과 친권자 및 양육자 지정, 양육비 결정 과정에서 보여 줄 수 있어야 한다.

3) 공동체와의 이혼

이혼은 공동체와의 분리를 야기한다. 친구, 친척, 동료, 동아리 모임, 교회공동체 등 다양한 사람이 결혼생활이 끝났음을 알게 된다. 이혼 후 적응은 이혼 당사자뿐 아니라 그를 둘러싸고 있는 가족과 친척, 친구, 공동체 식구들에게도 필요하다. 부부가 같은 학교, 직장, 공동체 등에서 만나 결혼을 한 경우, 이혼 이후 더 큰 어려움을 겪는다. 이후 생활 환경이나 직업 생활 속에서 계속 그들을 만나야 할 때 상대 배우자의 소식을 접하기 때문에 불편하다. 친척이나 친구들 혹은 동료들은 어느 편에 서야 할지에 대해서 고민하게 된다. 이혼한 한 여성의 경우 이혼 후 친구 집에 방문했는데, 남편이 퇴근할 무렵 자신을 경계하여 서둘러 집에서 떠나게 해 마음이 상했다고 털어놓았다. 또 오랜 시간 다닌 교회 공동체에서 이혼 소식을 알고 사람들이 뒤에서 쑥덕거리는 것을 보면서 어쩔 수 없이 교회를 떠나야만 했다고 고백하는 목소리도 있다. 윤리, 도덕적으로 엄격한 규율을 가진 직장에서 이혼 후 더 이상 견딜 수 없어 떠날 수밖에 없었다고 호소하는 이혼자도 있다. 이혼은 배우자를 잃는 동시에 직업과 오랫동안 속해 왔던 공동체와의 이별을 경험하게 만든다.

4) 심리적 이혼

앞서 소개한 정서적 이혼은 이혼이 개시되면서 느끼고 경험하는 고통스러운 감정들을 말한다. 가족 구성원 간에 결합되어 있던 정서들이 떨어져 나가면서 느끼는 감정의 경험들이다. 심리적 이혼이란 모든 이혼이 끝나고, 더 이상 과거의 결혼생활이나 이혼 과정에 대한 미련이 없는 상태를 말한다. 대체로 심리적 이혼은 이혼하자마자 바로 일어나기도 하지만 모든 법적 절차가 끝난 지 몇 주 혹은 몇 달이 지나서야 이루어진다. 심리적 이혼이 이루어지지 않은 사람은 여전히 한쪽 배우자를 잊지 못하고 재결합하려고 노력하거나, 양육하지 않는 자녀를 돌보는 방법이나 사회생활을 알아보려고 애쓴다. 이혼을 했음에도 불구하고, 심지어는 새로운 가족을 구성한 이후에도 이혼 전 배우자나 가족에 대한 그리움과 집착에서 벗어나지 못해 현재의 삶을 살지 못하는 경우들도 있다. 시간이 지나고 새로운 가족을 구성하게 될 때 이 행동은 사라지고 최종적으로 수용이 이루어진다.

5) 영적인 이혼

이혼을 경험한 사람들 중에는 그들이 종교를 가지거나 신앙생활을 하지 않을지라도 영적인 어려움에 빠질 수 있다. 이혼을 통해서 삶에 대한 의미를 상실하거나 죄책감으로 힘겨운 시간을 보낼 수 있다. 서로에 대한 잘못에 대하여 회개와 용서가 필요하지만 극단적인 미움에 빠져 고통을 겪을 수도 있다.

심각한 경우에는 자신의 존재에 대한 의미를 잃어버리고 절망적인 선택을 시도하기도 한다. 그런 점에서 이혼은 영적인 문제와 연관성이 있다. 특별히 종교를 가진 신앙인들의 경우 이혼과 더불어 그들이 속해 있던 종파나 신과의 관계에서 단절을 경험하기도 한다. 따라서 이혼을 돌보는 상담가나 돌봄 제공자는 이혼자의 영성을 다루는 것이 중요하다. 그들의 영혼이 파괴되지 않고 다시 회복될 수 있도록 개인이 추구하는 영적 관계에서 참회와 화해, 용서가 이루어지도록 도와야 한다.

이혼 후 건강

1. 정신건강

이혼을 경험한 사람들은 동일한 과정을 통해 이혼에 이르게 된 것이 아니라 각자 다양한 이혼의 원인과 이유 그리고 배경을 가지고 있다. 그리고 이혼에 대한 적응은 매우 개성화된 과정으로 이해할 수 있다.

아주 극심한 결혼관계의 갈등을 겪다가 헤어진 사람들은 이혼 후 해방감을 느끼거나 행복감이 개선되기도 한다. 그러나 여러 연구 결과에 따르면 대체로 이혼을 경험한 사람들은 이혼의 결과로 우울증, 괴로움, 정서적 혼란, 위축된 자아존중감, 감소된 자기효능감, 정체성 위기, 배신감, 죄책감, 분노와 같은 부정적 심리 상태에 직면한다. 이혼 경험은 대체적으로 힘들고 고통스러운 과정으로 정신건강에 영향을 끼친다.

모든 이혼자가 외상 후 스트레스 장애 정도로 심각한 고통을 겪는 것은 아니지만, 그래도 삶 속에서 체험할 수 있는 가장 큰 스트레스 경험일 수 있다.

홈즈와 라헤가 만든 삶의 변화 척도에 따르면 이혼은 배우자 사별 다음으로 가장 심각한 스트레스 경험으로 알려져 있다.

이혼 후 심리적 스트레스를 경험하는 시기와 관련하여 가드너와 오스왈드(Gardner & Oswald, 2006)의 연구에 의하면 가정이 붕괴되어 다시 혼자가 됨으로써 마주하게 되는 심리적 스트레스는 이혼을 하기 전 2년 동안 증가하고, 이혼을 하는 그해에 최고조에 이른다. 또한 남성은 이혼한 그때 정신적 압박감이 가장 높은 반면, 여성들은 이혼 전과 이혼 이후에 스트레스 수준이 높다.

이혼자의 스트레스를 결혼 상태에 있는 사람과 비교한 연구들도 있다. 얼과 스미스 등(Earle, Smith, Harris, & Longino, 1997)은 이혼 후 즉시 정신건강에 도전을 받으며 결혼한 사람보다 헤어진 사람들이 3~4배 더 우울해질 수 있다고 주장한다. 아마토(Amato, 2000) 역시 이혼한 남성과 여성이 결혼생활 시절보다 더 낮은 수준의 육체적 정신적 건강상태를 지닌다고 보았다. 또한 결혼한 사람들과 비교하여 이혼한 사람들이 더 많은 우울증과 불안한 증상, 건강 문제와 약물 사용, 사망률에 대한 더 큰 위험요소가 있다는 것을 보여 준다. 그러나 또 다른 연구는 재혼과 이혼 상태에 있는 사람의 스트레스 수준에 큰 차이가 없음을 보여 주는 사례도 있다. 가드너와 오스왈드(Gardner & Oswald, 2006)에 따르면 재혼한 사람과 이혼한 지 2년째에 있는 사람의 스트레스 수준을 비교했을 때 정신건강에 차이가 없음을 발견했다. 그러나 이혼 후 결혼하지 않고 살아가는 배우자들이 결혼한 그들의 이전 배우자보다 더 우울해질 수 있다는 일관적인 연구 결과들도 보고되었다(Björkenstam, Hallqvist, Dalman, & Ljung, 2013).

이혼자의 성별에 따른 건강의 차이에 대한 연구들도 있다. 이혼한 사람들의 우울증상에 대한 남녀의 차이에 대한 비교연구에서는 남성보다 여성에게 더 강한 우울증상이 나타났다(Kalmijn & Monden, 2006). 그러나 반대로 이혼과 육체적 건강 그리고 사망률 사이의 연관성은 여성보다 남성에게 더 강한 관련성이 있었다(Amato, 2010).

남성과 여성이 이혼으로부터 유발되는 스트레스를 겪는 시간대의 차이에 대한 바레트(Barrett, 2000)의 연구 결과에 따르면 첫 번째 이혼 경험자들보다 두 번 이상의 이혼 경험을 하는 것이 더 높은 수준의 우울증을 가져다준다. 그의 또 다른 연구 결과는 이혼으로 인한 정신건강의 결과에 있어서 백인과 흑인이 유사함을 보여 준다. 이 결과는 이혼 경험이 인종에 상관없이 누구에게나 힘든 사건이라는 것을 시사해 준다.

이번 장에서는 이혼자들이 이혼 후 겪는 다양한 형태의 부정 정서(情緖)를 살펴볼 것이다. 이혼 후 감정에는 부정적인 형태 외의 감정들도 있다. 해방감과 자유로움, 안정감 및 무감각 등과 같은 감정이다. 이 감정에 관한 내용은 앞 장에서 잠깐 소개한 바 있다. 이혼자들이 주로 겪는 부정적인 정서들은 이혼 후 한 가지 형태로만 나타나는 것이 아니라 복합적 형태로 나타난다. 또한 그 감정들은 다양한 변수와 요인에 의한 결과물이다.

1) 우울

이혼은 단일한 사건이 아닌 복합적인 과정으로 이해될 필요가 있다. 결혼생활이 힘들어지면서 두 사람 중 한 사람은 이혼을 생각하게 되고, 그 시점부터 이혼시도를 시작하고 이혼을 진행하는 과정과 최종적으로 이혼이 실행되는 종착점까지의 복잡한 과정을 거친다. 이 과정을 통해서 이혼 경험자들은 일종의 좌절과 분노 및 무기력 등으로 인한 우울을 느끼고, 이혼 이후에도 지속적인 우울 및 우울 증상을 경험한다. 또한 우울 증상은 여러 가지 부정적인 정서감정과 함께 복합적으로 나타난다. 이혼자들에게 있어서 우울은 가장 크게 자리 잡는 부정적 정서 경험이다. 우울의 경험은 이혼 전 갈등 단계에서부터 시작되기도 하고, 이혼 후 짧게는 2~3개월 길게는 몇 년에 걸쳐서 지속적으로 나타난다.

이혼을 경험한 당사자들이 우울감에 사로잡히면서 가장 극단적으로 경험하는 감정 및 사고는 죽고 싶다는 심정이다.

이혼의 디프레스가 죽고 싶다고 생각한 것이 2~3년 가는 것 같아요. (죽고 싶은 행동을 해 본 적 있어요?) 생각으로만~ 생각을 하고 그랬던 것 같아요. (이혼자 J의 사례)

이혼자 I는 그가 우울한 이유가 이혼으로 인한 사람들과의 관계 단절과 주변 사람들로부터의 비난에서 시작되었다고 말한다.

우울, 분노, 왜 그렇냐 하면, 항상 우울한 이유는 제 주변에 사람이 없잖아요. 주변에 얘기하는 것도 창피한 거고, 말하기도 싫고, 상대방에게 이야기하면 네가 잘못해서 이혼한 거 아니냐 해요……. 그런 시간들이 제가 이혼하고 나서 1년 정도……. 그렇죠. 외로움, 우울증……. 내 편이 되어 줄 사람도 없고 그러니까요. 네, 주로 우울한 감정이 오래갔어요. (이혼자 I 의 사례)

이혼 이후 이혼자들이 겪게 되는 가장 큰 어려움 중의 하나는 경제적인 문제이다. 대체적으로 한국 사회에서는 여성들이 이혼으로 인하여 경제적인 어려움에 많이 봉착한다. 그 이유는 주로 남성들이 경제활동을 하고 여성들이 자녀양육과 살림을 도맡아 왔기 때문이다. 이혼 후 자녀양육을 맡게 된 여성들은 경제활동과 자녀양육이라는 두 가지 일을 병행해야 하기 때문에 거기서 오는 어려움으로 인하여 우울증을 겪는다.

다음의 사례는 자녀양육으로 인한 경제적 어려움이 우울 증상의 주요 원인임을 보여 준다.

그 이후에 우울증이 오게 된 것은 제가 아이들을 양육하고 살아가는 데 돈도 끊어지고 힘들잖아요. 애들한테 들어가는 돈도 많고 저희들 일이 들쭉날쭉하잖아요. 그런데 어느 날 일이 들어왔는데 8개월짜리 ○○○가 들어온 거예요. 얼마나 좋아요. 돈도 벌 수 있는 기회고, 이로 인해서 나는 정말 그 안에 들어가서 더 잘될 거라는 기대감이 있었는데, 눈앞에서 남한테 빼앗겼어요……. 왜 일이 안 들어올까 걱정이 되니까 잠이 안 오잖아요. 잠이 안 오는 게 거듭되다 보니까 그게 사람으로서 살아갈 수 없는 상태,

몽롱한 상태, 맨날 잠이 안 오니까……. 그래서 엄마가 도저히 안 되겠다. 너 병원에 가서 잠이 오는 약을 처방받자 해서 병원에 데려갔는데 설문조사를 하잖아요. 우울증이 나오는 거예요. (이혼자 A의 사례)

이혼 경험은 이혼자에게 실패와 상실을 안겨 준다. 이로 인하여 이혼자들은 배우자로부터 사랑받지 못하고 버림받았다는 느낌 때문에 큰 상처를 경험하고 지속적으로 우울 증상에 시달린다. 이런 경험에서 비롯된 우울증은 자존감 상실과 심각한 자아 위축감을 함께 느끼게 만든다.

근데 우울증상이 있는 것 같아요. 그전보다 지금도 약간, 결혼 전에는 없었어요. 우울함이 이제 이혼 다음에는 바닥으로 가죠. 계속 바닥으로 가다가 좀 좋아지면……. 지금은 우울증이 있어요. 약을 먹을 정도는 아닌데 한번 팍 다운될 때가 있어요. 죽고 싶죠. 왜냐하면 난 소용이 없으니까 살아도 소용없으니까 아주 가끔 그런 느낌이 있어요. (이혼자 J의 사례)

이혼으로 인하여 안정된 가정을 상실한 결과 시간이 지나면서 우울증과 대인기피증을 앓게 되기도 한다. 이혼자들은 이혼 경험에 대한 부정적 인식과 생각을 가지게 되고 타인과의 관계에서 자신감을 잃어, 점점 위축되어 회피하게 됨으로써 우울해진다.

그러고 나서 한동안 사실은 저 혼자 좀 많이 지나고 나서 보니까 우울증이 있었던 것 같아요. 우울과 사람기피와 괜히 자신감 없어지고, 자괴감에 빠지고 이런 것들이 한 6~7월달까지 최근까지, 한 3개월이 지나고 2, 3개월부터 그 후로 3, 4개월이었던 것 같아요……. 제가 사람들을 기피하게 된 이유는 일단 제가 만나는 사람들이 주로 아이들 엄마이거나 가정이 있거나 이런데 저는 없고, 그러다 보니 저를 설명해야 되고 그런 것들이 싫은 거예요. (이혼자 D의 사례)

한국 사회에서 이혼의 주요한 원인 중 하나는 시부모와의 갈등이다. 이런 경우는 대체적으로 여성들이 이혼 전 결혼생활에서부터 시부모와의 갈등으로 인하여 결혼생활에 대한 만족이 없었고 그로 인하여 우울증을 겪게 되는데, 이 감정이 이혼 이후에도 지속적으로 남아 있게 된다.

> 이혼하기 전부터 그 억울함 안에 깔려 있는 감정이 계속 있었죠. 생활의 만족도가 없고 그런 게 없으니까 이혼하기 전부터 우울감에 아이 낳고 산후우울증……. 웬만한 사람들도 있는데 계속 아픈 거 육체적인 것도 오래 있었고 많이 힘들었어요……. 우울은 항상 밑에 깔려 있었어요. (이혼자 G의 사례)

이혼은 또한 극단적인 절망감을 안겨 주어 모든 것에 대한 의욕을 상실하게 만든다. 우울의 주요 증상으로 무기력감에 시달린다.

> 그래서 엄마가 도저히 안 되겠다. 너 병원에 가서 잠이 오는 약을 처방받자 해서 병원에 데려갔는데 설문조사를 하잖아요. 우울증이 나오는 거예요. 약을 먹어도 몽롱하고, 잠을 자는데도 낙낙하게 일어나도 개운하지 않고 항상 구름 위에 떠다니는 것 같고 이상하더라고요. 무기력감. 극도의 무기력감. 완전히 아무것도 하기 싫고, 누구랑 눈을 마주칠 수가 없어요. 저는 누구랑 말할 때 눈을 마주 보는데, 마주치기도 싫은 거예요. 저 진짜 말 잘하거든요. 지금 다시 이(휴대전화) 안에 천오백 명! 저는 굉장히 사람들을 잘 사귀고 말을 하는데 그때는 어느 누구도 다 끊었어요. 누가 불러내도 나가기 싫고, 저 지금 못 먹는 게 없어요. 근데 입맛도 없고, 아무것도 먹기 싫고, 누구하고도 모든 게 다 하기 싫어요. (이혼자 A의 사례)

2) 외로움, 공허감

이혼 후 이혼자들은 결혼생활의 내용이나 기간과 상관없이 배우자의 빈자리를 경험한다. 비록 갈등과 여러 가지 감정으로 인해서 헤어질 수밖에 없었지만 한때는 사랑했고 함께했던 시간과 공간의 여운이 남는다. 그 결과 이혼자들은 외로움과 공허함 그리고 혼자서 남은 삶을 감당해야 한다는 미래에 대한 불안감을 느끼게 된다. 또한 성격적으로 외로움을 많이 느끼거나 가정에 대한 애착을 강하게 가지고 있었던 이혼자들은 이혼 후 외로움과 공허감을 더 느끼게 된다. 공허감과 외로움은 삶이 바쁠 때는 인식하지 못하다가 삶의 여유가 생길 때 자각하게 된다.

좋다고 생각했는데 오히려 그게 아니라 허함이나 빈 공간이 서류상이라도 어쨌든 가정이 있던 거랑 나 혼자라고 아이들이 물론 있긴 하지만, 나 혼자라는 생각에 외로움과 허전함과 뭐든지 나 혼자 해야 한다는 불안감……. 심리적인 게 되게 컸던 것 같아요. (이혼자 D의 사례)

내가 이혼을 했고 이래서 힘든 데다가 막 살다가, 누군가와의 만남을 가지다가 쉬는 빈 여유의 시간이 있다고 그러면 다시 올라오는 것 같아요……. 아니 그러니까 뭐 이렇게. 왜 사나 싶기도 하고 이런 거 있잖아요. 그런 느낌이 올라오는 것 같아요. 평소에는 그런 느낌을 모르고 지내다가 근데 저는 왜 공허한 느낌도 계속 바쁘면 모르고 지나갈 수 있고 애들 키워야 하니까. (이혼자 C의 사례)

이혼 때문이라기보다는 제가 이제 원래 외로움을 타는 편이었나 봐요. 살 때는 사람이 있으니까 몰랐는데, 혼자 되고 보니까 외로움 타는 게 유독 더 타 버리는 거예요……. 조금씩 혼자의 시간이 계속되잖아요. 꽤나 오래 외롭다 남자가 없어 외롭다 그런 것보다는 스스로 내가 그런 게 있나 봐요. 음……. 외로움이 사람이 나를 채워 줬던 건 아닌데 그런 걸 유독 느껴 버린 것 같아요. (이혼자 E의 사례)

이 큰 집에서 저 혼자서 덩그러니 침대에 누웠을 때 그 느낌. 그 허전함. 원래 혼자 살았을 때는 몰랐죠. 같이 있다가 딱 헤어지니까 그런 느낌을 알기 때문에 제가 쉽게 이혼을 못했던 거예요, 사실. 그냥 텅 빈 것 같았어요. 텅 비었고 그냥 텅 빈 마음이 찾

아오고 연애도 하고 싶었죠. (이혼자 B의 사례)

외롭죠. 누가 옆에 있으면 얘기라도 해야 하는데 없잖아요. 그리고 나! 같은 여자는 싫고 남자가 필요하잖아요. 남자랑 같이 교회 가는 게 제일 부러워요. (이혼자 L의 사례)

3) 죄책감

죄책감은 그 사람이 했을지도 모르는 일, 해야 했던 일, 하지 말았어야 했던 일들에 대한 반복적 사고와 연결되어 있다(Calhoun & Tedeschi, 2013). 보통 이혼 후 아주 극단적인 헤어짐이 아니라면, 사람들은 시간이 흐르면서 결혼생활에 관하여 불행했던 기억이나 추억보다는 상대방에 대해 좋았던 기억을 떠올리며 추억하게 된다. 그러면서 결혼생활에서 상대 배우자에게 좀 더 잘하지 못한 것에 대한 죄책감을 느낀다. '내가 좀 더 잘했더라면' '그때 그렇게 하지 말았어야 했는데…….' 혹은 '다시 그때로 돌아갈 수만 있다면…….' 하고 후회한다.

죄책감은 보통 어떤 기준이나 가치를 저버렸을 때 느끼는 책임감의 감정이다. 사람들은 보통 도덕, 윤리, 규범, 종교적 가치와 법 등을 어겼을 때 죄책감을 느낀다. 사회적 기준을 준수하지 못한 것에 대하여 양심의 가책을 느끼고 죄책감을 느끼는 것은 필요하며 유익한 것이다. 그러나 지나친 도덕률이나 종교적 가치에 매몰되어 자신을 용서하지 못하고 공격한다면 그것은 바람직하지 못하다. 건강하지 못한 죄책감을 신경증적 죄책감이라고도 부른다. 신경증적 죄책감은 자신이 행동한 것에 대하여 자신을 계속적으로 공격하며 자신의 처벌을 요구한다. 이런 현상이 지속되면 심각한 자존감 저하 내지 수치심과 우울증을 경험하게 된다.

죄책감이 어떤 규정을 지키지 못하여 느끼는 책임감의 감정이라면, 수치심은 자신의 존재에 대해 부끄러움을 느끼는 감정이다. 적지 않은 사람들이 이혼의 결과를 상대방의 탓으로 돌리거나 혹은 자신의 탓으로 돌려 죄책감을 느낀다. 뿐만 아니라 더 심각한 경우는 모든 문제의 원인을 자신에게서 찾으며 자기 존재에 대한 심각한 거부감이나 부정적 느낌의 수치심을 갖는다.

특별히 한국 사회에서 엄격한 유교 문화와 보수적이고 근본주의적인 종교 전통에서 자란 사람들은 이혼으로 인하여 죄책감과 수치심에 빠질 가능성이 높다. 이혼자 L은 이혼을 금기시하는 엄격한 종교적 환경에서 자랐기 때문에 오랜 시간 동안 결혼관계를 청산하지 못한 채 별거상태로 지냈으며, 이혼 후에 죄책감이 크게 자리 잡았다고 이야기한다. 개인이 어떤 인식을 가지고 사느냐가 그 사람의 감정반응에 영향을 끼친다. 또한 가족이나 가까운 이들이 이혼자를 대하는 태도에 따라 죄책감이 유발되고 강화되기도 한다. 다음은 이혼자 L의 고백이다.

> 신앙인의 가정에서 태어나고 늘 자라 왔기 때문에 제가 신분에 맞는 역할을 못했다는 생각을 했어요. 넌 그렇게 하면 안 돼! 절대 이혼하면 안 돼! 늘 그게 머리에 있었기 때문에 죄책감이 굉장히 컸어요. 가족 안에서 유일한 경험이고 사돈에 팔촌도 없고.
>
> 외롭고 정말 이혼했구나. 십몇 년을 이혼해야지 이랬는데 정말 이혼한 여자네. 정말 이혼했네. 죄책감! (그게 얼마나 갔어요?) 지금도 있어요. 없어지지는 않는 것 같아요. 스크래치 난 것 같이 생각나고. (그래도 덜해졌다 하는 게 있나요?) 있죠. 점점 저는 한 1년 반 2년. 저는 아마 이런 모임이 없었다면 계속 있었을 거예요. (이혼자 L의 사례)

4) 자존감 상실

이혼을 경험한 사람들은 이혼 후 자기 자신의 삶을 긍정적으로 수용하며 적극적으로 사는 경우도 있지만, 이혼 후 어떤 사람들은 일시적으로 그들의 인생을 쓸모없다고 느끼며 자존감을 상실하기도 한다. 그 결과 자신을 부정적으로 인식하고 삶의 무의미를 느끼며, 되돌릴 수 없다는 절망감에 심각한 경우 죽음을 생각하기도 한다. 그로 말미암아 일상생활 속에서 사람들과의 만남을 회피하는 대인기피증을 보이기도 한다.

이혼자들이 이런 생각을 하는 이유는 가정을 지키지 못했다는 자책감과 버려졌다는 무능력감, 사회가 가지고 있는 이혼에 대한 부정적 인식의 영향 때문이다. 어떤 이혼자는 이혼의 경험을 이 땅에서 살아 있으면서 정신적으로 죽음을 맛보는 것과 같은 느낌이었다고 표현했다.

그러나 이혼자 대부분이 자존감 상실에 빠지는 것은 아니고, 일시적으로 자존감에 상처를 입지만 정서적으로 건강한 사람들은 시간이 흐름에 따라 다시 자존감을 회복한다. 또한 개인의 성격적 특성과 그가 살아온 삶의 위기 경험도 자존감 상실에 영향을 줄 수 있다. 지속적인 삶 속에서의 실패 경험이 이혼의 경험과 연결된다면 더 큰 절망감을 안겨 줄 수도 있다. 다음의 사례는 이혼 이후 자존감의 상실을 보여 주는 내용들이다.

> 많이 끼쳤죠. 처음에는 뭐 자존감 이런 게 없죠. 지금도 약간 그런 게 있어요. 내가 뭘 하면서 살아야겠다는 생각이 있으면서도 한편으로는 난 진짜 상태 안 좋은데 이런 거 해도 되는 건가 하는 생각이 있죠. (이혼자 C의 사례)

> 쓸모없다는 감정……. 사랑받지 못한다는 이런 모든 것에 대해서 무의미……. 내 자신도 무의미하고 이 모든 것이 다 무의미하다. (이혼자 J의 사례)

> 그러니까 죽음 같은 바닥. 사는 것도 의미 없지만 그냥 사는 것도 당연히 의미가 없죠. 어두움……! 바닥은 죽고도 싶고 죽어도 소용이 없고 살아도 소용이 없는 그런 느낌……. 혹시 아세요? 모르시죠? 그런 거? 노력을 해도 되지 않는 거요. 그게 제일 컸던 것 같아요. 무능력 그렇죠……. 내가 쓸모가 없고 소용이 없고 이런……. (이혼자 J의 사례)

> 강하게 좀 물론 그게 자존감이나 자괴감으로 인한 건데 아이들에 대한 부담감과 스트레스가 있었는지 스스로가 좀 이렇게 살고 싶지 않아 했던 게 그전부터 있었거든요.

그전부터 있다 보니까 아이들이 있었고, 가정이 있었기 때문에 내가 살 이유가 있다고 했는데 이제 그게 무너지니까 살 이유가 없다는 생각으로 오히려 얘네들도 내가 없으면 나을지 몰라 하고 생각해 본 적이 있어요. (이혼자 D의 사례)

5) 분노와 억울함

분노의 감정은 거절이나 수치심과 같은 온건파 감정을 보호하기 위한 방어 전략으로서 표출하는 강경파 감정이다(권수영, 2016). 다시 말하면 분노의 감정은 이혼자들의 중요한 감정을 보호하고 숨기기 위해서 대리 표현되는 감정이기도 하다. 이혼자들은 그들의 내면 속에 자리 잡은 수치심과 거절감, 억울함으로부터 자신을 보호하기 위하여 분노의 감정을 느끼고 표현한다. 다음의 사례들은 이와 같은 이론적 근거를 잘 뒷받침한다. 이혼 이후 주변 사람들로부터 이해와 수용을 받지 못하고 오히려 비난을 당함으로써 수치심이 건드려져 분노가 일어나기도 하고, 다른 경우 이전 배우자가 계획적으로 이혼을 준비한 것에 대한 배신감으로 인해 분노를 느끼기도 하며, 또 다른 경우는 배우자로부터 버림받았다는 거절감이 분노를 유발시킨다. 또한 이혼으로 인해 내 삶이 무너지고 망가졌다는 것에 대한 억울함과 속상함이 분노로 표출되기도 한다. 분노의 감정을 경험하는 이혼자들은 이와 더불어 우울, 배신감, 억울함 등 여러 가지 감정을 느낀다.

이혼자 I는 자신의 이혼에 대하여 가족이나 주변 사람들로부터 이해받거나 수용받지 못하고 오히려 문제가 있어서 이혼한 것이 아니냐는 평가와 비난으로 인해서 분노의 감정이 우울과 함께 왔다고 설명한다.

분노도 거의 비슷한 것 같아요. 우울하고 분노가 같이 온 거거든요. 그렇죠. 왜 그러냐 하면 내 이혼에 대해 이야기해 보면 상대방도 반대 방향으로 날 치잖아요. 사실은 그게 아닌데 왜 내 말 못 믿고 날 평가하지, 그래서 분노를 일으키는 거죠. 뒤돌아서서는 우울한 거죠. 계속 사라지지는 않아요. 이혼하고 작년 ○○○에 오기 전까지 그랬으니까 똑같은 강도로 계속 왔으니까, 굉장히 저는 견들지 못할 정도였으니까 환자처럼 생각하고, 가다가 떨어지지 않고 계속 속상하고 우울한 거였지요. (이혼자 I의 사례)

미리 이혼을 생각한 배우자는 이혼 전 치밀하게 이혼을 계획하고 준비한다. 이혼을 당하는 배우자는 이혼 과정에서 상대방이 미리 마음을 먹고 자신과의 이혼을 대비한 행동을 알게 되었을 때 심각한 배신감을 느낀다. 그 배신감은 분노의 감정으로 연결되어 이혼자들에게 복합적인 정서를 체험하게 만든다.

배신감……. 지금도 고소장 생각하면 섬짓한 게 나를 그런 식으로 썼구나. 걔는 이미 사실적으로 그때 한 세달 지나고 나서 결혼을 하고 이미 마음을 접으려고 나를 재고 있었구나! 그게 어떻게, 그런 화가 나는 변화가 있고……. (이혼자 F의 사례)

이혼자 L은 이혼의 경험이 남편으로부터 버림받았다는 생각을 들게 만들어 분노의 감정이 억울함과 같이 왔고, 육체적 통증과 더불어 복합적으로 일어났음을 묘사한다.

자다가 벌떡벌떡 일어나고 억울해 가지고 하하하. (속상함이네요?) 그렇죠. 화나고……. 내가 왜 이혼녀가 되고 버림을 받아야 되나? 내가 버리면 버렸지 이런 반대 생각도 하게 되고, 인정 못하고, 거기에 대한 억울함 분노, 한 일 년 정도 갔어요. (이혼자 L의 사례)

이혼으로 인하여 억울함과 심각한 분노를 느끼게 되는 또 다른 이유는 이혼 때문에 자신의 삶이 망가지고 무너졌다는 사실을 지각하면서부터이다. 이혼 경험자 G는 이혼 직전까지만 하더라도 긴장 상태로 아무것도 느끼지 못하다가 이혼 직후부터 인생이 무너졌다는 생각에 분하고 억울해서 잠을 이루지 못했다고 다음과 같이 고백한다.

이혼할 때까지는 제가 긴장하고 있었고, 이혼하고 나니까 너무 억울했어요. 분해서 살 수 없을 정도로, 제 인생의 일부분을 망가뜨렸잖아요. 결국은 저는 아무것도 없이 아이만 데려 왔는데 아이를 키울 수 있는 아무것도 없는 거예요. 그리고 하다 못해 재산이라도 있어 갖고 나왔다면 좀 살 수 있을 텐데……. 너무 억울하고 분하고……. (얼마나 지속됐어요?) 많이 그랬어요. 잠을 잘 수 없었어요. 내가 이 사람 때문에 당한 거 생각하고 내 인생이……. 밤을 새 가면서 매번 꼬리에 꼬리를 물고 화가 나서 잠을 잘 수 없는 거예요. (이혼자 G의 사례)

6) 배신감

모든 사람은 결혼을 할 때 결혼서약을 한다. 평생 동안 한결같이 상대 배우자를 아껴 주고 사랑하겠다는 약속을 한다. 그리고 서로에 대한 신뢰를 바탕으로 결혼관계에 돌입한다. 그러므로 결혼생활에 있어서 신뢰는 무엇보다 중요한 가치이다. 이혼을 하게 되는 여러 가지 이유 중의 하나는 결혼생활을 더 이상 지속할 수 없게 만드는 믿음의 상실이다. 따라서 이혼 후 이혼자들은 신뢰 관계를 깨뜨린 상대 배우자에 대하여 배신감의 감정을 갖게 된다. 이혼 이후 배신감의 감정을 느낀 이혼자들 중에는 결혼 전 다양한 사람과의 연애 경험 없이 오직 자신만을 사랑하고 잘 대해 준 한사람만을 믿고 결혼을 했다가 이혼을 맞이하는 경우도 종종 있다. 믿음이 깊었던 만큼 배신감의 감정을 크게 느낀다.

그 결과 자신의 인생을 걸었던 배우자로부터 신뢰를 상실했을 때 누구보다 더 큰 충격과 배신감을 느낀다. 이혼자 J는 이혼 경험에서 가장 힘들고 아팠던 감정으로 배신감을 꼽았다.

배신감……. 이겨 내려고 사람을 계속 만나고, 사람에 대한 배신감이 제일 컸던 것 같아요. 정말 너무 바보 같다는 생각을 했어요. 그래서 내가 너 보란 듯이 잘산다는 그런……. 오기……. 내가 너 없어도 잘 살 거야……. 이런 힘들지만 잘 살아야 한다는 생

각이 생긴 거지요. 그게 상대방에 대한 오기가 그런 게 있었던 것 같아요. (이혼자 J의 사례)

이혼자 D는 배우자를 결정하는 근거가 성실함과 책임감이었는데, 결혼 후 결혼생활에 대한 무책임과 불성실의 태도 속에서 큰 배신감과 미움을 느꼈다고 고백한다. 또한 배신감은 다른 삶의 경험보다 이혼의 경험 속에서 더 크게 느낄 수 있는 차별점이라고 묘사한다. 아마도 부부관계가 세상의 여러 인간관계 중에서 가장 깊은 신뢰를 바탕으로 유지되어야 하는 관계이기 때문일 것이다. 이혼자 D는 어린 시절 부모님의 가정불화로 인하여 충분한 사랑을 받지 못한 결과, 부모님에 대한 신뢰감 상실을 결혼을 통해 남편으로부터 보상받고자 했다. 그러나 남편으로부터 기대욕구를 채우지 못한 결과 더 큰 배신감을 경험하게 된 것이다.

일단 경제적으로 무책임함, 불성실이란 단어 두 가지가 저한테 그 사람에 대해서 딱 떠올라요. 지금 하고 나서……. 그 미움이 그게 아마도 결혼 초에 성실함과 책임감이 제가 이 사람을 선택했던 이유이기 때문에 그 부분에 대해서 가장 큰 배신감을 느꼈던 것 같아요.

근데 제가 지금까지 자라 온 환경을 생각하면 그것보다 아픈 것들이 있는데, 차별성은 그전에 뭐 일단 제가 거절감이라는 부분에 대해서 들었고 느꼈고 그러다 보니 그럴지 몰라도 배신감이 가장 큰 것 같아요. 거절감과 배신감 두 단어가 이혼에 대한 차별성인 것 같아요. (이혼자 D의 사례)

7) 실패감

한국 사회에서 많은 이혼자는 이혼 사건을 되돌리거나 회복할 수 없는 절망적이며 실패적인 경험으로 인식한다. 보통 인간은 누구나 삶을 살아가면서 많은 실패를 경험한다. 그런데 유독 이혼자들이 느끼는 실패의 감정은 상당히 부정적이고 영원히 회복될 수 없다는 절망적 감정이다. 여러 사건 중에서 하나의 실패 경험이 아니라, 인생 전체의 실패로 해석한다.

이러한 실패 감정의 배경적 요인에는, 첫째, 한국 사회가 가지고 있는 매우 목적적이고 경쟁적인 사회적 특성 때문일 것이다. 한국 사회에서 결혼은 목적성을 띤 중요한 인생 과제의 하나로 여겨져 왔다. 그러다 보니 결혼의 실패는 큰 인생 목적의 실패이고 이 같은 결과는 받아들이기 힘든 경험이 되는 것이다. 둘째, 한국 사회를 지배하고 있는 유교적 가치나 기독교와 같은 종교가 이혼에 대해 가지고 있는 부정적 인식의 영향이다. 최근에는 이혼에 관한 부정적 인식이나 선입관이 많이 완화되었다. 그럼에도 이혼을 경험한 당사자들은 여전히 과거 한국 사회가 가지고 있는 고정관념에 매여 이혼을 부정적으로 해석하려는 경향성이 있다. 셋째, 개인의 인생사에서 결혼 전까지 특별히 실패의 경험이 없었거나, 혹은 가족들의 도움으로 한번도 실패를 해 본 적이 없는 이들이 결혼생활의 파경을 통해 실패의 감정을 크게 느낀다.

다음의 내용들은 이혼 후 실패의 감정이 어떤 것인지를 잘 묘사해 주는 사례이다.

> 저는 제 인생이 이제는 완전 패배감을 느끼는 거죠. 이제 나는 진짜로 안 돼. 내 인생은 진짜 이거는 낙오자라고 생각했어요. 인생의 낙오자가 됐다. 저는 제 자신이 쓰레기라고 생각했으니까……. 이 세상에서는 나는 존재할 가치도 없는 사람이라고. (이혼자 I의 사례)

> 굉장히 상실감과 배신감과 그 좌절감과 자신이 없어지는 거죠. 거기에 실패했다는 실패감. 그게 굉장히 크죠. 내가 선택을 했는데 결국은 그게 실패로 돌아온 거잖아요. 제가 사실은 막내고 위에서 대가족이었다 보니까 제가 결정할 일이 별로 없었어요……. 네, 그거였어요. 사실은 그랬는데 그게 실패로 돌아가니까 이제는 제가 너무 두려운 거죠. 아무것도 결정을 이제는 못하겠는 거예요. 이게 정말 맞는 걸까? 그래서 그게 더 하나님을 의지하게 했던 것 같아요. (이혼자 H의 사례)

이혼을 한 다음에 상실감보다는 약간 패배감! 상실은 뭘 잃어버린 거잖아요. 잃어버린 게 아니라 내가 이 세상에서 실패했다는 패배감이 컸던 것 같아요……. 그건 계속 있는 것 같아요. 밑바닥에 있는데 그게 컸다가 내가 이렇게 남자 하나 잘못 만나서 내 인생이 무너져야 하나? 그렇게 생각하면서 해야 될 일이 있기 때문에 마음을 다잡을 수밖에 없었던 거죠.

○○○○년에 이혼했으니까 지금 4~5년 됐는데 제가 작년까지도 그런 패배감이 있었던 것 같아요. 그러니까 사업이 회복되기 전까지만 하더라도 내가 가정에서도 실패하고 회사에서도 실패하고 이런 패배감……. 근데 이제 회사로 인해 다시 버틴 거죠. (이혼자 J의 사례)

8) 불안

경제적 준비가 되지 않았거나 또는 자녀양육을 떠맡은 배우자는 이혼의 결과 자신 및 가족의 삶을 스스로 책임져야 한다는 생각 때문에 미래에 대한 불안과 두려움의 감정을 느낀다. 자신의 삶뿐만 아니라 가족 혹은 자녀양육에 대한 책임을 두 사람이 아닌 혼자서 해야 한다는 생각에 잘할 수 있을까 하는 걱정이 생긴다. 특별히 한 부모 가정에서 자녀들이 잘 자랄 수 있을까 하는 염려와 자신이 이혼했다는 내용을 주변 사람들에게 어떻게 공개할지에 대한 생각도 불안의 요인이 된다.

우울은 항상 밑에 깔려 있었어요. (그다음에 뭘로 갔나요?) 약간 불안감도 있었던 것 같아요. 제정신이 돌아오고 나니까 아~ 내가 이 아이를 키워야 하는데, 어떻게 하면 잘 키우고, 아이가 또 사람들하고, 아이가 유치원도 다니고 이 아이를 어떻게 키우고, 오픈을 해서 이 아이는 아빠가 없는 아이고, 엄마가 혼자서 키우는 아이라는 것을 오픈을 해야 할지 말아야 할지 정답을 모르니까 계속 불안한 거죠. (40대 이혼자 G의 사례)

제일 힘들었던 거는 미래에 대한 막연한 두려움이 제일 크고, 경제적인 게 제일 문제였던 것 같고요. (40대 이혼자 E의 사례)

2. 육체건강

이혼 후 건강과 관련된 연구들은 주로 여성들에게 집중되어 있다. 이혼 여성들의 육체적인 건강과 관련된 로렌즈 등(Lorenz, Wickrama, Conger, & Elder, 2006)의 연구는 이혼 직후에 이혼한 여성들의 고통이 최고조에 이른다는 것을 보여 준다. 심리적 문제들이 이혼 전과 이혼 이후 가장 예민했던 반면, 육체적 건강 문제는 다소 이혼 이후에 최고조에 이르는 것으로 결과가 나타났다. 이혼의 과정에서 심리적 스트레스를 받고, 그 스트레스에 대한 결과가 육체적 건강 문제로 나타나기 때문에 이혼 이후에 육체건강의 문제가 나타날 가능성이 높다.

결혼생활과 이혼생활에서 육체적 건강의 차이점을 비교한 연구 결과도 있다. 뒤프레와 메도우(Dupre & Meadows, 2007)의 연구에 의하면 결혼생활이 깨진 경험을 한 여성들이 안정적으로 결혼생활을 유지하고 있는 여성들보다 나중에 더 병에 걸릴 수 있다는 결과가 나왔다. 이와 유사한 연구로 계속적으로 결혼생활을 유지해 온 사람들이, 우울증, 운동성 저하, 만성질환, 자체 건강평가를 포함한 다수의 건강 측정에서 재혼한 사람들 혹은 이혼한 사람들보다 더 건강한 것으로 결과가 나타났다(Hughes & Waite, 2009). 따라서 오랜 시간 결혼생활을 유지할수록 여성들이 육체적으로 만성질환에 걸릴 가능성이 덜하다는 것을 알 수 있다.

재혼도 육체와 정신건강에 의미 있게 작용한다. 뒤프레와 메도우(2007)의 연구 결과는 질병 시작에 있어서 결혼 상태를 유지한 여성과 다시 재혼에 돌입한 여성 사이에서 중요한 차이점을 발견하지 못했다. 이 점은 재혼이 결혼 상태를 유지하는 것과 비슷한 효과를 내는 것으로 해석할 여지가 있다. 휴스와 웨이트(Hughes & Waite, 2009)의 연구 역시 재혼한 사람들이 재혼하지 않은 사람들보다 소수의 사람들만 만성건강질환을 앓고 있고 건강 상태의 문제점과 우울증상이 거의 없음을 보고하고 있다.

최근의 해외 이혼 연구들은 육체적 건강과 관련된 위험요인들에 초점을 맞추고 있다(Sbarra, 2015). 이혼은 심장병(Zhang & Hayward, 2006)과 고혈압(Sbarra, Law, Lee, & Mason, 2009), 면역 결핍(Kiecolt-Glaser, McGuire, Robles, & Glaser, 2002) 그리고 만성으로 허약한 건강 상태와 운동장애(Hughes & Waite, 2009)를 증가시키는 것으로 보고되고 있다.

다음의 사례들은 이혼 직후 탈모, 저혈압, 갑상선, 폐렴 등의 심각한 육체적 질환에 시달린 경험들을 묘사하고 있다. 이혼 사건이 정신건강에도 영향을 주지만, 심리적으로 취약한 이들은 몸을 통해서도 다양한 증상과 질병을 경험한다.

[탈모, 위장장애]

정신적으로 머리카락이 다 빠졌어요. 제가 얼마나 신경을 썼는지 탈모가 왔고 모든 병이 왔어요. 그래서 제가 채식주의자가 된 지 몇 년 됐어요. 이혼하려고 할 때 그전부터 슬슬 빠지고 나이도 있고 그렇게 힘들더라고요. 탈모, 위, 온몸에 병이 와서 의사가 채식주의 하라고 해서 저 채식주의자예요. 완전 중병이 오더라고요. (이혼자 L의 사례)

[저혈압]

이혼녀 딱지가 붙는 것을 참을 수가 없었어요. 그래서 제가 2004년이 될 때까지 말을 못했어요. 그리고 혈압이 너무 떨어져서 일상생활이 가능하지 않다고 의사가 말했고, 일어나서 앉아 있을 수도 없었어요. 그래서 너무 힘드니까 받아들이기가 힘들어서 하여튼 너무 아팠어요. 네. 몸으로 와서 살 수가 없었어요. 너무 말랐으니까 지금보다 8~9kg 안 나갔으니까. 저는 지금은 혈압이 정상인데 그때는 의사가 이 정도 혈압이면 정상생활을 할 수 없다고 했을 정도로 그때……. (이혼자 A의 사례)

[갑상선, 폐렴]

10년을 만난 여자 친구랑 곧바로 헤어졌고 바로 다시 이랬든 저랬든 사랑을 하고 있다가 딱 사랑을 멈춰 버리니까 몸이 가 버리더라고요. 죽은 사람처럼 가더라고요. 아프더라고요. 갑상선과 폐렴이 오더라고요. 그게 작년 초였어요. 4월달부턴가……. 뭘 해도 난 죽는구나 싶더라고요. 자도 자도 계속 자야겠더라고요……. 암튼 그렇게 아픈 상태에서도 누구랑 정상적인 대화를 할 수 있는 것도 아니었고, 항상 자신감도 있고 열정도 있었지만 마무리를 못할 정도로 아팠거든요 몸이. 바로 졸아요. 계속 누워도 안 돼요. 거기다 신장까지 안 좋아지니까, 나는 회생이 안 되겠구나 그럴 정도로 몸이 아팠어요. (이혼자 B의 사례)

이혼 후 인식

이혼에 대한 자신과 주변, 나아가 한국 사회의 시각과 태도는 이혼자의 적응과 그 가족의 복지에 직접적인 영향을 미치는 중요한 요소가 된다.

이혼자들의 부정적 정서는 부정적 사고와 연관이 있다. 대부분의 이혼자는 이혼 경험에 대하여 긍정적인 인식보다는 부정적인 인식을 많이 가지고 있다. 아마도 이것은 그동안 한국 사회가 가지고 있었던 이혼에 관한 고정관념과 태도의 반영일 것이다. 유교 문화권인 한국 사회에서 가정을 중요시하는 문화가 뿌리 깊게 자리 잡고 있어 이혼에 대한 부정적 시각이 사회 저변에 깔려 있다.

특별히 이혼자들 중에는 이혼 직후 혹은 그 이상의 기간 동안 타인들의 시각에 민감하게 반응하기도 한다. 그 결과 스스로 '이혼자'라고 하는 낙인을 찍어 부정적인 평가 속에 자기를 가둬 둔다. 실제로 다수의 이혼자는 이혼 후 타인의 부정적 시선을 경험하기도 했다. 이혼자가 속한 직장, 가족 및 공동체의 문화 혹은 종교가 높은 도덕과 윤리적 기준을 요구할 때는 이혼 경험이 이혼자의 삶에 부정적으로 작용한다. 그래서 어떤 이혼자는 이혼 이후 어쩔 수 없이 새로운 직업을 찾았고, 거주했던 곳에서 이사를 했으며 공동체를 떠나야 하기도 했다.

그러나 그 반대로 타인으로부터 부정적 시선을 크게 느끼지 않고 살아가는 이혼자들도 상당히 많다. 오히려 주변 사람들은 이혼에 대하여 크게 개의치 않는데 이혼자 본인이 자격지심으로 미리 위축되고 절망한다. 사회나 주변의 인식이 부정적이어도 개인이 자신의 이혼을 적극적으로 수용하거나 개방할 경우에는 잘 적응할 수 있다. 그런 점에서 이혼을 대하는 이혼자의 인식과 태도가 그의 삶에 큰 영향을 끼친다.

그러므로 한국 사회가 현재 이혼자들에 대하여 어떤 생각을 가지고 있는지 파악하는 것이 필요하다. 사회가 가지고 있는 이혼에 관한 인식과 태도는 이혼자들의 삶에 영향을 미치기 때문이다. 이혼 이후 건강한 삶을 살기 위해서는 이혼에 대한 개인의 자각과 사회가 지니고 있는 이혼 인식을 잘 파악하여 건설적으로 성찰하고 대처해 나갈 필요성이 있다.

이번 장에서는 한국 사회에서 이혼자들이 느끼고 경험하는 이혼에 관한 사회와 개인의 인식 및 그 변화의 흐름에 관하여 살펴볼 것이다.

1. 사회 인식

1) 낙인 의식

나다니엘 호손(Nathaniel Hawthorne)의 소설 『주홍글씨』는 17세기를 배경으로 하는 청교도 사회의 모습을 보여 준다. 이 소설에서 간음한 여자 헤스터 프린은 금실로 가장자리를 수놓은 'A' 자를 가슴에 달고 다니게 되는데 이것이 바로 주홍글씨이다. A 문자는 '간음, 간통'을 뜻하는 영어 단어 adultery를 표시하기 위한 것이다.

늙은 의사와 결혼한 헤스터 프린은 남편보다 먼저 미국으로 건너와 살고 있었는데, 그녀는 그곳에서 고독한 목사 아서 딤스데일과 부적절한 관계를 맺고 펄이라는 사생아를 낳는다. 그녀는 끝내 간통한 상대의 이름을 밝히지 않는다. 한편, 헤스터 프린과 간통한 목사 딤스데일은 평생 양심의 가책에 시달리며 사람들에게 설교한다. 사건이 발생한 지 7년 후 새로 부임한 지사의 취임식 날 설교를 마친 젊은 목사 딤스데일은 헤스터와 펄을 가까이 불러 놓고 자신의 가슴에 새긴 'A' 자를 보여 준다. 그리고 그 자리에서 죄를 고백하고 쓰러져 죽는다.

'주홍글씨'라는 단어는 이후 사회나 공동체에서 받아들이기 힘든 사람이나 사건, 생각 등을 낙인찍을 때 부르는 용어가 되어 왔다. Pinel(1999)은 부정적인 고정관념에 대한 인식을 낙인 의식(stigma consciousness)이라고 명명하면서 낙인 의식이 많은 사람들이 고정관념을 지속시키는 경향성이 있다고 보았다. 부정적인 생각은 고정관념을 계속 유지시키거나 강화시킬 수 있다.

낙인 의식의 대상이 되는 사상이나 사건 혹은 사람들은 그것을 밖으로 드러내지 못한 채 고통 속에서 살아간다. 오늘날 사회 속에도 이와 같은 주홍글씨가 많이 있다. 그런 점에서 한국 사회는 그동안 '이혼자'에 관하여 색안경을 껴 왔고 이혼 당사자들은 자신의 이혼 경험을 주홍글씨에 빗대어 밖으로 감히 드러내지 못한 채 숨죽여 살아왔다.

이혼을 경험한 사람은 자신이 이혼자라는 사실을 늘 인식하게 되고, 타인들로부터 '이혼자'라고 명명당할 때마다 좌절감을 느낀다. 이혼자들을 면담하면서 종종 이혼자들은 자신들의 경험을 주홍글씨에 빗대어 표현하기도 하였고, 또 유사한 표현으로 '빨간 딱지'라고 부르면서 자신에게 붙여진 이름의 부정적 평가에 불편함과 답답함을 호소하였다. 주홍글씨라는 표현은 그동안 사회가 이혼자들을 바라본 시각과 태도를 반영해 주는 여러 가지 함축적인 의미를 담고 있다. 어떤 이혼자는 말하기를 설사 이혼에 관하여 사회의 분위기가 관대해진 것 같을지라도, 사람들의 깊은 무의식에는 이혼과 이혼자에 관한 부정적 의식이 여전히 남아 있다는 느낌을 지울 수 없다고 한다.

[이혼한 남자]

이혼을 하고 나서 자유롭게 연애를 하고 싶은데, 연애가 안 되죠. 누군가가 나를 소개해 주고 싶을 때 이혼한 남잔데 그리고 저쪽에 여자가 마음에 들었는데 이혼했어! 괜찮아? 이렇게 먼저 나오니까~ 사랑도 내 맘대로 못 하는 게 제일 힘든 거죠. 새로운 사랑으로 채우고 싶어도 못 채우는 거죠. (나한테 이혼이란 딱지가 붙은 것 때문에?) 네, 그렇죠. 그게 제일 힘든 게 아닐까요? (이혼자 B의 사례)

[빨간 딱지]

안 좋죠. 어디를 가든지 보는 눈이 틀리니까요. 이혼자라고 그러면 문제 있는 사람 그런 식으로 말들을 많이 하니까, 그렇게 느꼈어요. 그전에도 제가 다른 데 업체에 가서 사장님하고 얘기했어요. 제가 직장을 옮겨 보려고 해도 또 이혼한 것에 대해서 나오더라고요. 그러면서 "아, 당신이 잠자서 그런 거 아니야?" 그러더라고요. 난 아닌데. (무조건 빨간 딱지를 붙여서?) 딱 붙여요. 이렇게 지금도 우리나라 그 사회가 그래요. 많이 변했지만 아직까지도. (이혼자 I의 사례)

2) 외부의 고정관념

이혼 이후 이혼자들은 자신의 이혼 경험을 수용하고 긍정적으로 적응하고자 노력함에도 불구하고, 주변 사람들의 지나친 관심과 동정적 시선으로 인해서 여전히 고정관념이 존재하고 있다는 것을 경험하게 된다. 이혼자 E와 C는 이혼을 하고 정작 본인은 크게 힘들지 않았는데 주변에서 오히려 고정관념을 가지고 동정심이나 불쌍한 마음으로 쳐다보는 시선이 매우 불편했다고 고충을 토로했다. 이혼을 주홍글씨처럼 아주 부정적으로 여기진 않지만 여전히 불쌍한 존재, 동정을 보내야 할 존재로 본다는 점은 이혼자들의 홀로서기에 방해가 된다.

이와 같이 사람들이 가지고 있는 고정관념이 개인의 사회적 정체성이나 자존감을 위협할 때 불안을 느끼게 되는데, 이를 '고정관념 위협(stereotype threat)'이라고 부른다. '고정관념 위협'이라는 용어는 스틸과 아론슨(Steele & Aronson, 1995)의 고정관념 위협 연구를 통해서 밝혀졌다. 예를 들면, 이혼과 관련된 사회 집단의 고정관념이 이혼자들 혹은 그들 주변의 사람들에게 영향을 미쳐서 불안과 공포를 야기하고, 사람들의 사고와 평가를 수행하는 데 심각한 방해를 끼쳐 비생산적인 반응을 유발할 수 있다는 것이다. 이 이론은 고정관념이 존재한다는 것을 알려 준다. 또한 이혼자를 바라보는 타인들이 고정관념에 의해서 얼마든지 영향을 받을 수 있다는 것을 인식하게 해 준다. 따라서 이혼과 같은 사회적 관심도가 높은 사건을 경험한 대상자들은 자신과 사회 모두 고정관념에 영향을 받을 수 있다는 사실을 인식하는 것이 필요하다. 그리고 그것을 자각할 때에 고정관념 위협으로부터 오는 불안과 두려움의 감정에 덜 시달릴 수 있다.

다음의 사례들은 주변 사람들과 사회의 고정관념으로 인해, 고정관념 위협을 경험한 이혼자들의 고백들이다.

[동정적 시선]

글쎄요. 지금 말하는 건가요? 나는 아닌데 사람들이 자꾸 그렇게 보는 게 싫었어요. '이혼한 사람들은 전부 다들 힘들 거야!'라고 말하는 것을 들으니까, 또 그렇게 나를 생각하겠네라고 나도 받아들이게 돼요. 그런 시선으로 나를 보겠네 조금 그랬죠. 나는 아닌데 오히려 시선 때문에 힘들었죠! (이혼자 E의 사례)

[과도한 관심]

그러니까 이상하게 보는 거죠. 나를~ 얘기를 들으니까 저 애는 이혼을 했네! 어쩌네! 그런 걸 들으면서. 내가 이혼 안 했으면 그런 타깃도 안 되는 거잖아요. 이혼했네 어쩌네! 저쨌네! 교회에서 알게 되면서 교회 집사님들이 왜 나를 상담을 해 주겠다고 난린지 모르겠어요. 그것도 너무 힘든 거예요. 방문하려고 찾아오는 것도 너무 싫어요. (이혼자 C의 사례)

이혼에 관한 무조건적인 반대와 이혼의 고통에 관한 공감의 결핍은 이혼자들로 하여금 사회와 공동체의 수용성에 대한 한계를 뼈저리게 느끼게 한다. 공감하지 못하는 사람들에 대한 답답함으로 마음을 닫게 되었다고 이혼자 L은 다음과 같이 호소한다. 또한 한국 사회에서 이혼을 경험한 여성들은 남성들로부터 쉬운 취급을 당하는 것에 대해 힘겨움을 호소하기도 한다.

[부정적 판단]

"왜 이혼했어? 이혼은 절대 안 돼!" ○○ 팀장님이 한번 얘기했어요. 그 뒤로는 얘기를 안 하게 됐어요. 이게 무슨 얘기가 "이혼은 절대로 안 돼!" 막 굉장히 저한테 공격했어요. 팀장님이……. 여자 분이에요. 넌지시 얘기했는데 죄라고 규정하고……. "참지 왜?" 이제 오죽하면 하겠느냐는 안 물어보는 거예요. 어떻게 이혼을 하냐고 우리 이혼 안 하고 싶은 사람이 어디 있겠냐고. 알려고 하지도 않고 이혼을 왜 해야 했는지에 대해서는 얘기도 안 해 보고 무조건……. 네가 나한테 와서 살아 봐라 하고 싶었어요. (이혼자 L의 사례)

[종교 공동체의 부정적 이해]

목사님들이 우울증이나 그와 같은 병에 대해서 깊이 공부를 하셔서 제대로 알아야 할 것 같아요. 그것도 암에 걸리거나 하나의 병인데 그것을 나쁜 사람을 취급해서 설교하는 게. 많은 사람 앞에서 하는 게 싫어요. ○○○이나 ○○○ 선배가 돌아가셨을 때도 말이 많았거든요. 그런 부분에 대해서 불편하죠. 이혼 이야기에 자살 이야기가 나올 때마다 마음이 불편하죠. (이혼자 A의 사례)

[쉬운 대상으로 바라봄]

이혼은 인생의 과정에서 최선의 선택일 뿐임에도 불구하고 세상에서는 이혼한 사람에 대한 시각은 아직 문제아나 패배자 등으로 바라보고 또한 여자의 경우에는 이성 간에는 굉장히 쉬운 상대로 상대방을 대하는 경우가 있어 세상에서 이혼을 했다고 말하기에는 아직 우리 사회가 쉽지 않은 것 같아요. (이혼자 J의 사례)

이혼자 B의 경우는 가장 가까운 주위 사람들이 자신의 이혼을 '욕먹을 일'인 것처럼 표현하는 것을 보고 실망감을 느꼈다고 묘사한다.

[지인들의 부정적 사고]

옆에서 얘길 하는 거죠. 옆에서 소개를 해 주고 싶어 하는데, 너 이혼한 거 했다고 얘기해야지……. 이혼한 거 먼저 밝혀야지. 너 나중에 욕먹을 일 있어? 제 주위에서 먼저 그걸 생각하고 있다는 거죠. 몰랐죠. 사실 제가 아, 이 사람이 이런 생각을 하고 있구나! 근데 제일 가까운 사람들이 그렇게 보고 있었던 거죠! (이혼자 B의 사례)

2. 개인 인식

1) 자격지심

이혼 이후 어떤 사람들은 자존감에 영향을 받아 누가 뭐라고 하지 않았음에도 불구하고 자기 스스로 '이혼자'라는 인식을 가지며 위축되고 자격지심(自激之心)을 느끼기도 한다. 그들이 이렇게 생각하는 이면에는 아마도 자신들이 이혼하기 전 이혼에 대하여 부정적 시각을 가지고 있었거나, 혹은 사회로부터 이혼과 관련된 부정적 생각과 말을 많이 접했기 때문일 것이다. 그런 경험은 계속적으로 이혼 경험자들의 내면에 각인되어 그들의 삶에 영향을 끼치게 된다.

이혼자 C의 경우 실제로 이혼을 하고 난 다음 삶 속에서 큰 어려움이나 부정적 시선을 느끼지 못했다고 한다. 오히려 자신이 이혼 전 가지고 있었던 이혼에 관한 편견이 자신의 생각을 훨씬 더 크게 지배했다는 것을 깨닫게 되었다고 한다.

[선입견]

막상 이혼을 하면 바뀌는 건 없는데 바뀔 거라고 생각을 해서 힘든 것 같아요. 그러니까 내가 이혼했다고 저 사람이 나한테 이상하게 생각하거나 이혼녀라고 이렇게 그런 거를 정작 삶에서 느껴 보지 못했는데 하기 전에는 그렇게 생각하고 나는 이혼녀가 되는 거다. 내가 그래야 되나? 이혼녀 이꼴 완전 질이 안 좋은 여자! 그런 선입견을 가지고 있다 보니까……. 네, 그것 때문에 힘든 것 같아요. 그래서 내가 지금 나는 온전히 바른 생활 여자였었는데 완전 상태 안 좋은 여자로 발을 디디는 거예요. (이혼자 C의 사례)

이혼자 D의 사례도 비슷하다. 이혼을 하고 나서 처음에는 괜찮은 듯했으나 몇 개월 후 자신도 모르게 자기 마음속에 자리 잡았던 이혼에 관한 부정적 신념이 자신의 생각에 영향을 미치고 있었다고 고백한다.

[자격지심]

근데 의외로 제가 당황스럽고 놀랐던 게 해가 바뀌고 한 2~3개월 지나고 나니까 제 안에서 불안하고, 누가 뭐라고 안 했는데 괜히 누가 나를 이혼녀로 보는 것 같고, 누가 뭐라고 안 했는데 괜히 '그래 나 이 형편 됐어!' 도둑이 제 발 저리고 되게 신경이 예민해지고 날카로워졌어요. (이혼자 D의 사례)

이혼자 L의 경우도 사회의 분위기는 괜찮게 느껴졌으나, 평소 그가 가지고 있었던 이혼에 대한 부정적 신념이 자격지심을 느끼게 만든 것으로 묘사한다. 단 한 사람에게 자신의 이혼 사실을 이야기했다가 불편한 시각으로 보는 것을 느끼고 다시 움츠러들었다고 한다.

[자격지심]

요즘 사회 분위기는 이해하는 편인데 얘기 안 하는 게 낫겠다. 구체적으로 물어보지 않으면 저한테 득은 안 되겠다. 제가 느끼는 자격지심은 한 사람한테 얘기해 봤는데

의심스러운 눈으로 보는 것 같아요. 왜 이혼했을까? (이혼자 L의 사례)

이혼자 G와 F는 일터와 새로운 만남의 상황에서 자신의 이혼 경험이 일터나 만남에서 불리하게 작용하지 않을까 미리 염려했음을 고백하고 있다.

[자격지심]

다른 것들도 더 웬만한 사람들이 했던 거를 저는 더 깔끔하게 하려고 했던 것 같아요. 모든 면에서…….이런 사람은 이혼할 사람이 아니야~ 상황이 조금 그랬나 봐 이렇게……. 아무래도 생활이 엉망이거나 그러면 저런 사람 저래서 이혼했지 이런 게 많잖아요. 그런 거는 안 하려고 더 노력했던 것 같아요. 그래서 저는 내면에 좀 스트레스였던 것 같아요. (이혼자 G의 사례)

[낮은 자존감]

평소에는 모르는데 어떤 상황이 되면 자꾸 오버랩이 돼요. 예를 들어서 길을 가다가 예쁜 여자가 있으면 저 여자 정말 예쁘다, 사귀고 싶다 생각할 수 있잖아요. 그러면 정말 오버랩이 되는 거예요. 아, 내가 결혼했었지가 딱 떠올라요. 그러면 아, 내가 저 친구랑 사귈 수 있나? 제가 날 좋다고 할까? 이런 것도 있고 혹은 어떤 상황에서 하고 있는데 생각보다 잘 안 되면 힘들잖아요. 그럴 때 아, 이게 왜 잘 안 돼 그러면서 옛날 생각을 하는 거죠. 아, 내가 이혼했는데 근데 내가 이러고 있네! 라고 연결한다든지. (이혼자 F의 사례)

2) 부정적 사고 형성

이혼의 후유증 중에 하나는 자신을 실패자 또는 부적응자로 여기면서 부정적인 생각에 사로잡히는 것이다. 또한 자신에게 상처를 준 배우자로 말미암아 타인에 대해서도 부정적 생각을 가지게 된다. 이혼자 D, F는 이혼 후 자존감 저하를 경험하면서 자기 자신에 대한 자신감을 상실하고 자신을 부정적으로 느끼게 되었다고 고백한다. 또한 이혼자 G, C는 타인에 대한 생각에서 다른 사람들이 자신을 부정적으로 보거나 혹은 이전 배우자에 대한 상처로 말미암아 타인에 대한 부정적 인식이 생겼음을 보고하고 있다. 한국 사회에서 이혼은 개인의 삶에만 영향을 미치는 것이 아니라 그를 둘러싼 주변 가족들에게도 좋지 않은 영향을 끼친다. 예를 들어, 결혼을 해야 할 때, 가족 구성원 중 이혼자가 있으면 흠이 되는 것으로 생각한다. 이런 사례들로 인하여 이혼 당사자는 자신의 존재 가치를 낮게 평가하며, 타인의 시선도 그러할 것이라는 부정적인 생각에 사로잡힌다. 이혼이라는 사건이 개인의 사고를 전환시킬 만큼 충격적인 경험인 것이다.

[자신에 대한 부정적 인식]

이혼으로 인해서 낮은 게 더 낮아진……. 그런 것도 있고요. 그리고 가치관이나 존재성이나 이런 저에 관한 부분들이 많이 부정적이게 됐죠. 사람들에게는 전혀 그렇게 보이지 않는데 저 혼자만 더 엄격해진 것 같아요. 더 날카로워지고 스스로한테 그러다 보니까 타인에게도 뭐 이렇게 하는 말들이나 이런 것들이 많이 과시나 아예 직설적으로 말하게 되고 되게 스스로한테 부정적이게 됐어요. (이혼자 D의 사례)

[부정적 사고]

학교 문제에 있어서는 아이도 어려워하고, 저도 선생님에 대해서는 사람 마음이 어떤지를 모르는데 받아들이기가 힘들었어요. 아이가 그 부분 때문에 너무 힘들어했기 때문에 처음 초등학교 다니는 동안은 그거를 말씀을 못 드렸어요. 선생님한테 굳이 "아빠가 없습니다!"라고 얘기를 안 했어요. 제가 그렇다 보니까 학교에 대한 관심이 많고 그래서 자주 학교에 갔어요. 제가 오히려 "우리 아이가 이런 부분에 잘못되지 않았어요?" 그러면 아니라고 얘처럼 착한 애를 못 봤다고 그러고, 항상 격려해 주시고, 아, 이 선생님들이 저희 아이 일기장을 보면서 너무 착하고 순수하다고 격려를 하시는 거예요. 그런데 한편으로는 "이 아이가 사실은 아빠 없이 자란 아이입니다." 그러면 선생님이 정말 그런 시각으로 봐 줄까는 생각도 많이 들더라고요. (아빠가 없다는 이유 때문에 당했던 부딪힘은 별로 없었던 거네요!) 그런데 주변의 사례들을 통해서 많이 봤기 때문에……. (이혼자 G의 사례)

[자존감 하락, 무감정]

자존감이 많이 떨어진 것 같아요. 그전에는 알 수 없는 자존감이 높았다고 하면 그런 거 때문에 사람들이 나를 어떻게 볼까? 사실 제일 걱정하는 게 '내가 재혼이 가능할까?'라는 것. 그 부분이 자존감이 제일 낮고 또 하나의 변화가 그때 너무 많이 울었거든요. 약간 감정표현이 닫혔어요. 사람들이 저보고 약간 그래요. 감정 표현이 좀 덜 한 것 같다고 정서적인 표현을 잘 못해요. (이혼자 F의 사례)

[당당하지 못함]

나로 인해서 가족이든 속한 소속된 곳에서 어떤 불이익 그런 것들이 있지 않을까? 그런 것들이 좀 있었어요. 그런데 누가 뭐라고 하는 게 아니라 제 스스로 그랬던 거죠……. 제 입장은 그래요. 저만이 그러는 건지 아닌지 모르지만 제가 이혼을 했고 제가 결정을 한 거니까 저는 그렇게 얘기를 들어도 되는 부분이지만 저희 가족들이 당하는 게 정말 힘들었어요. 동생들이 결혼할 때도 제일 힘들었고. (그런 일들이 있었어요?) 아니요. 제가 그런 거죠. 제가 당당하지 못한 거죠. 모든 사람이 그렇잖아요. (이혼자 G의 사례)

[남성에 대한 부정적 시각]

남자를 잘 못 만나게 돼요. 그러니까 그동안에 그전 남편에 대해서 이런 거 이런 거를 알잖아요. 이 사람 보면서 저 사람은 그런 면이 없나 이런 걸 자꾸 그러니까 뭐라고 그러지……. 대입을 시킨다고 그러나요……. 예, 자꾸 그쪽으로 주시하는 거예요. 제가 아는 분들은 남자가 바람을 펴서 이혼을 했어요. 그러면 새로 만나는 사람도 그것만 보는 거예요. (이혼자 C의 사례)

[남성에 대한 부정적 시각]

남자에 대한 상처와 증오와 모든 남자에 대해서 다 나쁘게 보이는 거죠. 근데 후유증이었쥬. 그때 당시에 한 3년이라는 시간 당시에 모든 남자는 나쁜 놈, 썩을 놈이라고 생각했어요. (이혼자 J의 사례)

3. 사회와 개인의 인식 변화

이혼과 관련된 한국 사회의 인식은 그동안 대체적으로 부정적이었다. 그 결과 이혼자들은 주변의 시선과 자기 자신의 자격지심 등으로 인하여 이혼 후 적응에 어려움을 겪어 왔다. 이러한 내용들은 이혼과 관련된 연구들에 의해서 드러나기도 한다. 과거 한 부모 가정에 관한 질적 연구에 따르면(황은숙, 2007), 모자(母子) 가정의 어려움은 경제적 궁핍, 자녀양육의 어려움, 사회적 편견이고, 부자(父子) 가정의 어려움은 자녀양육과 사회적인 편견이었다. 모자 가정과 부자 가정 모두 '사회적 편견'으로 힘들어했음을 알 수 있다. 이 결과는 2010년 이전 한국 사회의 부정적인 이혼 인식을 보여 준다.

2010년 이후 사회의 이혼 인식 변화를 살펴보기 위하여 2012년도에 수행된 이혼 연구를 살펴보자. 40대 이혼 여성을 대상으로 이혼 후 적응 과정을 연구한 결과에 따르면, 여전히 이혼 여성들은 사회의 부정적 편견에 시달린다. 이혼녀라는 사실 때문에 남자들이 쉽게 보고 행동하며, 억울한 추문이나 부정적인 주위 시선을 경험하며 살아간다고 한다(송욱, 2013).

근래 수행된 고학력 전문직 중년 여성의 이혼 후 삶의 경험에 관한 질적 연구 역시도 비슷한 인식을 보여 준다(박형숙 외, 2016). 연구 결과에 따르면 고학력을 가진 전문직 종사자인 중년 여성들조차도 이혼 후에 주변의 따가운 시선에 시달려야 했으며, 주변 사람들로부터 반갑지 않은 손님 취급을 당했다는 것이다. 이 연구들의 공통점은 10년이라는 시간이 지났음에도 불구하고 이혼자들에 대한 사회적 시선이 크게 개선되지 않고 있음을 보여 준다. 여전히 '이혼자'라는 낙인이 있으며, 주변의 부정적 시선이 이혼자들의 적응을 어렵게 만드는 것으로 보인다.

하지만 이런 연구 결과들과 달리 최근의 미디어나 드라마, 영화 속에서는 이혼자에 대한 묘사가 상당히 미화되어 나온다. 드라마나 영화 속에서 이혼한 여성 주인공은 자녀가 있음에도 불구하고 부잣집 귀공자인 멋진 미혼 남성으로부터 적극적인 구애를 받는다. 이러한 방송 내용은 이혼과 관련된 전통적인 부정적 시각과 다른 사회적 인식 변화를 보여 주는 것이다.

한국 사회에서 2000년대 초반까지만 하더라도 원가족들이 자녀의 이혼을 부끄러워하며 가문의 오점으로 인식한다는 연구 결과들이 있었다. 그러나 최근의 연구에 따르면 한 부모 이혼 여성들이 자립 경험을 하는 데 있어서 원가족의 정서적, 도구적 지원이 큰 힘이 되는 것으로 나타났다(성정현, 2017). 원가족이 이혼 적응과 자립에 일조했다는 것은 가족 구성원이 속한 사회의 인식 변화를 반영해 주는 중요한 결과로 볼 수 있다.

이와 더불어 가족과 친구의 정서적 지원 및 종교 공동체와 같은 지지 집단의 지원도 이혼자의 적응과 회복에 큰 도움이 된다는 최근의 연구 결과가 있다(오은규, 2019). 이와 같은 사실들은 이혼에 관한 한국 사회의 인식 변화를 설명해 주는 근거가 된다. 더 나아가 이혼자들이 이혼 후 개인적 차이에 따라 사회적으로 불편한 시선을 경험할지라도, 직업 생활이나 삶 속에서 이혼 경험으로 인한 실질적인 피해나 차별이 없는 것으로 보고되고 있다. 이것은 이혼에 관한 한국 사회의 인식 변화를 보여 주는 중대한 시사점이다(오은규, 2019). 이 연구에 따르면 오히려 사회의 편견보다 이혼자 자신의 선입견이 이혼 적응에 더 부정적으로 작용한다. 그만큼 사회의 인식 변화가 크다는 것을 보여 주는 반증이다. 따라서 오늘 한국 사회에서 사회의 편견보다 이혼 당사자의 편견이나 고정관념에 대한 성찰이 더 필요하다. 이혼에 관한 사회의 인식 변화보다 개인의 인식 변화가 느리다는 것을 보여 주는 사례이다.

지금까지 논의를 통해서 한국 사회의 이혼 인식 변화를 살펴보았다. 사회의 인식 변화는 개인의 인식 변화와 상호작용한다. 그래서 사회의 변화뿐만 아니라 개인의 신념 내지 정체성과 같은 의식 변화도 이혼 적응에 중요하다. 개인이 이혼 이후 자신의 이혼 사건을 의미 있게, 긍정적으로 재구성하느냐에 따라서 자기 치유와 성장에 큰 도움이 된다(김지혜, 2008). 최근의 연구 결과들은 이혼 적응에 있어서 개인이 이혼 사실을 인정하고 받아들일 때, 그리고 그것을 용기 있게 개방할 때 사회적으로 잘 적응할 수 있음을 보여 준다(성정현, 2017; 오은규, 2019).

2018년 사회 조사 통계청 자료에 따르면 한국 사회의 이혼에 관한 인식 변화는 다음과 같다. 2018년 통계청 자료에 따르면 이혼에 대해서 '이유가 있으면 하는 것이 좋다'의 비율은 16.7%, '할 수도 있고 하지 않을 수도 있다'고 생각하는 비율은 46.3%로 증가하는 추세인 반면, '해서는 안 된다'고 생각하는 비율은 33.2%로 감소하는 추세에 있다. 현재 한국 사회 구성원의 63%가 이혼에 관하여 허용적임을 알 수 있다. 다음의 표는 한국 사회의 이혼에 대한 생각이 어떻게 변화되어 가고 있는지를 설명한다.

표 1 이혼에 관한 인식 변화

이혼에 대한 견해	2008년	2010년	2012년	2014년	2016년	2018년
이혼하는 것이 좋다.	6.9%	6.4%	10.5%	12.4%	14%	16.7%
할 수도, 하지 않을 수도 있다.	31.9%	33.4%	37.8%	39.9%	43.1%	46.3%
해서는 안 된다.	58.6%	56.6%	48.7%	44.4%	39.5%	33.2%

출처: 통계청(2018).

〈표 1〉은 최근 한국 사회의 이혼에 대한 생각이 부정적인 시각에서 수용적인 쪽으로 많이 변화되고 있음을 보여 준다. 또한 이 통계 결과는 그동안 이혼에 관한 사회적 인식이 부정적이거나 무조건 나쁠 것이라는 각종 연구와 인식에 관한 오해와 편견을 수정한다. 오히려 최근 한국 사회가 이혼에 관하

어 수용적이고 관대해지는 것을 보여 준다.

따라서 이혼 당사자들은 이혼 이후 적응을 위하여 사회에 대한 부정적인 편견에서 벗어날 필요가 있다. 그리고 지나친 심리적 위축감에 빠지는 것을 경계해야 한다. 어느 사회든 어떤 현상에 대하여 완전하게 편견과 차별이 없는 사회는 없을 것이다. 그러나 그 편견의 정도가 과도하게 부풀려지고 확대되어 있다면 현실적으로 올바르게 인식하는 것이 필요하다. 왜냐하면 이혼에 관한 한국 사회와 개인의 의식 및 인식에 관한 정확한 이해는 이혼자들의 적응에 매우 중요한 역할을 하기 때문이다. 주변의 이웃들과 사회가 예전과 달리 이혼자들을 어렵게 하는 것이 아니라 오히려 그들의 적응과 회복 및 성장을 위하여 돕는 자원이 될 수 있다. 다음의 사례는 이혼자 C가 이혼 이후 한국 사회에서 살면서 어떤 변화가 있었는지에 대한 질문에 그의 삶에 큰 변화가 없었음을 고백하는 내용이다.

> 그런 거는 없는 거 같아요. 그런데 나만 그런 것 같지는 않고 또 이혼을 하면 무슨, 보통 많지는 않잖아요. 요즘에는 좀 많아졌지만 이 대한민국이라는 나라에 이혼을 했다고 말하는 사람도 없고, 잘 얘기 안 하잖아요. 그렇다 보니까 확 바뀌는 사람은 없는 것 같아요. 저 같이 아기가 있는 경우는 좀 많이 변하겠죠. 경제적인 이유 때문에. (가장 큰 변화로 느끼는 부분은 경제적인 부분?) 경제적인 것 때문에 좀 많이 변하긴 하겠지만 저 같은 경우는 또 경제적인 것도 그렇게 별로. (타격을 받지 않았다?) 예. 다른 분들은 뭐 경제적인 부분에는 뭐 다른 분보다 제가 운이 좋은 편이에요. (어머니가 여유가 있으니까)
>
> 이혼하신 분들이 많지 않기 때문에, 이혼을 안 한 분들이 생각할 때, 이혼을 하면 큰 변화가 있을 거라고 생각하는데요, 남편이 없을 뿐이지 사는 데는……. (인생 살다가 하나의 사건을 경험한 것에 불과하다?) 네. (이혼자 C의 사례)

C는 이혼 이후 힘들 줄 알았는데 전혀 힘들지 않았다고 한다. 이웃에 사는 이혼한 언니의 말을 인용하면서 오히려 주변 사람들보다 가족 때문에 힘들면

힘들지 더 이상 사회의 시선 때문에 힘든 것은 아니라고 말한다.

그렇죠. 나는 제가 잘했다고 생각해요. 나보고 자살하라고 하는 사람과 어떻게 살아요? 잘했다고 생각해요. (그걸 할 때 최종적으로 어머니는 어떻게?) 그거 할 때까지 반대했죠. 제가 그냥 가서 해 버렸어요. (하고 나서는 어떤?) 하고 나서도 저희 엄마는 힘들었어요. 변화는 나한테 변화가 있는 게 아니라, 가족한테 변화가 있는 것 같아요. 대부분, 제가 이혼하기 전에 이혼하신 주변의 아는 언니가 그러는데 이혼을 하면, 대부분 이혼했다고 주위에서 손가락질을 하고 그래서 힘들 거라고 생각하는데, 그거는 전혀 힘들지 않대요. 그런 사람 한 명도 없대요. 손가락질한다든지, 너 '이혼녀'라고 한다든지 하는 사람은 한 명도 없대요. 근데 가족 때문에 힘들대요. (이혼자 C의 사례)

Growth following divorce

이혼 후 성장

제2부

이혼 후 적응

제5장 • Growth following divorce

이혼 후 적응의 어려움

1. 자녀양육 및 경제적 어려움

이혼자들은 이혼 이후 적응과정을 거쳐 시간이 지남에 따라 초반부에 경험한 부정적 감정, 사고, 육체적 고통 등의 문제가 점차 완화된다. 그러나 시간이 흘러도 해결되지 않는 이혼자만이 겪는 독특한 어려움이 있는데 그것은 바로 자녀양육의 어려움과 이별한 자녀에 대한 그리움이다. 자녀양육의 어려움은 경제적 문제와 관련이 크다. 따라서 이번 장에서는 자녀양육과 경제적 문제를 함께 다루고자 한다. 이혼 후 자녀양육으로 인해 겪는 몇 가지 어려움들은 다음과 같다.

첫째, 새로운 가족 체계 형성으로 발생되는 어려움이다. 이혼자들과 자녀들은 이혼으로 말미암아 새로운 가족 체계를 경험하게 된다. 부모의 이혼으로 인해 자녀들은 한쪽 부모와 생활할 수밖에 없다. 이른바 한 부모 가정이 되는 것이다. 그 결과 이혼 후 자녀들은 한쪽 부모의 결핍을 경험한다. 만일 이혼자가 재혼할 경우 자녀는 새로운 부모와 새로운 가족 구성 체계를 경험한다. 부모와 자녀 모두 새로운 가족 체계 안에서 적응하기 위한 노력이 필요하다. 그 과정에서 한 부모와 자녀들은 예상치 못한 경계선의 어려움을 겪을 수도 있다.

[아이들의 위축]

아이들에 대한 시선이 저한테는 중점적이었던 것 같아요. 아이들이 아빠 없다라는 소리 들을까 봐. 돈이 없어서 아이들이 눈치 보는 이런 것들, 저에 대해서 한 부분보다는 저희 아이들에 대한 부분들이 더 많아서 저는 사실 지금도 그걸 크게 느끼고 있지 않지만 아이들이 위축되어 있어요. 아이들이 위축되어 있는 모습이……. 아직 저를 찾고 있는 거라서……. 그냥 그런 안타까움에 바깥에 나와서 아이들과 얘기를 하고 이런 것들을 하곤 하는데……. (이혼자 D의 사례)

[아이들에 대한 미안함]

애들한테 미안한 감정에서 내가 해 줄 수 없는 게 있잖아요. 아빠가 있어서 해 줄 수 있는 그런 것들이 있는데, 남편은 애들한테 너무 무관심해요. 예전에 살듯이 애들에게 전화도 안 하고 만나 주지도 않고 그런 부분이 있어요. 있으나 마나 한 아빠로서 계속 사는 게 나는 힘들었어요. 내가 최선을 다하지만 그게 안 되잖아요. 그런 것 때문에 지금도 좀 그런데 그러지 말라고 하더라고요. 내가 할 수 있는 거 열심히 하는데 그런 부분이 조금 힘든 부분이죠. (이혼자 E의 사례)

[자녀에 대한 미안함]

제가 선택한 일이었기 때문에 제가 선택을 마무리 못했다는 것도 있고, 갑자기 딸 둘이 생겨서 거기에 대한 그 애들한테 저희 엄마 아빠의 모습을 제공하지 못했잖아요. 나는 그런 모습으로 자라 왔는데 내 딸한테는 그걸……. (이혼자 L의 사례)

둘째, 소통의 어려움이다. 이혼 후 부모 사이의 관계가 좋지 않거나 부모와 자녀 사이에 안전한 의사소통 방법을 만들지 않았을 경우, 부모와 자녀들 사이의 대화에 어려움이 생길 수 있다. 어떤 부모들은 함께 살지 않는 자녀와 소통하는 것이 영원히 불가능해질 수도 있다. 자녀 입장에서는 양육하는 한 부모의 눈치를 보면서 비밀리에 비 동거 부모와 연락해야 할 수도 있다.

이혼한 부모 사이의 관계가 극단적으로 나쁠 경우, 자녀는 두 부모 사이에서 극심한 심리적 고통을 겪는다. 심지어 자신을 돌보는 한 부모가 상대 부모를 따돌릴 때 한 마음이 되어 함께하지 않는 부모를 미워하거나 증오하는 '부모따돌림 증후군'[1]을 겪기도 한다. 자녀와 이별하여 지내는 비양육 부모는 상대 배우자와 자녀의 따돌림에 큰 상처를 입는다.

자녀와의 이별로 인해 정서적 고통을 경험하는 다음의 사례를 살펴보자. 이혼자 B의 경우는 이혼 전 거주했던 집에서 계속 지내고 있어 가끔 자녀의 목소리와 흔적이 환상처럼 들린다고 그리움을 토로한다. H의 경우는 타국에서 이혼을 함으로써 어린 자녀를 두고 왔기 때문에 자녀가 성인이 되어 엄마를 찾아오지 않는 한 다시 만날 수 없다. 그래서 그녀는 같은 하늘 아래에서 숨 쉬면서도 자녀를 볼 수 없다는 생각에 마음이 찢어질 정도로 아프다고 호소한다.

[아이에 대한 그리움]

매일 애가 보고 싶죠. 아빠! 아빠! 하던 소리가 지 엄마랑 실랑이하던 소리가 다 들리는 거죠. 그게 제일 아팠던 것 같아요. 환상처럼 들리죠. 갑자기 눈물이 나려고 하네요. (이혼자 B의 사례)

---

1) 송미강(2015)은 이혼 가정의 자녀양육 과정에서 제기되는 다양한 어려움 중에서 '부모 따돌림 증후군'을 가장 심각한 문제로 보았다. '부모 따돌림 증후군(Parental Alienation Syndrome: PAS)'은 미국 정신과 의사인 Richard Gardner(1987)에 의해 처음 제안된 개념이다. '부모 따돌림 증후군'은 이혼 후 자녀양육에서 양육 부모가 자녀로 하여금 다른 쪽 부모에게 등을 돌리고 관계를 거부하도록 조정하는 현상을 말한다. 심각한 경우 아동은 비양육 부모를 경멸하거나 두려워하게 되고 그 부모와의 관계는 단절된다. 부모 따돌림 증후군에 관한 국내 연구는 송미강(2015)의 연구가 유일하며, 아직 국내에서는 제대로 된 연구가 없다. 가장 적절한 대응은 법원의 명령에 따라 법적이고 심리치료적인 개입이 동시에 이루어지는 것이다. 이에 관한 자세한 내용은 송미강(2015)의 논문을 참고하라. 송미강(2015). 이혼가정의 '부모따돌림증후군' 연구. 연세대학교 대학원 박사학위논문.

[자녀에 대한 그리움]

자식을 못 보니까 이건 찢어지는 아픔이에요. 살을 찢는 거랑 마찬가지예요. 그게 가장 커요. 다른 아픔은 내가 극복을 하거나 어떤 시간이 흐르면 해결이 되거나 그렇지만 이거는 계속 있는 거잖아요. 남아 있는 거잖아요. 죽을 때까지 내 자식은 이 지구상에서 있는 것이고 내가 계속 기억할 수밖에 없고 만나서 정말 회복이나 이런 편하게 엄마라고 부르고 내가 아이들을 편하게 해 주기 이전까지는 이것이 나에게는 어떤 뭐랄까 하나의 무거운 돌처럼 내 마음에 있는 그거죠. (이혼자 H의 사례)

셋째, 경제적 어려움이다. 이혼 후 수입의 감소는 여러 해 동안 재정적인 문제를 일으켜 삶을 힘들게 할 수 있다(Grimaldi, 2017). 여성들이 가정을 돌보고 남성들이 주로 경제활동을 했던 경우 이혼으로 인하여 여성들이 생활전선에 뛰어들게 된다. 그 결과 이혼 후 외벌이를 통해서 가계와 자녀양육의 책임을 떠안기 때문에 부담이 가중된다. 대체적으로 한국 사회에서는 남성보다 여성이 자녀의 양육을 맡는 경우가 많다. 남편 혹은 상대 배우자가 제때에 주거비나 양육비를 지급하지 않을 경우 심각한 경제적 어려움에 빠질 수 있다. 여전히 우리 사회에서 남성 배우자들이 법원으로부터 양육비 지급의무를 받았음에도 불구하고 양육비 지급을 잘 이행하지 않는 경우가 많다. 이를 해결하기 위하여 건강 가정 기본법에 따라 설립된 한국건강가정진흥원에서는 '양육비 이행 관리원 제도'[2]를 시행하고 있다. 미성년 자녀의 양육비 청구와 이행확보 지원 등에 관한 업무를 수행한다. 많은 양육 부모가 상대 배우자로부터 양육비와 같은 경제적 지원을 받지 못해 어려움을 겪고 있다는 증거이다. 다음의 내용은 이혼으로 인하여 경제적 어려움을 겪은 사례들이다.

2) 2018. 12. 24. 법 개정을 통하여 양육비 이행 관리원 제도를 실시하고 있다.

경제적인 것 같아요. 뭐라 어찌 됐건 간에 경제적인 거요……. 일단은 일을 좀 많이 미친 듯이 해야겠다는 생각을 했고요. 서울에서 아이들이 많이 힘들어 했고 그래서 남편한테 계속해서 연락을 했죠. 넌 사람도 아니야 아이들에 대한 책임은 해야지 달래 보고 화도 내 보고 성질도 부려 보고 그 사람이 싫어하는 부분을 건드려 보기도 하고 그랬는데 반응이 없더라고요……. 없어서라고 생각을 했는데 주변 사람들한테 최근에 들은 이야기인데 능력이 되는데 안 해 줘요. (이혼자 D의 사례)

그때는 저는 성격이 긍정적인 사람이라 또한 신앙을 가지고 있잖아요. 크게 좌우되진 않았어요. 그런 대로 살았는데 그 이후에 우울증이 오게 된 것은 제가 아이들을 양육하고 살아가는 데 돈도 끊어지고 힘들잖아요. 애들한테 들어가는 돈도 많고……. (이혼자 A의 사례)

어떤 경제적으로 제가 모든 것을 제가 해야 살 수 있다는 게 힘든 거죠. 경제적인 부분이 제일 힘들고 그게 제일 힘들어요. (이혼자 H의 사례)

제일 힘들었던 거는 미래에 대한 막연한 두려움이 제일 크고, 경제적인 게 제일 문제였던 것 같고요. (이혼자 E의 사례)

넷째, 부모 역할의 어려움이다. 한쪽 부모의 부재는 아이를 양육하는 데 있어 부모 역할의 결핍을 가져온다. 양육 부모가 아무리 역할을 잘 감당해도, 부재한 부모의 역할을 대체하기가 어렵다. 때로는 자녀들의 실수에 대한 외부적 편견의 시각과 마주해야 하는 어려움도 있다.

다음의 사례는 한 부모로서 자녀를 양육해야 하는 이혼자들의 다양한 고충을 설명하고 있다.

[아빠 역할의 부재]

그다음에 아빠가 없어진다는 거. 아이들이 편모 슬하에서 자란다는 거 지금도 중학교 선생님 만나요. 은사님 만나면 "애들은 편모 애들이 문제가 많아……. 친한 중대장을 만났는데 편부모 애들이 문제가 많아! 그렇게 한 부모 가정 애들이 문제가 많아." 그런 얘기를 들을 때 그런 사회적인 시선. 내가 아무리 잘 키워도 그런 아픔이 있을 거 아니에요. (이혼자 A의 사례)

[아빠의 역할 부재]

아이가 어렸을 때는 지금도 마찬가지지만 제가 아이를 양육할 때 아빠 역할이 엄마 역할이 다르다는 것이 힘들죠! (이혼자 G의 사례)

[양육의 어려움]

여자 분들은 하루하루 사는 데 바빠요. 그런 데다가 남자가 양육을 맡는 게 아니라 여자가 대부분 양육을 맡거든요. 그러다 보니까 애 키우고 돈도 없는 데다가 힘드니까 자기가 이혼에 대해서 힘든 거 모르고 사는 게 너무 힘들어하는 게 대부분이에요. (이혼자 C의 사례)

2. 가족관계

이혼 후 적응 과정에서 이혼자들은 개인에게 일어난 여러 가지 문제를 시간이 흐르거나 혹은 대처 노력들을 통해서 어느 정도 해결할 수 있다. 그러나 타인의 인식과 시각, 태도는 본인들의 노력에 의해서 해결될 수 있는 문제가 아니다. 특별히 가장 가까운 가족들이 이혼자들을 부끄럽게 여기거나, 있는 모습 그대로를 받아들이지 못할 때 상처를 반복적으로 경험하게 된다. 그로 인해서 가족과 소원해지거나 가족들에게 솔직한 마음을 털어놓지 못한 채 지낸다.

가족의 부정적 태도와 인식은 하루아침에 바뀔 수 있는 문제가 아니다. 오랜 시간 동안 지속되기 때문에 이혼자들로 하여금 그들의 이혼 경험을 회상하게 만드는 고통의 요인이 된다. 다른 이유나 상황은 이혼자들이 환경을 바꾸면 해결할 수 있지만 가족들은 그럴 수 없기 때문에 오랜 시간 동안 이혼자들의 삶 속에 남아 어려움을 준다. 안타깝게도 이혼자들의 치유와 회복에 가장 큰 기여를 하는 요인도 가족이다. 다음의 사례는 가족들로 인하여 고통받고 있는 이혼자들의 모습을 잘 보여 준다.

이혼자 A는 부모님들이 체면 때문에 자신의 이혼 사실을 주변 사람들에게 솔직하게 알리지 않고 창피해해서 마음이 불편하다고 털어놓았다.

> [창피하게 여김]
>
> 일단 우리 부모님들은 체면을 중요시하는 분들이기 때문에 몇 년 동안 말을 안 했어요. 지금도 말 안 할 때가 있어요. 체면……. 우리 사위……. 세상에 언제까지 속일 거냐고? 맨날 저만 보고 한숨 쉬셨으니까. 저희 아버지는 "몇 년 참았다가 돌아오면 받아 줘야지." 그렇게 저한테 모질게 했는데도 "그래도 애들 아빤데." 이런 생각을 가지신 분이시고, 엄마는 남들 앞에서 대놓고 그러는 거예요. 아버지 어머니 칠순 이런 게 힘들었어요. 저는 우리나라 사람들이 결혼하는 거, 애 낳는 거 등 체면 차리고 눈치 보는 것을 고쳐야 한다고 생각해요……. 가족 모임이 싫은 거지요. 많은 부분 저는 내가 지금은 돌싱이에요. 편안해졌지만 불편한 건 있지요. 아버지 칠순도 저 때문에 안 한다 했다가 사위 없다고 창피한데 어떻게 하냐고 80세 되셨으니까 구년 전이니까 남들 앞에서 그런 것들이 있죠. (이혼자 A의 사례)

이혼자 C는 엄마와 동생이 자신을 창피하게 여기고 자신의 이혼 이야기를 부끄럽게 여기는 모습에 마음이 힘들다고 고백한다.

> [창피하게 여김]
>
> 저희 엄마 같은 경우는 동생도 그렇고 되게 나를 창피해하는 것 같더라고요. 동생도 결혼을 하는데 사귀는 남자가 있는데 결혼을 하는데 그 얘기를 했대요. 근데 나는 그거를 왜 그 애한테! 제부 될 사람한테 물어보는 게 이해가 안 가는 거예요. 동생은 창

피한 거죠. 그리고 인제 뭐 엄마 같은 경우에도 얘기를 못하는 거예요. 나는 정작 잘 얘기를 하고 다니는데 저희 엄마는 얘기를 못하는 거예요……. 네, 이건 저만 그런 게 아니라 제가 물어본 사람들이 그렇고 그 언니도 그렇고 가족들이 힘들게 한대요. 다른 사람들이 진짜 가족들이 진짜 힘들죠. 나를 되게 창피하게 생각을 해요. (이혼자 C의 사례)

이혼자 D의 경우는 언니와 동생이 자신을 있는 모습 그대로 받아 주지 않고 지적하는 태도 때문에 가족관계의 어려움이 있다고 호소한다.

[가족의 비난]

워낙 지적을 많이 받으니까 언니도 지적을 하고 동생들도 지적을 하고 오히려 이혼 그런 상황들이 일어나서부터는 저에게 얘기하는 게 부정적으로. 그때그때 느낌이 다르긴 한데 동생들한테는 제가 얘기를 하고 나서, 무시당한다는 느낌을 스스로 받는 것 같아요. 가장 큰 문제가 주변의 지인들보다는 가족 간의 관계인 것 같아요. 일단 무슨 말을 하는 게, "내가 이렇게 힘들었어! 이랬어."라고 얘기하는 게, 가족들이 애기아빠의 여자나 돈이나 이런 것을 몰라요. 정확하게 몰라요. 본인들이 엄마 같은 경우는 본인이 겪었던 것이 있으니까 그럴 것이라 예상을 하는 거지, 저희 친정식구들은 지금 일어난 일을 정확하게 몰라요.

그냥 애기 아빠가 나가서 한 건데, 그 뒤에 배경이 이렇고 저렇고 자세히는 몰라요. 그거는 저 혼자 해결하죠. 오히려 주변 사람을 만나는 게 더 편하지요.

그냥 바람은 좀 이해해 줬으면 좋겠다는 생각도 하고, 힘들었겠다라고 받아 줬으면 좋겠다는 생각도 하고, 음……. 다른 데서 얘기 못해도 집에 와서는 편안하게 쉬고 싶다는 생각이 드는데, 근데 제가 우리 집 안에서 있었던 일들을 오픈하게 되면 그다음에 말들이 어떨지 사실은 그거에 더 아플까 봐 겁이 나요. (울먹이면서) (이혼자 D의 사례)

3. 성 욕구 문제

이혼자들은 이혼으로 인하여 성적 파트너를 잃게 된다. 성 욕구(性 欲求)는 인간의 자연스러운 본능이다. 부부간의 성은 부부생활을 더 친밀하게 만드는 윤활유와 같다. 부부는 배우자를 통하여 자연스럽게 성적 욕구를 해소한다. 하지만 이혼자들은 이혼 이후 자연스러운 생리적 현상인 성적 욕구를 해소할 수 있는 배우자를 상실함으로써 어려움을 겪는다. 이 절에서는 다양한 상담 현장에서 만났던 이혼자들 및 면담에 응한 12명의 이혼자를 대상으로 한 질문과 답변을 통하여 드러난 성적 욕구 해소 방법을 살펴보고자 한다.

면담 결과 이혼자들의 성적 욕구 해결 방법은 크게 세 가지로 나타났다. 첫째, 이혼자들은 성욕을 해소할 수 있는 배우자가 없기 때문에 성적 욕구를 억제하거나 자위행위를 통하여 성 욕구를 해결하였다. 이들은 주로 윤리 도덕, 종교적 신념 등의 이유로 결혼생활 안에서만 책임 있는 성관계를 지향한다. 둘째, 결혼 전부터 성에 대한 흥미나 성욕이 약했던 사람은 이혼과 상관없이 성욕 해소에 어려움을 느끼지 않았다. 또한 결혼관계나 이혼 과정에서 배우자로부터 받은 상처와 외상은 이혼자들로 하여금 성적 욕구를 잃게 만들었다. 셋째, 이혼자들은 과거와 달리 사회적인 성인식 및 성문화의 개방화로 말미암아 적극적으로 성적 파트너를 찾아 성 욕구를 해소하였다.

면담자 12명 중 성적 욕구를 해소하지 못하고 억제하거나 자위행위를 이용한 사람은 2명이었고, 5명은 이혼의 충격으로 성욕을 느끼지 못해 어려움이 없었다. 반면, 5명은 적극적으로 이혼 이후 이성 파트너를 만나 성적 욕구를 해결할 수 있었다.

1) 성 욕구 억제 및 스스로 해결

이혼자들은 성적 욕구가 강하게 일어날 때 자위행위를 하거나 참는다. 참는 방법으로는 집 청소를 하거나, 땀을 뻘뻘 흘릴 정도로 운동을 하기도 하고 외출을 하면서 몸을 피곤하게 해서 잊으려고 하는 시도를 한다. 이런 상황은 성별에 큰 차이가 없다. 이들이 성욕을 스스로 억제하고 자위행위에 의존할 수밖에 없는 이유는, 첫째, 이혼 후 마음을 나눌 만한 이성 친구를 쉽게 만날 수 없기 때문이다. 둘째, 중년 이상의 나이가 들어 이혼을 한 경우 새로운 배우자를 만나는 것도 쉽지 않다. 셋째, 종교나 도덕관념과 같은 윤리적 신념으로 인하여 결혼생활 외에서 성 파트너를 얻는 것에 대한 거부감 때문이다. 그래서 성적 욕망을 스스로의 힘으로 다스리거나 억제함으로서 해결해 나간다.

이혼자 F와 L은 이혼 후 배우자의 상실로 성적 욕구를 해소하는 데 어려움을 토로한다. 자연스러운 생리적 욕구인 성욕을 해결하는 방법으로 F는 '자위행위'를 통해서 해소했다고 고백했고, L은 강한 성욕은 있으나 전남편으로 인한 남성에 대한 거부감이 생겨 억제하며 힘든 나날을 보냈다고 회상했다.

[자위]

그건 그냥 보통 남자들 하는 대로……. 아, 저도 공부할 때도 그런 얘길 많이 봤는데 그냥 자연스럽게 넘기는 것 같아요. (이혼자 F의 사례)

[억압]

저야 굉장히 힘들었죠. 제가 35세에서 40대에 굉장히 남자들이 그리웠고 근데 그 때 외국에서 바쁘게 사니까 근데 굉장히 억울하죠. 지나가 버렸으니까 저는 젊은 여성들한테 남자를 찾으라! 그래요. 그렇지만 우리는 남자랑 잠자리를 못하잖아요. 자고 싶은 생각은 많지만요. (왜 못자죠?) 아무래도 거부감이 들 것 같아요. 전남편과의 그것 때문에……. (이혼자 L의 사례)

2) 성 욕구 상실

충격적인 이혼을 경험한 이혼자들은 후유증으로 성적 욕구를 별로 느끼지 못한다. 비록 이혼 전 부부관계가 좋았을지라도 이혼으로 인한 상처 때문에, 한동안 이성과의 육체적 관계에 대한 흥미를 상실하게 된다. 한편으로 결혼 전부터 결혼생활에 이르기까지 성에 대한 부정적 경험 때문에 성적 욕구나 흥미가 거의 없는 이혼자들도 있었다. 이런 사람들은 결혼생활이나 이혼 이후 성욕 문제로 어려움을 겪지 않는다. 오히려 성에 대한 거부감과 불편함을 가지고 있었던 이혼자들은 이혼 이후 성욕에 있어서 자유로움과 편안함을 느끼기도 한다.

이혼자 A의 경우 결혼 전부터 성 욕구에 별로 흥미가 없었고 결혼 후에도 가사일이나 육아로 인하여 남편의 욕구를 충족시켜 주지 못했다고 한다. 이혼 후에야 그녀는 남성의 성을 이해하게 되었다고 고백한다.

[욕구 없음]

그러니까 의무방어전 이런 식이었어요. 그게 느껴졌겠지요. 그게 왜냐하면 저 같은 경우는 몸이 너무 힘들고 애 키우고 직장 다녀야 되지요. 좋은 것도 모르는 관심도 없는 사람이……. 남편은 맥주 한 잔 하면서 비디오도 같이 보기 원하고 그런데 저는 너무 피곤하니까 집에 오면 청소하고 애 데리고 재우다 보면 같이 자는 거……. 살면서 내가 남자를 알게 되면서 그런 부분이 스트레스였겠구나! 내가 남자를 너무 모르니까. (이혼자 A의 사례)

저는 여자이기에 관심이 없어서 아무 문제가 없었어요. (이혼자 A의 사례)

이혼자 D는 결혼 이전부터 성에 대한 부정적 생각이 강해서 결혼생활에서 성 문제로 남편과 관계가 힘들었다. 그래서 성욕에 대한 부분은 오히려 이혼을 통해서 자유로워졌다.

[욕구 없음]

저는 오히려 결혼생활 가운데서 가장 어려웠던 점이 남편과의 부부관계였어요. 남편은 많이 원하는 편이었고 저는 좀 많이 피곤하고 제가 그 부분에 대해서 제가 좀 많이 부정적인 생각이 강하다 보니까 저는 무슨 이거는 인제 좀 신앙적인 부분에서 어긋나는 부분인데……. 지금은 이렇게 보면……. 뭐 주일날이어서 부부관계 하면 안 되고……. 그런 것들이 조금 강했어요. 그러다 보니까 남편하고 그런 부분 트러블들이 생기기도 했었거든요. 근데 오히려 저는 이혼하고 나서 그 부분은 편했고요. (이혼자 D의 사례)

이혼자 I와 H는 결혼관계의 어려움과 이혼으로 인한 충격 때문에 성적 욕구를 전혀 느낄 수 없었다.

[발기 안 됨]

왜 그러냐 하면 여자 앞에 가도 안 섰으니까요. 여자를 보면 겁나니까 이제는 가까이 가기 싫은 것도 있고 이상하게 마음이 불안해요……. 그때는 안 느꼈죠. (그것 때문에 힘들거나 그런 거는 없었어요?) 그런 건 없었어요. 오히려 여자가 싫으니까 관심이 없으니까……. (이혼자 I의 사례)

[욕구 사라짐]

그게 어느 정도는 편하고 되게 좋았어요. 정신적으로 샥(shock)이 되니까 육체적으로 아예 무기력과 이게 없어진 거죠. 얼마간 그랬어요. 그게 꽤 그랬었던 것 같아요. 아예 육체적 욕구 자체를 끊는 거죠. (이혼자 H의 사례)

이혼자 G는 결혼생활에서 부부관계가 좋았으나 이혼 이후 스트레스 때문에 성적 욕구가 사라졌다.

[욕구 사라짐]

저는 솔직히 그 부분은 여자고 남자고 이래서 다른 건지 모르겠는데 제가 결혼생활하면서 부부관계가 안 좋지는 않았어요. 그리고 저도 평범한 사람처럼 그렇게 생각을 했는데……. 그런 스트레스가 있어서 그런지 전혀 그런 생각들이 없는 거예요. 아, 남자는 그런 욕구가 생기고 강하다 그랬는데 저는 그런 것들이 전혀 없는 거예요. 간혹 제가 아파서 이상이 생긴 게 아닌가 생각을 하는데 그런 부분을 여자는 그런 게 많은 것 같아요. (이혼자 G의 사례)

3) 성 욕구 해소

인간의 성욕은 매우 자연스러운 생리현상이며 본능이다. 그러므로 부부관계의 성은 행복한 결혼생활을 유지하는 원동력이 된다. 또한 성생활은 부부간의 친밀감을 형성하는 데도 중요하다. 반면, 이혼은 성적 파트너인 배우자를 상실하는 것이기 때문에 일시적인 성관계의 단절을 의미한다. 이혼 전부터 성적 욕구가 거의 없었거나 혹은 이혼 과정에서 성욕이나 흥미를 잃은 경우는 예외지만 정상적인 성적 욕구를 가진 남녀는 이혼으로 인한 성생활의 어려움을 맞게 된다. 성적 배우자를 잃은 사람들 중에 여성들보다 남성들이 성생활의 단절에 대한 더 큰 어려움을 호소한다. 한 매체가 이혼 남녀를 대상으로 '돌싱이 된 후 가장 불편한 사항'을 질문했는데 남성은 성적 욕구 해결, 식사, 자녀양육 순으로 지적했고, 여성은 자녀양육, 성적 욕구 해결, 남이 깔볼 때 등을 주요 불편사항으로 꼽았다(한국경제, 2011. 11. 17.).

대체적으로 남성들은 여성들보다 성충동이나 욕구가 강하다. 물론 모든 남성이 다 그런 것은 아니지만, 여성들이 관계적이고 정서적인 성에 대한 욕구가 강한 반면, 남성들은 육체적인 성 욕구가 강하다. 하지만 여성들 역시 부부관계를 통해 성생활에 익숙해졌다가 헤어진 경우 성적 충동 및 성욕 해결을 위한 어려움을 겪는다. 이 때문에 이혼자들은 성욕 해소를 위하여 자연스럽게 이성 파트너를 만들거나, 인터넷 만남, 유흥업소 이용, 그리고 심지어 전 배우자를 만나기도 한다.

다음의 이혼자들은 자연스럽게 이성을 만났으며, 그들과의 관계 속에서 성적 욕구를 해결할 수 있었다. 이혼자 J의 경우 전남편이 그의 삶 속에서 유일한 성 경험의 대상자였다. 그러나 그녀는 결혼생활과 이혼을 통하여 자신이 남자를 잘 모르고 있다는 사실을 깨달았다. 그래서 이혼 이후 적극적으로 남자친구를 사귀면서 남성을 이해하고자 하는 노력을 했다.

[남자친구]

저는 남자친구를 만났잖아요. 그러니까 성적인 어려움은 없죠. 그전에는 약간 그랬던 게 뭐냐 하면 이 세상에는 애 아빠가 다인 줄 알았어요……. 다양한 사람을 만나고 성적으로도 아, 내가 이런 사람을 만날 수도 있고 다양한 사람을 만날 수도 있으니까. (굉장한 용기였겠네요.) 그렇죠! 그렇지만 만난다고 다 사귀지는 않잖아요. (이혼자 J의 사례)

이혼자 K의 경우는 결혼 전에도 성관계에 대하여 자유분방했기 때문에 이혼 이후 성적 욕구를 해소하는 데 큰 어려움이 없었다고 한다. 그는 마음만 먹으면 언제든지 자유롭게 여성들을 만날 수 있었다.

[파트너 구함]

(성적인 어려움이나 문제가 있으셨나요?) 없는 이유가 내가 원하면 언제든지 성적인 관계를 할 수 있는 파트너가 차고 넘쳤으니까요. 단지 달라진 게 있다면 결혼하기 전만 해도 항상 그런 파트너가 저한테 있었어요. 늘 뭐 그 파트너들이, 생각을 해 보면 뭐 군대 제대하고 나서 거의 끊이지 않았으니까요. (이혼자 K의 사례)

이혼자 B는 평소 여성들이 호감을 가지고 다가왔기 때문에 성욕을 해결하는 데 큰 어려움이 없었다.

[이성과의 만남]

그런 건 전혀 없어요. 성관계를 하기 위해선 이혼했다는 걸 밝혀야겠죠. 성관계를 하는 데 전혀 불편함이 없어요. (이혼자 B의 사례)

이혼자 C는 힘든 결혼생활로 인해 남성에 대한 부정적 이미지가 생겨서 이혼 후 남성과의 교제를 하다가 걱정이 생기면 쉽게 헤어지고, 또 외로워서 다시 만나는 경험을 했다고 털어놓았다. 결혼생활을 통해서 성관계 경험을 가졌기 때문에 크게 거부감 없이 가볍게 생각했다고 다음과 같이 설명한다.

[쉬운 만남]

관계를 계속 지속할 생각이 없는 거야. 저럴까 봐 또 두려워서 그러다 보니까 또 만나 외롭단 말이에요. 만나긴 만나는데 그런 게 걱정이 되는 거예요. 또 이런 게 반복될까 봐 두려운 거죠. 만나는 게 그렇다 보니까 그런 것 같아요. 쉽게 만나고 쉽게 헤어지는 게 그런 원인인 것 같아요. (결혼해서 부부관계를 맺었잖아요. 성에 대해서 이미지가 바뀐 게 있나요?) 그런 것도 마찬가지로 그렇게 가볍게 생각하는 것 같아요. (성관계에 대해서 거부감이나 이런 게 생기는 건 아니죠?) 네, 그렇죠. 저 같은 경우에는 그래요. (이혼자 C의 사례)

이혼자 E는 이혼 후 자연스럽게 남성을 만나 성적 욕구를 해소할 수 있었다고 한다. 그러나 기혼자인 남성과의 만남이 욕구해소는 되었지만 정서적인 만족감을 주지는 못했다고 고백한다.

[이성 만남]

남자를 만났어요. 어찌 어찌 만났는데 유부남이었어요. 오래 만났어요. 그런 건 해소가 되잖아요. 내가 신앙을 가지고 나서는 다 정리했어요……. 그래도 이제 그 만남은 짜릿하고 좋은 건데……. 하하……. 내가 3년 전부터 달라진 거죠.

이혼하고 얼마 안 있어서 굳이 찾은 건 아닌데 생기더라고요……. (외로움이나 이런 걸 해결해 주는?) 조금 됐을까? 하지만 이 사람은 내 사람이 아니니까 완벽하게 할 수는 없는 거죠. 성적인 욕구 부분을 해소해 준다……. 네, 그랬던 거죠. (그런 게 만약 없었다면?) 힘들었겠죠. (이혼자 E의 사례)

제6장 • Growth following divorce

이혼 후 적응 요인과 변화

1. 이혼 후 적응 요인

이혼 후 적응과 관련된 변수로 결혼의 질은 이혼 후 적응에 큰 영향을 끼친다. 사람들이 결혼 붕괴 전에 일반적인 기능을 잘 수행했다면, 그들이 이별할지라도 이혼 후에 잘 적응할 수 있다(Tschann, Johnston, & Wallerstein, 1989; Wang & Amato, 2000). 이와 같은 결혼생활의 질이 이혼 이후 적응을 위한 심리적 기능들에 영향을 준다는 지지적 연구들이 계속 추가되었다(Hagedoom et al., 2006; Hawkins & Booth, 2005).

왕과 아마토(2000)에 의하면 별거 혹은 이혼할 당시 많은 나이와 오랜 결혼 지속기간 그리고 결혼생활의 고통이 컸다면, 결혼 후 적응과는 부정적인 상관관계를 갖는다. 그리고 그러한 것들은 때때로 매우 힘든 이혼으로 귀결되고 많은 회복기간을 가져야 한다.

이혼 후 적응은 사회적 관련성과 이전 배우자와 갈등이 덜했고, 긍정적이든 부정적이든 애착관계를 덜 가질 때 일어난다(Tschann et al., 1989). 앰버(Ambert, 1988) 그리고 스패니어와 톰슨(Spanier & Thompson, 1983)은 이혼과 대인관계의 적응에 관한 연구에서 이전 배우자에 대한 계속된 애착과 강박관념을 가질 때 대인관계에 부적응적 적응형태를 가진다는 것을 발견하였다. 즉, 이혼 이후에 전 배우자에 대해서 잊어버리지 못하고 긍정적이든 부정적이든 계속 집착하고 애착을 가지면 적응에 어려움이 생긴다. 원치 않는 이혼 혹은 충동적인 이혼을 하거나, 이혼을 하고 보니 예전 배우자가 좋은 사람이었다고 생각해서 다시 그 배우자에게 돌아갈 수 없을까 생각하든지 혹은 이전 배우자에게 좀 더 잘해 주었더라면 이혼하지 않았을 텐데 하는 마음을 계속 품고 있다면 이혼 후 새로운 삶에 적응하는 것이 어렵게 된다. 또 다른 연구는 이혼이 이전 배우자와의 만성적 갈등을 겪거나(Tschann et al., 1989), 거절감, 성적인 어려움, 외로움, 사회변화에 대한 부적응적 반응과 연관이 있다는 것을 밝히고 있다(Birnbaum, Orr, Mikulincer, & Florian, 1997).

반대로 이혼은 긍정적인 사회변화의 자극제가 될 수도 있다. 예를 들어, 만일 결혼생활이 스트레스가 많고, 폭력과 연관이 되어 있다면 이혼은 이런 것들을 경감시켜 줄 수도 있다(Spanier & Thompson, 1983). 이혼은 새로운 것과 더 건설적인 관계성을 허락할 수도 있고(Amato, 2000), 사회적 지지 관계망의 확장을 가져올 수 있다(Masheter, 1991). 즉, 부부간의 갈등으로 인하여 다른 상황이나 일에 관심을 두지 못한 채 부부생활에 집중되어 있다가 이혼을 통해서 더 새롭고 건설적인 관계로 눈을 뜨게 될 수 있는 것이다. 한국에 이주해 온 여성들의 경우 본국 가족들을 위한 생계 노동자로서의 삶과 한국 남편의 성 파트너로서의 삶을 살다가 이혼을 통하여 사회적 지지와 경제적 관계망을 획득한다는 국내 연구 결과도 있다(박미정, 2011). 이런 점들은 이혼이 가져다주는 유익일 수 있다.

오히려 이혼이 됨으로 말미암아 이전 배우자와의 관계에서 긍정적인 연대의 감정과 건강한 정서적 결합이 될 수 있다는 결과도 있다(McCollum, 1985). 또한 이혼을 개시한 배우자가 이혼 후 적응을 더 잘한다는 결과도 있다(Wang

& Amato, 2000). 아마도 이혼을 적극적으로 그리고 주도적으로 진행했기 때문에 이혼을 당한 배우자보다 적응에 유리할 것이다.

그리고 이혼 후 자녀양육과 적응은 긍정적 상관관계를 갖는다(Wang & Amato, 2000). 이혼자들은 비록 힘들고 고통스럽지만 자녀로 인해서 힘을 얻기도 하고 행복을 누리며 살아갈 에너지를 얻는다. 그러나 그 반대의 연구도 있다. 윌리엄스와 던 브라이언트(Williams & Dunne-Bryant, 2006)의 연구에 의하면 자녀를 양육하고 있는 부모의 이혼과정이 결혼생활의 증가된 갈등 그리고 긴 이혼과정과 연계하여 더 스트레스 상황이 될 수도 있다. 이혼 이후 자녀양육을 혼자서 감당해야 하는 것과 이혼으로 인한 상처와 고통을 당한 자녀들의 부적응 문제와 관계 갈등에 놓일 때 어려움을 겪을 수 있다.

이혼자들의 적응 경험에 있어서 또 중요한 요소는 경제적인 문제이다. 이혼으로 인한 수입의 감소가 작거나 높은 수입을 누린다면 이혼 후 잘 적응할 수 있다(Tschann et al., 1989; Wang & Amato, 2000).

그러나 이혼은 재정적인 부담을 야기할 수 있고, 이혼배우자 사이에서의 분배를 종종 불공평하게 한다(Grimaldi, 2017). 일반적으로 이혼 후 자기보고에 따르면 고통은 전형적으로 시간이 흐름에 따라 감소하는 반면(DeGarmo & Forgatch, 1997; Forgatch, Patterson, & Ray, 1996; Hetherington, 1993; Lorenz et al., 1997), 이혼 후 감소된 수입은 여러 해 이상 끊임없는 재정적 스트레스를 유지하는 일련의 파괴적 삶의 사건을 만들 수 있다(Grimaldi, 2017). 이혼으로 인하여 재산을 배분하게 되고, 가정의 수입이 줄어들 가능성이 높기 때문에 이후 생활이 어려울 수 있다. 경제활동을 하지 않은 여성들의 경우 이혼 이후 당장 생활비와 자녀양육을 위한 비용 때문에 경제적인 고통을 겪는다. 여성뿐만 아니라 남성 역시도 어린 자녀의 양육을 맡았을 경우 경제적 활동과 더불어 보육비에 대한 지출로 경제적 어려움에 처하기도 한다.

정서적 지지와 친밀한 사회 관계성은 이혼 후 전반적인 적응과 가족 안에서 경제적인 고통과 관련된 부정적인 결과들을 완화시킨다(Hetherington & Kelly, 2002). 가족이나 친구, 이웃 혹은 공동체 사람들의 지원과 격려는 이혼 후 고통을 완화하고 적응과 회복에 큰 힘이 된다. 가족들의 격려와 지원은 이혼으로 비록 경제적 위기에 처했을지라도, 어려움을 딛고 일어설 수 있는 힘을 제공해 주기 때문에 경세활동에 동력이 될 수 있다.

2. 이혼 후 고통의 지속성 논쟁

이혼에 대한 두려움 중 하나는 이혼이 매우 끔찍한 경험일 것이라는 생각이다. 요즘은 이혼에 관한 인식이 많이 달라졌다. 하지만 우리들의 생각 속에는 이혼은 공포스러운 경험이며, 가족과 직업, 사회 혹은 공동체 생활 속에서 그동안 내가 쌓아 온 것들을 잃어버리거나 비난받을지 모른다는 막연한 불안감이 있다. 그래서 우리는 '과연 이혼의 상처와 고통을 잘 이겨 낼 수 있을까? 혹은 이혼의 고통이 견딜 만한 것인가?'에 대한 궁금증이 있다.

이런 궁금증을 해소하기 위해서 아마토(Amato, 2000)는 이혼 후의 부정적 결과를 대부분의 사람이 적응하는 일시적 현상으로 개념화해야 하는지, 무한히 지속되는 만성적인 고통의 현상으로 이해해야 할지에 관한 여러 연구 결과를 검토하였다. 그가 검토하고 정리한 내용을 이번 절에서 소개하려고 한다.

아마토의 검토에 의하면 이혼의 부정적 결과에 대한 두 가지 모델을 지지하는 세 가지 종류의 다양한 연구 결과가 있다. 어떤 사람에게는 이혼이 일시적인 고통과 아픔을 주는 경험이다. 그러나 또 다른 사람들은 이혼으로 인해 평생 동안 고통 속에서 신음하는 경우도 있다.

첫 번째는 이혼 후 고통을 일시적인 위기 모델로 보는 독일의 종단연구가 있다(Andre & Bröckel, 2007). 여성들이 이혼 전 그해에는 주관적인 행복감이 감소하나 이혼 다음의 해에는 호전되는 경향성이 있다는 결과를 제시했다. 이혼은 법률적인 용어인데, 최종적으로 이혼이 법적으로 승인되는 날짜가 있다. 그러나 이혼 사건은 그 하루의 경험이 아니라, 부부가 갈등을 겪으면서부터 시작하여 최종적으로 이혼이 승인되는 날까지의 과정적 경험으로 볼 수 있다. 따라서 대부분의 이혼 경험은 이혼이 이루어지기 전 과정에서 겪는 힘겨운 시간과의 싸움이다. 그렇기 때문에 이혼을 하기 전 해에는 부부간의 갈등으로 인하여 큰 고통과 어려움을 느끼지만, 이혼이 되고 나서는 홀가분한 느낌을 경험할 수 있다. 그리고 이혼을 하고 싶었던 배우자의 경우는 더욱이 이혼으로써 고통보다는 해방감을 맛볼 가능성이 크다. 이런 관점에서 보면 이혼 사건은 다양한 어려움과 예상치 못한 고통의 경험이지만, 이혼이 결정됨으로 말미암아 스트레스가 상당히 완화되는 특징을 가지고 있다.

두 번째는 이혼 후 고통을 만성적인 스트레스 모델로 지지하는 관점의 연구 결과이다. 이혼을 만성적 스트레스 모델로 보는 존슨과 우(Johnson & Wu, 2002)의 종단 연구는 사람들이 이혼 후에 느끼는 심리적 행복감의 감소가 재혼하기 전까지는 개선되지 않았다고 본다. 새로운 배우자를 만나 회복을 경험하지 못한다면, 이혼한 상태로 살아가는 것은 계속적인 이혼 후유증을 남긴다는 말이다. 어떤 이혼자의 경우 그는 이혼 이후 평생 동안 그의 첫사랑이자 아내였던 배우자를 잊지 못해 방황했다. 또한 그 배우자의 가족과 친구들이 그의 직업적 삶과 매우 밀접하게 연결되어 있어 이전 배우자를 떠올리게 했다. 이런 모든 상황은 이혼으로 인한 상처의 기억이 만성적으로 지속되는 고통임을 보여 준다. 많은 한 부모 어머니의 경우 홀로 양육하는 부담감과 낮은 생활수준의 삶을 경험한다. 이와 상응하여 다수의 한 부모 아버지 역시 제한된 여러 삶의 상황 가운데서 부모-자녀 관계를 긍정적으로 유지시켜 나가기 위한 계속적인 압박감을 가지고 살아간다. 이런 경우들도 이혼이 만성적 고통을 불러일으킨다는 것을 보여 준다.

세 번째는 이혼 전 결혼생활 및 이혼 후 요인에 따라 위기 모델과 만성적 스트레스 모델 모두가 될 수 있다는 관점의 연구 결과이다. 웨이트 등(Waite, Luo, & Lewin, 2009)의 연구는 두 모델이 혼란 이전의 삶의 모습 및 부부 행복도에 따라 엇갈린 결과를 낼 수 있다는 양쪽 모두를 지지하는 결과를 보여 준다. 이혼의 결과 어떤 후유증을 남길지는 결혼 관계가 깨지기 전 결혼생활의 행복도와 결과에 달려 있다는 것이다. 즉, 결혼생활이 대체적으로 행복하고 무리가 없었으며, 서로에게 큰 상처를 안겨 준 경험이 없다면 이혼으로 귀결되어도 일시적인 위기만 겪는다는 것이다. 그러나 만일 결혼생활 내내 참혹한 부부관계를 가지고, 마지막 이혼의 과정과 결과에 있어서도 서로에게 큰 아픔과 상처를 남긴다면 그 이혼은 이후 삶에서 오랫동안 부정적인 영향을 미치게 되는 것이다.

로렌즈 등(Lorenz et al., 2006)의 연구는 이혼 이후에 일어난 증상에 따라서 두 모델을 지지하는 결과를 제시한다. 그들의 연구에 따르면 한 부모 여성의 경우 이혼으로 인하여 심리적 고통이 증가했으나 이혼 후에는 심리적 스트레스가 점차 감소되었다. 이것은 이혼이 위기적인 형태의 사건임을 보여 준다. 이와 대조적으로, 신체적 건강문제는 발견하는 데 오래 걸린다. 한 부모 여성은 이혼 후 홀로 자녀를 양육하면서 10년 후에 신체적인 질병에 걸리게 되었는데, 이 사건은 이혼이 장기적으로 부정적인 영향을 계속 미치고 있음을 증명해 주는 사례이다.

지금까지의 내용들을 종합하면 이혼 후유증의 두 가지 모델인 일시적인 위기모델과 만성적인 스트레스 모델은 각각 나름대로의 합리적 근거와 진실성을 담고 있다. 아마도 이혼의 특성상 다양한 이혼의 모습과 요인에 영향을 받기 때문에 단기적인 위기 혹은 장기적인 스트레스 결과를 초래하는 것으로 보인다.

헤더링턴(Hetherington, 2003)의 종단연구는 지금까지의 연구 내용을 잘 반영하여 어느 정도 결론에 도달한다. 그에 따르면 이혼의 결과는 일반적으로 한 부모들 사이에서 심리적, 사회적, 육체적 행복의 단기적인 하락일 뿐이며 이혼한 사람들은 몇 년 후 대부분 새로운 삶에 잘 적응하고, 소수의 사람들만이 이혼 후 심각한 어려움을 겪는다.

따라서 이혼 후 고통의 지속성에 관한 논쟁인 '이혼은 일시적인 위기 경험인가? 아니면 만성적인 스트레스 경험인가?'에 대한 아마토(Amato, 2000)의 결론은 다음과 같다. 이혼 후 고통은 일시적인 위기 경험이며, 대부분의 사람이 시간이 지나면 회복될 수 있는 후유증이라는 사실이다. 이 결과는 이혼을 실행한 많은 이에게 이혼 후의 삶에 대한 희망을 제공할 수 있다. 이혼은 비록 아프고 고통스러운 경험이지만, 노력에 따라 얼마든지 잘 이겨 낼 수 있는 삶의 과정이다. 그러므로 이혼 이후 적응과 회복을 위한 올바른 대처와 방법을 아는 것이 중요하다.

3. 이혼 적응과 종교 및 영성

이혼 과정 및 이혼 후 적응에 있어 영성과 종교는 중요한 역할을 한다. 하지만 현재 한국 사회에서는 이혼과 관련된 영성과 종교의 기능에 대한 연구가 많지 않다. 오늘날 영성이란 말은 다양한 의미로 사용되어 왔다. 전통적 서구 기독교에서는 육체성에 대한 반대의 의미로 영성을 사용하기도 하고, 현대 문명의 세속화에 대한 반대 의미로 영성을 사용하는 사람들도 있다(정석환, 2001). 뿐만 아니라 영성에 대한 많은 역사적 접근과 정의가 있어 왔기 때문에 그 용어적 의미는 넓고도 모호한 측면이 있다(정석환, 2001).

권수영(2006)은 오늘날의 영성 이해는 종교적 입장에서뿐만 아니라 비종교인들에게도 사용되는 탈종교화된 개념으로 이해한다. 그에 따르면 현대 문화에서의 영성은 개체 종교가 가진 특수한 '내용'보다는 주로 인간의 전인적 인격에 필요한 구성으로서의 '기능'으로 이해한다.

1) 이혼 적응과 영성, 종교의 기능

이 절에서는 종교심리학자인 파가먼트(Pargament)와 그 동료들의 영성과 종교의 개념을 소개하고, 이를 통한 이혼 적응과 종교, 영성의 상호작용에 대해서 살펴보고자 한다.

영성과 종교에 대한 개념적 정의는 매우 다양하다. 양자를 대립적인 관계로 보는 시선도 있고, 서로 관계적인 구성으로 이해하는 경우도 있다(Hill & Pargament, 2008).

파가먼트(Pargament, 1997)는 영성에 대한 개념을 사람들이 그들의 삶 속에서 성스러움을 발견하고 붙들고 변형시키는 과정 및 찾음으로 이해한다. 여기서 성스러움이란 하나님, 신성, 궁극적 실재, 초월적 존재 등을 포함하는 개념이다(Hill & Pargament, 2008). 영성의 개념은 좀 더 추상적인 신념을 담은 개념이고, 종교는 그것을 추구하기 위한 제도적 개념으로 이해할 수 있다. 서구 사회가 기독교적 배경을 지니고 있기 때문에 그의 영성과 종교는 중복된 의미로 사용된다. 성스러움은 신성과 연관된 다른 대상 혹은 상황에 침투할 수 있다(Pargament & Mahoney, 2005). 그러므로 종교가 강력한 구성물인 이유는 폭넓은 범위의 현상에 대하여 영적인 특징과 중요성을 불어넣을 수 있는 능력이 있기 때문이다(Mahoney, Pargament, Murray-Swank, & Murray-Swank, 2003).

이와 같은 개념 정의에 따라 이번 절에서는 영성과 종교를 비슷한 의미로 이해하고 기술할 것이다. 한국 사회는 다양한 종교가 공존하고 있다. 그러나 이 책에서는 종교를 기독교적인 범주에서 한정시켜 이해하고 기술하고자 한다.

영성과 종교는 사람들의 삶에 큰 영향을 끼친다. 반대로 이혼의 삶도 사람들의 심리적, 사회적 차원뿐만 아니라 영적인 부분에 영향을 끼친다(Pargament, Magyar, Benore, & Mahoney, 2005).

블럼키스트와 나단슨(Blomquist, 1985; Nathanson, 1995)은 이혼의 결과가 영성에 미치는 질적 연구를 수행했다. 그 연구에 따르면 이혼은 영적인 성장과 긍정적인 연관성이 있다. 흥미로운 점은 이혼으로 인해 큰 상처를 경험했을 때 오히려 가장 중요한 영적 성장이 일어났다. 그들의 연구는 이혼이 영적 변화의 지점을 제공하는 역할을 하고 이혼 위기의 경험은 개인으로 하여금 영적 통합을 지향하도록 재촉한다는 결과를 도출하고 있다. 아마도 이혼 위기에 내몰리거나 이혼을 했을 경우, 개인이 적응을 위하여 그가 가진 종교에 적극적으로 매달린 결과로 보인다. 종교와 영성은 거룩함과 신성을 추구하는 추상적인 영역이기 때문에 평소에는 손에 잘 잡히지 않을 수 있다. 그러나 인간이 위기에 처했을 때는 간절함으로 신을 찾는 경향성이 있다. 그 간절함과 절대적인 의존이 영적인 영역을 개발시켜 성장으로 이끌게 되는 것으로 보인다. 실제로 이혼자들과의 상담에서 개인의 영성과 종교가 그의 영적 성장에 큰 기여를 했다는 보고를 듣는다.

로턴과 부레스(Lawton & Bures, 2001)는 이혼이 개인들로 하여금 그들의 종교 공동체와 얼마나 관계를 단절하는지 그리고 그들이 속한 종교나 교파를 얼마나 바꾸는지에 대해서 분석을 시도했다. 그 결과 이혼한 사람들은 그들의 종교 공동체를 더 탈퇴할 가능성이 있지만, 이혼하지 않은 사람보다 다른 종교로 이동할 가능성은 적다. 면담을 했던 이혼자들 중 상당수는 자신이 원래 출석하던 종교 공동체를 떠났다고 고백했다. 그 이유는 이혼 사실을 알릴 수 없어서, 주변 사람들의 수군거림 때문에, 이혼에 관하여 수용하지 못하는 공동체의 교리 및 태도 등의 문제들 때문이었다. 한국 사회 역시 이혼자들은 이혼 후 타 종교로 전환하기보다, 그들이 속해 있던 종교 공동체를 떠나, 다른 곳에 위치한 종교 공동체로 이동하는 경향성을 주로 보인다. 아마도 이혼을 극복하는 데 있어서 익숙한 종교가 타 종교보다 대처하는 데 도움이 되기 때문일 것이다. 외형적으로 이혼은 개인의 내면과 영적 경험에 영향을 줄 뿐만 아니라 그들의 종교 공동체와의 관계성에 더 큰 영향을 미친다.

이혼이 개인의 영성에 영향을 주듯이 반대로 몇몇 연구에 따르면 영성도 이혼의 결과에 대처하는 것과 이혼에 대한 적응에 있어서 중요한 자리를 차지한다(Greeff & Merwe, 2004; King, 2003; Nathanson, 1995; Webb, 2008). 오랜 전통의 심리학 이론은 어떤 사건에 대한 종교의 가능한 역할을 상당히 무시해 왔으나, 파가먼트와 그의 동료들의 작업은 스트레스 사건에 대한 종교와 영적 대처의 실천에 대한 긍정적인 효과와 가치 있는 새로운 빛을 제공하고 있다(Pargament, 1997; Pargament, Smith, Koenig, & Perez, 1998; Pargament, Koening, & Perez, 2000).

크럼레이 등(Krumrei, Mahoney, & Pargament, 2009)은 이혼 후 심리적 적응

을 위한 세 가지 영적 반응의 역할들을 살펴보았다. 첫째는 이혼을 거룩함의 상실 혹은 신성모독으로 평가하는 반응이다. 흔히 보수적인 종교적 교리와 전통을 배운 이혼자들은 자신의 이혼 사건을 신에 대한 모독으로 여기거나, 자신에 대하여 거룩한 모습을 상실한 존재로 해석한다. 이와 같은 해석은 그들의 적응에 상당히 부정적으로 작용한다. 둘째는 적응적인 영적 대처의 반응이다. 비록 이혼을 했지만 그들이 속한 종교 공동체의 교리나 태도가 그들을 잘 수용할 경우 신앙적으로 어려움을 겪지 않고 잘 적응하게 된다. 셋째는 영적 갈등을 경험하는 반응이다. 이혼 경험에 대한 종교적 죄책감 및 신의 권능에 대한 의심, 혹은 신으로부터 벌을 받을 것 같은 불안과 두려움은 영적 갈등을 야기시킨다.

연구 결과에 따르면 거룩한 신성의 상실 혹은 영적 갈등의 반응은 높은 우울증과 연관이 있었다. 면담자들의 이혼 결정 과정에는 기독교 신앙이 중요하게 작용했다. 이혼을 실행하는 데 기독교 신앙이 긍정적으로 작용한 경우도 있고, 부정적으로 작용한 경우도 있었다. 이혼에 관한 영적인 판단과 해석은 그의 심리적, 사회적, 영적 적응에 유의미하게 작용했다.

적응적 영적 대처는 더 큰 외상 후 성장과 연관이 있었다. 이 책의 후반부에서 이 내용을 좀 더 자세하게 기술 할 것이다. 면담에 참여한 이혼자들은 그들의 회복과 성장에 가장 강력한 영향을 준 요인으로 종교 경험을 손꼽았다. 이혼 사건이 영적 관심으로 이끄는 촉매제가 되었고, 그것으로 말미암아 영적인 성장을 경험하게 된 것이다. 그리고 그 영적 성장에 기여한 매개체가 종교 공동체였다.

영적 갈등은 거룩함의 상실과 우울증 사이를 매개했다. 이혼 이후 개인 혹은 그가 속한 공동체 안에서 이혼 사건을 죄책감, 신의 무능 혹은 신의 처벌 등으로 느끼면 영적 갈등을 겪게 된다. 그리고 그것은 심리적인 우울증과 연결된다. 한 이혼자의 경우 기독교 신앙 때문에 사실상 별거로 이혼 상태에 머무르고 있다가 19년이 지난 다음에야 이혼을 결행했다. 그녀는 이혼하면 절대로 안 되며, 이혼은 죄라는 교리 때문에 죄책감에 시달린 채 19년을 살아왔다.

웹 등(Webb et al., 2010)의 연구는 종교심리학자 파가먼트의 이론을 인용하여 보수적인 안식일 교파 신도들의 우울증 증상과 이혼 그리고 종교적 대처에 관한 연구 결과를 발표했다. 그 결과에 따르면 긍정적인 종교적 대응은 우울증 증상과 반비례하고, 긍정적인 종교적 대처의 양식은 우울증 및 이혼의 해로운 결과를 완충하는 작용을 하였다. 그러나 부정적인 종교적 대처 양식들은 우울증 증가를 예측했다. 보수적인 안식일 교파와 같은 그룹은 전통적인 결혼 가치와 기준 그리고 이혼에 대한 낙인의 결혼 교리를 가지고 있다. 그 결과 이혼 과정에서 더 고통스러울 수 있다. 그들은 이혼으로 인하여 공동체와 가족의 기대와 불일치되는 이혼 감정을 경험한다. 이 연구는 보수적인 영성을 바탕으로 한 종교가 이혼 경험에 긍정적인 영향뿐만 아니라 부정적 영향을 줄 수 있다는 것을 보여 준다.

그동안의 이혼 적응과 영적/종교적 대처에 관한 연구들이 주로 횡단 연구에 국한된 반면, 크럼레이 등(Krumrei et al., 2011)의 이혼에 관한 영적 스트레스와 대처 모델은 첫 번째 종단 연구이다. 그들은 이혼 적응에 있어서 영적 스트레스와 대처 모델의 직접적 효과, 매개적 효과, 조절효과에 대한 종단적 연구를 수행했다. 나타난 결과는 이혼을 거룩함의 상실 혹은 신성모독으로 평가하는 것과 부정적인 종교적 대응은 이혼 후 1년 동안 우울증을 악화시켰다. 또한 이혼을 거룩함의 상실/신성모독으로 평가하는 것은 이혼 후 1년간 이전 배우자와의 역기능적 갈등에 영향을 끼쳤다. 높은 긍정적 종교적 대처는 이혼 1년 후 높은 외상 후 성장과 연관이 있었다. 이 결과에서 중요한 점은 부정적인 종교적 대처는 거룩함을 상실한 것으로 이혼을 평가하고, 이혼 적응의 우울증상 관계를 매개했다. 그러나 이혼에 대한 종교적 대처전략은 이전 배우자와의 역기능적 갈등을 예측하지 못했고, 이혼에 대한 신성의 상실 평가 또한 종교적 대처와 외상 후 성장의 관계를 조절하지 못했다.

여러 연구 결과는 영성의 기제 혹은 종교적 대응의 방식이 개인들의 이혼에 대처하는 것을 돕기도 하고, 부정적으로 혹은 긍정적으로 작용할 수도 있음을 보여 준다. 연구 결과, 종교적 대응의 방식들은 이혼으로 야기된 스트레스 이후의 영적 성장, 높은 수준의 특성(Krumrei, Mahoney, & Pargament, 2009; Platovnjak, 2015; Rijavec Klobučar, 2015)과 낮은 수준의 우울증(Webb et al., 2010)과 연결되어 있다.

남성 이혼 적응에 관한 슈타이너 등(Steiner, Durand, Groves, & Rozzell, 2015)의 연구에 따르면 높은 영적 안녕을 지닌 남성들은 이혼에 더 잘 적응하는 경향성이 있고 상담가들은 이런 결과를 가지고 그들의 필요를 충족시킬 수 있는 중재를 이끌어 내야 한다.

최근 로손과 사티(Lawson & Satti, 2016)는 미국 사회에서 다인종 여성의 이혼 적응에 대한 질적 연구를 수행했는데, 그 결과는 이혼 적응을 위하여 신앙, 기도, 교회활동 참여, 종교지도자의 도움 구함 등 종교적 대응전략들이 의미 있게 사용되었음을 말해 준다.

시몬닉과 클로부카(Simonič & Klobučar, 2017)의 연구는 이혼자들의 종교 및 영성적 대처의 다양한 경험론적 통찰을 살펴보기 위하여 경험론적이고 현상학적인 질적 연구방법을 사용하여 이혼자들과 신과의 관계에 대한 경험들을 기술하였다. 그들에 따르면 세 가지 경험을 하게 된다. 첫째, 이혼자들은 이혼으로 인하여 큰 짐을 경험하게 된다. 둘째, 이혼을 대처하기 위한 영적인 대응방식과 하나님과의 관계를 경험한다. 셋째, 이혼에 따른 종교적 대처의 결과물을 경험한다. 그 결과에 의하면 모든 참여자들은 이혼의 과정동안 커다란 고통을 경험한다. 그래서 이혼이라고 하는 도전적 상황에 직면하여 이혼자들은 신께로 향하게 된다. 그리고 신께 적극적으로 응답과 해결책을 구하는 관계를 맺는다. 그 결과 그들은 신과의 관계를 통하여 긍정적인 효과를 인식하게 되었다. 이 연구 결과는 이혼 적응에 있어서 종교적 대처 자원의 활용이 이혼의 스트레스를 낮추고, 감정조절의 어려움을 돕는 데 효과적일 수 있음을 보여 준다. 그러므로 이혼을 잘 극복하기 위해서는 부정적인 종교적 대처를 긍정적인 대처로 변형시키고, 상담 및 영적 도움의 필요성을 인식하는 것이 중요하다.

종교는 이혼 이후 적응에 있어서 가족들의 복지와 회복을 촉진하는 요소가 되며 가족들의 적응을 돕는 데 두드러진 요소가 된다(Greeff & Merwe, 2004). 종교는 또한 이혼 후 부모와 자녀 간의 관계를 더 묶어 주고 가족들의 관계를 향상시켜 주는 데 중요한 역할을 한다(King, 2003). 또한 영성은 이혼 이후 회복에 있어서도 중요한 역할을 한다(Nathanson, 1995). 따라서 이혼 이후 적응 및 회복의 과정에서 종교의 중요성에 대한 인식이 필요하다. 종교는 이혼자들이 가장 손쉽게 도움을 요청할 수 있으며, 회복의 여정에 최대의 효과를 얻을 수 있는 소중한 자원이 될 수 있다.

2) 이혼 적응을 위한 한국적 영성과 종교상담

한국 사회에서 이혼과 관련된 영성/종교의 중요성에 대한 연구와 함의는 여전히 부족한 실정이다. 서구사회에서는 심리학자들을 바탕으로 사회과학적인 방법을 통하여 이혼 및 스트레스 사건에 대한 영성적 종교적 대처와 상호작용에 대한 연구들이 많이 진행되어 오고 있지만, 한국 사회에서는 이혼과 같은 스트레스 사건에 대한 대처에 있어서 여전히 사회적 대처 및 적응 이론의 도입과 적용수준에 머물러 있다. 뿐만 아니라 영성과 종교적 대처의 중요성에 대한 접근과 관심 역시도 미미한 수준이다.

그런 점에서 최근 기독상담학자인 정석환(2001), 유영권(2000), 권수영(2006)의 기독상담에 대한 영성의 중요성에 대한 문제 제기와 고찰은 인간의 고통과 상처를 치유하고 돌보기 위한 영성과 종교의 필요성과 의미를 드러낸다는 점에서 의의가 있다.

먼저, 정석환(2001)은 기독상담의 정체성을 영성 이해와 발견에 두고 있다. 이혼이나 다양한 스트레스 사건을 겪는 이들의 문제 해결은 단순한 지지, 증상의 완화나 제거에만 있는 것이 아니라, 영혼 돌봄의 실패와 연관되어 있다. 자신 안에 있는 영혼의 목소리를 듣고, 그 영혼을 돌봄으로써 자신을 발견할 때 진정한 나를 발견하고 새롭게 성장할 수 있는 것이다. 그런 점에서 정석환(2001)은 심리학과 기독교신학과의 대화를 통하여 기독상담의 3단계를 제시한다. 이 3단계는 수용, 용서, 변형의 단계를 말하는데 이것들을 통해 상처받은 영혼의 내면에 있는 영성의 씨앗을 발견하여 그것을 살려내고, 자라 갈수 있도록 축하해야 한다. 그가 제시한 3단계 수용, 용서, 변형의 길은 기독교 공동체가 수천 년 동안 가지고 있는 치료적 자원들을 활용하여 가능하게 할 수 있다. 따라서 정석환(2001)의 영혼 발견과 돌봄의 중요성에 대한 문제 제기는 이혼의 문제를 해결하고 돕기 위한 기존의 심리학적 접근 및 대처의 한계성을 뛰어넘을 수 있는 통찰을 제시해 주고 있다.

유영권(2001)은 건강과 치료에 대한 이원론적 한계성을 지적하면서, 육체적 돌봄뿐만 아니라 전인적 인간이해를 바탕으로 하는 전인치유의 총체적 모델을 제시하고 있다. 그는 현재 행해져 오고 있는 의료치료의 형태가 이원론적인 형태를 띠고 있으며, 그로 인하여 단순하게 육체의 고통과 증상만을 다루고 있다고 지적한다. 건강은 이원론적인 철학의 바탕에서 단순히 병이 없는 상태로 이해되어 왔는데, 그것은 올바른 개념이 아니며, '조화로운 상태'를 통한 균형을 이루는 것을 말한다. 건강(health)에 대한 어원은 'heal, whole, wholesome, holy'라는 개념과 연관이 있는 거룩함, 영성과 관련이 있으며 우리의 몸뿐만 아니라 정신과 심리, 인간관계적 차원, 영적 측면을 포함하는 총체적이고 전인적 조화를 이루는 상태이다(유영권, 2000, p. 325). 병원에서 실시할 수 있는 전인적 치유를 위한 효과적인 모델로 의사와 신학자들이 모여 만든 CPE(Clinical Pastoral Education)를 전인건강 돌봄 모델로 제시한다. 뿐만 아니라 이를 실천하기 위하여 영적 평가의 중요성을 말한다. 환자의 종교성이나 신에 대한 인식, 신학적인 개념이 잘못되어 있을 때, 그것이 환자의 현실적, 육체적 문제로 나타나기 때문에, 환자를 전인적으로 돌보기 위해서는 환자의 신에 대한 인식과 개념, 자신이 처한 상황에 대하여 어떤 의미를 부여하는지를 확인할 필요가 있다. 결론적으로 영적 돌봄과 전인치유를 위하여 원목뿐만 아니라 모든 의료진이 영적 돌봄을 제공할 수 있어야 한다(유영권, 2000).

이혼자들의 적응 및 치유와 성장을 위하여 정석환(2001)의 영성 이해를 적용해 볼 때, 이혼자들의 문제에 대한 다양한 심리학적 진단과 적용도 필요하겠지만 근본적인 문제의 원인은 바로 영성의 상실에 있다는 것을 깨닫는 것이 중요하다. 이혼으로 인한 왜곡된 영성을 다시 회복하고 되찾는 것이 중요한 돌봄의 시작이라는 것을 임상가들과 목회상담가들은 알아야 할 것이다. 다음으로, 유영권(2000)의 영성 이해는 이혼의 결과로 인한 육체적 증상들을 치료하고 돌볼 때, 단순한 증상에만 집중할 것이 아니라 그 배후에 있는 심리적, 정신적, 영적 차원을 함께 돌볼 때 근본적인 전인치유가 이루어질 수 있다는 적용점을 제시해 준다.

마지막으로, 권수영(2006)은 현대 사회가 영성을 개체 종교의 특수성을 반영하는 '내용'으로서의 영성과 전인격을 이루기 위한 구성요소로서의 '기능'적 영성으로 이해하고 있다고 분석한다. 20세기 이후 미국 사회에서는 종교를 떠난 개인들이 자신을 영적이라고 정의하는 영성의 기능적인 측면에서의 보편화와 탈종교화가 꾸준히 일어나고 있다. 그런 차원에서 개별 종교가 오랜 기간 유지해 온 영성의 내용과 인간의 영혼에 대한 돌봄과 관심을 바탕으로 하는 기능 측면에서의 영성이해를 어떻게 조화시켜 나아가야 할지에 대한 질문이 제기된다. 권수영(2006)은 영성에 대한 세 가지 고찰의 필요성을 다음과 같이 주장한다. ① 인간 본유적/본성적 차원, ② 신학과 신적인 힘의 역할, ③ 특정한 시대적, 사회문화적 정황에 대한 고찰 등이다.

이와 같이 영성의 심리학적 '기능'과 신학적 '내용'의 통합을 통한 통전적 해석이 상담가에게 필요함을 역설한다. 서구상담이나 심리치료에서의 영성 이해는 내담자의 심리적 문제에 초점을 맞추어 왔다. 그런데 이 내담자의 심리적 증상은 사실 신(神) 개념, 신(神) 인식과 연결되어 있어, 그 인식의 본질인 신학적 차원을 다루어 주지 않으면 그의 증상은 근본적으로 치료가 어렵다. 한 개인이 가지고 있는 신에 대한 이해와 생각인 내용은 개인의 내면에서 작동하는 기능과 상호작용한다. 그러므로 이혼자를 위한 통전적인 영성이해는 인간주의적인 접근뿐만 아니라 신학적이고 역사적-상황적 접근도 필요하다.

종교심리학자인 파가먼트, 마호니, 크럼레이, 웹(Pargament, Mahoney,

Krumrei, Webb) 등의 종교와 영성 이해는 기능적인 접근을 한다. 그들은 그 기능이 어떻게 작용하는지에 대해서는 관심이 있지만 종교나 영성의 내용에 따라 기능의 작용이 달라질 수 있는 부분에 대한 논의는 거의 없다. 그런 면에서 권수영(2006)이 제기하는 개별종교의 특수성을 담고 있는 '내용'에 대한 접근이 통전적으로 이루어질 때 영성에 대한 온전한 이해와 치유, 돌봄을 제공할 수 있을 것이다. 이혼자들이 종교의 도움을 받을 때, 각 종교의 교리적 내용은 그들의 영성 작용에 영향을 미친다. 따라서 건강한 종교와 종교적 교리에 대한 분별이 이혼 적응에 중요하게 작용할 수 있다.

4. 이혼 후 회복과 성장

많은 연구 결과에 따르면 결혼과 이혼의 양상이 다양할지라도, 이혼으로부터 심리적 회복이 일어나는 보편적인 시간대가 있다. 이혼 이후 회복의 길은 사별자의 경험보다는 덜 강렬하며, 사별을 한 배우자들과 비슷한데, 대략 2년 안에 사건 이전의 건강한 상태로 되돌아온다(Gardner & Oswald, 2006).

가드너와 오스왈드(Gardner & Oswald, 2006)에 의하면 2년이라고 하는 회복 시간의 골자는 다른 연구들에서도 반복적으로 보고되고 있는데, 그 연구들에 의하면 이혼 이후 심리적 회복이 일어나는 잠재적인 시간을 가리킬 때, 이혼 이후 스트레스 수준이 이 년째가 되는 해에 더 낮아진다.

이혼 이후 적응에서 중요한 요소는 회복을 위한 개입이다. 아마토(Amato)는 2000년대 북미 지역에서 수행된 이혼 중재와 개입에 대한 다양한 주제의 연구들을 다음과 같이 소개하고 있다. 계약 결혼(Nock, Sanchez, & Wright, 2008), 이혼 후 자녀양육에 대한 협의(Kelly, 2007), 자녀양육계획(Douglas, 2006), 어린이들을 위한 학교기반프로그램(Geelhoed, Blaisure, & Geasler, 2001), 이혼 후 부모 역할 재배치(Kelly & Lamb, 2003), 높은 갈등 이혼 부부를 위한 치료적 개입(Lebow & Rekart, 2007), 고갈등 사례에서 육아 조정자들의 역할(Kirkland & Sullivan, 2008), 결혼 예비 교육과 결혼안정성 사이의 연결(Stanley, Amato, Markman, & Johnson, 2006), 이혼을 감소시키기 위한 공동체의 정책들(Birch, Weed, & Olsen, 2004) 등이다(Amato, 2000에서 재인용).

아마토(Amato, 2010)는 이혼 개입과 관련된 성장하는 흥미로운 주제 두 가지를 제시하고 있다. 첫 번째 주제는 1990년대 말 이후로 미국 사회에서 증가하고 있는 부모들을 위한 이혼 교육 수업이다. 미국의 46개의 주 법원에서는 이혼한 부모를 위한 교육프로그램을 가지고 있다(Pollet & Lombreglia, 2008). 프로그램의 주제로는 어린이의 반응, 공동양육, 소통, 갈등관리, 법원절차, 이혼과 양육권절차 가족의 변화, 재정, 일과 사회참여 등이다. 이혼 교육 수업이 비록 의무였을지라도 참가한 부모들은 유용했음을 보고했다(Blaisure & Geasler, 2006; Geasler & Blaisure, 1998). 이혼교육에 참가한 부모들은 교육을 통해서 그들의 전 배우자와 덜 갈등을 겪게 되었고, 법정으로 덜 향하게 되었다(Criddle, Allgood, & Piercy, 2003). 우리나라에서도 현재 이혼 조정이나 재판과정에서 자녀양육을 위한 간단한 교육이 실시되고 있다. 향후 이러한 제도가 더 확대되고 법제화된다면 훨씬 더 이혼 가정에 도움이 될 것이다.

두 번째 아마토(Amato, 2010)가 제시한 이혼개입에 관한 흥미로운 주제는 다양한 조정경험을 통한 비적대적인 분쟁 해결 절차 이용의 증가이다(Douglas, 2006; Sbarra & Emery, 2006). 이혼교육수업과 달리 조정은 부부들의 구체적 상황에 맞추어 개인적인 접근이 가능하고 이혼 부부들이 서로 마지막으로 합의를 잘 하게 된다면 이혼 후 서로 잘 협력할 수 있다.

우리나라의 경우 현행 법 규정에 따르면 법원의 권고에 의하여 가사상담을 실시할 수 있다(최은정, 계인국, 정채연, 2015). 협의 이혼 절차에서의 상담 권고제도는 2007. 12. 21.「민법」개정(법률 제8720호)을 통해서 도입되었고, 재판상 이혼 절차에서의 상담은 2008. 6. 5. 개정된「가사소송규칙」(제2177호) 제12조의2에서 상담 권고 규정을 명시한 이후부터이다. 이와 같은 가사상담제도의 핵심은 자녀의 복리에 관한 법원의 후견적 개입에 있다(최은정 외, 2015). 현재 여러 가정법원에서 가사사건과 관련하여 가사 상담제도가 의무가 아닌 권고 사항으로 진행되고 있으며 시기는 이혼 판결 전 재판 과정에서 주로 이루어진다. 가사상담제도를 실시한 결과 많은 부모로부터 긍정적인 답변이 나오고 있다(최은정 외, 2015). 해외와 우리나라의 사례들 모두 이혼 과정에서의 적절한 개입은 이혼 후 회복과 자녀양육을 위한 협력적 관계를 만드는 데 의미가 있음을 보여 준다.

테일러(Taylor, 2004)는 이혼으로 야기된 외상과 스트레스에 대한 치료적 개입에 관하여 연구를 수행했는데, 이혼을 처음 겪는 이들에게는 이혼 경험이 시련과 고난의 과정이며, 그 이혼이 어떻게 발생하든지 간에 치유를 위해서는 상처 입은 당사자가 있다는 것을 아는 것이 중요하다고 주장한다. 또한 이혼의 아픔과 고통을 경감시키기 위해서 지지 집단과 상담, 조정, 이혼교육과 같은 노력과 결합할 수 있는 EMDR, 최면 그리고 NLP에 근거한 모델을 제시하고 있다. 부모들이 이혼과 관련된 상처로부터 회복될 때 그들의 자녀들에게 긍정적인 영향을 줄 수 있다. 야르노즈 등(Yárnoz, Plazaola, & Etxeberria, 2008)은 오랜 기간 이혼 상태에 있었던 부모들을 대상으로 애착을 기반으로 한 개입을 시도한 결과, 8개월 후에 부정적인 감정은 감소되고 긍정적인 감정은 증가하는 결과를 얻었다. 그리고 참여자들은 덜 외롭고 더 안정적으로 변화했다. 프리스비 등(Frisby, Horan, & Booth-Butterfield, 2016)은 89명의 이혼자들을 대상으로 이혼 후 대처방법으로서 유머 유형과 웃음을 검토하였는데, 자기비하 유머를 사용하는 이혼자들은 육체적 스트레스를 경험하였다. 그러나 사회적 지지 자원인 공감적 웃음은 육체적 스트레스 증상을 진정시켰다. 그리고 이혼을 완결 짓는 데 걸리는 시간은 스트레스와 반추에 영향을 주었다.

이혼 후 성장을 보고하는 몇 개의 연구들도 있다. 리스만(Riessman, 1990)은 이혼 후 여성들은 더 높은 자기 확신과 더 강한 통제감을 가지고 남성들은 대인관계적 기술이 좋아지고 자기를 나타내는 능력이 향상되는 것을 발견했다. 추가적으로 이혼을 경험하는 것은 더 높은 수준의 자율성과 개인적 성장, 인간발달, 더 높은 개성화, 대처기술의 강화, 긍정적 삶의 변화와 같은 긍정적이고 성장을 낳는 효과를 가진다(Amato, 2000; Brown & Manela, 1978; Bursik, 1991; Hetherington & Kelly, 2002; Veevers, 1991). 베비노(Bevvino, 2000)는 이혼 후 적응에 있어서 7가지 변수(성, 교육, 이혼 개시자, 별거의 기간, 정서적 분리, 일관성, 의미 찾기)가 이혼 후에 행복을 제공할 수 있는지에 대하여 긍정심리학의 관점에서 연구를 수행했다. 베비노(Bevvino, 2000)에 따르면 의미 찾기와 일관성은 이혼 후 적응에 있어서 심리적 안녕을 가져다줄 수 있는 중요한 예측 요인이다. 이 연구 결과는 저자가 수행한 이혼자들과의 면담 과정에서도 확인되었다. 한 이혼자는 이혼 전 어려운 이웃에 대한 공감능력이 전혀 없었는데, 이혼을 통해서 이웃의 고통과 상처를 공감하게 되었다. 그래서 그는 자신과 같이 가정의 위기 가운데 있는 부부들을 돕기 위한 봉사단체에 들어가 봉사하면서 새로운 배우자도 만나고, 삶의 회복과 성장을 맛보게 되었다. 또 다른 이혼자는 이혼에도 불구하고 흔들리지 않는 꿈과 비전을 추구하면서 삶이 회복되고 성장했음을 이야기했다.

제7장 • Growth following divorce

이혼 후 대처

모든 이혼자는 이혼의 고통과 아픔을 해결하고 현실 생활에 적응하기 위한 대처 방법을 사용한다. 대처란 위기나 스트레스 상황에 처했을 때 그것을 다루기 위해 하는 생각이나 행동으로 정의할 수 있다. 이혼 사건은 스트레스 혹은 외상적(trauma) 경험이다. 따라서 이혼을 경험한 사람들은 그것을 감당하고 이겨 내기 위한 다양한 생각과 방법을 간구한다. 이러한 대처 방식의 효과는 개인이 추구하는 목표에 따라 다르게 나타난다. 상황을 변화시키거나 감정을 다스리기 위해 노력하는 것을 접근 지향 혹은 긍정적 대처라고 부른다. 반대로 발생한 상황이나 감정을 무시하는 대처를 회피 지향적 대처 또는 부정적 대처라고 부른다.

이혼자들이 사용하는 대처 행동 및 전략들을 분류해 보면 긍정적인 대처 전략(접근지향)과 부정적인 대처 전략(회피지향)으로 나눌 수 있다. 대체적으로 이혼자들은 처음에 이혼의 결과 자신의 삶에 대한 심각한 절망과 회의를 맛본다. 그래서 그 상황을 받아들이기 힘들다. 회복을 위한 깊은 생각과 계획을 준비하기보다 당장 큰 고통과 아픔을 극복하기 위한 행동을 취한다. 그러다 보니 처음 선택하는 대처 행동들이 주로 부정적인 방법들이다. 부정적인 대처전략들은 일시적인 쾌감이나 만족을 제공한다. 그래서 힘든 기억을 쉽게 잊게 해 준다. 그러나 이혼자들은 시간이 지남에 따라 부정적인 대처 행동들이 적응에 큰 도움이 되지 못한다는 것을 깨닫는다. 그것들은 그들이 처한 위기 상황을 변화시키거나 그들의 감정을 제대로 돌볼 수 없기 때문이다.

그래서 이혼자들은 그때부터 자신의 삶을 진지하게 생각하고 자신의 삶을 돌보기 위한 보다 더 진전되고 의미 있는 대처 행동을 수립하기 시작한다. 이것을 긍정적인 대처 전략이라고 부른다. 이혼자들은 초반부에 성찰적 반추, 운동과 여행, 음악 및 미술 감상과 같은 예술 활동, 다른 사람에게 이야기하기, 지지를 구하기 등의 정서 중심적 대처를 사용한다. 그 이유는 정서 중심적 대처가 고통이 크고 압도적일 때 사용하는 방법으로 정서조절에 도움이 되기 때문이다. 이후 시간이 지나면서 좀 더 적극적인 차원에서의 대처 방법을 사용한다. 예를 든다면, 전문 상담가를 찾거나, 적극적으로 내면의 상처를 치유하기 위하여 세미나 프로그램이나 상담대학원에 등록한다. 이런 과정 속에서 초기 침습적인 사고(intrusive thought)[1]는 정서 중심적 대처과정을 통과하면서 의도적 반추(deliberate rumination)[2]로 변화되어 간다. 성찰적 반추는 초기부터 시작하여 회복 때까지 사용하는 방법이다. 종교나 건설적 노출의 경우는 이혼 후 다양한 시점에서 적응 전략으로 사용된다. 마지막으로, 새로운 이성 교제를 시작한 이혼자의 경우는 어느 정도 자신의 삶이 안정되었을 때 시도한 대처 전략이었다. 만일 충분한 숙고의 기간 없이 이혼 후 바로 이성을 만나는 것은 적응에 도움이 되지 않을 수 있다.

---

1) 외상을 경험한 사람들에게 생각하고 싶지 않은 고통스러운 장면이나 기억 등이 본인의 의지와 무관하게 침투적이고 반복적으로 떠오르는 사고를 말한다.

2) 부정적인 침습적 반추가 빈번하게 일어날 때 개인은 일어난 사건을 이해하기 위하여 의도적으로 노력을 하게 된다. 이때 외상 경험에 대처하면서 도움이 되는 것을 찾거나 삶의 목적, 의미에 대해서 깊이 생각해 보는데 이것을 의도적 반추 혹은 성찰적 반추라고 부른다.

이 글을 읽는 독자가 만일 이혼자라면 나는 어떤 대처 행동을 하고 있는지 살펴보기를 바란다. 내가 선택한 행동이 나의 적응에 어떤 의미와 영향을 주고 있는지도 생각해 보는 것이 좋다. 그리고 그것이 큰 유익이 된다면 계속적으로 밀고 나가야 한다. 그러나 도움이 되지 않고 삶에 유익하지 않다면 이 책을 통해서 새로운 대처 방략을 익히기 바란다. 그리고 그 방법들을 다음 장에서 소개하고 있는 회복과 성장을 위한 자원을 가지고 실행해 보기를 권한다. 이 장에서 소개하는 대처 방법과 다음 장에서 소개하는 자원들은 서로가 밀접하게 연결되어 있다. 따라서 긍정적인 접근 지향의 대처 방법을 잘 사용하면 그것이 곧 회복과 성장을 위한 자원이 된다.

1. 회피적 대처

이혼자들은 이혼 이후 생존을 위하여 처음에는 회피적 대처를 주로 사용한다. 이혼이 되고 난 다음 제일 먼저 이혼자들에게 찾아오는 고통은 '이혼자'라는 사실을 받아들이는 것이다. 정체성이 바뀌었다는 사실을 수용하는 것은 쉽지 않다. 또한 이혼의 과정에서 배우자뿐만 아니라 다양한 사람으로부터 받은 상처 때문에 사람에 대한 불신과 분노, 두려움, 불안으로 가득 차 있다.

1) 대인관계 회피

이혼 후 대부분의 이혼자는 처음에 대인관계를 회피한다. 사람들을 만나게 되면 그들의 이혼 사실을 말해야 할 수도 있기 때문이다. 때로는 타인들의 과도한 관심과 훈계, 간섭 등도 그들로 하여금 사람들과의 만남을 회피하게 만드는 요소가 된다.

이혼자 I와 A는 자신의 이혼 사실이 드러나는 것이 싫어서 아예 사람들 근처에 안 가려고 했다. 이혼자 A의 경우는 자신이 '이혼녀'라 불리는 것 자체를 받아들이기 힘들어 스스로 고립을 선택했고 가급적이면 사람들과의 만남을 피했다고 고백한다.

[대인관계 회피]

저는 주위 사람들에게 다가가고 싶은 마음이 없어요. 부부생활이 원만한 사람들과 가까이 하고 싶은 생각이 없었어요. 제가 이혼했다는 것이 드러나는 게 걱정이 돼서, 내 마음속에 나는 항상 이혼한 사람이라는 것에 대해서 말하기 싫고……. 그렇죠, 제한적으로 했어요. 회사 생활을 하다가 일 끝나면 동료들과 어울려야 하는데 일끝나면 바로 집으로 가고 그랬어요. (이혼자 I의 사례)

[대인관계 회피]

그 이후에 제가 2~3년은 바깥에 생활을 못했어요. 다른 사람은 몰라도 제가 워낙 고지식한 사람이라 제 주변에 있는 사람들은 저의 이혼 소식을 몇 년 후에 들었어요. 처음에는 제가 숨기고 말을 안 했으니까……. 이혼녀 딱지가 붙는 것을 참을 수가 없었어요. 그래서 제가 2004년이 될 때까지 말을 못했어요……. 제가 학부모들 만남을 아예 안 했거든요. 제가 작은애 학부모들을 아예 몰라요. 가면 알려지잖아요. 애가 아빠가 없는 게 애가 질문을 하는 게 감으로 답을 해 줘야 하는 게 싫은 거예요. 아예 그 부분은 회피를 하는 거예요. 엄마들 만나가지고 그게 제일 힘든 거예요. (이혼자 A의 사례)

이혼자 D와 G의 경우는 이혼으로 인한 상처 때문에 대인관계를 기피했다. 이혼자 D는 자신의 이혼 소식을 주변 사람들에게 알리지 않은 이유가 혹시나 그것 때문에 자신의 가족에게 피해가 갈까 봐 두려워서라고 말했다. 이혼자 G의 경우는 이혼을 통해서 사람에 대한 피해의식이 생겨 주변의 친했던 사람들과의 관계조차도 멀리하게 되었다고 털어놓았다.

[대인관계 회피]

일단은 아이들 주변에 교우관계나 이런 분들한테는 이혼하지 않은 걸로 돼 있어요. 사람들하고 하여튼 진실되게 이야기 안 하게 되더라고요. 안 만나게 돼요. 그런 횟수를 줄이죠. 지금도 줄인 상태를 유지하고 있어요. 오픈하고 싶은 생각도 있는데 그 양면을 가지고 있는 것 같아요. 하고는 싶은데 내 주변에 피해가 생길까 아예 말하고 싶은 횟수나 상황을 없게 만들려고 해요. 사람들하고 아예 안 만나게 돼요. (이혼자 D의 사례)

[대인관계 회피]

조금 약간씩 사람들에게 피해의식이 많이 생겼던 것 같아요. 사람들이 저한테 다가오는 게 싫은 거예요. 그 사람하고 관계를 계속 유지하면 친하게 지내고 노력하는 것도 싫고, 아, 이 사람은 어떻든 상처 줄 사람 이런 게 제 마음속에 있었나 봐요. 어느 날 보니까 제 마음에 사람들이 가까이 다가오면 피하고 있더라고요. 예전에 친구들이 었는데 그런 사람들하고 다 연락도 끊고 저한테 굉장히 호의적인 사람들도 피하고 있는 제 모습을 본 거예요……. 오히려 직장에서 사람들이 많이 따랐던 것 같은데 이혼하고 나면 다가오는 사람들이 다 무섭고 싫었어요. (이혼자 G의 사례)

2) 이혼 사실을 숨김

가족들에게 이혼 사실을 솔직하게 말하지 못하고 숨기는 전략을 사용하기도 한다. 가족들이 자신의 이혼 소식을 알게 되었을 때 받을 충격과 상처가 걱정되기 때문이다. 뿐만 아니라 이혼 사실을 밝혔을 때 직장이나 사회생활에서 가족들에게 피해가 가지 않을까 하는 걱정과 두려움도 숨기는 이유가 된다.

이혼자 L은 가족들에게 상처를 주지 않기 위해서 부모님이 돌아가시는 날까지 이혼 사실을 솔직하게 털어놓지 못했다고 고백한다. 그가 얼마나 고통스러운 삶을 살았을지 짐작해 볼 수 있다. 그리고 또한 고백을 할 경우 가족들의 반응에 대한 두려움 때문에 솔직하게 말할 수 없었다고 한다. 가족들의 태도와 수용 여부가 이혼자들의 대처 방법에 영향을 준다는 것을 알 수 있다.

[가족에게 거짓말]

부모 형제들에게 철저하게 거짓말했죠. 우리 딸들이 너무 힘들어하고 이혼하기 2년 전 까지도 다 돌아가셨으니까 몰라요. 어, 그냥 헤어져 있는 걸로 알죠. 얘기 안 했어요. 두 분이 당할 고통을 주고 싶지 않았던 거죠. 네, 힘들었어요. 근데 다 알고 있는 것 같아요……. 왜냐하면 내가 솔직하게 이혼 사실을 말했을 때 돌아오는 것을 받고 싶지 않았어요. 동정 같은 거요. '더 참지 그랬니? 왜 그렇게 쉽게 이혼을 해?' 하는 걸 듣고 싶지 않았어요. (이혼자 L의 사례)

3) 약물 및 일탈 행동

이혼의 고통을 빨리 잊기 위해서 약물이나 쾌락적 행동을 선택하기도 한다. 외상을 경험한 자들은 이후 특정한 문제행동이 시작되거나 강화될 수 있는데, 주로 술, 담배, 약물 등의 오남용이 촉발되거나 강화될 수 있다(Calhoun & Tedeschi, 2013/2015, p. 23).

이혼 이후 회피적 방법으로 대인기피증상 외에도 주로 이혼자들이 사용한 대처 행동은 술과 담배 혹은 일탈 행동이다. 이혼의 충격과 아픔이 워낙 크기 때문에 잠시라도 잊어버리고 싶은 마음에 술과 담배를 이용했다고 고백했다. 더 나아가서는 마약이나 외도 등에 빠지기도 한다.

이혼자 I와 E는 장기적으로 술과 담배를 통해 이혼의 아픔을 잊고자 했다. 이 두 사람의 경우는 그 외에 대처할 수 있는 방법을 찾지 못했기 때문에 그 기간이 장기화된 것이다. 그러나 이혼자 D와 H는 일시적으로 술과 담배, 나이트클럽 출입 등을 시도했으나 큰 효과를 보지 못해 바로 다른 대처 방식으로 바꾼 경우이다.

결론적으로 모든 이혼자는 결국 술과 담배나 일탈 경험이 전혀 그들의 이혼 적응에 도움이 되지 못했음을 깨닫게 된다. 그 시간이 빠르면 빠를수록 회복도 빠르다.

[술, 담배]

저는 그때 주로 술과 담배죠. 중독이죠. 하루에 한 모금이라도 안 마시면 잠을 못자는 거였으니까. 소주 막걸리 이렇게 가리지를 않았으니까. 제가 몸 상태가 좋고 그러면 보통 때는 술 먹으면 제가 또 한 세 병. 소주 적게 먹으면 두 병. 그걸 10년 정도 먹은 거죠. 흡연은 담배는 두 갑. 두 갑도 적게 피는 거죠, 그때. 지금 생각하면 도움이 안 된 것 같아요. 제가 우울증이나 분노가 이렇게 오잖아요. 술을 먹으면 상처를 잊어버리려고 취해요. 아무 고통 없이 자요. 또 마음에 분노가 일어날 때는 진짜 피면 속이 좀 메스껍지만 그땐 좀 가라앉아요. 이혼한 사람 치고 술, 담배 끊는 사람 없어요. 그때 하고 있었는데 더 강화됐죠! (이혼자 I의 사례)

[술]

술을 좀 내가 먹지. 그 외로움 때문에 나는 술을 좋아 마시는 체질은 아닌데 그 틈을 술로 채웠어요. 혼자 집에서 내가 막 어울리는 사람이 없기 때문에 술을 먹어도 마음 맞는 둘이 마시는 것을 좋아했는데 마음 맞는 사람이 없잖아요. 혼자 꽤나 오래 내가 하나님 만나기 전까지니까요. 한 5년 일주일에 두 번씩 주기적으로 한 병에서 두 병 맥주만! 취하죠. (이혼자 E의 사례)

[술, 나이트클럽]

그때 많이 권유를 받아보고 가보긴 했는데 저랑 안 맞아요. 나이트클럽도 가 보고요. 술도 마셔 봤고요. 근데 저는 아니더라고요. (이혼자 D의 사례)

[술, 담배]

힘들었을 때 좀 했고 나와서는 술도 마시고 담배도 피고 다 해 봤죠! 이겨 내려고 어떻게 이게 뭔가? 약간은 남편에 대한 반항으로. 하지만 효과가 없었죠. 한두 번밖에 못했어요. 저한테는 안 맞더라고요. 솔직히 했는데 하면 계속 잘할 수 있을 것 같더라고요. 그래서 일부로 안 했어요. 술은 자체적으로 제가 워낙 안 맞고 담배는 계속 잘할 수 있을 것 같았어요. 맛을 알아서가 아니고 TV를 보면 한 모금 하면 기침을 하잖아요. 아예 제가 기침을 안 하는 거예요. 약간 호기심 반발 이런 걸로 해 봤는데 아닌 것 같았어요. (이혼자 H의 사례)

회복과 성장 경험을 하는 이혼자들은 초기에는 이런 회피적 대처 방법을 많이 사용했으나 결국 좀 더 건설적이고 건강한 방법으로 나아간다.

2. 접근 지향적 대처

이혼 적응을 위한 대처에서 주로 이혼자들은 초기에 회피적 접근 방법을 사용하다가 큰 효과가 없음을 발견하면서 새로운 대처 방법을 모색한다. 그러면서 접근 지향적 대처 방법을 사용한다. '접근 지향(approach-oriented)'적 대처는 감정을 돌보고자 하는 노력과 환경을 변화시킬 때 사용하는 방법이다(Joseph, 2013/2018). 접근 지향적 대처는 정서 중심적 대처와 과제 중심적 대처의 두 가지 유형으로 나눌 수 있다. 정서 중심적 대처는 환경을 변화시키기보다는 상처 입은 사람의 감정을 돌봄으로써 스트레스 상황을 극복하고자 하는 시도를 말한다. 과제 중심적 대처의 경우에는 적극적인 행동 계획 및 과제를 수립하여 상황과 환경을 변화시켜 위기를 극복해 나가는 방법이다(Joseph, 2013/2018).

이혼자들의 경우 이혼 후 그들이 처한 환경과 상황을 변화시키는 것은 쉽지 않다. 따라서 그 환경에 맞게 잘 적응하고 이겨 낼 수 있도록 자신의 상한 감정을 돌보는 것이 현실적으로 중요하고도 필요한 접근법이다. 이혼 초기 이혼자들은 어떻게 자신의 상황을 감당하고 극복해야 할지를 몰라 쉽게 손에 잡히는 방법들을 시도한다. 그것이 앞서 소개했던 음주 및 흡연과 같은 물질

남용 혹은 일탈 행동 등이다. 그러나 얼마 가지 않아 그런 방법이 효과적이지 않다는 것을 깨닫는다. 진정으로 자신의 삶을 돌보고자 하는 욕구가 생길 때 이혼자들은 자신의 감정과 마음을 돌보기 시작한다. 자기 돌봄을 위한 정서 중심적 대처의 내용으로는 성찰적 반추, 치유를 위한 상담 받기, 적극적으로 사람 만나기, 운동 및 등산, 자기 치료를 위한 정화작업, 예술 활동을 통한 승화 등의 방법이 있다. 또한 종교에 의지하는 것도 구체적인 정서 중심적 접근의 방법이다. 면담을 했던 이혼자들 중 상당수는 정서 중심적 대처 방법을 주로 종교와의 만남을 통해 도움을 얻어 실행했다. 그런 점에서 건강한 종교는 신앙생활뿐만 아니라 사람들의 정서적인 건강을 회복할 수 있는 좋은 장을 제공한다.

이와 더불어 과제 중심적 대처의 방법도 있다. 세미나 프로그램 참여하기, 새로운 이성 파트너 만나기, 상담대학원에 진학하여 공부하는 것은 능동적인 과제 중심적 접근이다. 중요한 것은 이혼자들이 유연성을 발휘하여 다양한 대처 방식을 적절하게 사용하는 것이다.

1) 학습

이혼자들은 주변 사람들의 도움과 조언 등을 통하여 내면의 정서적 회복을 위한 세미나 프로그램에 문을 두드린다. 요즘 한국 사회는 힐링 붐이 일고 있다. 웰빙 혹은 힐링, 치유라는 말이 유행한다. 그만큼 사람들이 정신적으로 지쳐 있다는 것을 반영하는 현상이다. 힐링을 위한 다양한 강좌 및 세미나 프로그램이 기업, 관공서, 종교 기관 등에서 실시되고 있다. 특별히 종교기관에서 요즘은 신앙적 가르침 외에도 내면의 정서를 지원하기 위한 회복 전문 프로그램을 많이 운영한다. 이혼자들에게 다양한 기관에서 제공하는 정서 지원 프로그램은 그들의 상처와 아픔을 치유하고 회복하는 데 큰 도움이 된다. 이혼은 자신의 삶을 성찰함과 동시에 내면을 들여다보고, 대인관계 방식을 확인하며, 원가족을 이해할 수 있는 좋은 기회를 제공한다. 세미나 참석은 이혼자들에게 자기 치유와 돌봄을 위한 좋은 대처 방략이다.

[세미나 참석]

기도원에 들어가서 내가 금식 기도를 하기로 작정하면서 그때 정말 맨 처음에 한 것은 내적 치유를 갔었어요. 언니가 소개를 해 줘서 가 봐라 그래서 갔었어요. 아무 생각 없이 그러나 좀 나한테 도움이 되겠다 하는 심정으로 갔어요. 가서 긍정적으로 좋았어요. 많이 진짜 좋고 나를 돌아보고 왜 내 속에 이런 것이 있는지를 알게 됐고 아빠와의 그런 쓴 뿌리를 알게 되고 그런 다음에 금식기도를 들어가게 된 거예요. 일단 저를 좀 치유하고 그래서 좋아지고 금식 기도를 들어가서 그때 많이 도움이 됐죠. (이혼자 H의 사례)

[세미나 참석]

교회 예배에 많이 참석했다고 했잖아요. 예배를 참석하고 회복이 됐는데 제가 ○○ 프로그램에 있었잖아요……. ○○교회에서 처음으로 1회를 ○○○○ 프로그램을 참석했어요. 저는 치유와 회복이 필요하다고 생각해서 그런 곳에 관심이 많았어요. 이혼의 아픈 과정들이 회복되는 과정에서 제 모습을 본 거죠. 그런 쪽들에 관심이 많아서 그런 세미나를 하면서 깨달았는데 회복이 단 시간에 일어나는 게 아니어서……. 아, 내가 계속적으로 회복에 대한 것들을 경험해야겠다는 생각이 들어서 처음에 ○○ 프로그램이 시작한다는 걸 들었을 때 초창기인 것 같아서, 저는 그곳에서 회복하고 싶은 생각을 했어요. (이혼자 G의 사례)

[세미나 참석]

쇼핑하고 여행가고 돌아다니고 도움은 됐지만 더 허무감이 있었고 결국은 신앙적 방법으로 돌아오고 세미나 듣고 이런 모임에 가고 내가 현재 뭐하는가를 정확히 알아야 된다고……. 그러면서 모든 게 치유되고……. 너는 어떻게 해서 이렇게 됐고 그거는 너의 백프로 잘못도 아니며 남편의 것도 아니고 이렇게 살아왔는데, 우리 둘이서 좀 우습게 결혼한 상태였잖아요. 우습게 그것을 유지하려고 했기 때문에 거기서 아이

들이 상처가 됐고 저는 또 이렇게 남편은 남편대로……. (이혼자 L의 사례)

2) 예술 활동

이혼 이후 음악이나 미술 활동 혹은 감상 등을 통해서 마음의 아픔과 상처를 위로하고 정화함으로써 현실을 이겨 나갈 수 있는 힘을 얻기도 한다. 음악이나 미술과 같은 예술 활동에 참여하는 것은 복잡한 생각을 정돈하고 몰입할 수 있도록 만들어 준다는 점에서 애도의 과정에 도움이 된다. 프로이트는 예술과 종교 등을 통하여 리비도 에너지를 건강하게 승화시킬 수 있다고 말했다. 슬픔과 고통에 잠긴 이혼자들에게 예술 활동은 복잡다단한 고통의 감정적 찌꺼기들을 배출할 수 있는 좋은 통로가 된다.

이혼자 B와 K는 운동과 예술 활동에 참가하여 그들의 정서를 순화시키고 마음을 달래며 힘든 시간을 견디어 냈다고 말한다. 미술과 음악은 그들에게 치유와 회복의 기회를 제공한 것이다.

[음악]

이혼하면 뭐 배우자가 죽은 고통을 느낀다 그러잖아요. 부모가 돌아가신 느낌을 받는다. 분명히 그만큼 힘들었을 거예요. 저는 근데 제 머리가 합리적으로 생각한 거죠. 그러면서 운동을 하고 등산을 하면서 계속 거기다가 노래를 하면서 잊었던 거예요. 노래를 열심히 하면서 그 그리움을 달랜 거지요. 노래를 만들 때 저는 괴로움과 아픔을 표현하고 예술로 승화시킨 사람이죠. 그러니까 이런 거를 덤덤하게 갈 수 있었던 거죠. (이혼자 B의 사례)

[미술 감상]

그렇죠. 3년 동안 그리움이란 감정이 있었고 그것이 나에게 부정적인 영향을 주진 않았어요. 그래서 ○○미술관에 가다 보니까 그림이 눈에 들어오기 시작한 거예요. 그거하고 별개로 한 달에 한 번씩 ○○미술관에 가서 1층부터 4층까지 다 돌면서 그림

감상을 하고, 그러면서 제가 음악 외에도 미술에 대한 욕심도 있었죠. 제가 원래 음악을 했으니까 미술을 좀 알고 싶다는 생각도. 어떤 면에서 저는 ○○미술관의 그림을 보면서 많이 치유가 된 부분도 있어요. (이혼자 K의 사례)

3) 상담적 접근

자기 돌봄과 정서 중심적 대처에서 이혼자 F, J는 상담 혹은 사교적 모임을, C는 상담학 공부를 통해서 이혼의 아픔을 해결하고자 노력했다. F의 경우는 상담을 통해서 전남편과의 관계에서 남아 있는 감정을 정리하는 데 도움을 받았다. 상담은 정서 중심적 대처의 핵심적인 방법이다. 이혼 및 외상을 경험한 이들은 그들의 상처 경험을 누군가에게 토로하는 것이 중요하다. 마음속에 쌓여 있는 스트레스를 그대로 두어서는 안 된다. 자신에게 지지적인 사람을 만나 자신의 경험을 나누고 억울하고 분하고 원통한 마음을 털어놓아야 한다. 그 과정을 통해서 이혼의 경험을 새로운 관점에서 볼 수 있고, 잘못된 생각은 수정하고, 상대방의 이야기를 객관화시켜 새로운 의미와 통찰을 발견할 수 있다.

상담학 공부는 상담과 조금 차이가 있다. 상담학 공부는 정서 중심적 접근이면서 과제 중심적 접근이다. 상담학 공부를 통해서 스스로 자신의 내면을 돌아보고, 자기 치유를 한다. 상담학적 지식은 이혼자에게 일종의 인지 치료적 토대를 제공한다. 상담학 공부를 통하여 이혼의 역경을 딛고 상담가가 되어 삶의 환경을 변화시키는 적극적인 이혼자도 있다.

[상담]

서로 정리를 못하다 보니까 마음속에 남아 있었어요. 대부분의 사람은 이런 게 걸리면 마음이 연약해서 못하거든요. 피하거든요 대부분은. 상대방과 하는 게 사실 한계가 있잖아요. 그래서 상담을 해서 하고 싶은 말을 다 하고 상담가가 그걸 받아 주고 그거를 이렇게 소화할 수 있는 기간 동안 상담가가 옆에서 붙어 주고 그게 정말 필요한 것

갈아요. (이혼자 F의 사례)

J는 이혼으로 위축될 수 있는 어려움을 극복하기 위해서 상담을 갔고, 의도적으로 밖으로 나가 사람들을 만나면서 자신을 변화시키고자 노력했다.

[상담과 모임 참석]

상담도 좋았고 활동한 것도 좋았고 저를 이제 바꾼 거 밖으로 끌어 내 줄 수 있는 에너지 있는 모임도 좋았고 사람들을 만난 것도 좋았고……. (이혼자 J의 사례)

이혼자 C의 경우 눈여겨볼 필요가 있다. 그는 이혼 후 오히려 전문성이 부족한 상담가를 만나 더 힘들었다고 고백했다. 그리고 사람들의 지나친 관심이 그에게는 도움이 되지 않았다고 한다. 그러던 차에 그가 다니던 교회 담임목사님이 대학원 상담학과를 추천하여 대학원에 입학하게 되었다. 대학원 공부를 통하여 자신의 삶을 돌아보고, 사람의 심리에 대해 공부하면서 이혼의 아픔을 돌보기 시작했다.

[상담 공부]

제가 그걸 얼마 안 있다가 1년 정도 있다가 다니던 교회 담임 목사님이 ○○대학 교 상담학과가 있잖아요? 거기 가서 저보고 공부를 한번 해 보래요. 그래서 갔어요. 그걸 한 학기 다니고 그만뒀어요. 되게 도움이 많이 됐던 것 같아요. (이혼자 C의 사례)

4) 자기 치료적 접근

줄리아 카메론(Cameron, 1992/1997)은 그의 저서 『아주 특별한 즐거움(The artist's way)』에서 상처 입은 우리의 삶을 창조적 삶으로 변화시키기 위하여 몇 가지를 제안한다. 첫째는 모닝 페이지 쓰기이다. 매일 아침 조용한 시간에 나의 생각을 의식의 흐름에 따라 편안하게 노트에 기록한다. 떠오르는 생각을 자유롭게 쓰다 보면 내면의 무의식속에 들어 있는 진짜 나의 생각을 발견할 수 있게 된다. 그리고 그것을 통해서 진정한 나와 만나게 된다. 또한 글쓰기를 통해시 내 생각과 감정을 마음껏 표현할 수 있고, 가슴속에 묻어 둔 감정들을 정화할 수 있게 된다. 둘째는 나를 위한 데이트를 하는 것이다. 내가 평소에 좋아했던 것들, 하고 싶었지만 하지 못했던 일들을 해 보라고 조언한다. 그렇게 하다 보면 내 안에 억눌려 있었던 창조성의 샘물이 터져 나오고, 그 창조의 샘물이 내 삶을 치유하게 된다.

이혼자 D는 카메론이 이야기하는 것처럼 자신을 돌보기 위하여 미용실도 가고, 새로운 옷도 사 입고, 영화도 보면서 자신의 감정을 돌보았다. D는 복잡한 생각을 정리하기 위하여 떠오르는 대로 생각과 감정을 노트에 적는 모닝 페이지를 실천했다. 이런 것들을 누가 가르쳐 주지 않았지만 D는 이혼의 고통으로부터 벗어나기 위하여 본능적으로 자기 치료적(self therapy) 행위를 시도했던 것이다.

[나를 위한 돌봄]

머리카락도 자르고 머리 스타일도 마음대로 바꿔 보고 옷도 사고 싶은 대로 사고 저를 위해서 자꾸 시간을 투자했어요. 일단은 영화를 처음에 보기 시작하면서 제가 서러워서 항상 울고 북받쳐서 울었던 게 아니라 그냥 감정이 이렇게 만져지면서 우는 저를 봤어요. 그래서 영화관에 가서 영화를 보고 나오면 싫은 게 아니고 그래 맞아! 그런 감정도 있겠다! 제가 느끼지 못했던 그런 것들을 보면서 아 그렇구나! 그러면서 영화를 자꾸 보게 되었고 그러다 보니까 뭐 나도 하고 싶은데 나도 사고 싶은데 그것들을 하나씩 하나씩 월급 받으면 그 와중에서 조금 무리해서 제 것을 하나씩 하게 됐죠……. 머리를 정리하는 기록을 하면서 많이 그런 것들이 좀 그냥 저의 감정을 다 적었던 것 같아요. "지금 저 화나요!", 그전에 큐티라는 것들이 있으니까 그거를 하다 보니까 그 순간 제 감정들이 복잡하다 보니까 예전부터 그렇게 적었어요. 조금 사그라지는 것들은 있는……. 정리가 되더라고요. (이혼자 D의 사례)

5) 운동

이혼자 A는 의사 친구를 통한 의료적 도움과 운동을, 이혼자 G는 동생들의 권유로 운동을, 이혼자 L은 여행과 운동을 통하여 육체적 고통과 마음의 아픔을 치유하는 노력을 시도했다. 운동은 이혼자들이 살기 위한 몸부림이었고, 스트레스를 해소하기 위해 타인의 도움 없이 혼자서 할 수 있는 방법이었다.

[의료적 도움 및 운동]

그 한의사 있잖아요……. 마침 우리나라에 한 달 동안 온 거예요. 그 친구가 침 놔주고 한약을 계속 먹여 줬는데 저랑 잘 맞았나 봐요. 그러면서 제가 밥도 먹기 시작하고 조금씩 활동을 하기 시작한 거예요. 그러면서 등산을 했어요. 그리고 완전히 건강해졌어요. 밥을 조금씩 먹기 시작하고 등산을 하면서 목소리가 여기서 나오던 목소리가 이제 배에서 나오기 시작하고 사람들과 눈을 마주치기 시작하고 목소리도 커지고 사람들도 만나게 되더라고요. 빨리 깨우친 거죠. (이혼자 A의 사례)

[운동]

동생들이 많이 도움이 되었어요. 운동을 해 보라고 그러더라고요. 진짜 운동을 하는데 너무 힘들고 피곤해도 운동을 했던 게 잠들고 싶어서 운동을 했어요. 헬스클럽 가서 무조건 뛰고 운동을 했어요. 그러면 잠을 좀 자더라고요. 너무 지쳐서……. 체력은 안 되는데 그러면 맨날 운동하고 붓는 거예요. 저는 운동하면 몸이 부어요……. 그렇게 한 일 년 정도 하고 나니까 그거는 해소됐고……. (이혼자 G의 사례)

[여행, 운동]

여행도 다녔고 운동 스포츠 센터 가서 하루 종일 뛰고 운동하는 거예요. 내가 거기 안에 속해 있어서 소속감이 들더라고요. 그 사람들 날 모르잖아요. 그리고 재밌잖아요. 활동적이고 나를 드러낼 수도 있고 굉장히 도움이 됐어요. (이혼자 L의 사례)

6) 성찰적 반추

이혼과 같은 충격적인 삶의 사건을 경험할 때, 사람들은 자신들이 중요하게 생각하는 핵심 신념에 도전을 받거나 와해가 되는 경험을 한다. 그 결과 사람들은 발생한 일을 해결하고자 반복적인 생각을 시도한다. 생각의 초기에는 침투적 성격을 띤 반추과정을 거친다. 생각하고 싶지 않지만 이혼의 과정에서 있었던 고통스러운 생각과 감정들이 나의 의도와 상관없이 계속 떠오른다. 그러나 시간이 지나면서 벌어진 상황을 이해하고 받아들이기 위하여 의도적이고 반성적인 사고를 한다. 처음에는 고통스러운 감정들이 내 의지와 상관없이 침투해 들어오지만, 어느 정도의 시간이 흐른 다음에는 생각과 감정이 정리되면서 나에게도 문제가 있었다는 것을 깨닫게 된다. 침투적인 반복적 사고를 의도적이고 반성적인 반추로 바꿀 때 개인의 성장이 일어날 가능성이 커진다(Calhoun & Tedeschi, 2013/2015).

이혼 이후 긍정적인 대처 전략으로 의도적인 성찰적 반추를 통하여 자신의 무너진 세계를 다시 재구성하고 상황을 냉정하게 평가하여 현실을 받아들인 이혼자들은 적응과 성장으로 나아가게 된다.

이혼자 G의 경우 자신의 이혼 사건을 처음에는 고난이라고 여겼다. 하지만 시간이 흐름에 따라 단순한 고난이 아닌 '훈련받는 시간'으로 의미 있는 해석을 한다. 다음의 사례에서 이혼자 G는 이혼 대처에 있어서 신앙과 반성적 사고라는 두 가지 대처 전략을 사용했다.

[훈련받는 시간으로 반추]

어느 날 제가 보니까 '고난의 시간'이라고 이야기하지 않고 하나님께 '훈련받는 시간'이라고 이야기하는 거예요. 아, 저 훈련하고 있어요. 하나님께 뭐 내가 잘못해서 징계를 받는 게 아니라, 하나님께서 나를 다루시는, 바르게 세우시고 나를 다듬어 가는 과정이구나……. 저는 어느 날 보니까 제가 훈련 중이에요. 아직 수련의 기간이 안 끝난, 하나님 이제 거의 다 끝난 것 같은 느낌이 드네요! 이렇게 얘기하다 보니까. 아, 내가 이제는 고난이라고 얘기 안 하고 하나님 안에서 정금처럼 단련되고 정금처럼 깊어지는 시간이었구나. 이런 생각들을 많이 하게 돼서……. 어떤 사람들은 하지 말아야 되는 과정이라고……. 아이야 힘들겠지만 저한테는 너무 감사한 시간이죠. (이혼자 G의 사례)

이혼자 F와 K는 이혼 사건이 단지 배우자만의 잘못이 아닌 자신의 부족함에서도 기인했음을 인정하고 그것이 무엇인지를 찾는 숙고의 과정을 거쳤다.

[자신의 잘못 반추]

내가 이 사람이 오든, 새 사람을 찾든, 이대로는 안 되겠다는 생각이 있어서 내가 뭘 잘못했는지 정말 생각을 했던 것 같아요. 그때 제가 뭐가 부족했는지, 그때 저는 분명히 이 친구만 잘못했다고 생각한 게 절대 아니에요. 저도 상담을 할 때도, 누군가 귀책사유의 배우자가 있다면 본인도 그런 문제가 있다고 보니까~ 저도 분명히 이런 애를 만난 이유가 저한테도 있으니까 그래서 그걸 정말 치열하게 고민했던 것 같고. (이혼자 F의 사례)

[실수에 대한 반추]

이혼을 통해서 아, 내가 성격 표현하는 것도 서툴렀고, 일처리 방식도 서툴렀고, 협상력도 있지 못했구나. 근데 그러한 것들이 이제 혼자 시뮬레이션을 많이 했죠. "그런 내 상황으로 돌아간다면 처갓집에서 나오지 말았어야 해~ 아니야, 그전에 돌아갔다면 아예 처가살이를 하면 안 됐어! 그리고 신혼여행도 그런 식으로 하면 안 됐어!" 해서 두 번째 결혼 때는 그런 것들을 잘한 결과 지금까지 잘 지내고 있죠. (이혼자 K의 사례)

이혼자 K는 계속된 반추과정을 통해서 결혼에는 준비가 필요하다는 것을 깨달았을 뿐만 아니라, 자신의 미숙한 감정적 성향이 결혼 실패의 요인이 되었음을 발견하였다.

[반추를 통해 삶을 배움]

제가 살아 보면 살아 볼수록, 내가 너무 경제적인 준비도 안 하고 사회적 준비도 안 하고 그냥 이성에 대한 그런 정말 끌림에 사랑 하나만 가지고 결혼을 해 버린 거죠. 그러면 제가 음악을 하니까 감정적으로 모든 걸 처리하던 시기라 굉장히 감정에 저는 솔직해야 했어요. 음악을 하던 사람이라……. 그러다 보니까 여과되는 것 없이 나 하고 싶은 대로 해 버린 거예요. 그러니까 그쪽 집안에서는 저를 못 견디겠죠. 위자료고 뭐고 필요 없으니까 빨리 그만두기를 원한 거고, 우리 집안에서도 사실은 처음 결혼한다고 할 때부터 부모님은 말렸어요. 때가 아니다. 네가 어려서……. 내가 너무 결혼하고 싶어서 했는데, 그런 어떤……. (그럼 이혼하고 나서 심리적으로 이혼의 결과로부터 힘든 거는 없었던 거네요?) 네, 힘들거나 고통스러운 것은 없었고, 후련하다 많이 배웠다. 결혼은 이런 거구나! (이혼자 K의 사례)

이혼자 C는 이혼이라고 하는 렌즈를 통해서 자신과 어머니, 시어머니와의 관계에서 수동적인 자신의 삶을 새롭게 바꿀 수 있는 계기가 되었음을 발견한다.

[반추를 통해 나 자신을 성찰]

나는 그거를 겪지 않았다면 평생 엄마 그늘 아래서 시키는 대로, 결혼해서는 남편이나 시어머니가 시키는 대로 살았을 텐데……. 이걸 계기로 해서 내가 나 자신을 생각해 보는 계기가 됐기 때문에 좋았던 거지. (이혼자 C의 사례)

이혼자 B는 반추 과정을 통해서 이혼의 결과 이별의 아픔을 인위적인 방식이 아닌 지혜로운 방법으로 처리하는 모습을 보여 주고 있다.

[지혜로운 이별을 반추]

일반인의 생각으로 연애를 한다거나, 일반인들은 헤어지면 너랑 나랑 끝이야 단절하는 경우가 많죠. 저는 단절하는 스타일이 아니에요. 단절을 안 해도 된다고 생각하는 스타일이에요. 왜 아프면서 헤어져~ 헤어질 때는 방법이 있을 거 아니에요. 딱 끊어서 넌 끝나는 건데, 포겟(forget)이 아닌 거죠. 잊어가 아니라 서서히 잊혀가, 어차피 머리에서 지워야 할 건데 지운다고 지워지냐고 생각하는 거죠. 그게 제가 가진 지혜일지도 모르고. (이혼자 B의 사례)

이혼자 D는 그녀의 삶 가운데 있었던 우울함과 불안함 등의 이유를 이혼을 통해서 점검하게 되었다고 한다. 이혼이라는 사건은 자신의 삶을 구체적으로 들여다보고 탐색하는 계기가 된 것이다.

[나를 발견하는 반추]

일단은 저를 되돌아보는 시간을 많이 가졌어요. 어렸을 때를 생각해 보면 저의 친정 식구들을 많이 보게 됐고, 결혼해서는 저의 가정을 봤고, 그러다 보니까 저를 되돌아보는 시간이 없더라고요. 그러고 나서 저의 우울함과 불안함과 그 모든 것이 어찌 됐든 내 내면의 불안심리라고 생각을 했기 때문에 나를 찾아가는 시간을 가졌어요. (이혼자 D의 사례)

이혼자 A는 이혼을 통해서 전 배우자의 상황을 다시 살펴보게 되었고, 그 시간을 통해서 오히려 자신이 남자를 잘 이해하지 못했음을 깨닫게 되었다.

[남편을 새롭게 이해]

"어떻게 나 같은 여자한테 자기가 그렇게 물질적으로 고생을 시켜 놓고, 어떻게 정신적으로 이럴 수가 있어."라고 이전에는 생각을 했었어요. 그러나 이혼 이후 세상을 살면서 아! 이런 감정이었겠구나. 이런 부분을 내가 놓쳤겠구나. 이거는 좀 안 좋았겠다 하는 생각이 부분, 부분 있어요. 내가 남자를 몰랐구나! 그런 부분에 대해 후회가……. 아휴, 내가 좀 못해 줬네 이런 부분이 있겠다! 하는 부분이 있었어요. (이혼자 A의 사례)

7) 종교적 대처

앞서 역경을 극복하기 위한 방법으로 성찰적 반추 방법을 소개했다. 성찰적 반추를 하는 데 종교적 대처는 도움을 준다. 복잡한 생각과 감정, 고통 등을 종교 생활을 통해서 가라앉히고 정화할 수 있기 때문이다. 파가먼트(Pargament, 1997)는 개인들이 스트레스 요인에 적응하기 위한 특별한 종교적 경로를 사용할 수 있다고 강조함으로써 종교와 라자러스와 포크맨(Lazarus & Folkman, 1984)의 대처이론을 통합시켰다. 종교적 대처는 스트레스 상황에 대한 반응에서 개인의 생각과 행동들을 종교에 결합시키는 것으로 맡긴다. 이 과정은 특별히 이혼에 직면한 사람들에게 중요하다.

이혼자들이 이혼 적응을 위한 대처 전략으로 가장 많이 사용한 방법 중의 하나가 종교를 통한 대처였다. 종교적 대처가 비교적 가장 손쉽게 접근할 수 있는 방법이기 때문이다. 다른 방법들은 시간과 돈이 필요한데, 종교적인 대처는 집 주변 가까이에 많은 종교 기관이 있어 접근이 쉽고, 개인적인 노력과 적극성만 있으면 언제든지 도움을 받을 수 있는 장점이 있다. 그래서 한 이혼자는 이혼 후 이혼을 극복하기 위해서 종교를 찾았고, 결과적으로 이혼 후 회복과 성장을 경험했을 뿐만 아니라 신앙인이 되었다.

종교는 신앙 수행을 위한 종교적 예식과, 공동체 신도들을 구성원으로 가지고 있다. 종교적 예식이나 경전은 절대자를 통해서 나 자신을 돌아보게 만들어 준다. 이 과정에서 침투적인 생각과 감정이 성찰적인 반추로 변화되도록 돕는다. 종교적 예식의 참석, 경전 읽기, 노래, 기도 등은 생각을 정리하도록 도와주고 감정을 정화시켜 주기 때문에 자신을 객관적으로 성찰하게 해 준다. 종교 공동체의 구성원들은 종교적 신념과 경전의 내용이 경험될 수 있는 매개적 역할을 한다. 신의 대리자로서 종교 공동체의 신도들이 베푸는 관심과 사랑은 신으로부터 베풀어지는 듯한 정서적 지지를 제공하고, 그것으로 인해서 이혼자들은 마음의 위로를 얻게 된다. 이와 같은 모든 종교적 경험은 참여자의 의지만 있으면 쉽게 얻을 수 있다.

이 장에서 소개하는 종교적 대처는 긍정적 관점에서 묘사되고 있다. 물론 종교적 대처 방법들 모두가 긍정적 효과를 내는 것은 아니다. 그러나 이 절에서는 긍정적인 종교적 대처를 통해서 이혼자들이 정서적 스트레스를 완화시키고, 삶의 행복에 도움이 되었다고 고백하는 내용들을 소개할 것이다. 일반적으로 부정적인 종교적 대처보다는 긍정적인 대처의 사례가 더 많다고 보고되고 있으며(Pargament et al., 2001), 주로 종교적 삶과 대처의 긍정적인 형태를 사용하는 개인들은 낮은 스트레스와 더 나은 정신건강을 경험하는 경향이 있다(Simonič & Klobučar, 2017에서 재인용).

종교적 신앙과 영적 확신을 가진 사람들은 대처를 위한 더 나은 자원을 가질 뿐만 아니라 영적 확신을 덜 중요하게 여기는 사람들보다 일반적으로 더 행복하고 더 건강하다(Steiner et al., 2015에서 재인용).

이 책에서 언급하는 종교적 대처는 모두가 기독교와 관련된 종교 참여와 예식을 말한다. 만일 이 책을 읽고 있는 독자들 중에 자신의 종교가 기독교가 아니라면 각자가 속해 있는 종교 전통을 통해서도 이혼의 아픔을 대처해 볼 수 있을 것이다. 그러나 대부분의 이혼대처와 종교에 관한 연구가 기독교를 중심적으로 수행된 한계점이 있다. 이후 다양한 종교에 따른 이혼 대처의 효과에 관한 연구 결과가 나온다면 이혼자들의 적응에 더 큰 도움이 될 수 있을 것이다.

대처 방법으로는 '종교생활시작' '신도 모임에 참가' '종교 예식 참석' '설교 듣기' '기도' 등이다. 이것들을 통하여 이혼자들은 이혼 경험의 고통과 아픔을 극복하고자 했다. 이혼자 L, B, I는 이혼 경험으로 인하여 종교생활에 적극적으로 참여하기 시작했고 주로 기독교 교회 예배 참석과 기도를 통하여 어려움을 극복하고자 노력했다.

[종교생활]

제가 지금 고마운데 남편이 아니었으면 하나님께 안 갔어요……. 처음에는 세상적인 방법하고 결국은 하나님 방법으로 그 방법밖에 없었고……. (이혼자 L의 사례)

[종교 예식 참석과 체험]

그리고 12월달 진짜 종교적인 부분에서 하나님을 만나서 그때부터는 더 정말 태양을 손에 움켜쥘 만큼 강한 심장을 받았던 것 같고……. 허리가 아프고 머리가 아프고 자다가도 무서운 꿈을 꾸고 그랬던 것도 자다가 일어나서 기도를 딱 했는데 허리에서 뭔가 이렇게 허리 끝에서부터 뭔가 쫙 빠져 나가는 느낌이 들면서 기도를 하고 있는데 그때부터 사람이 깨끗해지기 시작하고 그런 체험을 했어요. 아무도 교회를 오라고 안 했는데 나 혼자서 교회를 2년을 다녔어요. 그렇게 다니면서 진짜 눈물도 많이 흘리고 (이혼의 상처나 아픔을 녹이는 데 굉장히 도움이 많이 된 거네요?) 그런 의도와 상관없이 체험을 했어요. 네, 제일 많이 기여를 했죠! (이혼자 B의 사례)

[종교 모임 출석]

아버지 저 그러면 서울 모임이 세 번 남았는데 거기 나가고 싶다고 "지금 아버지도 보다시피 내가 직장 갔다 오면 술 먹고 집에서 잠이나 자고 일요일 날도 하루 종일 잠이나 자고 친구도 없고 내 삶이 삶이냐고 이게? 사람으로서 살아가느냐고? 나도 여러 사람 많은 사람 알고, 나도 발도 넓히고 싶다."고 그렇게 말씀드렸는데 웃으면서 말씀하시더라고요. "그래 가라!" 그러더라고요. 제가 3주차부터 교회를 나가기 시작했던 거예요. (이혼자 I의 사례)

이혼자 D의 기도는 좀 더 구체적으로 신과의 관계 속에서 투정과 질문을 통하여 비록 힘든 상황일지라도 그녀가 자신의 노력과 힘이 아닌 신으로부터 오는 도움의 손길에 붙들려 있어 견딜 수 있었다는 종교적 깨달음을 나타내고 있다.

[기도]

항상 어려서부터 그렇게 모태신앙[3]으로 자라 오다 보니까 하나님한테 반발하면 안 된다는 거 아니까 투정을 부리는 거예요. 그때 인제 솔직히 얘기해서 아는데요, 내가 잘못하는 거 아는데, 그래도 거기까지 안 하면 좋잖아요. 좀 그 사람 잡아 주면 안 돼요? 저를 더 잡아 주셨으면 안 돼요? 아니면 시간을 더 주셨으면 안 돼요? 가족을 지켜 주실 수는 없으셨어요? 이런 질문들……. 근데 그렇게 하다 보면 답을……. 내가 못해서 그렇지 내가 잘하면 되지 이런 거를……. 사실 제가 새벽에 예배드리러 나가고 하나님을 찾았던 것이 거기서 버팀목이었거든요……. 하나님과 관계가 어디 가서 뭔가를 잡아야 하는데 그게 안 되니까 더 미칠 것 같아요. 그때 내가 느낀 게, 아~ 나는 하나님한테 붙들려는 있구나. 내가 하나님을 찾기보다는 하나님이 나를 붙드셔서 여태껏 버티고 있었구나! (이혼자 D의 사례)

이혼자 J는 기독교 예배를 통한 성경말씀 듣기를 통하여 자신의 삶을 돌아보고 성찰하는 시간을 가졌다고 한다. 그녀는 예전에는 예배 가운데 한 번의 설교 말씀을 들었지만, 이혼 이후 자신의 시각을 넓히고자 다양한 목사님 설교를 들으면서 사람들의 시각이 다름을 깨닫고 자신의 이혼 경험에 적용해 보고자 했다.

[다양한 설교 경청]

설교 말씀을 많이 들었어요. 주일 예배 같은 경우에도 목사님 말씀 다 들었어요. 내가 시각을 하나만 봤다면 ○○교회를 다니면서 좋았던 점은 똑같은 말씀을 예전에는 한 목사님으로부터 들었거든요 이혼하기 전에. 다양한 설교를 들을 필요가 없었어요. 그게 옳고 맞으니까 그게 다였다면 ○○교회 오고부터는 ○○○ 목사님 말씀하시고, ○○○ 목사님 말씀하시고, ○○○ 목사님 말씀하시고 그걸 다 듣는 거예요. 사람들이 다 시각이 다르다는 것을 이제야 알겠다는 것을 그러면서 받아들였던 것 같아요. (이혼자 J의 사례)

---

3) 모태신앙이라는 용어는 한 개인이 스스로의 노력에 의해 종교를 가진 것이 아니라 어린 시절 어머니의 태에서부터 종교생활을 시작한 것을 말한다. 다시 말하면 어머니의 배 속에서부터 자연스럽게 종교생활을 시작하여 어머니의 종교가 자신의 종교가 된 것을 말한다.

이혼자 F는 주일날 전해지는 설교의 메시지를 통해서 위로와 격려를 받고 계속적으로 힘을 얻게 되었다고 한다. 그는 설교 듣기와 기도를 통해서 이혼을 극복하는 노력을 시도했다고 다음과 같이 묘사한다.

[설교듣기와 기도]

신앙적인 요소와 상담. 첫 번째는 교회 가서 설교를 듣는데 진짜 매주 너무 저한테 좋은 메시지를 주시는 거예요……. 그게 하나가 있었고 되게 마음이 안 좋을 때도 주일날 가면 마음이 안정되고 제가 기도드릴 때 좀 달라졌던 것 같아요. 예전에는 흔히 말하면 주시옵소서 하는 간구기도만 했는데 지금은 대화하려고 노력하는 것 같아요. (이혼자 F의 사례)

이혼자 G는 이혼의 고통을 경감시키기 위한 방법으로 교회 예배와 병원 치료를 놓고 고민하다가 청년시절 다녔던 교회의 집회에 계속해서 참가했다고 한다.

[예배 참석]

그 억울한 분노는 맨날 하나님께 가져갔어요. 은밀하게 결혼하고 나서 가장 힘들었던 게 신앙적인 부분도 있었는데, 전에 다니던 교회를 가니까 다 아는 분들이 자꾸 물어보니까 가족이 상처받아서 제가 청년 때 ○○○을 했던 경험이……. 예배 때마다 하나님이 은혜를 주시는 것 같고, 운동할 때마다 잠을 잤지만 월요일마다 하나님께 예배드리러 왔어요. ○○ 집회 오고 계속 하면서 하나님께서 저를 계속 만졌지요. 병원을 갈까 말까 하는 중에 그렇게 해서 저는 해소를 했지요. (이혼자 G의 사례)

이혼자 K와 H는 이혼의 상처를 치유하기 위한 방법으로 적극적인 기도의 전략을 사용했다고 다음과 같이 설명한다.

[기도]

당시는 제가 ○○○를 하면서 대학원에 다닐 때라 정신없이 수업 받고 그 당시에 '○○' 모임에 들어가서 정신없이 기도회에 가고 하나님을 더 많이 찾았던 것 같아요. (이혼자 K의 사례)

[기도]

그때 저는 진짜 나오자마자 제 언니 집에 있으면서 ○○기도원으로 들어갔어요. 힘들 때 그런 마음이 들었어요. 저희 어머니도 이야기를 하셨고 네가 정말 하나님 앞에서 한번 정말 엎드려 기도하는 시간을 가져야 할 것 같다. 인생에서 이런 시점에서 근데 그게 와닿았고 금식기도를 하나님께서 몰아가실 때가 있잖아요. 그래서 내가 금식기도를 한다고 생각하고 ○○○ 기도원에 들어갔어요. (이혼자 H의 사례)

3. 건설적 자기 노출

'건설적 자기 노출'은 이혼자들이 자신의 이혼 사실을 건강하게 수용하여 타인들에게 건설적으로 공개하는 행위를 말한다. 그들은 '이혼자'라는 사실을 드러내기까지 수많은 고뇌와 갈등의 과정을 거친다. 그러고 나서 자신의 이혼 사실을 받아들이고 거짓말하지 않는 삶을 살기 위해서 솔직하게 표현한다. 이렇게 이혼 사실을 솔직하게 표현하는 것은 쉬운 일이 아니다. 보통의 이혼자들이 가지는 가장 큰 고민은 자신의 이혼 사실을 솔직하게 노출했을 때 생길 수 있는 어려움이다. 사회의 고정관념과 편견에 대한 두려움뿐만 아니라, 한국 사회에서 이혼자라는 사실을 밝혔을 때 혹시나 모를 불이익이 두렵기 때문에 침묵하며 살아간다. 특별히 여성들의 경우는 이혼녀라고 하는 사회적 시선과 남편이 없다는 사실 때문에 타인들로부터 함부로 대한다는 느낌을 받을 때가 있다. 그럼에도 이혼자라는 사실을 솔직하게 드러내는 이유는 최선의 적응 방법이기 때문이다.

'건설적 자기 노출'은 '정서적 지지'와 상호작용한다. 건설적 자기 노출을 통해서 가족, 친구, 사회로부터 지지를 획득하는 경험을 하게 된다. 사회의 편견과 고정관념이 두려워서 이혼 사실을 드러내지 못하는 경우가 많은데, 역설적으로 이혼 사실을 드러내는 순간, 좋은 사람들로부터 예상치 못한 지지를 경험하게 된다. 개인과 사회로부터의 지지적 환경은 자기 자신을 정직하게 노출할 수 있도록 만들어 더 적응적이고 건강한 삶으로 이끌어 준다.

이혼자들 중에는 처음부터 자신감을 가지고 당당하게 자신의 이혼 사실을 고백한 이도 있고, 우연한 기회를 통해 자신의 이혼 사실을 공개했는데, 온전히 수용되는 경험과 안전감을 느껴서 공개할 수 있는 마음을 먹기도 한다.

또 여러 해를 거쳐 깨달음을 얻자 거짓말을 하지 않기 위해 의도적 노력을 통해서 자신을 노출하게 되는 경우도 있다. 어떤 이혼자는 자신의 삶이 떳떳하다는 것을 나타내고, 자녀가 위축된 삶을 살지 않도록 하기 위하여 솔직하게 밝히기도 했다. 중요한 사실은 이들 모두가 자신과 타인에게 거짓말하지 않고 정직한 삶을 살기 위해 이혼 사실을 고백하게 되었다고 한다. 그들은 적응하기 위해서 솔직함과 정직함 그리고 용기를 택한 것이다.

[막힌 것이 뚫린 느낌]

어디를 가든지 담대하다는 거 난 이혼해도……. ○○○ 모임에 90명이 참석했는데 이혼자는 저 하나였어요. 저는 그때 당당하게 선포를 했으니까 "난! 이혼을 했습니다." 굉장히 편하더라고요. (그전까지는 그렇게 못하신 거죠?) 네. 일단은 내 짐을 다 내려놓은 것 같더라고요. 그전에는 막 막혀 있던 거 우리가 물 호스 같은 데가 막히면 물이 안 내려가잖아요. 그게 한번에 뻥 터진 느낌. (이혼자 I의 사례)

[편안한 분위기에서 공개]

원장님 이렇다 했더니 그걸 전혀 개의치 않으시고, 하나님 인도하시고 뜻이 있으셔서 이렇게 왔네! 절대 그거에 대해서 저기 하지 않고, 그러면서 처음 선생님 모이면서 그때 공개가 되고, 그때 아직 회복 모임에 참석 안 했을 땐데 그런데도 저는 그게 그렇게 부끄럽지 않았어요. 신기하게……. 저는 전혀 숨길 마음이 없었어요. 저는 자연스럽게 그렇게 됐었어요. 저는 그냥 되게 편안했어요. 다들 절 그렇게 봐 주셨고 편하고 오히려 장난 막……. 결혼에 대해서 조언하거나 자기들끼리 "이런 사람 소개팅한다." 이야기하면 그냥 그야말로 듣고 있다가 "나처럼 되지 마……. 하하하, 날 봐! 그게 모든 것이 설명이 되듯이 어떤 살아 있는 모델이 뭐." 그러면서 이렇게 좋은 영향이 되는 것 같아요. (이혼자 H의 사례)

[떠들고 다님]

그래서 저는 다른 사람처럼 숨기지 않았어요. 이혼해서도 이미 내가 다 떠들고 다녔기 때문에 그거는 왜 그러냐 하면 이거 내가 옳게 행동하는 것인지를 확답을 받고 싶었어요. 그래서 일부러 더 얘기를 한 거죠. 그 얘기가 듣고 싶어서 나는 창피하고 이런 거 하고 전혀 상관없이 그 부분은 제가 너무 잘한 것 같아요……. 특히 애 있는 케이스 같은 경우 애한테 영향이 가니까 숨기면 애가 숨게 돼요. 거짓말을 하잖아요. 자라면서 거짓말하고 눈치 보고 부산하고 산만하고……. 제 딸도요. 가서 얘기해요. 너무 얘기해요. 잘 키웠단 얘기 많이 들어요. 그거에 대해서 주눅 들거나 그런 게 전혀 없어요. (이혼자 C의 사례)

[만방에 알림]

만방에 알렸죠. 이혼했다! 요즘 잘 사냐고? 아니요. 헤어졌다고 헤어진 걸 헤어졌다고 그러지……. 그런 의식을 안 했죠. 내가 헤어진 거 내 인생을 내가 사는 거지 그 사람이 내 인생을 사는 게 아니잖아요. (이혼자 K의 사례)

[정직을 위한 공개]

6개월 지나면서부터 사람들에게 얘기를 하기 시작했어요. 조금씩 조금씩 얘기하면서 저도 치유가 되는 것 같았고, 아까 말씀드린 것처럼 첫째는 신앙적으로 하나님께서 극복하는 것을 도움을 주셨는데 내가 이거를 숨긴다는 거는 하나님께 정직하지 않은 것 같다. 두 번째는 어차피 소문이 돌 수밖에 없는 위치에 있는 친구들이었기 때문에 내가 먼저 이야기하는 게 낫겠다. 세 번째는 내가 새로 만나는 배우자에 대한 예의가 아니다 생각을 했어요. (이혼자 F의 사례)

[거짓말하지 않기 위해 털어놓음]

저는 2005년부터 털은 거 같아요. 밝아지고 사람들이 물어봤을 때, "돌싱이에요." 할 정도로 훨씬 편안해진 거죠. 거기서 자유로워진 거죠. 2004년에 고의적으로 노력을 막 했죠. 그러니까 사람들 앞에서 나에 대해서 막 얘기를 했죠. 나에 대해서 거짓말하지 않고 밝혀 주는 것! 그때는 어렵게 했는데 2005년도에 털었기 때문에 왜냐하면 누가 물어봤는데 쭈뼛쭈뼛 대답하면 물은 사람이 미안하거든요. 미안하지 말라고 "돌싱이요!" 해 버려요. (이혼자 A의 사례)

[당당하고자 밝힘]

직장 내에서 오픈이나 그런 부분이 있는데요. 저는 그게 제 자신감이죠. 제가 그걸 말하지 못하면 왠지 모르게 찜찜하고 왠지 모르게 날 숨겨야 되는 것. 그렇게 되다 보면 날 숨기다 보면 거짓을 이야기하게 되는 거예요. 그런 부분들이 저는 솔직히 개인적으로 싫었기 때문에 그런 부분에 있어서 저는 당당하고 싶었어요. 그분이 저를 왜곡해서 이혼했으니까 이래저래 솔직히 그 부분은 내 문제가 아니다 그렇게 생각해 보니까 쉽더라고요. 다른 사람들이 나를 어떻게 생각할까 그런 생각이 들 때도 있어요. 하지만 이 부분까지 생각하면 아니다. (이혼자 G의 사례)

[나를 용서하기 위해 공개]

네 제가 제 입으로 이혼했다고 이야기하고 전에는 안 그랬어요. 그리고 뻔뻔해졌어요. 전에는 휴지 이런 걸 몇 개 써야 해요. 슬프고 괴롭고 하도 울면서 이야기하니까 조장도 하면서 하도 얘기하니까 "이젠 이야기하고 싶지 않아요." 할 만큼 했어요. 전에는 못하고 있다가 왜냐하면 나를 용서를 못해요 내가 어떻게 감히 내가 한 일을 얘기하나요? 그런데 우연찮게 했어요. 속이 시원했어요. 나의 신분을 알게 했으니까 더 이상 거짓말 안 해도 되고 자연스럽게……. (이혼자 L의 사례)

최근의 연구들은 이와 같은 건설적인 자기 노출이 심리적으로나 신체적으로 건강해지는 것과 관련이 있는 것으로 보고되고 있다(Calhoun & Tedeschi, 2013/2015, p. 188). 이혼자들이 자신의 이혼 사실을 솔직하게 노출하기까지는 많은 시간이 걸린다. 하지만 그들의 자기 노출은 이혼자라는 정체성을 받아들이는 첫 단계이자, 회복의 출발점이다.

4. 새로운 만남

이혼은 사랑했던 사람과의 만남을 끝내는 이별이자, 사랑했던 사람을 상실한 경험이다. 한 이혼자는 배우자를 만나기 전 이성 교제의 경험이 없어서 결혼생활 중 배우자를 이해하는 데 어려움을 겪었다고 토로했다. 그래서 그녀는 이혼 후 이성을 잘 이해하기 위하여 다양한 만남을 가졌다. 또 다른 이혼자는 이별은 새로운 사랑을 통해서 해결할 수 있다고 자신의 경험론적인 이야기를 들려주었다. 이혼 후 새로운 만남과 사랑은 이성 배우자를 다시 이해하는 계기를 만들어 준다. 새로운 만남을 통해서 자신의 결혼생활을 반추하고 이혼의 아픔을 이겨 나간 것이다. 새로운 사랑이 제공하는 에너지는 이혼의 상처를 달래고 앞으로 나아가게 만드는 힘이 될 수 있다.

이혼자 J는 첫사랑과 결혼을 했다가 이혼한 경험을 떠올리며, 새로운 만남을 통해서 자신이 몰랐던 남성에 대한 이해와 좋은 남성을 찾을 수 있는 지혜를 얻고자 노력했다.

[새로운 만남을 통한 이해]

단순하게 교제, 내가 좋은 남자 한번 만나 보겠다. 왜 다른 사람들의 배우자는 다 좋은데, 나는 나쁜 남자만 걸릴까? 이 트라우마를 깨고 싶은가 봐요. 나도 한번 좋은 남자를 만나야지……. 내가 부족한 게 뭔지를 알아야겠다는 생각이 컸어요. 내가 어떤 것이 부족한지 그전에는 제가 '그냥 나는 이런 거야. 너 받아들여!' 이런 식으로 했다면 지금은 저도 날 모르고 어떤 남자가 나랑 어울리는지도 모르고 그리고 내가 남자를 만나면 어떻게 해야 하는지도 모르고, 애 아빠 같은 경우는 진짜로 학교에서 만나서 좋다고 해서 결혼을 한 케이스인데 저는 이성을 적극적으로 만나 본 적이 없기 때문에 그런 것들에 대해서 알고 싶었던 것 같아요. 제가 모르고 살면 억울할 것 같아요. (이혼자 J의 사례)

이혼자 K는 사랑의 상처는 새로운 사랑으로 극복할 수 있다고 자신의 경험적 지혜를 말한다.

[새 사랑으로 옛사랑을 잊다]

그래 저는 딱 하나 조언해 주고 싶네요. 사람은 사람으로 잊어라! 빨리 만나라! 좋은 사람 만나라. 빨리 좋은 사람 만나라! 결혼을 전제로 하든 안 하든 이성과의 교제를 하고 좋은 사람 만나라! (이혼자 K의 사례)

이혼자 B는 새로운 사랑과 연애 경험을 통해서 몸과 마음이 건강하고 새로운 열정을 얻게 되었다고 다음과 같이 회상한다.

[이성을 만난 후 건강해짐]

그때 여자를 하나 만났어요. 그리고 1월달에 여자를 만나고 90일쯤 됐는데, 몸이 살아나더라고요. 연애를 할 때 뛰던 심장이 뛰는 거죠. 그렇게도 되더라고요……. 전체가 다 좋아지던데요. 연애를 하니까 (아까 그 아팠던 것은 병원에 가서 진단을 받았던 건가요?) 네, 받았죠. 지금은 다르죠. (체크를 해 본 건가요?) 아니요. 확실히 다르죠. 연애를 하면서 저는 몸이 확 달라지죠. 지금은 너무 피곤해서 그런 거고요. 연애를 하면서 몸이 굉장히 파워풀해지더라고요. 힘이 넘치고 추위도 안 타고. (이혼자 B의 사례)

Growth following divorce

이혼 후 성장

제3부

이혼 후 성장

제8장 • Growth following divorce

회복과 성장을 위한 개인적 자원

이혼 후 이혼자들은 성공적인 적응을 위해서 여러 가지 노력을 기울인다. 그리고 그 적응의 과정에서 성공적인 회복과 성장을 위한 자원을 발견한다. 이번 장에서는 이혼자들이 적응과정 속에서 회복과 성장에 큰 도움을 얻을 수 있는 실질적 자원들을 제시하고자 한다. 이 자원들은 외부의 도움 없이도 스스로의 노력에 의해서 얼마든지 시도해 볼 수 있다. 이 책을 읽는 독자들도 여기에 제시된 방법들을 따라 실천해 본다면 얼마든지 이혼의 상처를 딛고 건강하게 회복하며 성장하게 될 것이다. 이 책에서는 이혼 후 회복과 성장을 위해서 활용할 수 있는 두 가지 자원을 소개한다. 먼저, 이번 장에서는 스스로의 노력에 의해서 획득할 수 있는 개인적 자원들을 소개할 것이다.

첫 번째 개인적 자원들은 이혼 후 적응의 과정에서 상담받기, 자기 돌봄을 위한 세미나 프로그램에 참여하기, 그리고 대학원에 진학하여 심리학이나 상담학을 직접 공부하면서 도움을 얻는 것이다. 상담을 받거나 배움의 자리에 참여하는 것은 상처받은 내 감정을 돌보고, 자신의 삶에 대한 이해를 얻기 위함이다.

두 번째 자원은 개인의 긍정적 성격 및 태도이다. 이혼 후 성공적인 적응과 회복 및 성장을 보인 이혼자들의 공통적인 특징은 모두가 긍정적 성격의 소유자라는 것이다. 만일 자신이 부정적인 성격과 태도를 가지고 있다면 지금 당장 생각을 변화시킬 필요가 있다. 긍정적인 생각과 태도는 이혼 후 새로운 삶으로 나아갈 수 있는 힘을 제공한다. 방법을 모른다면 이 책을 통해서 습득하기를 바란다.

세 번째 자원은 용서이다. 긍정심리학적 관점에서 용서의 중요성을 기술할 것이다. 용서는 유대 기독교 전통에서 중요한 원리로 소개되고 있다. 용서는 상대방의 회개나 뉘우침을 전제로 하지 않는다. 전적으로 나의 결단과 선택이다. 용서를 선택함으로써 내 삶의 주도권을 다시 얻으며, 부정적인 감정을 밀어내고, 긍정적인 정서를 증가시켜 안녕을 얻게 된다. 용서에 대한 이론과 원리를 터득하여 실천해 본다면 새로운 삶을 경험하게 될 것이다.

1. 상담 및 학습

상담 및 상담과 관련된 프로그램 참여는 이혼자들의 적응과 회복에 아주 중요한 자원이다. 예전에는 전문적인 상담을 받기가 쉽지 않았다. 하지만 요즘은 쉽게 상담 전문가를 만나 상담을 받을 수 있다. 이혼을 하는 과정에서도 법원에서는 가사상담 제도와 조정 제도를 통해서 상담 서비스를 제공한다. 그래서 이혼자들은 스스로 혹은 주변의 권유로 상담을 받으면서 힘들었던 결혼생활과 이혼에 대한 위로, 상처의 치유, 새로운 삶을 위한 계획을 세울 수 있다. 상담과 더불어 요즘은 사회단체나 종교기관에서 상처를 치유하고 회복을 위한 프로그램을 많이 실시한다. 이혼자들 중에는 상담을 받는 것처럼 이런 회복과 성장 프로그램에 참가하여 도움을 받기도 한다.

요즘 한국 사회에 나타난 새로운 풍조는 상담을 받는 대신, 직접 상담학이나 심리학과 관련된 대학원에 진학하여 스스로의 힘으로 삶을 치유할 뿐만 아니라, 상처 입은 치유자로서 새로운 길을 걷는 사례들이 많다. 왜냐하면 잘 훈련되지 못한 상담가를 만나 오히려 더 큰 상처를 경험하는 것보다 안전할 수 있기 때문이다. 그러다 보니 직접 상담을 받기보다, 상담대학원에 진학하여 공부하면서 자신의 삶을 성찰하고, 돌보는 방법을 선택한다. 또한 심리와 상담학을 공부하면서 자신을 아프게 했던 배우자나 부모를 이해하고 용서할 수 있게 된다. 상담 및 심리학을 직접 공부하여 일종의 자기 돌봄을 행하는 것의 장점은 신뢰할 수 없는 혹은 비전문적 상담가로 인해 겪는 어려움을 피할 수 있다. 그리고 직접 공부하면서 자신의 삶과 내면을 객관화시켜 보고 자신에게 맞는 치료법을 적용할 수 있게 된다.

상담 및 돌봄 프로그램 참여, 대학원 학습을 통한 상담 지식의 습득은 기본적으로 다음의 몇 가지를 제공한다. 첫째, 상처 입은 내면의 감정을 돌보게 해 준다. 이혼의 과정 및 이후 적응 과정에서 배우자 및 가족들로부터 상처를 크게 입을 수 있다. 그래서 감정을 돌보고 치유하는 것은 매우 중요하다. 이혼자들이 처음에는 가까운 주변 사람이나 가족들에게 자신의 고통을 호소한다. 그러나 가족들이나 주변사람들은 전문가가 아니기 때문에 그들의 호소를 온전하게 들어주고 해결해 주기 어렵다. 반복된 하소연과 아픔의 토로는 주변 사람들과의 관계를 불편하게 만들기도 한다. 한 이혼자는 매번 자신의 누나에게 전화를 걸어 속상함을 털어놓았는데, 언제부턴가 전화를 받지 않는다고 했다. 대부분의 이혼자나 혹은 마음의 상처를 입은 사람들이 주변에 도움을 요청했다가 거절당하는 경우가 종종 있다. 내가 감당하기 힘든 상처와 고통은 내 가족과 이웃도 감당하기 힘들다는 점을 알아야 한다. 그래서 전문가에게 가서 내 마음속 깊은 상처와 고통의 감정을 꺼내 놓아야 안전하다. 그렇게 할 때 내 삶을 지지받을 수 있다. 그런 점에서 나를 지지해 줄 수 있는 상담가를 만나는 것이 매우 중요하다. 상담 전문가, 정신과 의사, 사회복지사, 목회상담가 등 전문가를 통해 상처 입은 감정을 돌볼 수 있어야 한다.

둘째, 상담 및 돌봄 프로그램 참가, 대학원 학습은 배우자와의 관계에서 있었던 여러 가지 사건을 객관적으로 성찰하고 바라볼 수 있게 해 준다. 부부간의 갈등의 이유는 다양하다. 나와 상대방의 인격 혹은 성격 문제일 수도 있고, 의사소통 방식이나 경제적 문제일 수도 있다. 내 원가족으로부터 비롯된 문제의 반복일 수도 있다. 혹은 내가 속해 있는 직장이나 사회 환경으로부터 야기된 스트레스가 주요 원인일 수도 있다. 상담 혹은 상담 이론, 돌봄 프로그램 참가를 통한 배움은 내가 가진 왜곡된 인식을 교정해 주는 도구가 될 수 있다. 그래서 상담을 통해서 진정한 나를 만날 수 있다. 그리고 회복 프로그램에 참여하면서 집단원들과의 대화를 통해 배우자에게서 찾았던 문제점이 내게 있을 수 있다는 것을 깨닫기도 한다. 상담학 이론의 습득은 지적 욕구가 큰 사람들에게 매우 효과적으로 자신을 성찰할 수 있는 기회를 제공한다. 상담적 접근의 유익함은 이혼의 원인과 결과를 살펴볼 수 있다는 점이다. 왜 내가 이런 배우자를 만났는지 이해하게 되고, 왜 우리는 이혼할 수밖에 없었는지를 깨닫게 된다. 원인과 이유를 알게 될 때 회복의 방향성도 보인다. 그리고 앞으로 어떻게 대처하고 계획을 세워야 할지 알 수 있게 된다.

셋째, 상담 및 돌봄 프로그램, 대학원 학습을 통한 심리학 지식의 습득은 이혼 후 적응과 회복의 문제에 어떻게 대처해야 할지에 대한 실제적인 방법을 제공한다. 상담을 받기 전까지는 이혼의 과정에 대한 정확한 이해 및 객관적 성찰이 부족할 수 있다. 그러나 상담을 받거나, 상담학 공부를 하고 난 다음에는 정확한 원인에 대한 진단이 나온다. 그래서 거기에 맞게 대처 방안을 마련하고 실천할 수 있게 된다. 많은 사람은 상담이나 전문 회복 프로그램, 대학원 학습을 통해서 상대방의 문제를 지적하기보다, 내 안의 문제점을 볼 수 있게 된다. 물론 상대방의 문제점도 있다. 하지만 그렇게 반응했던 내 문제도 있는 것이다. 그래서 나의 문제를 깨닫고 그것을 바로잡거나 회복시키기 위해서 노력할 수 있다. 생각이 바뀌면 감정과 행동이 바뀔 수 있다. 어떤 이혼자는 '아버지 학교'와 같은 세미나 프로그램에 참가했다. 그곳에서 아버지를 이해하고 용서함으로써 자신의 아픔이 왜 대물림 되었는지를 이해하게 되었다. 또한 아버지와의 왜곡된 관계가 결혼생활에 어떻게 영향을 미쳤는지도 깨닫게 되었다. 그 결과 떠나보낸 배우자를 용서하게 되고 자신의 딸과 화해하게 된다. 그는 딸에게 찾아가 무릎을 꿇고 자신의 잘못에 대한 용서를 구했다고 한다. 당연히 그 딸은 아버지를 용서하고 그 부녀는 새로운 관계로 회복될 수 있었다.

[상담을 통한 지지]

저는 뭐가 제일 좋았냐 하면 버텨 주신 거예요. 그분이 저는 가서 별별 말을 다 쏟아 붓는데 그때마다 지시, 조언이 아니라 얘기를 충분히 들어 줬고, 어떻게 생각하냐고 돌려서 반응해 주고, 저는 미치겠는데 매주 가다 보니까 그게 정말 저한테도 버티는 시간이 된 거예요. 말 다하고 들어 주시고, 정리해 주시고, 그러면 제가 다시 한번 생각해 보고. (이혼자 F의 사례)

[상담을 통한 가족관계 회복]

제가 지금은 아내를 만나면서 교제하면서 훈련을 하면서 ○○○ 목사님하고 일대일로 일 년 넘게 상담을 했거든요. 상담을 하면서 제가 누구인지, 저의 집안의 가계도를 그려 가면서 상담을 하며 아버지와의 관계도 회복되고 딸과의 관계도 회복되고 그러면서 아내와의 친밀함이 깊어지더라고요. (이혼자 I의 사례)

[상담을 통해서 나를 알게 됨]

저는 필요한 것 같아요. 왜냐하면 제가 이혼을 하면서 이혼을 할 때는 상담이 없었는데 이혼을 하고 나서 그 아이들 접견문제 때문에 다시 재판을 했어요. 이혼 끝나고 난 다음에 그때는 상담을 했어요. 상담을 5번 가정법원에서 전문 상담가 통해서 하는데, 저는 이게 한번 정리를 하는 게 고통스럽긴 하지만 필요하다고 생각해요. 한 번씩 정리를 하고 그때 처음으로 제가 느꼈던 게 아이 아빠랑 어떻게 만났어요? 왜 좋아하게 됐어요? 그게 그런 질문들을 통해서 '아, 내가 이 사람을 이래서 선택하게 됐구나! 내가 이 사람이 왜 좋았구나! 내가 문제가 뭐였구나!'를 알게 되는 계기가 된 것 같아요. (이혼자 J의 사례)

[상담을 통한 이해와 적응]

'내가 그때 왜 그렇게 했을까?' 하는 내 감정적인 문제를 다뤄 주잖아요. 내가 그럴 수밖에 없었고 그렇게 했었구나. 원인을 분석하게 된 것 같아요. 그러니까 다스려지고, 이해가 가니까 적응해 보고, 배운 만큼 적응해 보고, 네. 그래서 많이 도움이 되고 우리 딸 때문에 상담을 같이 받았죠. 오래 받았죠. 걔 하면서 나도 같이. 몇 달 받아 봤어요……. 많이 도움이 됐죠. 원인은 어디서였으며 내가 이런 상황에는 어떻게 화를 다스리고 어떻게 할 건가를 굉장히 많이 배웠죠. (이혼자 L의 사례)

상담학 공부를 한 것이 이혼에 대한 이해와 회복에 큰 도움이 되었다고 적극적으로 추천한 사례도 있다.

[상담학 공부를 통한 회복]

저는 적극적으로 많이 추천을 해요. 제가 상담을 배우면서 솔직히 학문적인 배움보다는 저를 회복하는 경험이었거든요. 체계적으로 배울 수 있었고, 회복의 과정에 관심을 두고 바라볼 수 있었고, 수퍼비전을 하면서는 직접 상담을 제가 하잖아요. 그러면서 많은 것을 경험해서 지금 모임 같은 곳에 가면 그런 걸 회복의 과정으로 단시간에 보지 말고 길게 보라고 많이 권하는 편이에요. (이혼자 G의 사례)

[상담학 공부를 통한 힐링]

더 열심히 공부했고요. 저는 공부해서 정말 힐링된 게 정말 많아요. 여기가 제 새로운 삶의 시작 터가 된 건데 수업을 들으면서 정말 힐링이 많이 되는 것 같아요. 얘기들 들으면서 적용도 되고 되게 많이 알고, 가끔 가끔 교수님들한테 오픈도 하고, 조언도 받고, 그러다 보니까 그런 일 있을 때, 공부도 열심히 했고, 또 하나는 정말 성격을 고치려고 정말 많이 노력을 했어요! (이혼자 F의 사례)

[상담학 공부를 통한 변화]

저는 다른 사람과 다른 게 뭐냐면 배우는 거 그거 하면서 완전히 바뀌었거든요. 그전에 내가 인터뷰를 했으면 우울하다 했을 수도 있어요. 내가 어떻게 살아야 될지 모르겠다. 이런 얘기했을지 몰라요. 근데 나는 지금은 그거 하고 나서, 되게 많이 알았거든요……. 상담학 기초가 ○○○ 교수님이 해 주셨는데, 그분이 인간중심 상담 그거였고, 용서와 치유였는데 그거 들으면서 그애를 이해한 거죠. 제 남편도 사랑을 못 받은 거죠. 그거를 그때 안 거예요. 제가. 아, 되게 불쌍한 애였구나. 그리고 우리 엄마에 대해서도 다른 거는 없었는데 이혼해서 후련하긴 했지만 엄마가 내가 그때 안 한다고 했을 때, "그럼 하지 말아라." 이랬어야 하는데……. 엄마에 대한 원망이 되게 심했었거든요. 네, 근데 이제 그 수업 들으면서 없어진 거죠. (이혼자 C의 사례)

[상담공부를 통한 자기 이해]

공부를 하다 보니까 나를 보게 된 거예요. 혼자서 하기 힘드니까 그런 걸 도움받기 위해서 상담을 그런, 그냥 제 상담을 했어요. (이혼자 E의 사례)

이혼자 I는 이혼 이후 '아버지 학교'를 통해서 자신의 아버지를 이해하게 되고 그 결과 아버지와 딸과의 관계를 회복할 수 있었다고 고백한다.

[프로그램 참가를 통한 이해]

아버지 학교도 저에 대해서 많이 알게 됐어요. 왜 그러냐 하면 제가 갖고 있는 영향력이 아버지로부터, 또 그 아버지로부터 내려왔다는 거, 저희 아버님이 7세 때 할아버지가 돌아가셨대요, 그래서 저희 아버지도 할아버지로부터 배운 게 없잖아요. 자기 마음대로 저희들을 키웠기 때문에, 오류들이 많았고, 만약에 우리 아버님이 지금처럼 저처럼 살아 계시다면 사랑하는 걸 많이 배웠겠죠. 그렇게 되면 사랑을 또 그대로 우리한테 전했겠죠. 그런 것에 대해서 많이 느꼈죠……. 아버지 삶 자체가 이해가 되니까요. 그럴 수밖에 없었다는 그 상황이 이해가 되죠. (이혼자 I의 사례)

좋은 상담가를 만나 상처 입은 감정을 돌보고, 생각 및 행동의 변화를 경험하는 것은 매우 중요하다. 그러나 이혼의 상처를 치유하지 않고 그냥 내버려

두는 경우가 있다. 그렇게 되면 관계의 실패가 반복될 가능성이 크다. 비록 이혼이 불행한 사건이지만, 이 기회를 잘 활용하면 위기가 기회가 될 수 있다. 따라서 상담 혹은 돌봄 프로그램, 대학원 학습을 통해서 나 자신의 상한 감정을 돌보고, 나를 객관화시켜 성찰하는 것은 적응과 회복에 중요한 자원이 된다. 이혼을 겪은 모든 이가 꼭 전문적인 상담이나 돌봄 프로그램, 대학원 학습을 통해서 도움을 얻길 바란다.

2. 긍정적 성격 및 태도

이혼 후 적응을 돕는 요인으로 개인의 긍정적인 삶의 태도와 성격이 중요하게 작용한다. 이혼 후 잘 적응하고 있는 사람들과 대화를 나누었을 때 그들의 성격적 특성은 다음과 같았다. 이들은 수용적이고, 밝으며, 화를 잘 내지 않고, 낙관적, 긍정적, 적극적 삶에 대한 자세를 가지고 있다. 타고난 그들의 긍정적 성격은 이혼 사건을 자기 삶의 한 부분으로 잘 수용하고, 긍정적이고 적극적인 자세를 가지고 자신의 삶을 새롭게 개척해 나간다. 이혼 이후 부정적인 성격과 태도를 가진 이혼자들은 이혼 사건을 자기 삶 전체의 패배로 간주하는 경향이 있다. 이런 태도는 이혼 이후 현실 생활의 적응을 어렵게 만든다. 하지만 긍정적 성격과 태도를 지닌 이혼자들은 이혼 후에도 여전히 자신의 일과 꿈에 대한 비전을 놓지 않고 당당하게 살아간다. 타고난 성격이 긍정적이거나 적극적이지 않을지라도, 이혼을 계기로 자신의 성격을 낙관적으로 변화시키고, 삶에 대한 자세를 긍정적으로 바꿀 때 이혼의 적응에 도움이 될 수 있다.

이혼자 B의 경우는 이혼을 경험하고 나서 상대방을 탓하기보다 자신의 부족함을 돌아보았다. 여기서 자신의 부족함을 성찰한 것은 낮은 자존감으로의 회귀를 말하는 것이 아니라, 적극적인 차원에서 자신의 부족한 모습을 찾아내어 보완하기 위한 시도이다. 그래서 이들은 자신의 약점을 돌아보면서 삶에 대한 적응력이 약화되는 것이 아니라, 새로운 출발과 적응을 위한 원동력으로 삼았다.

> [수용적 성격]
> 저는 그런 거 전혀 없었어요. 탓하는 걸 좋아하지 않고요. 뒤돌아 생각하지는 않는 것 같아요. 이혼 때문에 내 인생이 이래저래 생각은 안 해 봤고요. 항상 나 때문에 된 거라고 생각했어요. (이혼자 B의 사례)

또한 이혼자 B는 자신의 일과 꿈을 추구하면서 이혼의 아픔을 견디어 낼 수 있었다.

> [비전의 삶]
> 사랑은 배신을 해도, 자기가 열심히 하고 있던 일은 배신을 안 하는 것 같아요. 그래서 하던 일을 열심히 하면서 제가 제 꿈을 키워 왔고 열정을 키워 왔기 때문에 꿈과 열정이, 음악이 저를 잘 지탱해서 잡아 줬던 것 같고, 부모님도 건강하게 잘 계셔 주고, 그랬던 것 같아요. (이혼자 B의 사례)

이혼자 A와 K는 천성적으로 타고난 밝은 성품의 에너지와, 분노가 오랫동안 지속되지 않는 성품으로 인해서 이혼의 사건을 잘 이겨 나갈 수 있었다.

> [밝은 성격]
> 저 별명이 초긍정 ○○○ 에너자이저예요. 저는 감사한 게 사람들이 저를 보면 제 에너지가 느껴지고, 에너지를 받는대요. 같이 기분이 좋아진다 하더라고요. 하나님께서 주신 선물인 기쁨의 영 같은 것이 있는 게, 저는 어떤 상황에서도 항상 에너지가 뿜어져 나오고 밝아요. 사람들이 좋아해요. (이혼자 A의 사례)

[화가 잘 가라앉는 성품]

하나님이 되게 좋은 성품을 주신 게 화가 나면 5분을 안 넘어가요. 그런데 누구에게 섭섭하고 열 받는다 그래도 이게 5분을 인 넘어가요. 나는 이게 원래 다 그런 줄 알았어요. 제가 어렸을 때 우리 집에서 "K가 화나면 5분만 참으면 된다!" 그랬거든요. 근데 그게 어른이 됐어도 똑같아요. 아무리 어렵고 힘든 일이 있어도 금방 속에서 없어져요. (이혼자 K의 사례)

이혼자 K는 낙관적 성격으로 새로운 사랑을 스스로의 힘으로 언제든 이룰 수 있다는 자신감을 나타내 보였다.

[낙관적 성격]

저는 왜 안 힘들었냐? 지금도 저는 머릿속에 세상의 반은 여자인데 나를 싫다고 하는데 솔직히 거기에 목맬 필요가 없지……. 그리고 언제든지 내가 다시 사랑하기 원하면 세상에 미국 사람, 중국 사람, 프랑스 사람, 일본 사람 많잖아요! 저는 그런 생각을 했거든요. (이혼자 K의 사례)

이혼자 F는 이혼의 결과로 자존감이 바닥에 떨어졌을 때, 낙관적인 성격을 발동하여 사람들과 적극적으로 어울리고자 하는 노력을 기울임으로써 탈출할 수 있었다.

[적극적 노력]

제가 정말 낙관적인 사람이에요. 그게 많이 도움이 된 것 같아요. 그것도 필요한 것 같아요. 제가 이혼하고 혼자 영화를 보러 가는데, 한번은 무슨 영화인지 기억이 안 나는데, 다 커플인 거예요. 만석인 거예요. 저 혼자 당당하게 가운데서 팝콘 먹으면서 영화를 봤어요……. 좀 두렵고 사람들 만나는 게 힘들어서 그걸 가지고 그 주제로 세 달을 상담을 했던 것 같아요. 사람들 있는 데 가는 게, 제가 자존감이 완전 바닥이었으니까 그게 너무 힘들었어요. 제가 계속 했던 질문이, 제가 어느 날 처음 입학하고 숙제를

해야 하잖아요. 진짜 마음먹고 커피숍을 갔어요. 그 뒤로 가기 시작했어요. (이혼자 F의 사례)

이혼자 E와 H는 미래 지향적이고 긍정적인 태도를 통해서 과거의 아픈 상처를 털고 앞으로 나아갈 수 있었다.

[긍정적 성격]

기대를 했고요. 상담을 해 봤으니까 대략 그런 게 생각이 되잖아요. 인터뷰한다고 하니까 그래서 재미있을 것 같다 생각을 했어요. 지금은 하고 보니까 나를 돌아보게 된 거죠. 나는 이기적이라기보다는 그 긍정적인 거죠. 이 시간도 나에게 좋은 시간이 되는구나! 한번 생각해 보고, 이런 경험을 해 보는구나 하하하. (이혼자 E의 사례)

[긍정적 성격]

솔직히 전 그게 그리 오래가지 않았어요. 감사하게도 전 한 몇 달 정도, 그리고 왜냐하면 제 스스로 성격이 극복하려는 성격이 있어요. 그리고 조금 나쁘게 이야기하면 잊어버리려고 하고 덮으려고 하고 괜찮아 이렇게 나는 괜찮아……. 미래 지향적이고 긍정적이고. (이혼자 H의 사례)

3. 용서

스바라와 에머리(Sbarra & Emery, 2008), 그리고 야르노즈-야벤(Yárnoz-Yaben, 2009)의 연구에 의하면 이혼으로 인한 배우자 사이의 갈등은 협력적 어려움을 수반하여 용서를 불가능하게 하고 그것으로 인하여 배우자 사이의 협력을 방해한다.

부모 사이의 협력이 불가능해지고 서로 비난함으로써 발생되는 부정적인 결과에 대한 케년과 코너(Kenyon & Koerner, 2008)의 연구에 따르면 엄마와 사춘기 청소년 간의 아버지에 대한 부정적 대화(부정적인 정보 혹은 감정의 대화, 불평 혹은 비판)는 아버지와 사춘기 청소년 사이의 관계에 부정적인 영향을 끼친다.

쿠퍼 등(Cooper, McLanahan, Meadows, & Brooks-Gunn, 2009)의 연구에 따르면 이혼한 가정에서 친부모로부터의 지지가 자녀를 양육하는 데 긍정적인 영향을 주지만, 전 배우자에 대한 분노는 정작 도움이 필요할 때 전 배우자에게 도움을 요청할 의지의 가능성을 배제하여 이혼 후 자녀를 양육하는 데 중요한 지지의 자원을 제거하게 된다(Yárnoz-Yaben, 2010). 앞서 5장에서 언급했듯이 한 부모가 자녀와 합세하여 배우자를 심각하게 비난하고 따돌리는 '부모 따돌림 증후군'은 자녀를 양육하기 위한 부모의 협력을 어렵게 만들고, 따돌림 당하는 한 부모에게 큰 상처를 남긴다.

디가모 등(DeGarmo, Patras, & Eap, 2008)의 연구 결과에 따르면 이혼한 아버지들이 그들의 자녀들과 관련된 일에 전 배우자의 도움을 요청하기보다는 다른 지지 자원에 의존한다. 이혼 후 자녀를 양육하는 데 있어서 부부간의 화해나 협력이 중요하지만 그렇지 못한 경우가 많다. 화해와 협력을 위해서 부부는 서로 용서할 필요가 있다. 용서는 선택의 문제이며, 용서를 돕기 위한 다양한 요인들이 있다. 그중에서도 종교와 신앙은 용서를 하는 데 중요하게 작용한다.

대략 2000년대의 10년 동안은 긍정심리학의 작용으로 용서가 심리학의 주요한 주제가 되기 시작했다(Snyder & Lopez, 2009). 용서에 대한 폭넓은 모델과 정의가 있지만, 용서에 대한 묘사에 있어서 일종의 의견 일치가 있었는데 그것은 가해에 대한 인지적, 정서적, 행동주의적 반응이다(Strelan & Covic, 2006). 다시 말하면 용서란 부당한 상처를 입었을 때 가해자를 향하여 분노하는 것이 아니라, 오히려 그에 대한 사랑과 연민, 자애를 베풂으로써 그 사람에 대한 원한과 분노를 극복하기 위해 노력하는 것이다. 가해자 역시도 그들의 행위와 관련 없이 본래적으로 가치 있는 존재이기 때문이다. 따라서 용서의 과정은 분노와 적의의 감정으로부터 사랑과 연민, 자애로 이동하는 것으로 표현된다(Lopez, 2008/2011에서 재인용).

대인관계에서 용서의 핵심적인 원리는 우리에게 깊은 상처를 준 누군가에게 자비를 베푸는 개인의 자유로운 선택적 행위이다. 그러므로 용서는 가해자의 사과나 회개에 의존하지 않는 피해자의 적극적인 행동이며 스스로에게 힘을 부여하는 선택적 행위를 말한다. 가해자의 후회나 죄의 고백을 기대하면서 마음의 주도권을 가해자에게 넘겨주는 것이 아니라 용서를 선택함으로써 피해자가 주도권을 행사하는 것이다. 또한 용서는 화해와 같지 않으며 부정적인 생각과 감정 행위를 중단하는 것이며, 망각이나 변명과 같지 않고, 상대방의 깊은 악행이나 상처로부터 용서가 시작된다.

용서의 힘에 관한 용서 교육의 경험적 연구에 따르면 용서 교육 프로그램에 참가한 아동들이 그렇지 않은 아동들보다 우울과 분노에서 유의미한 통계적 감소를 나타내었다(Lopez, 2008/2011에서 재인용). 용서 교육의 결과 우울과 분노와 같은 부정적 정서들이 감소하는 것은 치료적 이점이 명백하다는 점을 보여 준다. 따라서 이혼 후 배우자나 가족들을 향한 용서 행위는 회복을 위한 중요한 자원이 될 수 있다.

용서는 심리적 행복에 명백한 효과를 가지고 있으며, 역경으로부터 회복력을 가지게 한다(McNulty & Fincham, 2012). 긍정심리학은 인간의 삶을 가치 있게 만드는 연구를 말하는데, 최근의 긍정심리학 연구는 용서 연구에 중요한 토대를 제공하고 있다.

용서 연구와 관련된 긍정심리학의 네 가지 이론을 소개하면 다음과 같다(Lopez, 2008/2011에서 재인용). 첫째, 프레드릭슨(Fredrickson, 2004)의 긍정 정서의 확장 및 구축이론이다. 프레드릭슨에 의하면 사람들이 부정적인 정서에 직면할 때, 긍정적인 정서의 경험을 개발하여 사용하면 부정적인 정서를 줄여서 그들의 심리적 안정과 신체적 건강이 증진된다. 긍정적인 정서를 잘 계발하면 유연성을 안겨 주고 개인에게 건강을 가져다준다. 그런 점에서 용서의 과정에 적용해 본다면 가해자를 향한 새로운 관점을 적용하여 부정적인 정서를 긍정적인 정서인 연민과 친절, 자비로 전환시킬 때 개인의 안녕감을 증진시킬 수 있게 된다. 이후 소개되는 사례들은 비록 이혼을 했음에도 불구하고 배우자를 향해 기도하며 축복을 빌어 주는 긍정적 태도가 미움과 분노와 같은 부정 감정을 축소시키는 데 도움이 됨을 보여 준다.

둘째, 정서지능 이론이다. 용서의 과정에서 긍정정서를 확장시키기 위해서는 자신과 타인의 정서를 인식하고 관리할 수 있어야 한다. 이것은 훈련을 통해 향상시킬 수 있는 기술이다. 이혼 후 처음에는 복합적인 부정정서의 혼란 속에 빠질 수 있다. 자신의 현재 감정을 정확하게 느끼고 인식하는 것이 어려울 수도 있다. 그럴 때 자신의 감정을 믿을 만한 사람에게 호소하여 자신의 감정을 정확하게 인식하고 관리하는 것이 필요하다. 그러한 과정을 통해서 자신의 부정적 감정을 인식하고, 긍정적 정서로 대체할 수 있게 된다.

셋째, 개입과 예방의 교차이다. 기존의 심리학적 접근은 사람들의 부정적 특질을 제거하는 데 관심이 있었다. 그러나 용서는 상처 입은 자들에게 개입하여 부정적인 특성을 완화하고 원 상태로 되돌리는 과정이다. 용서의 개입이 반복되면 예방적인 속성을 띠게 되어 개인의 안녕감을 증진시킨다. 이혼 혹은 외상을 경험한 사람들이 적응하기 위하여 가해자를 용서하는 훈련을 반복하게 될 때, 긍정적인 반응이 일어나 그 이후의 부정적 삶의 결과들에 대해서 잘 대처할 수 있는 자원을 갖게 해 준다.

넷째, 마틴 셀리그먼(Martin Seligman)은 행복의 세 가지 구성요소를 즐거운 삶, 적극적인 삶, 의미 있는 삶으로 말한다. 이 중에서 의미 있는 삶은 용서와 가장 관련성이 깊다. 의미 있는 삶이란 더 큰 존재와의 애착 속에서 개인의 삶에 대한 의미를 발견하는 것이다. 개인이 겪은 고통 속에서 의미를 발견함으로써 새로운 삶의 목적을 발견하게 된다. 이혼자들 중에는 자신의 이혼 경험을 통해서 다른 이혼자들의 아픔과 고통을 돌보는 일을 사명으로 여기게 된 사람들이 있다. 자신이 겪은 아픈 상처를 통해서 자신과 같은 사람을 돌보는 일에 헌신하게 된 것이다.

이혼과 관련하여 증가하는 용서에 대한 연구들은 이혼 후 정신건강(Rye, Folck, Heim, Olszewski, & Traina, 2004)과 같은 역동들의 다양한 측면과 용서 사이에서의 관계에 초점을 맞추고 있으며, 애착유형(Yárnoz-Yaben, 2009) 또는 공동육아의 관계의 질(Bonach & Sales, 2002)과 같은 이전 배우자를 용서할 수 있도록 하거나 용서를 촉진시킬 수 있는 다양한 요인에 대한 연구도 계속적으로 수행되고 있다.

야르노즈-야벤(Yárnoz-Yaben, 2015)은 지금까지의 연구 결과들을 확장하여 용서, 이혼 후 적응 그리고 이전 배우자로부터 받는 지원 사이에서의 관계성을 분석하였다. 그는 이혼한 스페인 부모 223명에 대한 연구조사를 통하여 다음의 결과를 얻었다. 개인적 요인과 이혼 후 흐른 시간, 자녀 수, 수입, 교육과 같은 환경적 요인들은 용서와 상호 관련이 있음을 발견하였다. 계층적 회귀 분석에 의하면, 이혼 적응은 이혼 후 시간과 교육과 함께 용서에 대한 주요한 예측 요인 이었다. 그의 연구 자료는 몇 가지를 시사한다. ① 더 잘 적응하고 더 잘 교육받은 부모들은 적응의 어려움을 갖는 부모들보다 더 잘 용서하고 있었다. ② 용서를 베푸는 부모들은 이전 배우자로부터의 협력과 지원을 더 감사히 여길 수 있었다. 또한 이전 배우자로부터 더 지원을 받는 부모들은 기꺼이 그들을 더 용서했다. ③ 이혼에 대한 적응은 용서와 이혼 배우자로부터 받는 지지 양쪽 모두가 주요한 요인으로 관련된다. 이 연구는 이혼한 사람들로 하여금 이혼 후 가족에서의 긍정적 역동과 적절한 공동육아를 촉진시킬 수 있는 개입을 위한 계획을 수립하는 데 기여할 수 있다.

여러 연구에서 살펴보았듯이 이혼 후 배우자와 관련된 용서는 가족의 행복과 삶의 회복에 큰 영향을 끼친다. 이혼자들은 대체로 시간이 흘러 상대 배우자들의 잘못에 대한 이해 와 수용을 통하여 상대방뿐만 아니라 자신의 잘못도 인정한다. 이전 배우자에 대한 이해는 그들을 불쌍히 여기게 되고, 그들의 삶을 위해 기도하는 용서의 결과를 가져온다. 이런 행동들은 이혼자들 및 자녀들의 삶에 평안과 자유를 가져다준다. 용서를 하기 위하여 종교적 자원을 활용하는 것도 유익하다. 용서와 종교적 안녕은 서로 관계가 있으며, 종교적 구성원이 되거나 종교적 제의에 참석하는 것은 용서를 촉진시키고 상처받은 배우자와 가해자 양쪽의 치유와 회복을 가져온다(Rye et al., 2004; Ortman, 2005).

이혼자 I와 H는 배움과 지지 집단 모임 등을 통해서 이전 배우자에 대해서 생각해 보게 되었고, 역지사지(易地思之)로 이전 배우자뿐만 아니라 자신에게도 잘못이 있음을 이해하고 인정하게 되었다.

[전 배우자 이해]

이혼에 대해서 옛날 집사람에 대해서도 정리가 되고 그 사람이 왜 바람을 피웠었는가? 그거에 대해서 지금 제 생각이 그 사람이 완전하게 잘못했다고 하지만, 나에게도 잘못이 있구나 하는 걸……. 그때 왜 그랬냐 하면, 제가 힘든 날이 있으면 집에 안 들어가고 기숙사에서 자고 그랬거든요. 일주일이면 일주일 이렇게, 그러니까 제가 그 상황을 만들어 준 것밖에 안 되는 거예요. 그게 떠오르더라고요. 그러면서 나도 같은 퍼센티지는 아니겠지만 나도 하나의 죄인이구나. (이혼자 I의 사례)

[전남편에 대한 이해]

남자가 다 싫었던 거예요. 다 싫었는데 ○○○ 모임(지원 집단)이 너무 도움이 됐죠. 같은 조에서 나누고, 나는 여기 나오시는 남자 분들 그야말로 죄송하지만 찌질한 거예요. 여기도 그러니까 너무나 소극적이고, 제가 아는 남자랑 정반대인 거예요. 저럴 수 있구나 저렇게 위축되고 저럴 수 있구나. 너무 불쌍하고 또 참 안됐다. 전남편의 그거를 많이 이해하게 됐죠. 이런 상황에서 내 남편이 이렇게 느꼈을 수 있겠구나. 저는 굉장히 완벽한 부인이었고, 완벽한 엄마가 되려고 노력했었어요. 그게 굉장히 남편에 대해서 규범적이고 숨 막히게 했을 거라는 부분을 보게 됐고. (이혼자 H의 사례)

이혼자 A는 전남편의 행복을 위해서 기도하면서 그것이 자신에게도 행복한 삶이라고 고백한다. 그녀는 이혼을 통해서 성장했다.

[전남편의 행복을 위한 기도]

저는 그 사람에 대한 미움도 없어요. 그래서 삼 년 동안 기도했어요. 그 여자랑 잘 살라고, 그 여자랑 잘 살지 못하고 헤어지면……. 좋은 직업 갖고 백년해로해라! 기도했어요……. 지금도 연락하거든요. 작년에 연락이 드디어 된 거예요. 저는 그 사람 때문에 매일 기도했어요. 그 사람이 다시 신앙생활 시작했대요. 잘된 거라고. 전 미운 사람이 없어요. 세상에 저는 그게 저의 행복이라고 생각해요. (이혼자 A의 사례)

이혼자 C는 상담 공부를 통해서 남편과 자신 모두가 부모로부터 제대로 된 사랑을 받지 못한 결과, 사랑할 수 있는 능력이 없어 이혼에 이를 수밖에 없음을 깨닫는다.

[남편을 동정하게 됨]

남편도 불쌍한 사람이에요. 그러니까 나보다 더 불쌍한 사람이에요. 남편은 나만 내가 엄마한테 사랑을 못 받은 게 아니라, 남편도 엄마한테 너무 심한 거죠. 남편은 그렇게 살다 보니까 사랑을 받아 본 적이 없기에, 사랑을 할 줄 모르는 것 같아요. 내가 만일 남편이랑 처지가 다르고 사랑을 많이 받고 자랐다면, 이 남자를 감싸 줬다면 이 남자도 부인을 통해서 사랑을 받으면서 아, 이런 게 사랑이구나 하면서 화목했을 텐데, 남편이나 저나 처지가 같다 보니까, 둘 다 그걸 잘 몰랐던 거죠. (이혼자 C의 사례)

이혼자 G는 신앙생활을 통해서 시어머니를 용서하게 되고, 전남편과 자신 모두가 피해자라는 것을 발견한다. 이러한 이해는 이혼자 G 마음속에 있는 원망과 미움을 걷어내고, 삶을 훨씬 더 편안하게 만들어 주었다.

[전남편과 시어머니를 용서함]

신앙생활을 통해서 영적인 회복이 되니까 저는 다 피해자라고 생각을 했잖아요. 내가 피해자만은 아니구나! 그 사람도 나 때문에 힘들었던 부분이 있겠구나, 나만큼 피해를 본 건 아니지만 결혼관계는 한쪽 얘기만 들어 봐서 안 된다고 하는 말도 알겠고,

시어머니 입장도 좀 이해하고, 그 사람을 더 이상 미워하지 않게 된 것 같아요……. 그렇게 사람들이 볼 때는 도저히 용서도 안 되고 저한테 정말 저 사람 없어졌으면 좋겠어! 죽어 버렸으면 좋겠어! 그런 마음이 느껴질 정도로 싫었던 시어머니도 예수님께서 그렇게 하시니까 용서가 되는, 감정이 없어지는 거예요. (이혼자 G의 사례)

제9장 • Growth following divorce

회복과 성장을 위한 외부적 자원

1. 정서적 지지

많은 전문가는 지지 집단과 집단 치료가 과거와 연관된 상처를 치유하는 데 가장 효과적인 방식 중의 하나라는 데 동의한다(Marmarosh et al., 2006). 이혼 후 적응과 회복을 위하여 집단을 활용한 치료적 접근에 대한 연구들이 있어 왔고, 이혼 후 심리적, 정신적 고통을 이겨 내기 위한 많은 지지 집단이 출현하기 시작했다(Miller, Smerglia, Gaudet, & Kitson, 1998).

지지 집단 혹은 집단 치료와 같은 집단상담 역시 개인의 적극적인 참여가 수반되어야 가능하다. 그러나 한편으로 집단 모임은 외부의 조력이 필요한 프로그램이다. 모임을 개설하고, 그 모임을 지원하는 기관이나 단체가 있어야 한다. 이혼자들의 회복과 성장을 위해서 사회나 기관 혹은 종교 단체들은 공익적 차원에서 이들을 위한 집단 모임을 제공할 필요가 있다.

퀴니와 파우츠(Quinney & Fouts, 2004)는 이혼 회복 워크숍을 통한 이혼 후 적응과 탄력성에 관한 연구를 수행했는데, 그 연구에 따르면 참여자들은 이혼 적응이라는 관점에서 이혼 회복 워크숍을 통하여 도움을 받았고, 이혼 회복 워크숍을 하기 이전의 회복탄력성 수준이 워크숍 이후에 긍정적으로 작용하여 이혼 적응에 기여했다. 몰리나(Molina, 2004)는 뉴욕시에서 법률 업무와 사회복지 업무를 담당하는 구성원 중 이혼자들을 대상으로, 10주 동안 이혼자 지지 집단에 참여하게 하고 이들의 만족도를 조사한 연구 결과를 발표하였다. 그 조사에 따르면 이혼자들은 집단 경험을 통하여 매우 큰 만족과 집단으로부터 커다란 도움을 받았다. 집단상담 혹은 집단 모임의 유익은 이혼자들을 위한 지지에 초점이 맞추어졌기 때문이다.

킴벌 등(Kimball, Wieling, & Brimhall, 2009)은 이혼한 여성들을 위한 치료 집단에 대한 질적 연구를 통하여 몇 가지 주제를 도출했는데, 집단에 관한 긍정적인 경험, 안전한 공간으로서의 집단, 집단의 협력적인 과정 경험 등이 지지적 자원으로 효과가 있었음을 보여 준다. 특별히 오이거드 등(Øygard, Thuen, & Solvang, 2000)은 효과적인 집단 치료를 위해서 가장 중요한 네 가지 요소를 발견했는데, 그것은 보편성, 대인관계 학습, 집단 응집력, 카타르시스이다.

한 이혼자는 이혼자 집단 모임에 참가하면서 자신만이 최악의 이혼자일 것이라고 생각했다. 그러나 그는 다른 사람들의 사연을 들으면서 자신보다 더 힘든 일을 겪은 사람들이 많다는 사실을 발견하고 위안을 얻었다. 그 이혼자에게 들려준 집단원들의 이혼 경험은 자신만 특별히 어려움을 겪은 사람이 아니라는 보편성을 깨닫게 해 준 것이다.

근데 사회에 나가고, 이렇게 ○○모임에 와서 보니까 저는 제가 총무 자격이 없다고 느낄 정도로……. 지원 집단을 하잖아요! 들으면 어쩌면 구구절절이 태어나면서부터 안 걸리는 게 없는지 친정, 시댁, 자식 뭐 자기 건강 어 정말 저는 아무 소리를 못 하겠는 거예요. 저는 제가 가장 최악이라고 생각했어요. 어떤 여자가 드라마에 TV에 나오는 얘기지 누가 바지 끄덩이를 잡고 이혼을 해 달라고 하겠나? 이런 여자는 나밖에 몇 명 뽑히지 않는다! 그중에 내가 하나다 자신감 있게 제가 최악이라고 생각을 했거든

요. 근데 저는 명함을 못 내미는 거예요. (이혼자 H의 사례)

특별히 이혼자 집단에서 이 부분은 매우 중요하다. 이혼자들은 대체적으로 이혼 후 사회적인 낙인효과에 따른 사회적 불안과 두려움을 안고 살아간다. 집단 모임을 통하여 이혼 경험이 나만의 특별한 사건이 아니라 비슷한 어려움을 겪는 동료들이 있다는 사실을 알게 될 때 큰 위로가 된다. 보편성이 주는 치료적 효과가 바로 이것이다. 집단 모임을 통하여 이혼의 과정 혹은 이후 자녀양육이나 대인관계에서 어떻게 해야 할지를 동일한 경험자들로부터 배울 수 있는 것도 큰 도움이 된다. 이혼자들로 구성된 집단모임은 공통의 아픔과 상처와 경험들을 공유하기 때문에 어떤 집단보다 응집력이 강력하다. 그런 응집력은 가정이나 사회에서 새로운 삶을 살아 나갈 때 큰 힘을 부여해 준다. 뿐만 아니라 같은 경험을 가진 이들로부터 오는 공감은 이혼자들에게 매우 강력한 정서적 카타르시스를 경험하게 해 준다.

또한 집단치료에 있어서 공동체의 지지를 주고받는 것이 중요한데, 가장 중요한 지지는 같은 경험을 공유한 사람들로부터의 지지경험이다(Moore & Freeman, 1995; Øygard et al., 2000; Price, Dinas, Dunn, & Winterowd, 1995; Yalom & Leszcz, 2005). 이혼자 집단에서 이 부분은 매우 중요하다. 이혼의 경험은 보편적인 경험이 아니기 때문이다. 이혼자들은 이혼 후 힘들고 어려운 감정들을 해결하기 위해서 처음에는 가족과 주변 사람들에게 호소한다. 하지만 그러한 호소는 잘 받아들여지지 않는다. 오히려 반복된 호소에 가족들과 주변 사람들은 피곤함을 느끼고 거부 반응을 보이기도 한다. 이혼을 겪지 않았기 때문에 공감하는 데 한계가 있다. 이혼자들로 구성된 지지 집단 모임은 가장 강력한 공감능력을 제공하기 때문에 유익하다. 이혼의 상처는 몇 개월에서 몇 년까지 지속된다. 그 이상 가는 경우도 있다. 그렇기 때문에 이혼자들은 고통스러운 감정이 찾아올 때마다 호소하고 도움을 요청할 대상이 필요하다. 같은 이혼 경험을 공유한 사람들로 구성된 지지 집단은 시간과 상황을 제한하지 않고 수용하고 공감해 줄 수 있는 능력을 가지고 있다. 그들은 똑같은 이야기를 반복해서 몇 년 동안 하소연해도 들어 줄 수 있는 역량을 가지고 있다. 한 이혼자는 이혼자 지지 집단에 처음 참가해서 그곳에 있는 모든 참가자뿐만 아니라, 그들을 돕는 스태프들도 이혼자라는 사실을 들었을 때 큰 위로와 감동의 눈물을 흘렸다. 같은 이혼자라는 사실만으로 안도감 과 편안함을 느낀 것이다.

그러나 가까운 사람들일지라도 이혼을 인정하지 않거나, 이혼 경험에 대해서 비난하는 태도를 지닌 이들의 지지는 큰 도움이 되지 않는다. 그러므로 이혼 후 남성과 여성 모두 사회적인 네트워크를 확장하고 지지를 많이 얻을수록 도움이 된다. 사회적인 네트워크 중에서 가족과 친구들의 지지도 중요한 요소이다. 가족들과 친구들의 아낌없는 수용과 있는 그대로를 받아 주는 태도는 이혼자들의 회복과 성장에 큰 도움이 된다.

8장에서 이혼 후 회복과 성장을 위한 개인적 자원으로 전 배우자 용서를 언급한 바 있다. 이별 후 사회적 지지를 제공하는 뜻밖의 놀라운 자원 중 하나는 헤어진 연인이다(Lopez, 2008/2011). 일반적으로 헤어진 옛 연인이나 혹은 전 배우자를 만나는 것이 부적응적인 행동으로 보일 수도 있다. 한국 사회에서는 이혼의 과정에서 배우자와 잘 헤어지는 경우가 드물다. 헤어진 이후에도 좋은 관계를 유지하거나, 좋은 관계를 유지해야 할 필요성을 잘 느끼지 못한다. 그러나 연구 결과에 따르면 이혼한 사람들이 전 배우자와 좋은 관계를 유지하고 우정을 지속하는 것이 적응에 도움이 된다. 전 배우자와 관계를 잘 유지하는 것은 자녀양육에도 큰 도움이 된다. 헤어진 배우자와 좋은 관계를 유지할 때 과거에 덜 집착하게 되고 행복이 증진될 수 있다.

정리하자면 이혼 후 잘 적응하고 긍정적인 결과를 만들기 위해서는 주변에 있는 사회적 네트워크를 활용하여 더 많은 도움을 요청하고 의지할 필요가 있다. 그리고 구체적으로 도움을 요청하고 자신의 삶을 돌보는 것이 유익하다. 헤어진 연인 혹은 배우자와의 관계에서 지속적인 우정을 신중하게 고려하는 것도 필요하다. 그러나 무엇보다 사회적 관계에서 제공하는 정서적 지지에 한계를 느낀다면 전문적인 상담가나 치료자를 찾아 도움을 받을 필요가 있다. 물론 정서적인 지지가 이혼자의 모든 상황을 합리화하거나 무조건적으로 수용하는 과정은 아니다. 단지 판단하지 않고 있는 그대로를 받아 주고 들어 주는 것이다. 그래서 이혼자들이 충분히 자신의 삶을 회복하고 적응하여 성찰할 수 있도록 돕는 것이 정서적 지지의 목적이다. 심층면담을 거친 이혼자들은 가족, 친구나 동료, 지원 집단과 종교 공동체가 그들의 적응과 행복에 큰 도움이 되었다고 고백한다.

다음은 가족의 정서적인 지원이 큰 힘이 되었음을 묘사하는 내용이다. 가족들의 전폭적인 지지와 수용은 이혼자들이 이혼의 충격을 딛고 잘 일어설 수 있는 촉매제가 되었다. 또한 아낌없이 수용하고 받아들여지는 경험을 통해서 가족들의 사랑을 새롭게 깨닫는 계기가 되었다.

[가족의 지지]

이혼을 하고 부모님의 바뀐 시각 그런 거 없어요. 딸을 믿으니까……. 그런 건 없었어요. 동생들도 제 이혼에 대해서 잘 결정했다 이렇게 말하고, 제가 어떻게 사는지 잘 알고 있어요……. 가족들 보는 불편함이 없었어요. (이혼자 E의 사례)

[가족들의 지원]

동생들은 저한테 너무 잘해 주죠. 동생들이 있어서 제가 버틸 수 있었던 게. 사람들이 보는, 너는 이혼한 사람 같지 않아! 너무 잘 살아! 그렇게 보는 것이 동생들이 그렇게 옆에서 도와줘서 그랬던 것 같아요. (어떤 게 제일 힘이 됐어요?) 동생들이 아이 양육하는 데 많은 도움을 주었고, 항상 제 주변에 살았어요. 거의 5~10분 거리에 살면서 제가 직장 다닐 때 아이가 학교에서 일찍 돌아오면 같이 키워 주고, 재정적으로 어려우니까 학원을 보내지 못할 때는 동생이 과외 선생님도 되어 주고 학교 다닐 때 알바 과외를 하면서 계속 조카를 가르쳐 주고, 특별히 놀러 갈 때 꼭 챙겨 주거든요. (이혼자 G의 사례)

[가족의 지지와 격려]

잘했다고 그랬어요. 우리 아버지, 어머니, 형제들은~ 이유가 뭐냐, 아버지, 어머니, 우리 형제들, 우리 가족들은 어렸을 때부터 내가 뭘 하든지 잘했다! 그랬어요. 우리 집안에 그 분위기는 거짓말만 안 하면 됐어요. 꼴등한 성적표 갖고 와도 "꼴등 하느라 고생했다 잘했다." 남들은 일등해서 기분 좋아서 학교 다니지만 꼴등을 해서도 학교에 안 빠지고 가면 그게 훌륭한 거다. 늘 긍정적으로 이야기를 해 주시니까 그래서 이혼을 딱 하고 나니까 아버지, 어머니가 잘했다고 그렇게 서로 계속적으로 잘 살아가지 않을 거면 빨리 끝나는 게 낫다. 네가 결혼하기에는 너무 일렀다. 좀 더 준비해서 하나님이 좋은 배필 주실 때까지 기다려라. (이혼자 K의 사례)

[어머니의 지지]

어휴 많이 됐죠. 가족의 전폭적인 지지……. 이혼하고 온 날 어머님의 성화로 운전학원에 등록하고 한 달 안에 운전면허를 땄고, 운전면허를 받은 날 어머님이 기아자동차에 데려가서 프라이드를 현찰로 뽑아 줬죠. 그날 양복을 백화점 가서 맞춰 주셨죠. 이혼했다고 기죽지 말고 멋지게 차 몰고 양복 입고 다녀라! (이혼자 K의 사례)

[가족의 전폭적 지지]

모든 가족은 저를 도와주고 편안하게 있게 해 줬어요. 그런 상황에서 그러면서 저를 쉬게 해 준 거지요……. "너는 너대로 존귀하고 너의 감정이 중요하고 너의 일이 중요하고 너의 생각이 중요하다."라는 것을 미국에 있는 언니가 굉장히 많이 깨닫게 해 주셨어요……. 이제 집에 왔을 때 저의 언니가 같이 왔는데 들어오자마자 부모님 앞에서 무릎을 꿇고 사죄를 했죠. 죄송하다, 잘못했다, 일이 이렇게 됐다. 너무 진짜 그야말로 저의 아버지도 그렇고 저의 어머니도 그렇고 그래 잘 왔다 그러시는 거예요. 제가 다시 한번 우리 아빠 우리 엄마는 정말 크리스천이구나. 너무 감사하다 내가 스스로 느꼈던 것들이 참 내 감정이었던 것들이 많구나! 나를 사랑하고 있었고, 나의 존재를 정말 그냥 인정하시는……. (부모님이 나를 받아 주셨다는 느낌이 드셨네요?) 네, 거기서 바로 그걸 느꼈어요. 그냥 그 한마디 "참 잘 왔다." "왜 그랬니? 어떻게 된 거니?"

그런 거 전후 사정 물어보지 않으시고 그냥 "잘 왔다." (이혼자 H의 사례)

정서적 지지 자원 중에서 가장 큰 힘이 되는 요소 중의 하나는 동일한 경험을 했던 사람들과의 모임이다. 이혼자들은 동질 집단 모임에서 하나같이 이혼이라는 동일한 경험의 사건을 겪었다는 이유만으로 위로가 되고 편안함을 느꼈다.

[동질 경험 지원 집단]

아, 저는 대단하지요. 내가 누군지를 알게 됐고, 나의 신분을 얘기하게 됐고, 자연스럽게 됐고, 똑같은 문제를 안고 있는 사람들이기 때문에 뭐 걱정이 없어요. 굉장히 편한 거죠. (전혀 눈치 볼일 없고) 네, 똑같잖아요. 가해자는 아니지만, 혼자되어 있다는 똑같은 아픔은 아니지만, 사건은 다르지만, 똑같은 분개, 상실감, 소외감, 외로움, 똑같이 겪고 있지요. (이혼자 L의 사례)

[동질 경험 지원 집단]

그때 예배 와서 앉자 마자 펑펑 울기 시작한 거죠. 성령님의 도움으로 이게 다 같은 사람들이라는 편안함 때문에……. ○○○ 모임은 정말 강추죠! 같은 아픔이 있는 사람이니까 일단 먼저 회복된 사람이 있으니까 훨씬 더 그걸 도와줄 수 있잖아요. 같이 아프면 서로 헤매겠지만 미리 아픈 사람들이 있지, 회복된 사람들이 있으니까. 그런 걸 서로 얘기를 해 주고 그런 것들이 너무 도움이 되는 것 같아요. (이혼자 H의 사례)

[동질 경험 지원 집단]

그다음 주에 가서 딱 나눴어요. 조원들이 박수 치는 거예요. 제가 그렇게 하다가 적응 못하고 떨어져 나갈 것 같았는데 "오~ 나눠 줘서 진짜 고맙다."고……. 나도 누군가가 나를 위해 기도해 주는구나! 가슴 뿌듯했어요. 그런 거 받은 적이 없어요. 사람들이 여기 가도 이리 치고 저리 치고 했었는데, 그때서부터 제가 조금씩 자존감도 회복이 되고, 제가 신앙생활 하면서 믿음이 차츰차츰 생기고, ○○○하고 교회 다니면서

제가 많이 성장한 거죠. (이혼자 I의 사례)

이혼자 F와 I는 무조건 자기 말을 들어 주고 지지해 준 친구와 동료로 인해서 마음이 편안해지고 위로를 받았다고 이야기한다.

[친구의 지지]

친구가 그때는 전폭적으로 저를 지지해 줬어요. 그때는 네가 힘들었으니까 백퍼센트 옳다고 했는데, 아닌 건 아닌 거라고 지금은 얘기를 해 줘요. 그 친구도 제게 그때 되게 많이 도와줬어요. (이혼자 F의 사례)

[직장동료]

계속 살다가 아무래도 직장 동료는 매일 보니까 친하게 되는 계기가 뭐냐면 술, 담배를 하잖아요! 하다가 보니까 나랑 말이 통하는 사람이 있더라고요. 그 한두 사람이랑은 내 삶에 대해서 얘기하죠. 그때는 맘이 좀 편안해지더라고요. 이야기하니까, 그때서부터 마음이 조금 많이 위안이 됐죠. (이혼자 I의 사례)

이혼자들에게 있어서 또 하나의 정서적 위로를 제공해 준 곳은 종교공동체였다. 그들의 이야기를 편견 없이 들어 주고 격려해 준 목사님, 이혼자를 인정하는 문서, 그리고 여러 신도가 견딜 수 있는 힘과 위로를 제공해 주었다고 한다.

[종교 공동체의 수용]

그때 딱 이혼을 하고 등록을 하는데, ○○교회가 좋은 교회라고 소문이 났지만 2002년도 그 정도에 왔는데, 그때도 교인들 등록하는 란에 저는 놀랐어요. 보통 미혼, 기혼 이렇게 표시되잖아요. 근데 ○○교회는 하나가 더 있더라고요. '이혼'이라고 체크하는 란이요. 와~ 이 교회는 뭔가 달라도 다르구나……. 좋은 의미로 다가왔어요. 아, 이렇게 저는 거짓말하는 게 싫었거든요. 사실대로 말하고 싶었는데, 기혼, 미혼만

되어 있는 것에 대해서 사실 갈등하고 있었는데 진짜 이거 거짓말하는 것처럼 사실대로 말하고 싶은데, 그렇게 된 데에 지금도 웬만한 곳에 가면 기혼, 미혼이고 뭐 가입하라고 인터넷 같은 데도 보면 다 기혼, 미혼이고, 이혼은 전혀 없어요. 그 당시 십 몇 년이 지난 당시에 교회라는 곳이 이혼할 수 없는 곳이잖아요. 그런데 그렇게 되어 있잖아요. 저는 너무 그런 부분에 있어 이런 세심한 배려가 있고, 그래서 많은 위로가 됐어요. 아, 이렇게 정확하게 표시해 줄 수 있고, 이혼한 사람도 있다는 것을 인정해 주는 것 같아서. (이혼자 G의 사례)

[성직자의 지지]

나중에 담임 목사님이 오라더라고요. 그래서 갔는데 평소랑 똑같이 다른 사람한테 얘기하듯이 얘기했죠. 그런데 목사님이 저한테 그러시더라고요. "해라~" 이렇게 얘기하시지 않았어요. 이혼을 하지 말라 그렇게도 얘기하지 않으셨어요. 그냥 성경책에 이혼을 하더라도 괜찮다는 성경 구절 하나를 읽어 주시고, 이혼을 하면 안 된다고 하는 구절도 읽어 주셨어요. 그리고 내가 그다음 날로 결정했어요. 이혼을 하겠다고……. 왜냐하면 두 가지 성경 구절을 읽어 주셨을 때, 이 성경에 해도 된다고 하는 게 내 마음에 와닿았어요. 그 성경 구절이……. (목사님은 어떻게 보면 당신이 정말 원하는 것을 선택해라. 그래도 하나님은 그걸 뭐라고 하지 않으신다?) 예. 그래서 저는 그다음 날로 결정했어요……. 우리 목사님 좋아요. 그래서 내가 그 이혼 과정을 겪었기 때문에, 또 내가 교회에서 아무리 안 좋은 게 있었더라도 제가 그냥 다니는 것 같아요. (이혼자 C의 사례)

[종교 공동체]

이 이후에 지금까지는 참 어렵고 힘들고, 좀 많이 제가 포기하고 싶을 때도 교회 목사님, 교회 언니 이분들이 참 많이 지지해 줬던 것 같아요. 저는 도움이 되었어요. 일단 뭐 사실 경제적인 부분이 제일 힘들었는데, 그 부분들도 간간이 오히려 그분들이 많이 도와주셨어요. 일단 제가 부정적인 생각이나 순간들이 많았어요. 근데 그때그때마다 다 받아 주셨던 것 같아요. 답을 못 찾고, 내가 결정을 못 내리고 그럴 때도, 그중에 한 분이 ○○ 목사님이신데, 우스개로 얘기하는데, 술 안 먹고, 술주정 잘한다고 할 정도로 제가 막 그랬던 것 같아요……. 저는 참 신앙공동체가 저를 오늘에 있게 해 준 것 같아요. (이혼자 D의 사례)

이와 같이 종교 공동체는 가족이나 친구 동료들로부터 받지 못한 무조건적 사랑과 격려, 위로의 지지 자원을 제공하기도 한다. 그러나 반대로 종교 공동체나 구성원들의 편견과 수군거림으로 상처를 받고 종교 공동체를 옮길 수밖에 없었다는 이혼자들의 목소리도 있었다. 그런 점에서 이혼자들이 어떤 종교 공동체에 속해 있는지가 그들의 적응과 성장에 중요하다고 볼 수 있다. 성숙한 종교 공동체는 이혼자들의 회복과 성장에 중요한 역할을 하기 때문에 좋은 종교 공동체를 만나야 할 것이다.

2. 사회 인식의 변화

최근 이혼에 관한 국내 연구 중 고학력을 가진 중년 여성들이 이혼 이후 어떤 삶의 경험을 하는지 살펴본 내용이 있다. 그 연구에 따르면 비록 고학력 전문직 여성일지라도 사회적 편견에 시달리고 있으며 부정적 인식으로 어려움을 겪고 있다(박형숙 외, 2016). 한국 사회가 개방적으로 변화됨에도 불구하고 여전히 이혼과 이혼자에 관한 부정적인 생각과 편견 혹은 차별이 존재하는 것을 보여 준다.

그러나 오은규(2019)의 「이혼자들의 이혼 후 성장 경험에 관한 질적 연구」에 따르면 인터뷰에 응한 대부분의 이혼자는 직장생활이나 사회 속에서 이혼자라는 이유만으로 차별이나 불이익을 당하지는 않았다. 어떤 현상에 관하여 고정관념이나 편견 자체가 없는 사회는 없을 것이다. 문제는 고정관념이나 편견이 그 사회에 속한 사람들의 삶에 얼마나 많은 영향을 끼치느냐 하는 점이다. 한국 사회에서 이혼을 떠올리면 많은 사람은 편견과 고정관념이 있을 거라고 생각한다. 그리고 사회적으로 불이익을 당할 것이라고 느낀다. 그러나 이 연구 결과에 따르면 최근 이혼을 겪은 당사자들은 실제 삶이나 직업생활에서는 큰 어려움을 당하지 않았다고 보고한다. 오히려 그들은 이혼 전 이혼자에 대해 가지고 있었던 자신들의 이미지나 생각이 사회 속에서 불일치한다는 것을 깨달았다. 인터뷰에 응한 이혼자들은 생각했던 것과 다르게 가족, 친구나 이웃 혹은 회사 동료들로부터 이해와 동정, 공감을 얻었다.

이 같은 심층 면담의 결과는 이혼과 연관된 사회의 인식보다 이혼자 당사자의 인식에 더 큰 왜곡이 있을 수 있음을 보여 준다. 그동안 이혼자들의 이혼 경험에 대한 부정적 연구 결과들은 개인의 주관적 느낌에 대한 반영적 결과물이기 때문에 결과의 신뢰도에 대한 재검토가 필요하다고 본다. 물론 이혼 대상자들의 지역과 나이, 직업, 그가 속한 공동체 등과 같은 조건에 따라 다른 결과가 도출될 수 도 있다. 그럼에도 이혼과 관련된 사회 인식과 개인이 느끼는 인식의 차이에 대한 결과는 어떤 요인으로부터 비롯된 것일까? 앞서 4장에서 기술한 '고정관념 위협' 개념이 이 질문에 대한 어느 정도의 해답을 제공할 수 있을 것 같다. 고정관념 위협이란, 예를 들어 개인이 이혼에 관한 사회의 부정적 생각이나 고정관념을 여과하지 않고 그대로 받아들여서 내면화할 때 느끼는 공포나 불안 경험을 말한다. 물론 고정관념 위협이라는 개념은 개인차에 따라서 다르게 존재할 수 있다. 만일 어떤 사람이 어떤 현상에 대한 고정관념을 받아들이지 않고 관심을 두지 않는다면 그는 정체성 위협을 받지 않을 것이다.

면담에 응한 이혼자들은 자신들이 가지고 있었던 고정관념 위협이 이혼의 결과 실제 직업생활이나 사회생활 속에서 예측했던 것과 다르다는 것을 확인하게 된다. 오히려 그들이 가졌던 편견과 고정관념이 더 큰 두려움과 부적응의 원인이었음을 발견한다. 새로운 사회 인식을 경험하게 된 이혼자들은 이후 사회에 대한 공포와 불안을 덜 느끼게 되고 적응적인 생활을 할 수 있게 되었다. 따라서 이혼에 대한 편견, 고정관념이 사회적으로 변화되고 있다는 사실과 왜곡된 인식을 깨닫게 되는 순간 이혼 이후 적응에 큰 도움이 된다.

그러므로 이혼에 관한 사회의 인식 변화를 정확하게 아는 것이 중요하다. 이혼자 자신이 가지고 있는 이혼 인식에 대한 부정적 생각을 재검토하고, 고정관념 위협에 대처하기 위해 노력할 필요가 있다.

고정관념 위협 상황에 적응적으로 대처하기 위한 유망한 전략은 다음과 같다(Lopez, 2008/2011). 첫째, 고정관념 위협에 대한 교육이다. 고정관념은 주로 무의식 수준에서 작동한다. 그래서 사람들은 고정관념이 자기 내면에서 어떻게 작동하는지 잘 모른다. 만일 사람들에게 고정관념이 어떻게 작동하고 영향을 미치는지를 교육하면 영향력이 감소하게 된다. 이혼자들에게도 마찬가지로 그들이 가지고 있는 이혼에 대한 인식과 부정적 이해가 만일 고정관념에서 비롯된 것임을 알려 준다면 적응에 큰 도움이 될 것이다. 한 이혼자는 사람들이 자신의 이혼을 부정적으로 바라보고 평가한다는 피해의식에 사로잡혀 평생을 지내 왔다. 그는 요즘 그렇지 않다는 이야기를 많이 듣고 나서 예전보다 훨씬 더 편안해졌다.

둘째, 지능이론의 적용이다. 드웩(Dweck, 1999)은 노력을 통해서 지능을 변화시킬 수 있다는 생각을 가진 사람들이 지능이 고정되어 있다고 믿는 사람들보다 학업에서 더 회복력이 크다는 사실을 증명하였다(Lopez, 2008/2011에서 재인용). 따라서 이혼자들이 자신의 이혼 후 사회적 차별로 힘들 것이라는 막연한 생각에서 벗어날 수 있도록 교육하는 것이 필요하다. 그리고 그들이 얼마든지 이혼의 역경을 딛고 성장할 수 있다는 것을 교육하면 고정관념 위협에서 발생하는 어려움을 극복할 수 있다.

셋째, 귀인 재훈련이다. 사람들은 어떤 문제가 일어났을 때 그 문제에 대한 원인을 주로 자기 안에서 찾으려고 한다. 많은 이혼자는 이혼 후 자신에게 문제가 있다고 여기거나, 사람들이 자신을 문제 있는 이혼자로 볼 것이라 추측한다. 그러나 귀인 재훈련에 따르면 고정관념을 받는 집단원 중에 성공적인 역할모델을 찾아내어 노출시키는 것이다. 이런 훈련을 통해서 사회적 어려움이나 이혼과 같은 어려움이 상황적인 특성일 수도 있다는 것을 인정하게 도와준다. 예를 들어, 이혼을 했을 경우 이혼자들은 자신을 무능력한 존재 혹은 사회적 실패자로 여긴다. 그럴 때 이혼 후 비록 처음에는 힘들었지만 잘 적응하고 견디어 성공적인 삶을 살고 있는 이혼자들의 이야기를 접하게 해 준다. 성공적인 역할모델을 보면서 이혼자는 자신의 무능력함에 원인을 돌리고자 하는 고정관념 위협에서 벗어날 수 있게 된다. 이혼자들을 위한 한 지지 집단 모임에 참가한 적이 있다. 그 모임에서는 항상 이혼자들을 위한 세미나 강의를 듣기 전, 이혼 후 위기를 잘 극복하고 새롭게 성공적인 삶을 살아가는 한 개인의 이야기를 발표하게 한다. 세미나에 참석한 이혼자들은 자신과 비슷한 삶의 이야기를 들으면서 나만의 문제가 아니라는 것을 깨닫게 되고, 자신도 열심히 노력하면 그 힘든 상황을 이겨 낼 수 있을 것이라는 희망을 가지게 된다.

넷째, 복합적 정체성을 알려 준다. 이 방법은 일종의 역량강화전략이다. 개인은 복합적인 정체성을 가지고 있다. 그런데 문제가 생기면 자신의 여러 가지 정체성 중에서 한 가지 위기에 처한 정체성 위협에 직면한다. 예를 들어, 이혼자들의 경우 인생이 실패했다는 '패배감'에 주로 사로잡힌다. 보통 진학이나 사업에 실패했을 때는 인생 전체를 실패했다고 생각지 않는다. 그러나 이혼에 대한 고정관념 위협의 하나는 인생 전체에 대한 실패자라는 생각이다. 따라서 이혼자들에게 그들이 가지고 있는 다양한 정체성 중에서 장점을 발견하도록 강조하면 고정관념 위협의 영향이 줄어든다.

다섯째, 신뢰와 협력을 제공하는 것이다. 고정관념 위협의 가장 핵심적인 기제는 불신이다. 이혼자들이 느끼는 불안과 두려움은 사회나 그들이 속한 공동체가 그들을 부정적으로 볼 것이라는 판단이다. 그런 점에서 이혼자라는 이유만으로 차별하거나 편견을 가지는 생각들을 가족, 학교나 직장 혹은 종교 기관 등에서부터 수정해 나갈 필요가 있다. 이혼자들이 속한 공동체로부터 이혼에 대한 부정적 시선이나 차별을 느끼지 않게 될 때 고정관념 위협이 줄어든다. 한 이혼자는 이혼 후 부모님께 돌아왔을 때, 오히려 부모님이 따뜻하게 맞아 주었을 뿐만 아니라 일가친척 모두에게 자신의 이혼 사실을 다 알렸고, 왜 이혼했는지를 소상하게 밝혀서 이혼자가 가족과 친척들을 만날 때 주변의 시선을 신경 쓰지 않고, 불편함을 느끼지 않도록 배려해 주었다.

다음의 내용들은 이혼 후 이웃과 직장, 사회에서 이혼자에 대한 생각에 많은 변화가 있었음을 보여 주는 사례들이다.

[편견 없는 사회]

전 없어요. 그냥 똑같다고 생각해요. 이혼을 한 사람이나 안 한 사람이나 그냥 그럴 수 있지 뭐~ 오죽했으면 이혼했겠나? 차라리 싸울 바에야 이혼하는 게 낫다. 네, 지금은. (이혼자 K의 사례)

[차별 없는 회사]

처음에 입사할 때도 얘기를 하고 말씀을 드렸어요. 이혼을 했고, 그런 부분에 있어서 다른 일반 회사도 아니고 크리스천 기업인데 그 부분은 내 부분이 아니다! 생각하고 나중에 솔직히 말씀드렸어요. 저는 이혼한 상태입니다! (차별이나 이런 것을 당하지 않으셨어요?) 그런 건 별로 없었던 것 같은데요. (직업생활을 하는 데 있어서 내가 어려움을 당하는 그런 부분은 없으신 거죠?) 네! 그런데 이제까지 제 마음속에 뭘 잘못하면 제가 그랬으니까 이런 생각은 들죠. (이혼자 G의 사례)

[너그러워진 사회인식]

이성에 대한 문제도 시간이 지남에 따라 조금씩 그 무게감도 옅어지고, 사회적 인식도 너그러워지는 것도 있어서, 덜 부담스러운 것이 생기는 것도 도움이 되었습니다. 이혼은 다시 하고 싶지 않지만, 그럼에도 지금의 삶에 대한 만족은 매우 높습니다. (이혼자 F의 사례)

[손가락질하는 사람은 없다]

이혼하기 전에 이혼하신 주변의 아는 언니가 그러는데 이혼을 하면, 대부분 이혼했다고 주위에서 손가락질을 하고 그래서 힘들 거라고 생각하는데, 그거는 전혀 힘들지 않대요. 그런 사람 한 명도 없대요. 손가락질한다든지, 너 '이혼녀'라고 한다든지 하는 사람은 한 명도 없대요……. 그러니까 그 얘기를 이혼해서 보니까 그 언니 말을 이해를 하겠더라고요. (이혼자 C의 사례)

[사회의 불편함을 못 느낌]

사회에서는 특별히 나는 다른 아픔은 별로 없었던 것 같아요. 누가 나를 상처를 준다든지 내가 살면서 해코지를 당한다든지 이런 거를 많이 안 겪고 살았어요. 그래서 그렇게 내가 그런 거를……. 나는 별로……. 있었을지는 몰라도 나는 못 봤어요. (혹시 주변에서 집적거리는 남성으로 힘든 적은 없었는지?) 그런 거는 제가 잘라 버리는 거죠. 내가 혼자니까 몸가짐이나 말이나, 그런 것들은 하기 나름인 것 같아요. 전혀 아니요……. 그 사람이 나한테 그랬을까? 나한테는 그게 안 통해요~ 아직 못 봤어요. 몰랐을지도 모르고 불편함 못 느낀 거예요. (이혼자 E의 사례)

[사회적 편견 못 느낌]

저는 사실 제 개인적으로 느끼지 못했기 때문에 저는 ○○에 와서 이렇게 듣고 매체를 통해서 너무 많아지고 이런 거 싱글 하우스도 많아지고 혼자 사는 게 많아진다고 하니까 굉장히 많이 오픈이 됐나 보다 하는 생각을 했어요……. 제가 사실 체감한 건 없지요. 저의 경계선 안에서는 경험이 없으니까. (이혼자 H의 사례)

[주변의 이해]

이번에 ○○ 직장에 들어가면서 저 이래서 헤어졌다고 그러니까, 할머니는 그냥 구체적으로 안 물어보고 불쌍한 눈으로 보는데 옛날보다 조금은 이해는 한다, 주변에 너무 많이 있으니까. 자기 친구도 그랬다, 누구도 그랬다 이렇게 얘기를 해 줘요. 그게 나를 위로해 주는 거겠죠. (이혼자 L의 사례)

3. 종교와 영성

사람들은 삶의 위기를 만나, 커다란 상처를 경험할 때 그들의 신념이 흔들린다. 이제까지 세상을 바라보던 그들의 관점은 더 이상 현재의 문제를 해결하는 데 사용할 수 없는 신념이 된다. 그 순간 개인은 자기 삶의 목적과 의미에 대한 질문을 던진다. 그 질문에 대한 답을 찾기 위한 과정이 치료의 과정이고, 치료적 작업은 새로운 의미체계를 형성하도록 돕는 일이다. 새로운 의미를 형성하는 데 있어서 영성과 종교는 중요한 기능을 차지한다. 외상(trauma)을 다루는 종교와 영성의 유용성에 대한 연구는 드물다. 이혼 연구에 있어서도 종교와 영성을 학문적으로 접근한 경우는 많지 않다. 그런 점에서 이 절에서는 종교와 영성이 이혼자들의 회복과 성장에 중요한 요인임을 이론적 토대를 거친 실증적인 결과물들을 통해서 제시하고자 한다.

종교집단에 소속된 사람들은 위기에 처했을 때 소속종교 공동체가 유용한 자원이 될 수 있다(Calhoun & Tedeschi, 2013/2015에서 재인용). 이혼자들에게도 마찬가지이다. 이혼자들은 이혼을 통해서 자신이 가지고 있던 가치관과 세계관이 무너져 내리는 변화를 경험한다. 그리고 그것을 극복하기 위한 과정에서 종교적 도움을 경험한다.

한 이혼자는 이혼을 극복하는 데 있어서 종교적인 접근이 가장 큰 도움이 되었고 둘째로 상담적 접근이었다고 고백한다.

> 종교적인……. 신앙적인 접근이 가장 큰 도움이 됐어요! (심리치료나 상담 서비스를 받는 것에 대해서는?) 신앙이 첫 번째이고, 상담이 두 번째 필요하다고 생각해요. (이혼자 J의 사례)

이혼과 같은 외상 경험 이후 사람들은 회피 지향적 대처와 접근 지향적 대처를 사용하는데, 접근 지향적 대처 방략 중 하나가 정서 중심적 대처

(emotion-focused coping)이고, 정서 중심적 대처의 방략 중 하나가 종교에 의지하는 것이다(Joseph, 2013/2018). 정서를 조절하는 데 있어서 신앙의 도움을 받는 것이 효과적인 방법이 될 수 있는데 그 이유로, 첫째, 종교를 통해서 사람들의 지지를 얻을 수 있기 때문이다. 둘째, 종교를 통해서 삶의 의미를 깨달을 수 있기 때문이다. 셋째, 종교의례를 통하여 사람들은 삶에서 겪은 중요한 사건을 기념할 수 있는데 이것을 통하여 사회적 지지나 의미를 발견하기 때문에 외상 경험을 넘어서는 데 중요하게 사용될 수 있다(Joseph, 2013/2018).

이혼 후 회복과 치유 및 성장을 경험했다고 보고하는 이혼자들 중에는 종교적 도움을 경험한 이들이 많다. 그들은 건강한 종교적 도움을 통해서 이혼 후 성장을 경험했다. 이혼을 경험한 개인이 종교적 도움을 받을 때 외상 후 성장에 기여할 수 있는지를 분별할 수 있는 유리한 관점으로 네 가지 보편적 윤리원칙이 있다(Calhoun & Tedeschi, 2013/2015). 첫째, 종교적 해석 혹은 종교적 경험의 기초에 정신병리가 영향을 주는지의 여부이다. 둘째, 공동의 선 및 자신에게 호의적인지의 여부이다. 셋째, 이혼자의 개인적 발달과 심리적 안녕에 기여하는가이다. 넷째, 광적 헌신과 적대적 거부 사이에서 중도를 지키는지의 여부를 확인할 필요가 있다.

마지막으로 '이혼과 같은 외상 후 성장에서 좋은 영적 결과란 무엇인가?'에 대한 대답으로 이혼의 상처를 극복하는 과정에서 개인이 영적인 문제를 잘 인식하고, 자신의 의지로 영적인 영역을 선택하여 헌신적이 되거나, 삶의 의미와 목적을 더 크게 깨닫고, 이전과는 다른 영적 길을 걸어갈 때 긍정적 성장이 일어났다고 할 수 있다(Calhoun & Tedeschi, 2013/2015). 여기에서 중요한 점은 개인적 관점에서 비록 눈에 보이는 결과가 좋지 않을지라도 좋은 것으로 해석한다면 외상 후 성장이 일어났다고 말할 수 있다(Calhoun & Tedeschi, 2013/2015). 한 남성은 이혼의 결과 정든 직업 생활과의 이별, 가정의 해체, 자녀들과의 분리 등을 경험했지만 그에게 맞는 새로운 비전을 발견하게 되었고, 그 길의 인도함을 따라 새로운 삶에 성공적으로 적응하게 되었다. 그는 비록 이혼으로 큰 아픔과 고통을 겪었지만 종교에 의지하여 새로운 삶의 비전과 소명을 발견하고 성장을 경험했다고 말한다.

이혼 후 의도적으로 혹은 우연히 종교의 도움을 통해서 이혼 적응 및 성장을 위한 대처를 시도한다. 긍정적 영적 대처는 또한 이혼 후 성장을 촉진하는 데 중요한 역할을 한다(Krumrei et al., 2009). 이혼에 있어서 긍정적인 영적 대처와 연관된 활동들은 다음과 같이 다양하다. ① 이혼을 다루기 위하여 신과 함께 작업함으로써 통제와 위안을 추구하는 것, ② 부정적 감정을 극복하기 위하여 공적 예배에 참여하거나 기도, 개인적 의식에 참여하는 것, ③ 이혼에 기여한 잘못에 대한 영적인 정화를 추구하는 것, ④ 사랑, 돌봄 또는 신도들, 성직자와의 영적 친밀감을 통한 위로를 찾는 것이다(Krumrei et al., 2011).

이 절에서는 기독교를 종교적 자원으로 사용하여 이혼 후 적응과 성장을 경험했던 사례들을 소개할 것이다. 이혼 후 회복 및 성장에 도움을 준 종교적 자원의 요소는 다음의 네 가지이다. '신 개념에 대한 새로운 인식' '종교 체험' '신의 선물 인식' '종교적 성찰'이다.

이혼자들은 신앙과 영성적 작용을 통하여 삶의 적응에 큰 효과와 도움을 얻었다. 이혼이라는 사건 자체는 삶을 뒤흔드는 경험이지만, 뜻하지 않게 신앙을 갖게 되거나, 신을 새롭게 이해하는 시간을 갖게 되었다고 고백한다. 또한 종교생활을 평범하게 했던 이들이 이혼을 통해서 신과의 진정한 만남을 통한 종교체험을 하게 되었고, 신으로부터 큰 도움을 경험하는 은총 경험, 즉 신의 선물을 받았다고 이야기한다. 뜻하지 않았던 혹은 노력을 통한 종교(영성) 체험은 절대자 앞에서 자신의 삶을 회개하고 성숙한 삶으로 나아가는 데 아주 중요한 요소가 되었다. 종교는 이혼자들의 적응과 성장에 기여한 요소이며, 성장의 본질적 내용의 구성이 된다. 왜냐하면 그의 인생관, 세계관의 변화 경험이기 때문이다.

1) 신 개념에 대한 새로운 인식

이혼자들은 이혼 적응에 큰 도움이 된 것 중에 그가 믿었던 신앙의 절대자를 새롭게 이해하고 알게 된 것이라고 말한다. 이혼 전 절대자에 대해 가졌던 생각이 이혼을 통해서 제한적이었다는 것을 깨닫고, 신에 대한 더 넓은 이해를 하게 되었다고 묘사한다.

이혼자 L은 이혼하면 신(神)으로부터 버림받을 것 같은 두려움이 있었는데, 이혼 경험 후 신께서 그녀를 여전히 사랑하고 끝까지 기다려 주시는 분임을 알게 되었다고 체험적인 고백을 한다. 그녀는 신이 그녀가 생각했던 것보다 훨씬 더 넓은 품을 가진 존재라는 사실을 깨닫게 된 것이다.

[신에 대한 오해가 풀림]

어휴, 많이 대단하죠. 나의 그런 정체성, 내가 왜 이혼을……. 죄책감이 많다고 했잖아요. 이혼을 할 수밖에 없었다는 것과, 이게 더 오히려 하나님 앞에서 나의 이중적인 모습이 아니었나. 그때는 거짓말로 어떻게 살아볼까 가장해서 했는데, 이혼도 중요하지만 죄 된 모습은 아니었고요, 그럴 때도 하나님은 나를 놓지 않고 하나님의 자녀로 대해 주신다. 나는 이혼하고 이러면 하나님의 자녀 아닌 줄 알았거든요, 하하. 내가 이혼해도 끝까지 참아야지. 끝까지 사랑해 줘야지 하는 하나님의 뜻을 알게 된 거지요. (이혼자 L의 사례)

이혼자 F는 이혼 전 신을 향한 자기 중심적 기도 행위에서 이혼 후 나의 생각과 신의 생각이 다를 수 있다는 것과 그럼에도 신께서 내 삶을 책임져 주신다는 사실을 새롭게 깨닫게 되었다. 이혼자 F는 기존에 가지고 있었던 신에 대한 인식의 변화를 갖게 된 것이다. 신의 뜻을 다 헤아릴 순 없지만 눈앞에 보이는 부정적인 현실을 뛰어넘는 신의 더 큰 뜻이 있다는 것을 깨달으면서 절대자를 신뢰하게 된 것이다.

[내 뜻과 신의 뜻이 다를 수 있음을 발견]

예전에는 제가 사실 뭐 하나님에 대해서 뭘 하면 좋겠어요. 그러면 다 이루어지는 것 같았는데, 이제는 제가 원하지 않는 것도 된다는 것을, 그게 잘못된 것도 아니라는 것을……. 제가 그때 너무 열심히 기도한 게 일기를 썼었어요. 일기에 보면 온통 이혼하지 않게 해 달라는 내용이 정말 많은데, 근데 했잖아요. 한동안 멍했었어요. 왜 나를 이렇게 이혼할 건데 그 상황을 막지도 않으시고, 그 상황에서 그러셨을까? 근데 내 맘대로 안 된다고 해서 그게 잘못된 건 아닌 것 같아요. 신앙에 있어서 그걸 배웠던 것 같아요. 다만 하나님께서는 그 뒤의 일을 책임져 주시는 것 같아요. (이혼자 F의 사례)

2) 종교 체험

이혼자들은 이혼이라고 하는 고통스러운 사건을 경험한 후에 회복을 위한 시도 가운데 신을 인격적으로 만나는 종교 체험을 한다. 그들의 아픔과 상처는 신(神)에게 나가는 동력이 되었고, 의도하거나 뜻하지 않게 신을 교리적으로 혹은 머리로 아는 데서 가슴으로 진실되게 만나는 경험을 하게 된다. 또한 이혼자는 이혼 이후 아들의 문제로 교회를 찾게 되고 그 과정에서 자연스럽게 자신을 만나 주시는 신을 경험한다. 그녀는 이전에 한번도 교회에 다녀본 적이 없고, 기독교와 관련된 교리를 들어 본 적도 없었다. 단지 일요일 교회에 갔다가 그날 말로 설명할 수 없는 신과의 만남, 신의 임재를 체험한다.

종교 체험을 한 이혼자들은 비록 이혼의 경험이 그들의 삶에는 쓰라린 고통이었지만, 그 경험이 촉진제가 되어 신과의 참된 만남까지 이르고, 그들의 삶을 성장하게 만든 요인이 되었다고 고백한다.

[신을 만남]

말씀 묵상할 때마다 제가 머리 둘 곳도 없고 아무것도 없어서 원망스러워서 그랬던 거, 예수님께서도 그렇게 하셨더라고요. 그런 부분들 그렇게 하면서 그런 사람들 미워하지 않았고, 가장 큰 건 환상처럼 봤던 예수님, 어느 날 십자가에 달리신 예수님을 이야기했는데, 십자가에 달리신 예수님 옆에 누군가 서 계신 거예요. 근데 그게 하나님이시더라고요. 저도 자식을 낳아서 키워 보니까 내가 아픈 건 괜찮은데, 내 자식이 아픈 건 못 참겠더라고요. 그런 하나님을 만난 거예요. (이혼자 G의 사례)

[이혼: 새롭게 신을 만남]

제가 결혼하고 남편과 이혼하기 전까지는 정말 율법적이고 그냥 선데이 크리스천이고, 그냥 봉사도 했지만 거듭나지 않은 신앙인이었지만 그런 어려움 속에서 진짜 골방에 들어가 기도하면서 그러면서 하나님을 만나고 그러면서 체험을 한 거예요. 하나님이 나한테 다가오신 거예요……. 제 경험이기 때문에, 정말 하나님과의 관계가 바로 정립이 돼야 된다고 생각해요. 모든 삶에서 일어나는 일들이 그게 너무 크잖아요! 우리한테는 고통을 돌보고 참고 견디게 하고 넘어갈 수 있게 하는 건……. 하나님이 내 안에 계시기 때문이잖아요! 하나님이라는 존재 때문에 어떤 의지할 수 있는 분이 있다는 게 가장 큰 힘이거든요! 제가 이혼을 하면서 예수님을 만나는 본 어게인(born again)[1] 되는 계기가 됐어요. (이혼자 H의 사례)

[이혼: 아들로 인해 신을 만남]

상담 선생님이 아이를 위해서 교회 한번 보내 봐라! 그런데 이놈은 절대 안 가요……. 그런데 내가 가야지 자기도 가자! 할 거 아니에요. 그래서 교회 나오게 된 거예요. 나는 첫날 하나님을 만났어요. 찬양 속에 바로 들어가는 그 순간 나는 느꼈어요. 그래서 그날 나는 아직도 기억이 나요. ○○교회 들어가자 찬양을 부르고 있고, 내가 들어가는데 천국 들어가는 그런 느낌이었어요. 그걸로부터 시작된 거예요. 그러니까 하나님이 나를 만나 주시는 거니까 내가 하나님을 붙잡을 수 있는 게 아니라, 하나님이 나를 만나 줘야 된다는 걸 아는 거죠. (이혼자 E의 사례)

---

1) 본 어게인(born again)이라는 말은 기독교에서 신을 만나 영적으로 새롭게 다시 태어났다는 의미로 사용되는 용어이다.

[이혼: 예수를 만남]

저는 하나님 앞에 다가가는 게 많이 힘들었어요. 이혼 후에 성령의 깊은 체험을 하고 나서, 하나님의 허락하에, 그때도 하나님은 나를 보고 계셨을 거다. 하나님이 살아 계시면 나를 힘들게 할 수 있느냐? 전에 약간 원망도 있었는데 이제는 이혼 후에 이혼으로 인하여 상담가로 훈련받으면서 진짜 하나님을 찾는데 생명이신 예수 그리스도를 직접 만나게 되었죠. (이혼자 L의 사례)

[신을 인격적으로 만남]

전에는 머릿속으로 어쩌고 저쩌고만 기도가 하나님께 신학적으로만 하는 이런 생각을 하고 신학을 했다면, 이제는 제가 정말 간절히 원하면 "하나님 저 이게 필요한데요." 되고 안 되고의 문제가 아니라, 이게 제 마음이니까 그런 관계가 된 것 같아요. 인격적이고 현실적인 관계로. (이혼자 F의 사례)

3) 신의 선물 인식

이혼자들은 신앙생활과 영적 대처를 통해서 이혼의 결과로 인한 여러 가지 어려움에 대한 도움을 신으로부터 받는 경험을 한다. 이혼 후 성장을 경험한 이들과의 인터뷰에서 회복 및 성장의 다양한 자원 중에서 종교적 자원을 사용한 이들은 그것이 이혼 후 회복 및 성장의 가장 강력한 자원이라고 묘사한다. 신과의 만남을 통해서 이혼자들은 다양한 종류의 은총을 경험한다. 은총, 은혜는 기독교적 용어로 '신으로부터 아낌없이 받는 선물 혹은 사랑'이다. 이혼자들이 경험한 신과의 만남이 개인의 주관적 경험의 표현일 수 있지만, 반드시 그 신과의 만남이 주는 효과, 즉 은총의 경험을 가지고 있다. 이런 효과 내지 작용들이 이혼자들의 삶을 회복시키고 성장시키는 동력으로 사용된다.

이혼자 K는 어마어마한 이혼의 고통을 겪고도 그가 슬프지 않은 이유는 예배를 통해 경험한 신의 은총 때문이었다. 또한 이혼 사건으로 인해서 대학원 공부에 더 집중하게 된 것도 신의 은혜 때문이다. K의 이야기는 일종의 해석이다. 그러나 여기서 중요한 점은 K는 신을 통해서 슬픔을 통제할 수 있는 힘을 얻게 된 것이다. 그것이 그에게는 큰 은총으로 해석된다. 또한 이혼의 아픔에도 불구하고 오롯이 그가 대학원 학업에 집중할 수 있게 된 것도 신의 도움으로 해석한다. 그에게 예배는 신으로부터 위로와 격려를 받는 시간이었고, 이런 신적 도움은 그의 삶에 슬픔을 제어하고 집중력을 제공하는 자원으로서 기능한 것이다.

[신을 통한 회복경험]

그 과정을 돌이켜 보면 내가 정말 어마어마한 일을 겪었음에도 불구하고 왜 나는 슬프지 않을까? 봤더니 일요일마다 교회에 가서 예배를 드리면서 내가 하나님을 만나면서 하나님이 나를 위로해 주시고, 하나님 앞에서 나의 죄를 고백하고 그리고 그런 관계가 됐으니까 그 X와이프를 만날 수도 없고, 전화를 할 수도 없고, 어떤 단절이 된 거잖아요. 단절이 됐는데 문제는 하나님을 만나는 예배 가운데서 그 단절이 회복되는 경험을 매주 하는 거예요. 하나님도 안 보이시지만 내 기도를 들어주셨듯이, 단절이 됐지만 그 X와이프와의 관계 가운데서 섭섭한 감정, 미운 감정, 분노의 감정들이 이 예배가운데서 내 안에서 하나하나 정리가 계속 돼 나가는 거죠. (이혼자 K의 사례)

[학업과 신의 은총]

그냥 물밀 듯 오는 은혜라고 보시면 될 것 같아요. 어쩌면 제가 이혼을 안 했으면 그렇게 집중력 있게 대학원 공부를 못했을 거예요. (이혼자 K의 사례)

이혼자 B는 의도치 않은 교회 방문을 통하여 신비하게 신적 체험을 하고 그의 마음의 상처가 치유되었다고 다음과 같이 설명한다.

[신의 치유]

그리고 그게 그전에는 교회 자체도 싫고 막 이랬던 사람이, 허……. 그때 성령을 받고 2012년 12월쯤이었으니까 그렇게 뜨거운 눈물을 흘리고 난 뒤부터 제가 상처가 제대로 치유되기 시작했죠. 제가 이건 간증이라고 얘기할 수 있는데, 성령의 힘으로 치유가 됐어요. 제 아픔이. (이혼자 B의 사례)

이혼자 H의 경우도 이혼 후 하나님 앞에 적극적으로 회개하며 간구한 결과 새로운 직장을 얻음과 더불어 목사님의 설교 말씀과 기도를 통해서 두고 온 자녀들에 대한 걱정이 다 해소되었다고 표현한다. H의 회개는 일종의 자기 삶에 대한 반성적 성찰로 볼 수 있다. 신이라고 하는 절대자 앞에서 자신의 삶을 돌아보고 반성한 것이다. 그 결과 신으로부터 삶의 생계 문제와 자녀들에 대한 걱정을 해결받았다고 해석한다. H에게 있어서 신은 이혼의 아픔과 고통에서 현실 생활로 돌아와 살아갈 수 있도록 큰 도움의 선물을 주신 것이다.

[신의 선물: 일과 자녀 문제]

내가 하나님 앞에서 이제는 나아가서 내 죄를 해결하고 그때 가족들의 마음을 아프게 한 것들, 이런 것들을 진짜로 다 회개하고, 하나님 이제는 하나님의 뜻대로 살겠습니다 고백하고, 하나님 인도해 주십시오 그렇게 자복하는 시간이 됐죠. 그러고 나서 너무 감사하게도 영어학원도, 근데 너무 두려웠던 게 제 나이에 이혼녀에 누가 저를 써 주겠어요? 이 취업난에~ 나이에~ 희망도 없는 거예요. 정말 기적이에요. 어떤 이런 믿음은 있었어요. 하나님이 나를 인도하실 때 분명히 어떠한 돌파구가 있고 길도 마련해 주셨을 것이다.

사실 아이들 문제 때문에 마음이 무겁고 힘들었는데, ○○○ 목사님이 자녀들을 위해서 기도해 주시고 설교해 주시는데 그때 너무 어떤 주제보다 저는 막 정말 심장이 튀어나올 정도로 울면서 기도를 하고 있는데, 진짜 음성을 들려주신 것 같은 거예요. 마음에 들려주시는 소리가 "야, 걔네들을 네가 사랑하는 것보다 내가 더 사랑한다." 저는요. 딱 그걸 들으면서 그다음부터 다 해결이 됐어요. 다 해소가 됐어요. (이혼자 H의 사례)

이혼자 E는 이혼 후 외로움을 달래기 위해 직장에서 만난 유부남 남성과 사랑 없는 성관계를 통한 욕구 충족과 술에 의지했는데, 신앙을 갖고 나서 바람직하지 않은 성관계와 술의 유혹을 해결하게 되었다는 점을 신기해했다.

[신의 선물: 성과 술로부터 해방]

안 그래요. 그게 희한한 거예요. 하나님은 다 해결해 줘요. 나도 그 부분을 신기하게 생각해요. 성적인 본능인데, 술도 딱 끊었어요. 언제 술을 마셨는지. 그리고 남자도 그 분이 더이상 아무 생각도 안 나요. 예전에는 막 생각이 났었거든요. 근데 안 나요. 신기한 거예요. 그런 거는 이제 나한테 별로 안 오는 거예요. 술 한 잔 먹고 싶네. 이런 마음이 안 드니까, 예전에는 혼자 집에서 술 사러 갈까 말까 필요할 때는 사러 나갔죠. 생각이 안 나니까 남자도 별로 중요하지 않은 거더라고요. 내 인생에서 크게 중요하지 않더라고요. (이혼자 E의 사례)

4) 종교적 성찰

이혼자들은 신앙생활을 통하여 영적 성장과 변화를 경험하고, 전 배우자를 위한 기도와 회개, 용서, 삶에 대한 여유와 자족을 통해서 긍정적 삶의 변화를 경험했다고 진술한다. 이들의 고백은 기독교 신앙이 아니었다면 도저히 일어날 수 없는 개인의 인격 및 삶의 변화를 기술하고 있다. 이혼의 고통을 이겨 내기 위해서 종교를 선택했고, 그 종교가 이혼자들의 삶 모든 부분에 변화를 준 것이다. 이혼자들은 절대자 앞에서 그들의 삶을 돌이켜 보고 진심으로 반성했다. 그리고 조건 없이 품어 주는 절대자의 사랑을 선물로 받아 새로운 삶의 변화가 있었음을 기술하고 있다. 인간이 자신의 유한성을 깨닫고 겸손해졌을 때 절대자의 존재 앞에서 자신을 온전히 내려놓을 수 있게 된다. 그래서 종교적 성찰은 한 개인의 강력한 변화를 이끌어 낼 수 있다.

[신앙의 성숙]

그전 같으면 성찬식이나 예배에 집중을 못했어요. 요즘은 성찬식에도 십자가를 묵상하면서 눈물을 흘리고, 예배 때도 찬양하면 예전에는 한쪽 팔 들고 믿음 좋은 것처럼 사람들에게 보여 주려고 했거든요, 지금은 깊이 찬양하면서 저도 모르게 찬양하고, 목사님들이 하나님 말씀을 선포할 때마다 메시지를 받고 묵상하고 생활하고 있습니다. (이혼자 I의 사례)

[전 배우자를 위한 기도]

작년에 교육보험 때문에 애 아빠를 처음 연락해서 만났거든요. 건강도 많이 안 좋아져 있고, 많이 아프다 하고 그러더라고요. 계속 기도하고 있잖아요. 그 와이프 건강해지라고, 애 아빠가 자기가 죽음의 문턱까지 갔다가 하나님의 뭐 그 빛을 느끼고 한다고 해서 그 사람의 가정에 복음이 중심이 되어서 씨앗을 뿌리기를 기도하고 있어요. (이혼자 A의 사례)

[영적 성장]

이혼의 아픔에서 나오는 데에는 세상 누구도 이해할 수 없는 절대자만이 이해할 수 있는 영역에 대하여 많은 의지를 하게 되었고, 그것을 통해 믿음, 소망, 사랑을 가지고 다시 새롭게 새 삶을 시작하는 계기가 되었으며, 조금 더 깊이 절대자의 관점에서 영적인 세계를 알게 되는 계기가 되었습니다. (이혼자 J의 사례)

[회개와 용서를 구함]

주일 예배입니다. 하나님께 예배 드릴 때 매주 주일 예배 때 우리가 기도를 드리는데 회개의 기도를 드리잖아요. 그러면 내가 크리스천으로서 트레이닝되었는데, 이혼하는 과정에서 내가 얼마나 하나님과 사람과 배우자에게 죄를 지었는지 매주 예배 때마다 반성이 되더라고요. 그러면서 하나님께 용서를 구하고 내가 찾아가지 못하지만 그 이혼을 통해서 그전 배우자나 가족들이 상처를 입었다면 하나님이 위로해 주시고, 앞으로 제가 인생을 살아갈 텐데 새로운 배우자를 만나 다시 한번 가정을 이룰 때는 다시는 이런 실수나 죄를 범하지 않도록 하나님 나를 붙들어 주세요! 그런 기도와 예배가 매주 반복되면서 점점 내 안에 치유가 되고 강화가 되면서 예배가 좀 더 나은 삶으로서의 변화가 일어나는 데 정말 주일 예배가 컸죠. (이혼자 K의 사례)

[신앙: 자족을 배움]

저는 사실은 하나님을 찬양하면서 그냥 살아야 되는 그런 느낌도 받아요. 내가 여기서 뭔가 욕심을 내거나 입으려고 하거나 이런 것조차도 필요 없다는 생각도 들고, 물론 그런 마음이 생활이 어려울 때는 나가서 더 벌까 이런 마음이 드는데, 그 정도로 지금은 저한테는 전부가 됐고, 하여튼 그렇습니다. 그 정도로 신앙 안에서 모든 것을 다 해야 한다고 생각하고, 신앙이라고 말하면 그렇고 저도 인간이다 보니까 나태해질 때도 있고, 하나님께서 쉬지 말라고 한 건 아니고 믿음만 잘 가지고 있으면 되니까 저는 그렇습니다. 굉장히 많은 경험을 신앙 안에서……. 다 용기와 희망과 힘을 얻었어요. (이혼자 B의 사례)

[신앙: 삶의 완전한 변화]

저한테는 생명이죠. 신앙이 내가 사람이 달라졌으니까, 전후가 달라요. 저는 신앙생활 전후가 나를 찾게 되는 거잖아요. 나를 알게 되는 거고, 나를 소중하게 생각하고, 나를 사랑하는 방법을 알게 된 것. 나를 사랑하니까 남도 사랑하게 되는 거고 또 아이들한테 긍정적인 효과가 나타나는 거고, 엄마가 밝아지고 매사에 나는 막 힘이 넘쳐요. 그러니까 애들한테도 당연히 좋은 영향이 가는 거고. (이혼자 E의 사례)

제10장 • Growth following divorce

외상 및 역경 후 성장

외상 및 역경 후 성장 이론은 이혼자들의 성장 경험을 이해하고 해석하는 데 도움을 준다. 외상 및 역경 후 성장 이론의 핵심은 한 개인이 예상치 못한 외상 경험을 하고 난 이후에 그 외상 사건이 촉매제가 되어 인지적 변화를 경험하게 되고 그 결과 새로운 차원의 성장 경험을 하게 된다는 것이다. 한 사람이 경험하는 이혼 사건은 그 사람의 인생에 지진과 같은 고통을 가져다준다. 이혼의 고통이 촉매제가 되어 한 사람의 생각 및 삶의 태도가 변화되어 자신과 타인 그리고 세상에 대한 성숙한 태도로 발전하게 되는데 이런 현상을 '이혼 후 성장'이라고 부른다. 외상 및 역경 후 성장 이론은 한 인간이 외상을 경험하고 난 다음에 어떤 과정을 거쳐서 성장에 이르는지를 잘 설명한다. 따라서 이혼과 같은 큰 고통과 아픔을 당한 이들의 삶에 외상 및 역경 후 성장 이론을 잘 적용하면 회복과 성장을 위한 큰 도움을 받을 수 있다.

1. 심리학적 배경

1) 인간 중심적 접근

칼 로저스

인간 중심 이론의 주창자인 칼 로저스(Carl Rogers)는 미국심리학회장을 역임한 심리치료와 상담의 선구자이다. 그는 1902년 미국 시카고에서 태어났으며 근본주의 기독교를 신봉하는 부모 아래에서 성장했다(권석만, 2012). 로저스의 부모는 신앙적인 엄격함과 삶으로 자녀들의 생활을 통제했으며, 이러한 분위기 속에서 자란 로저스는 학창시절 친구들과 어울리지 못한 채 외로운 시간을 보내며 자랐다.

그는 후일 미국에서 진보적인 신학교인 뉴욕 유니온 신학교에 입학하여 목사가 되려고 했으나, 누군가를 설득하고 강요해야 하는 설교직과 맞지 않다는 판단을 하고 근처 컬럼비아 사범대학으로 이동하여 임상심리학 박사학위를 받았다(권석만, 2012). 그는 임상적 환경에서 치료경험을 통하여 기법적인 기술보다 치료자의 인격이 중요함을 깨달으면서 그의 이론체계를 형성하게 된다(권석만, 2012).

이와 같은 배경하에서 그의 이론 체계는 심화되었고 인간 중심 치료적 접근은 세 단계로 구분된다(권석만, 2012). 첫 번째 단계는 내담자에 대한 공감적 이해를 강조하는 비지시적 치료의 단계이며, 두 번째 단계는 심리치료 기술보다는 상담을 받는 내담자가 스스로의 문제를 해결할 수 있다고 여기는 내담자 중심 치료이고, 세 번째 단계로는 1970년대 이후 집단 워크숍을 통해 자신의 치료방법을 적용하였는데 이때부터 '인간 중심(person-centered)'이라는 용어를 사용하여 '인간 중심 치료'라고 지칭하게 되었다.

로저스는 초기에 과학적 연구 결과로 내담자 중심 이론을 발전시켰으나 후기 그가 학문적 영역에서 작업하는 것을 그만두면서 점점 그의 이론은 빛을 잃었다. 1970년대 학문적 상황에서 인지행동주의가 연구가들의 관심을 끌게 되었고, 인지행동주의 이론이 객관성과 반복검증이라는 과학적 특징을 가진 데 반하여, 인간 중심 이론인 내담자 중심 접근의 연구는 실험적 검증의 어려움으로 인하여 뒤처지게 되었다(Linley & Joseph, 2006/2009). 그 결과 개인의 독특한 경험을 반영하는 인간 중심 접근은 학문적 그리고 정신의학 영역에서 멀어지게 되었으나, 긍정심리학 운동의 출현으로 칼 로저스의 이론이 다시 부각되기 시작하였다. 인간 중심 심리학은 정신건강에 대한 비의료적 모형으로서 긍정심리학적 관심을 갖는 외상 후 성장과 일치되는 성격을 가지고 있다(Joseph, 2015). 따라서 이 절에서는 역경 및 외상 후 성장의 이론적 토대가 되는 긍정심리학과 긍정심리학적 관점을 지닌 '인간 중심 접근' 이론을 살펴보고자 한다.

(1) 실현 경향성

인간 중심 이론의 중요한 핵심 개념 중 하나는 실현경향성(actualizing tendency)이다(Linley & Joseph, 2006/2009). 인간 중심 이론에 따르면 인간은 자신의 내면 속에 건설적인 발달을 성취하고자 하는 내재적인 동기가 있다. 그러나 반대자들은 '인간의 내면 속에 건설적인 충동이 있다면 왜 그렇게 파괴적 인가?' 라고 반문한다. 하지만 인간 중심 성격 이론은 이에 대하여 외부에서 주입된 가치의 조건으로 인하여 실현 경향성이 왜곡되고 좌절된다고 설명한다. 칼 로저스는 인간이 잠재성의 실현을 위한 보편적 동기를 가지고 있으나 조건적 긍정적 존중의 사회적 환경으로 인해서 유기체적 평가 과정에 방해를 받는다고 본다. 그 결과 개인의 성장과 발전이 좌절되어 정신병리가 발생한다. 인간은 누구나 긍정적 존중을 받기 원하지만 사회로부터 주어지는 긍정적 존중이 조건적일 때 그에 매달리게 되고, 타고난 실현 경향성보다는 가치 조건과 일치하는 방향으로 자기를 실현하게 된다. 가치의 조건이란 사회나 부모, 종교와 같은 외부적 환경이 요구하는 목소리가 내면화된 메시지를 말하는데, 개인이 자신의 고유한 실현 경향성보다는 이것을 실현하기 위하여 노력할 때 가짜 자기가 되는 것이다. 조건적인 긍정적 존중을 많이 경험한 사람일수록 거짓된 자기 행동을 나타내고, 자주 병에 걸리며 분노의 수준도 높다는 연구 결과가 있다(Harter, Marold, Whitesell, & Cobbs, 1996; Assor, Roth, & Deci, 2004). 따라서 인간 중심 이론이 주장하는 것은 사회로부터 무조건적인 긍정적 존중을 받게 되면 개인은 자기 내면의 실현 경향성을 추구하게 되고, 자기 실현과 실현 경향성이 일치되어 다른 사람의 목소리에 신경을 쓰지 않아도 되는 건강하고 통합된 존재가 된다는 것이다.

(2) 충분히 기능하기

개인이 사회적으로 무조건적인 긍정적 존중을 받으며 실현 경향성과 일치하는 자기 실현을 하게 될 때 '충분히 기능하는 사람'이 된다(Linley & Joseph, 2006/2009). 로저스가 말하는 충분히 기능한다는 것은 고통과 역기능이 없다는 것 이상을 의미한다.

> '충분히 기능하는 사람'이란 최적의 심리적 적응, 최적의 심리적 성숙, 완전한 일치, 경험에 대한 완전한 개방성과 동의어이다. 이러한 용어들 중 일부는 그 사람이 도달한 것 같은 정적인 느낌을 주지만, 그것은 모두 과정으로서의 특성이다. 충분히 기능하는 사람은 과정 속에 있으며 계속적으로 변화하는 사람이다(Rogers, 1959: Joseph, 2015에서 재인용).

충분히 기능을 하는 사람은 자신을 받아들이고, 자신의 모든 측면인 그들의 강점과 약점을 소중히 여기는 사람이다. 강점과 약점은 현재를 충실하게 살 수 있고, 과정으로서 삶을 경험하며, 목적과 의미를 삶에서 발견할 수 있다. 또한 타인과 깊은 신뢰 관계를 맺으며, 그들을 동정하고 기꺼이 그들로부터 동정을 받을 수 있는 삶의 여러 변화를 받아들이는 것이다.

그러나 최근의 인간 중심 접근의 논의는 충분히 기능하는 행동을 촉진하는 것에 대한 연구보다는 우울증, 불안, 외상 후 스트레스 장애(PTSD)와 같은 다양한 정신의학적 범주에 효과적인 접근인지를 주로 논의해 왔다(Joseph, 2015). 분명 이런 진단 범주와 관련된 문제를 겪고 있는 사람들은 충분히 기능하지 않는 사람이며, 인간 중심 치료는 더 충분히 기능하는 데 도움이 되어야 하지만, 이러한 상태를 완화하는 것이 충분히 기능하는 것을 의미하는 본질은 아니다(Joseph, 2015). 의료모델에 기초한 전통적인 치료 목표는 사람들이 −5에서 0이 되는 것을 목표로 하지만, 인간 중심 치료사는 어떻게 하면 그들을 −5에서 +5가 되도록 만들 수 있을까를 돕는 것이 목표이다(Joseph, 2015). 그러므로 외상 및 역경 후 성장의 개념은 인간 중심적 기준에서 볼 때 외상 생존자들에게서 발생할 수 있는 충분히 기능하는 것을 향한 구체적인 움직임을 설명하는 독창적인 아이디어이며, 의학적 개념에 기초한 치료법과 달리, 인간 본성의 성장 지향적 관점에 기초를 둔 새로운 접근법이다.

이런 접근법을 통하여, 인간 중심 치료사는 '동반자적 전문가'로서 주도적이며 교육적으로 내담자를 대해서는 안 된다. 그들이 자신들의 경험을 스스로 이해하고, 자신의 감정을 처리하는 방법을 찾을 수 있도록 도와야 한다. 그리고 가야 할 방향성을 의무적으로 부과하기보다는 조율하면서 내담자의 잠재성 여행에 무조건적인 존중과 수용으로 참여할 때, 그들은 충분히 기능하는 사람이 된다.

충분히 기능하는 사람의 특징은 외상 후 성장에서 말하는 성장의 특징과 동일하며, 이것은 주관적 행복(subjective well-being)이라기보다는 심리적 행복(psychological well-being)의 개발에 관한 설명이다. 이것은 또한 자기 실현의 개념을 도입한 아브라함 매슬로(Abraham Maslow, 1968)나 개성화의 개념을 도입한 칼 융(Carl Jung, 1933)이 말한 성장 과정과 유사하다(Joseph & Linley, 2005).

(3) 유기체 평가 이론

인간 중심 심리학에서 실현 경향성은 중요한 논쟁거리가 되어 왔는데, 그 이유는 주류 심리학과 정신분석의 입장에서 인간 본성은 악한 것으로 여겨져 왔기 때문이다. 실현 경향성에서 내담자는 자신의 삶에서 최선의 방향성을 알기 때문에 치료자는 내담자가 자기 내면의 지혜의 목소리를 들을 수 있도록 도우면 된다. 로저스가 말한 유기체적 평가 과정(organismic valuing process)이라는 용어는 각 개인이 행복과 성취를 추구하면서 그들 자신의 인생에서 최고의 방향성을 아는 타고난 경향성을 소유하고 있다는 것이다. 이러한 견해에 따르면 인간 유기체는 자기실현을 위해 무엇이 올바른지 환경으로부터 무엇이 필요한지 알 수 있는 생리학적 과정에 의지할 수 있다(Linley & Joseph, 2006/2009).

사람들은 그들의 현재 경험과 행동들이 그들의 욕구를 충족시키는지 그리고 만일 무엇인가가 옳은지 그렇지 않은지에 대한 감각을 통하여 자신의 행동을 지속적으로 평가하여, 그들의 필요와 행복을 증진시킬 수 있는 상황으로 개정하기 위한 조치를 취하도록 동기를 부여하는데 이것이 유기체적 평가 과정이다(Joseph & Linley, 2005).

개인은 사회적 환경이 개인의 필요, 가치, 열망을 촉진하거나 혹은 가로막는 정도에 따라 그들의 유기체적 평가 과정과 일치할 수도 그렇지 않을 수도 있다. 개인은 자신의 내적 지혜에 귀를 기울이고 지혜를 따라 살아갈 때 파괴적이지 않고 건설적인 삶을 살아가게 된다.

외상 및 역경 후 성장 이론에서 말하는 심리적 행복(PWB)은 유기체적 평가 과정을 따를 때 일어난다. 여기서 행복은 스트레스와 외상으로 인한 갈등 때문에 사람들이 이전 세상의 모델들을 내버려 두고 그들의 유기체적 평가 과정에 의해 안내받고 그들 자신의 유기체적 경험에 기초한 세상에 대한 새로운 모델들을 발전시킴으로써 일어난다. 스트레스나 외상 사건은 이전의 자기 정체성을 산산조각 내는 지진과 같은 사건인데, 이 사건으로 인하여 자아를 재건할 때, 그들 자신의 타고난 본성에 따른 삶의 방향인 유기체적 평가 과정에 충실한 방식으로 재구성된다. 로저스(Rogers, 1961), 라이언(Ryan, 1995), 쉘던과 엘리엇(Sheldon & Elliot, 1999)은 유기체적 평가 과정의 목소리가 "듣기는 매우 어려울 수 있지만……. 그것을 듣는 능력은 행복 추구를 위해 매우 중요하다."고 말한다(Sheldon & Elliot, 1999).

유기체적 평가 과정 이론에 따르면 개인이 자신의 고유한 경향성을 실현하기 위해서는 사회 환경이 기본적인 심리적 욕구를 충족시킬 수 있도록 영양소를 제공하는 것이 중요하다(Ryan, 1995). 자기 결정 이론은 사회적 환경이 본질적인 동기 부여를 위해 제공해야 하는 영양소를 말하는데, 세 가지 기본적인 심리적 욕구인 자율성, 유능성, 관계성을 충족시킬 때 성장이 일어난다고 본다. 또한 유기체적 평가 과정의 개념을 수용하고 자아가 현실화되는 것에 대한 이론적 관점을 제공한다(Joseph & Linley, 2005).

외상 및 역경 후 성장에 관한 유기체 평가 이론의 적용에 관한 네 가지 주요 이론적 고려사항을 정리하면 다음과 같다(Joseph & Linley, 2005).

첫째, 완전을 향한 경향성이다. 역경 사건이 일어날 때 사람들은 세상에 대한 개인의 기본 가정에 큰 영향을 받고, 이것을 조정하기 위하여 외상 관련 정보를 통합하려고 한다. 이것을 완전을 향한 경향성이라고 말한다. 완전을 향한 경향성은 유기체적 평가 과정의 일부로 간주된다. 역경 사건의 본질은 그것들이 세상의 기존 모델들과 외상과 관련된 경험들 사이에서 일어나는 불일치와 갈등이다. 이러한 실존적 도전으로 인하여 유기체는 경험을 자기 구조 안으로 통합하기 위하여 외상 후 스트레스 장애(PTSD)의 특징인 침습적이고 회피적인 상태로 이끈다. 이런 침습과 회피는 외상 관련 정보를 처리하는 단계에서 반복적으로 나타나는데, 기준점에 도달할 때까지 계속된다.

둘째, 이론적 원리는 순응(accommodation) 대 동화(assimilation)의 개념이다. 외상 경험으로 인하여 침습과 회피 상태를 반복하다가 기준점에 도달하면, 외상 기억을 처리하기 위하여 인지적인 동화 혹은 새로운 정보에 적응(순응)하기 위한 기존의 도식구조를 개정한다. 개인의 자연스러운 경향성은 외상적 정보에 순응(적응)하는 것인데, 이것은 도전적인 일이며, 자율성, 유능성 그리고 관계성에 대한 심리적 욕구를 만족시키도록 촉진하는 지지적인 사회적 환경을 요구한다. 이러한 요구들이 과거에서부터 충족되어 왔다면 회복탄력성의 요소로 작동할 것이며, 외상 이후 이러한 요구가 충족되도록 유기체적 평가 과정이 촉진될 때, 개인은 외상 사건에 대한 긍정적 적응(순응)인 성장을 향하게 된다. 이러한 욕구가 환경에 의하여 충족되거나 수용되지 못한 경우 유기체적 평가 과정은 목소리를 내지 못하고 개인은 부정적 적응(순응)을 향하여 나아가게 된다. 만일 개인이 외상 사건에 관여하지 않고 오히려 외상 이전의 도식 구조를 유지하려고 시도한다면 유기체 평가 과정은 억압되고 개인은 동화하려는 경향성이 있으며, 그것은 차후 후속적인 외상에서 취약성의 가능성을 남겨 둔다.

셋째, 이해 가능성으로서의 의미 대 중요성으로서의 의미이다. 외상 사건 후 초기 단계에서 사람들은 의미를 찾는 탐색을 시도한다. 무슨 일이 일어났는지, 왜, 어떻게 일어났는지 질문하면서 과거로 거슬러 올라가 이해를 시도한다. 이런 이해 가능성을 달성했을 때 정보를 동화하거나 순응할 수 있다. 그런데 여기서 유기체적 평가 과정이 목소리를 낸다면 개인은 그 사건에 의해 제기된 실존적 문제들에 대해 개방적이 되고 중요성으로서의 의미를 찾기 시작한다. 이 사건이 그들의 삶을 이끄는 방법, 세계관, 인생철학에 어떤 영향을 미치는지에 대한 질문은 개인으로 하여금 자신의 정신세계 안으로 통합시키고자 하는 시도를 하게 만들고 외상 사건에 대한 적응(순응)을 요구한다. 만일 부정적으로 적응한다면 이와 같은 중요한 질문은 절망과 무력감의 반응을 이끌어 내며, 반대로 긍정적으로 적응(순응)한다면 이러한 중요한 질문은 개인이 그들의 관계, 힘과 회복탄력성, 그리고 삶의 철학을 재평가하고 충분히 인식하게 만들어 성장으로 이끈다.

넷째, 이론적 원리는 에우다이모니아 행복론(eudaimonic well-being)과 헤도니아 행복론(쾌락주의 행복, hedonic well-being)이다.

외상사건으로 인한 긍정적인 적응(순응)과 중요성으로서의 의미 발달은 주관적 행복(subjective well-being)과 관련성이 떨어질 수 있다. 성장은 오히려 더 현실적이 되어 우울증적 반응과 슬픔을 야기한다. 그러나 인간 상태의 현실을 반영하여 더 현명하게 만들어 준다. 성장의 특징은 개인의 삶에 의미를 부여하여 행복을 느끼게 만들어 주는 심리적 행복(psychological well-being)의 특징과 같다. 심리적 행복은 더 긴밀한 관계, 더 큰 자기 수용, 더 깊은 영성으로 이끈다.

2) 긍정심리학

외상 및 역경 후 성장 개념의 출현은 긍정심리학 운동의 결과물로 이해될 수 있다. 인간 번영과 안녕을 촉진하는 긍정심리학의 초점은 외상 과 역경 후 성장에 대한 지적인 환경과 토대를 제공하고 있다(Seligman & Csikszentmihalyi, 2000).

뚜렷한 연구의 영역으로서 긍정심리학의 출현은 두 가지 근본적인 외상과 역경을 통한 성장 이론인 기능 서술 모델(Tedeschi & Calhoun, 2004b)과 유기체 평가 이론(Joseph & Williams, 2005)의 출현을 위한 지적인 환경, 열린 공간을 만들었다. 이런 구체적인 이론들을 소개하기에 앞서 긍정심리학의 일반적인 원리를 간단하게 소개하고자 한다.

심리학의 영역에서 병리적이고 치료적인 접근을 넘어서는 것과 인간번영에 대한 탐구와 안녕에 대한 촉진을 포함시키는 것이 이번 세기 변화의 특징이다. 긍정심리학의 시초는 마틴 셀리그먼(Martin E. P. Seligman)이 미국 심리학회 회장으로 재직하면서 심리학의 초점을 전환시킨 것이며, 셀리그먼은 제2차 세계대전 이후 심리학이 정신질환을 치료하는 것에 관심을 가진 반면, 사람들이 생산적이고 충만한 삶을 사는 것과 재능을 찾아 계발하는 것에는 관심을 기울이지 못해 왔다는 것을 깨달았다(Linley & Joseph, 2006/2009). 그는 여러 학자와의 만남을 통하여 긍정심리학의 발의를 확신하게 되었고, 이어서 『미국심리학자』 2000년 1월호에서 '탁월함, 행복, 최적의 인간 기능에 대한 특별 주제'라는 제목으로 긍정심리학과 관련된 여러 논문을 실었고 긍정심리학과 관련된 광범위한 주제를 제시하였다(Linley & Joseph, 2006/2009). 이후 긍정심리학은 꽃을 피우기 시작했고, 주요 입문서와 교과서, 다양한 주제를 다룬 책들, 학회지 특별 호나 특별 지면 등을 출판하였다(Linley & Joseph, 2006/2009).

매덕스, 스나이더, 로페즈(Maddux, Snyder, & Lopez, 2004)는 전통적인 '질병 이데올로기'와 긍정지향적인 심리학 사이에서의 주요한 세 가지 차이점을 설명한다.

① 긍정심리학은 범주화와 병리학화하는 것을 거부하면서 모든 인간 경험의 양상들을 강조한다(Maddux et al., 2004, p. 331).
② 긍정심리학은 정신병리학이 임상적 수준의 고통과 비 임상적 관심 사이에서의 차이에 지나지 않으며 단지 정도의 문제일 뿐이라고 간주한다. 린리와 조셉(Linley & Joseph, 2005)은 이것을 차원적 모델로 언급했다.
③ 긍정심리학은 질서가 개인 안에서 단지 존재한다는 사실을 덜 강조하면서 정신병리학의 상황적 본질(문제는 개인과 환경 사이에서의 상호작용 속에서 존재함)을 강조한다(예, 질병, 바이러스).

긍정심리학은 인본주의 심리학으로부터 많은 것을 배우고 차용해 왔으며, 슐리엔, 매슬로, 칼 로저스(Shlien, Maslow, Carl Rogers) 등이 긍정심리학에 대하여 언급하고 있다. 매슬로는 인간 경험의 긍정적인 측면과 부정적 측면 모두를 언급하면서 '긍정심리학'에 대한 관심을 다음과 같이 잘 표현하고 있다.

> 심리학이라는 학문은 긍정적인 측면보다 부정적인 측면을 다루는 데 더 성공적이었다. 심리학은 인간의 단점, 질병, 죄에 대해 많은 것을 드러냈지만, 인간의 잠재력, 미덕, 달성 가능한 열망, 심리적 탁월성 등에 대해서는 알려 준 것이 별로 없다. 이것은 마치 심리학이 자발적으로 반쪽의 정의로운 사법권, 즉 비열하고 어두운 측면에 대한 사법권으로 자신의 역할을 제한한 것과 같다(Maslow, 1954: Linley & Joseph, 2006/2009에서 재인용).

긍정심리학에 대한 권위 있는 인물들의 정의에 대해 살펴보면 다음과 같다.

> 긍정심리학이란 무엇인가? 그것은 평범한 인간의 강점과 미덕에 대한 과학적 연구이다. 긍정심리학은 무엇이 효과가 있고, 무엇이 옳으며, 무엇이 향상되고 있는지에 대해 관심을 갖고 '평범한 사람'을 재탐구한다(Sheldon & King, 2001: Linley & Joseph, 2006/2009에서 재인용).

> 긍정심리학이란 인간, 집단, 제도가 최적으로 기능하고 번성하는 데 기여할 수 있는 조건과 과정에 대한 연구이다(Gable & Habit, 2005: Linley & Joseph, 2006/2009에서 재인용).

이러한 정의들은 긍정심리학이 긍정적인 경험만을 다룬다는 오해를 줄 수 있다. 그런 점에서 셀리그먼과 칙센트미하이(Seligman & Csikszentmihalyi, 2000)는 긍정심리학의 목적을 "나쁜 것을 고치자는 데 함몰되기보다는 긍정적 특성을 확립하는 데 초점을 맞추는 변화를 촉진하는 것이다."라고 언급하고 있다(Linley & Joseph, 2006/2009).

그동안 긍정심리학이 받아 온 오해와 비판은 긍정심리학이 부정적인 측면은 도외시하고 긍정적인 측면만을 중요하게 여긴다는 점이었으므로 심리학 분야에서 긍정심리학의 조망은 과학적 연구와 흥미의 초점이 고통, 질병, 상실에서부터 충만감, 연결성, 행복, 건강에 이르기까지 인간 경험의 총체적 범위를 이해하는 것이고, 따라서 긍정심리학의 관점에서 임상가의 역할은 병을 치료하고 약점을 보완하며 고통을 완화시키는 것뿐만 아니라 행복을 촉진하고 건강을 증진시키며 강점을 키우는 것이다(Linley & Joseph, 2006/2009). 따라서 외상을 통한 성장이 긍정심리학의 이상이며, 그 이유는 좋은 삶이란 쉬운 쾌락이 아니라 고난과 장애물을 극복하고 유한함을 인식하며 주어진 것들에 대하여 감사와 능동적인 태도를 갖는 것이기 때문이다(Linley & Joseph, 2006/2009).

린리, 조셉, 해링턴과 우드(Linley, Joseph, Harrington, & Wood, 2006)는 「긍정심리학: 과거, 현재, 미래(Positive psychology: Past, present, and possible future)」라는 논문에서 긍정심리학에 대한 정의를 잘 요약하고 있다. 그들에 따르면 지금까지 기술했던 바와 같이 긍정심리학은 그동안 다양한 개념 정의와 용어에 대한 오해로 새로운 정리가 필요하다고 본다. 따라서 린리 등(Linley et al., 2006)이 긍정심리학을 새롭게 정의 내린 부분을 소개하면 다음과 같다.

첫째, 메타 심리학적 수준에서 긍정심리학을 이해한다. 그들에 따르면 긍정심리학의 목적은 인생에서 가장 나쁜 것들을 고치는 것으로부터 긍정적 특성들을 재건하는 심리학의 초점 변화를 촉진하는 것이다(Seligman & Cschzentmihali, 2000). 기존의 심리학이 고통, 장애, 역기능에 초점을 맞추어 왔기 때문에 긍정심리학은 행복, 건강, 긍정적 기능에 대한 초점으로 변화를 이끈다. 따라서 긍정심리학은 메타 심리학적이고, 메타 과학적인 입장에서 볼 때, 기존의 불균형적인 연구 관심과 실천 목표의 초점에 균형을 맞추기 위한 시도로 볼 수 있다. 긍정심리학은 초 과학적 가치관인 건강, 성취 및 복지에 대한 연구가 질병, 기능, 장애 및 고통의 연구만큼 가치가 있다고 본다. 그런 점에서 긍정적 주제는 부차적이거나, 파생적이거나, 환상적이거나, 이상주의적이거나, 부정적인 것에 기생하거나, 그렇지 않으면 용의주도하다는 것을 의미하지 않는다(Peterson & Seligman, 2004, p. 4). 오히려 진정성 있고 가치가 있고, 직관적인 긍정심리학의 주제가 역기능, 고통과 정신병리학에 초점을 맞춘 전통적 심리학의 주제보다 일반적인 인간 경험의 비율을 더 크게 차지한다고 본다.

둘째, 긍정심리학은 새로운 분야를 위한 공유된 언어를 제공한다. 긍정심리학은 긍정성 및 부정성, 건강 및 질병, 행복 및 고통을 종합할 수 있도록 서로 다른 관심사와 의제를 가진 연구자와 실무자가 의사소통할 수 있는 틀을 제공하는 역할을 한다. 그런 점에서 긍정심리학은 응용심리학자들의 필요와 열망에 가장 잘 부합하는 다리를 놓는 역할을 하고 있다. 긍정심리학 이전에는 지혜, 감사, 겸손, 창의력, 호기심, 그리고 감성 지능에 관한 연구자들을 연결시킬 것이 없었지만, 긍정심리학 이후로 이러한 연구 영역들이 오히려 심리학적 강점의 영역으로 이해되고, 공통의 이론적인 유산을 공유하는 것으로 서로간의 상호작용과 관계가 균형 잡힐 수 있게 되었다.

셋째, 긍정심리학은 긍정성을 소개하고 부정성을 통합하는 것이다. 지금까지의 논의에서 계속 언급되었듯이 기존의 심리학적 연구는 암묵적으로 긍정적인 것보다 부정적인 것을 매력적으로 여겨 널리 보급 하였다(Rozin & Royzman, 2001). 그러나 긍정심리학은 '무엇이 효과가 있고 옳은지, 무엇이 개선되고 있는지'를 묻는 것이다(Sheldon & King, 2001, p. 216). 따라서 긍정심리학은 심리학적 탐구의 암묵적인 가치 기반을 적자 중심으로부터 자산 중심으로 옮겨 조사를 통해 무엇이 종종 새롭고 무엇이 비옥한 토대인지를 드러낸다. 나아가서 통합된 심리학을 즐길 수 있도록 인간 경험의 긍정적인 면과 부정적인 면을 통합하여 메타 심리학적 관점이 앞으로 나아갈 수 있도록 만든다.

넷째, 긍정심리학은 연구 및 실천 측면에서 실용적인 면을 강조한다. 긍정심리학에서 관심 있는 과정들은 좋은 삶으로 인도하는 심리학적 요소(강점과 미덕) 또는 좋은 삶으로 인도하는 데 장애가 되는 것들(의미와 성취의 삶)로 규정할 수 있다. 긍정심리학은 최적의 기능을 촉진하거나 좋은 삶의 추구를 촉진하는 요인들에 대한 관심을 가진다. 그 요인으로는 주관적 수준인 행복, 복지, 성취 및 건강, 대인관계 수준에서 긍정적인 공동체 및 좋은 삶을 조성하는 제도, 사회적 수준에서 조화와 지속가능성을 촉진하는 정치, 경제, 환경 정책들과 같은 것들이 있다. 이와 같이 긍정심리학은 실용적인 수준에서 바람직한 결과를 이끌어 내는 원천, 과정들 및 구조를 이해하는 것이다.

2. 외상 및 역경 후 성장 개념의 발달

인간의 삶에서 고통과 위기를 겪고 난 후 성장이 일어난다고 보는 개념은 고대 그리스인과 히브리인들 외에 각 종교 전통에서도 자리 잡고 있으며 근래의 연구자인 프랭클(Frankl, 1963) 과 캐플란(Caplan, 1964), 도렌웬드(Dohrenwend, 1978), 얄롬(Yalom, 1980) 등이 위기를 겪을 때 긍정적인 변화가 일어날 가능성이 있음을 강조했다(Calhoun & Tedeschi, 2013/2015에서 재인용).

그러나 심리학과 정신의학의 분야들은 높은 긴장이나 외상 경험을 문제 혹은 결손이라는 관점으로 고정시켜 강조해 왔다(Tedeschi & Blevins, 2015). 하지만 이론과 의학적 영역에서의 최근 변화는 외상적 노출과 부정적 경험 이후 성장과 잠재적 이익을 얻을 수 있다는 것을 강조하는 긍정심리학적 관점으로 통합을 시도하고 있다(Seligman & Csikszentmihalyi, 2000; Tedeschi & Calhoun, 1995; Tedeschi & Kilmer, 2005). 긍정심리학의 발전은 심리적 건강이 고통의 부재에 의해서 정의되는 것이 아니라, 참된 행복은 역경과 더불어 사는 것을 배울 때 가능하다는 관점을 제시한다(Joseph, 2013/2018).

외상에서 회복과 더 나은 성장과 발달, 탄력성을 위한 길로서 그들의 경험을 이용하고자 하는 개인들에게 학문적이고 사색적인 성찰의 광대한 역사는 오늘날 경험 연구에 영감을 제공하고 있다(Tedeschi, Park, & Calhoun, 1998).

외상과 역경 이후에 보고된 긍정적 변화들에 대한 다양한 용어가 기술되었는데, 긍정적 변화(Joseph, Williams, & Yule, 1993), 스트레스 관련 성장(Park, Cohen, & Murch, 1996), 인지된 이익(McMillen & Fisher, 1998), 번영(Abraído-Lanza, Guier, & Colón, 1998), 가장 최근에 '역경을 통한 성장(adversarial growth)'(Linley & Joseph, 2004) 혹은 '상실과 역경을 통한 성장(growth through loss and adversity: GTLA)'(Lopez, 2008/2011) 등이 있다.

이 용어들 중 캘훈과 테데스키(Calhoun & Tedeschi, 1995)가 만든 외상 후 성장(posttraumatic growth)이 가장 큰 관심을 불러일으켰다. 캘훈과 테데스

캘훈과 테데스키

키는 사람들이 위기에 처했을 때, 더 나은 방향으로 변화하고 성장하는 경험에 대하여 외상 후 성장(posttraumatic growth: PTG)이라는 용어를 처음 도입했다. 외상 후 성장(posttraumatic growth)의 의미는 삶의 환경에서 커다란 도전으로 인한 갈등의 결과로서 일어난 긍정적인 심리적 변화 경험을 말한다(Calhoun & Tedeschi, 1999, 2001).

같은 개념으로 역경(逆境)을 통과하고 나서 이전에 개인이 기능했던 수준보다 높은 수준의 기능을 보여 주는 현상으로 변화된다는 것을 역경 후 성장(growth following adversity)이라고 한다(Linley & Joseph, 2004). 외상과 상실 및 역경 후 성장 개념의 연구가 중요한 이유는 다음과 같다. 그동안 외상과 역경에 대한 연구가 부정적인 결과에만 초점을 맞추어 왔고, 특별히 외상 후 스트레스 장애에 대한 치료적 개입은 외상 후 성장에 대한 가능성을 전혀 고려하지 않았다. 그래서 외상 후 결과에 대한 편향적인 이해를 가져오게 되었다. 따라서 외상 후 반응에 대한 부정적인 결과뿐만 아니라 긍정적인 잠재성에 대해서도 고려할 필요가 있음을 보여 준다(Linley & Joseph, 2004).

1) 용어의 선택과 개념 정의

이 책에서는 외상과 역경 이후 발생하는 성장 경험에 관하여 린리와 조셉(Linley & Joseph)의 역경 후 성장(growth following adversity) 이론과 캘훈과 테데스키(Calhoun & Tedeschi)의 외상 후 성장(posttraumatic growth) 이론을 주로 소개할 것이다. 이 두 가지 용어의 의미는 역경과 외상 이후에 관찰되는 긍정적인 변화들을 말하는 공통점을 가지고 있다(Linley & Joseph, 2004; Tedeschi & Calhoun, 2004b). 그중에서 '외상 후 성장'이라는 용어가 보편화되고 널리 알려져 있다. 그럼에도 역경과 고난에 대한 긍정적이고 희망적 현상을 지칭하는 데 있어서 용어의 합의와 통일이 아직 이루어지지 않았고, 용어상의 몇 가지 오해가 있어 본 책에서는 '외상(trauma) 및 역경(adversity) 후 성장'이라는 용어로 사용하고자 한다. 그러나 상황에 따라서 '외상 후 성장' '역경 후 성장' '외상 및 역경 후 성장'이라는 용어를 혼용하여 사용할 것이다. 하지만 외상 및 역경 이후에 일어나는 성장을 표현해 주는 적합한 용어는 '역경 후 성장(Adversarial Growth)'[1]이라는 표현이 더 적절하다.

그 이유는 린리와 조셉(Linley & Joseph, 2006/2009)의 다음과 같은 주장이 설득력 있는 근거를 제공한다. 첫째, 역경 후 성장이라는 용어가 이 현상의 본질을 잘 설명하고 있기 때문이다. 세상에 대한 경험과 개인이 가지고 있는 가정이 충돌하여 대항적인 긴장이 발생하는데, 즉 역경을 경험할 때 그로 인하여 우리의 가정을 수정하면 성장이 일어난다. 둘째, 외상(trauma) 사건이 성장을 이끌기도 하지만 외상 사건 자체가 성장을 일으키는 필수조건은 아니다. 따라서 외상 후 성장이라는 용어를 사용할 경우 외상 후 성장 용어가 외상 이후에만 일어나는 것으로 오해를 불러일으킬 수 있다. 또한 '외상 후 스트레스'가 DSM-5에서 규정하고 있는 장애이기 때문에 성장을 위해서는 DSM-5에서 정의한 외상을 경험하고 외상 후 스트레스 장애 진단을 받아야 하는 것처럼 잘못된 함의를 줄 수 있어 '역경 후 성장'이라는 용어를 사용할 필요성이 있다.

덧붙여 조셉(Joseph, 2013/2018)은 외상 후 스트레스(Posttraumatic stress)와 외상 후 성장(Posttraumatic growth)의 관계에 대한 새로운 인식을 제공하는

---

1) 'Adversarial Growth' 혹은 'Growth following adversity'를 '역경을 통한 성장 혹은 역경 후 성장'으로 번역하고 있다. 그런데 여기서 'Adversarial'의 정확한 의미는 '대립관계에 있는' 혹은 '적대적인'이라는 뜻을 가지고 있다. 즉, '외상 후 성장' 또는 '역경 후 성장 이론'의 본질적 내용은 외상이나 역경 같은 부정적 경험이 동시에 긍정적 경험인 성장을 낳는 역설적 의미를 가지고 있기 때문에 'Adversarial Growth'라고 부르는 것이다. 그런 점에서 '외상 후 성장(Posttraumatic growth)'이라는 용어보다는 개념의 본질적 특성을 잘 나타내는 'Adversarial Growth(적대적 성장)'이라는 표현이 더 적절한데 우리 말 번역 표현으로는 'Adversarial'의 명사형인 'Adversity'(역경)라는 단어를 사용한 'Growth following adversity'의 번역 표현인 '역경 후 성장'이 가장 자연스럽다.

데, 외상 후 스트레스는 세상에 대한 개인들의 신념과 가정에 위협을 주어 인지적 처리과정을 지시하는 촉발요인이 된다. 사회심리학자 로니 재노프 불먼(Ronnie Janoff-Bulman) 교수에 따르면 서양문화권에서 성장한 이들은 자연스럽게 형성하는 세 가지 신념(Joseph, 2013/2018)이 있는데, 첫째는 세상은 우호적이라는 것이고, 둘째 신념은 세상은 통제와 예측이 가능하여 의미있고 정의롭다는 것이고, 셋째 신념은 자기 자신을 긍정적으로 보는 경향성이 있다는 것이다. 외상 후 스트레스 경험은 바로 이와 같은 비현실적이고 과장된 개인의 신념체계에 원폭 투하 및 지진이 일어난 것과 같은 결과를 만들어 개인의 취약하고 유한한 실존적 현실을 직면하게 만들어 준다. 그러므로 대부분의 심리학자가 외상 후 스트레스를 장애의 증상으로 간주하는 데 반하여 조셉(2013/2018)은 이러한 인지적 처리 과정은 장애의 증상이라기보다는 적응적인 처리과정으로 이해해야 한다고 주장한다. 결과적으로 그에 따르면 외상 후 스트레스 반응은 심리적 적응과정의 정상적인 일부이며, 외상 후 성장은 인지처리 과정의 자연스럽고도 정상적인 방향이 된다.

조셉(2013/2018)은 역경 후 성장 이론을 '깨진 꽃병 이론' 비유를 통하여 명쾌하게 설명해 낸다. 깨진 꽃병 이론이란 꽃병이 깨져 수 천 개의 작은 조각들로 부서졌을 때, 이전 상태로 만들려고 하는 시도는 심리적 동화 과정에 해당되는 것인데, 어떤 사람들은 깨진 꽃병의 조각들을 다시 모아 다른 색깔의 조각들로 모자이크를 만들어 내는데, 이것은 역경으로부터 벗어나기 위하여 새로운 정보에 직면하고 기존의 인식을 수정하여 현실에 순응하는 과정으로서 바로 이것이 성장인 것이다.

국내 연구에서도 임선영(2013)은 고통을 유발함과 동시에 성장을 일으키는 현상에 대하여 포괄적 의미를 담기 위하여 '역경(逆境)을 통한 성장'이라는 용어를 사용한바 있다. 그런 측면에서 이 장에서는 '외상 후 성장'과 더불어 '역경 후 성장'이라는 표현을 사용할 것이다.

2) 외상 및 역경 후 성장의 세 가지 구성요소

외상 후 성장 척도(PTGI; Tedeschi & Calhoun, 1996)를 통한 성장의 5가지 요인은 외상 후 성장을 평가한다. 그 내용은 삶의 감사와 변화된 우선순위의 지각, 타자와의 친밀한 관계, 개인의 강점에 대한 지각, 삶에 대한 새로운 가능성의 인식, 영적인 발전으로 규정되었다(Tedeschi & Calhoun, 2004b).

기존 문헌들을 통하여 성장에 관련된 세 가지 차원의 내용, 즉 자기 자신에 대해 변화된 느낌, 타인과의 관계에서 변화된 느낌, 인생철학의 변화가 공통적으로 보고되었다(Calhoun & Tedeschi, 1999, 2004b; Cohen, Hettler, & Pane, 1998; Linley, 2003; McMillen, 1999; O'Leary & Ickovics, 1995; Shaw, Joseph, & Linley, 2005; Tedeschi, Park, & Calhoun, 1998a, 1998b: Joseph & Linley, 2006에서 재인용).

(1) 자기 자신에 대해 변화된 느낌

사람들은 삶의 고통과 어려움을 겪으면서 변화를 경험한다. 긍정적인 변화의 내용은 역경을 잘 이겨 낸 자신을 보면서 이전보다 강하다는 생각을 하며, 어떤 일도 잘 이겨 낼 수 있으리라 생각한다. 또한 더 이상 어떤 일도 그에게 상처를 줄 수 없다는 강인함을 가지게 된다. 성장에 대한 이 역설은 '더 취약한 그러나 더 강한'이라는 표현으로 정리할 수 있다(Calhoun & Tedeschi, 2013/2015). 상실과 고통이 사람들에게 주는 교훈은 나쁜 일들은 예고 없이 일어나며 그 결과를 통제할 수 없다는 것을 깨닫게 해 준다. 사람들은 상황이 좋을 때는 깨닫지 못하다가 위기를 통해서 이런 것들을 깨닫게 되고 자신이 대처하여 이겨 낼 수 있는 능력이 있음을 또한 깨닫는다.

마리(Marie)라고 하는 여인의 사례는 역경을 통과한 후 자신의 변화된 성장 경험을 잘 설명해 주고 있다(Joseph, 2013/2018). 나이트클럽에서 집으로 귀가하다가 그녀의 아파트까지 따라온 괴한에 의해서 폭행을 당한다. 그러나 그녀의 용기 있는 행동으로 화재경보기를 내리쳐 소방관과 경찰이 출동하고 그녀는 타박상을 입은 채로 목숨을 구한다. 그러나 그 사건은 그녀의 삶을 갈기갈기 찢어 놓았고 7년 동안 분노에 휩싸였고 울먹이면서 지냈다. 그러나 그 이후 마리는 당시 폭행에 대해서 분노하면서도 그 일이 자신에게 선물이었다고 이야기한다. 어떤 측면에서 외상은 그녀의 삶이 변화하는 데 도움을 준 것이다. 그녀는 이후 자신의 삶에서 무엇이 중요한지 무엇을 원하는지 자신이 누구인지를 알게 되었다고 고백한다. 마리는 이후 대학의 심리학과에 진학을 했고 높은 성적을 얻으면서 생각지 못한 행복을 누렸다. 그리고 상담가로 수련을 받으면서 자신과 비슷한 경험을 한 여성들을 위해 일하고 있다. 그녀는 성숙하고 지혜와 인정이 깊어졌다는 주변의 평가를 듣게 되었다.

이처럼 역경 이후 사람들은 오랫동안 잊은 꿈을 깨닫고, 공부를 다시 하거나 갈망했던 일에 착수하기 시작한다. 역경을 경험한 사람들은 이후 자신에게 회복력이 크며, 지혜가 생기고, 자기 효능감이 강해지는 경험을 한다.

(2) 타인과의 관계에서 변화된 느낌

외상 및 역경 경험을 하고 난 이후 사람들에게 일어난 변화는 당연하게 여겼던 주변 사람들과의 관계를 소중하게 여기고 감사하며 의미 있게 접근한다. 특별히 외상을 겪고 나서는 외상 이전보다 더 가족들과 친구들과 가깝게 지내며 그들에게 많은 가치를 부여하게 된다. 자녀를 잃은 존(John)은 이전에는 자신의 일에만 몰두하며 지냈지만, 아이를 잃고 나서 삶을 소중히 여기는 방법과 시간이 아깝다는 생각을 하게 됐으며 남은 자녀들을 더 사랑하게 되었다(Joseph, 2013/2018). 역경 이후 외상 생존자들이 공통적으로 느끼는 경험은 진정한 친구가 누구인지 알게 됨으로써 인간관계가 훨씬 더 좋아졌고, 가족과 친구들을 진정으로 소중히 여기며 관계 속에서 느끼는 기쁨을 자주 경험한다. 또한 예상치 못한 사람들의 도움으로 더 깊은 관계를 맺게 되며, 친밀한 관계에 익숙해지는 자신을 경험한다. 뿐만 아니라 타인에 대한 연민과 공감능력이 커지며 자신의 감정을 솔직하게 표현하게 된다. 타인에 대한 강한 연민은 헌신적 행동을 하게 만들어 다른 사람의 고통을 완화시키는 일에 도움을 제공한다.

(3) 인생철학의 변화

역경을 경험한 이들은 변화된 삶의 철학을 보고한다. 예를 들어, 사람들은 영적인 신앙에 대한 변화가능성뿐만 아니라 사람들 자신들의 삶에 한계가 있다는 깨달음 속에서 무엇이 진정 문제인지를 재검토하는 것과 새날에 대하여 감사를 발견한다. 자신들이 이제껏 평범하고 당연하게 누려 왔던 삶이 얼마나 값진 것인지를 깨닫게 된다. 예를 들어, 심장마비를 경험한 케빈(Kevin)이라는 사람은 심장마비에 대한 두려움으로 공황발작을 경험하기도 하였지만, 그러면서 그는 삶이 얼마나 값진 것인지를 깨달았다. 그 결과 자신의 시간을 낭비하지 않아야겠다는 생각을 갖고 산다. 암 투병을 한 어느 마라토너는 다음과 같은 교훈을 말한다. "무자비하게 들릴 수도 있겠지만, 사람들은 변화하려면 모두 한 번씩 작은 암에 걸려 봐야 한다."(Calhoun & Tedeschi, 2013/2015) 최근 한 여배우는 결혼한 지 1년도 채 되지 않아 이혼을 하고 나서 한 방송에 출연하여 다음과 같은 고백을 남겼다. "저를 돌아볼 수 있는 계기가 된 것 같다. 한 가지 배운 건 살아가면서 절대라는 건 세상에 없구나, 좋은 일 일어나면 진짜 감사한 거고 아무 일 없는 것은 그냥 당연히 감사한 거고 나쁜 일이 일어나면 받아들이는 게 인생인 것 같다. 그런 걸 배워서 제 모든 가치관, 인생관을 바꿨다."(머니투데이, 2019. 11. 6.)

외상 사건을 경험한 이들은 그 이후 자신의 삶에서 우선순위를 갖게 되었다. 외상 후 성장을 경험한 이들이 삶에서 조정한 우선순위의 특징은 소소한 일상이 지니는 의미를 크게 느끼고, 예전에 당연하게 느꼈던 관계의 중요성을 새롭게 깨닫게 된다.

식당에서 남편이 강도에게 살해를 당한 애슐리(Ashley)라는 여성은 그 사건 이후 자신의 종교와 신앙에 위기를 맞게 된다. 그러나 역설적으로 그 사건 이후 영적이고 초월적인 무엇인가에 더 깊게 연결되는 경험을 하게 되었다(Calhoun & Tedeschi, 2013/2015). 고통과 죽음을 직면하는 경험은 영성과 관련된 측면을 더 자각하게 만들고, 삶의 의미나 실존적인 의문에 대해 더 관심을 가지고 몰두한다. 외상을 경험한 이들은 전통적인 종교 방식 내에서만 성장을 하는 것이 아니라 더 깊은 의미와 실존적 질문을 던지며 씨름한다. 그리고 종교적·영적인 순수한 실존적 영역에 관한 깊은 의미를 깨닫게 된다.

3. 외상 및 역경 후 성장의 특징

1) 외상 사건

외상 및 역경 후 성장을 일으키기 위해서는 삶을 위협할 정도의 위험성을 인식하는 사건이 필요하다. 만성 질환, 심장 발작, 유방암, 골수 이식, HIV 및 에이즈, 강간 및 성폭력, 군대 전투, 해상 재해, 비행기 추락, 토네이도, 총격, 사별, 부상, 약물 중독에서의 회복, 그리고 장애를 가진 자녀들의 부모들이 역경과 맞서 싸우는 과정에서 일어나는 긍정적 변화 경험, 성장이 보고되어 왔다(Tedeschi & Calhoun, 2004b). 그러나 직접적인 외상적 경험이 아닌 타인의 고난과 관련된 사건을 가까이에서 경험한 사람들도 성장이 촉진된다는 보고가 있는데, 이 점은 외상 후 성장을 경험하기 위해서 반드시 자신의 삶을 위협하는 사건을 직접 경험할 필요는 없다는 것을 시사한다(Joseph, 2013/2018).

린리와 조셉(Linley & Joseph, 2004)은 사건 유형에 따른 역경 후 성장을 검토한 결과, 각 사건 유형에 따른 성장 점수의 차이가 사건 유형에서 기인한 것이 아님을 발견했으며, 역경 후 성장에 영향을 미치는 사건 자체보다는 사건에 대한 주관적 경험의 특성이 더 중요하다는 것을 발견했다. 따라서 외상 경험을 한 이후 그 경험에 대한 실존적인 깨달음과 울림을 느끼는 개인의 주관적 해석의 중요성이 강조된다고 볼 수 있다.

2) 인지적 평가, 사회 인구학적 변수, 성격요인

외상 및 역경 후 성장에 있어서 지각 된 두려움과 피해의 수준이 높을수록 외상 및 역경 후 성장 수준이 더 높아지는 것과 관련이 있다(Linley & Joseph, 2004). 외상 후 스트레스와 성장간의 관계에 대한 논의에서, 성장한 사람들은 오히려 외상의 영향에 저항한 사람이 아니라, 심리적으로 어려움을 겪어 어느 정도의 외상 후 스트레스 증상을 보인 사람이다(Joseph, 2013/2018). 그런 점에서 외상 후 스트레스는 부정적인 경험이 아니라 외상 후 성장의 동력이 되는 것이며, 성장은 고통스러운 스트레스를 경험할 때 그들의 정서적 고군분투로부터 일어나는 것이다. 그러나 과한 스트레스는 오히려 외상 후 성장을 방해한다는 연구 결과가 있는데, 중등도의 외상 후 스트레스를 보고한 사람들이 가장 높은 성장을 보인다(Joseph, 2013/2018). 즉, 어느 정도의 외상 및 역경 후 스트레스는 외상 후 성장을 촉발하지만, 스트레스 수준이 너무 높을 때는 성장 가능성이 줄어든다. 인지적 평가 변수의 측면에서 사건의 인식과 통제 가능성은 일반적으로 보다 높은 수준의 외상 및 역경 후 성장과 관련이 있다(Linley & Joseph, 2004).

사회 인구학적 요인으로 여성들이 남성들보다 더 높은 수준의 외상 및 역경 후 성장을 경험하는 경향이 있다. 일정 범위의 사건에 대해 보고하는 학생 인구 조사(Park et al., 1996; Tedeschi & Calhoun, 1996)와 유방암 여성이 남편과 비교되는 경우(Weiss, 2002), 여성이 남성보다 더 많은 성장을 보였다. 나이와 관련해서는 어린이나 노인들보다는 나이 든 청소년들이 외상 후 성장을 보고할 가능성이 더 높다는 연구 결과가 있다. 노인들은 자신의 죽음이 임박했을 때 그것에 더 관심을 가지기 때문에 성장을 보고할 가능성이 낮고(Davis et al., 1998), 만성질환을 오랫동안 인식해 온 젊은 청년은 자신의 질병에 대한 적응을 오랫동안 추구해 왔기 때문에 더 많은 이익을 발견할 수 있다(Evers et al., 2001). 추후 변수들에 대한 좀 더 세밀한 접근이 필요하겠지만 높은 수준의 교육과 소득은 보다 역경 후 성장과 연관성이 있다(Linley & Joseph, 2004).

성격적 요인과 관련해서는 빅 5 성격 차원들 중 린리와 조셉(Linley & Joseph, 2004b)은 외향성, 개방성, 친화성,성실성이 모두 성장과 긍정적으로 관련이 있는 것으로 본 반면, 테데스키와 캘훈(Tedeschi & Calhoun, 2004b)은 외향성과 개방성 차원이 역경 후 성장과 연관성이 있다는 증거를 발견했다. 성격적 요인들 중 자기효능과 강인함은 모두 성장과 관련이 있었고, 자존감이 높고 낙관적인 사람들 또한 더 많은 성장을 보고하는 경향이 있었다(Linley & Joseph, 2004; Tedeschi & Calhoun, 2004b).

박(Park, 1998)은 적응의 긍정적 측면과 부정적 측면이 독립적 일 수 있으며, 오직 긍정적 변화만을 보고하는 사람들과 비교할 때 긍정적인 변화와 부정적 변화 모두를 보고하는 사람들이 더 많은 성장을 보였다고 기술한다(Taylor, Kemeny, Reed, & Aspinwall, 1991). 이러한 점들을 종합해 볼 때 외상 이전의 성격 특성들이 외상 후 성장을 허용하는지 여부를 결정적으로 입증하기 위해서는 종단 연구를 더 필요로 한다(Tedeschi & Calhoun, 2004b).

3) 고통의 감정 다루기와 인지처리 과정

외상을 경험한 개인은 고통스러운 감정에 시달린다. 외상과 역경 후 성장은 외상 후 스트레스를 감소시키는 것처럼 보이지만, 반대로 외상 후 스트레스가 역경 후 성장으로 향하는 촉매제 역할을 한다. 심각한 삶의 위기에 처한 개인들은 초기 고통을 관리하고 다루는 것이 필요하다. 이를 위해서는 외상 후 성장의 경험에 기여할 수 있는 도식의 변화를 만들어 내는 어느 정도의 건설적인 인지처리 과정이 일어나도록 허용하는 것이 필요하다(Tedeschi & Calhoun, 2004b).

캘훈과 테데스키(Calhoun & Tedeschi, 2013/2015)는 외상 후 성장과정에 대한 이해를 위하여 인지 처리 과정을 다음과 같이 설명하고 있다. 처음 외상 사건을 경험했을 때 세상에 대한 개인의 기본 가정(assumptive world), 즉 개인의 신념, 세상이 움직이는 방식, 세상 속에 놓인 개인의 위치 등은 큰 충격을 경험한다. 이러한 충격 경험은 지진이 물리적 구조물에 손상을 입히고 충격을 주는 것처럼, 개인들의 경험과 이해에 도움이 되는 도식 구조와 신념에 지진과 같은 종류의 충격을 준다. 그 결과 개인들은 자신들의 신념과 세상에 대한 이해를 새롭게 검토하게 되고, 이런 탐색의 과정은 외상 이후 성장을 위한 촉매제가 된다는 것이다.

개인들이 스트레스를 경험할 때 자신의 핵심 신념을 살펴보고, 자신의 기본 가정을 바탕으로 사건을 이해하고 파악할 수 있다면 개인의 핵심 신념은 도전을 받지 않는다. 이럴 경우 개인은 정서적인 고통을 약간 겪을 수는 있지만, 성장으로 발전하지는 않는다. 외상 경험에 대하여 자신이 가지고 있는 세계관으로 잘 대처할 수 있는 능력을 가지고 있다면 그것으로 고통을 다루어 내고 문제를 해결할 수 있게 된다. 그러나 만일 외상으로 인하여 개인의 기본 가정이 흔들리고 붕괴된다면 개인은 큰 고통을 겪게 되고 그 고통의 지속으로 인하여 외상 이후 성장이 발생할 수 있는 가능성이 생긴다. 외상 사건으로 인한 고통의 지속성은 성장이 일어나는 데 중요한 역할을 하며 고통은 인지적 처리 과정을 활발하게 만들어 도식의 변화를 이끌어 낼 수 있게 만든다.

처음 외상 사건을 경험할 때 사람들은 자신의 핵심 신념에 도전을 받게 되고, 그것이 와해될 때 사람들은 자신의 중요한 목표나 삶의 이야기들을 잃어버릴 수 있다. 이때 개인들에게는 자동적인 인지 처리 과정이 발생한다. 개인들은 일어난 사건을 자동적이고 반복적으로 생각하게 되는데 이를 반추(rumination)라고 한다. 위기적 사건의 초기에는 개인이 원치 않을 때에도 반복적으로 침투적 성격을 띤 반추(intrusive thought)와 이미지가 발생한다. 일반적으로 부정적인 침습적 반추가 빈번하게 일어난다. 이때 개인은 일어난 사건을 이해하기 위하여 의도적으로 노력을 하게 되는데 이때 일어난 변화를 의도적 반추 혹은 성찰적 반추라고 부른다. 성찰적 반추는 적응적인 문제 해결 및 정서 중심적 대처에 의도적으로 주의를 기울이는 노력이다(Joseph, 2013/2018).

캘훈과 테데스키(Calhoun & Tedeschi, 2013/2015)에 의하면 침투적인 반추

를 의도적인 형태의 반추로 전환시키면 성장이 일어날 가능성이 있다. 반면, 병리적인 반추를 통해서 부정적인 사고의 패턴을 반복할 경우 문제해결이 어렵게 된다. 외상 후 성장은 인지 처리 과정을 건설적으로 만들어 주어 기존에 가지고 있는 개인들의 가정을 개정하고, 새로운 정보에 순응하여 개인의 정신적 지도를 재구성할 때 일어난다.

조셉(Joseph, 2013/2018)은 아동심리학자 장 피아제(Jean Piaget)의 적응에 관한 동화(assimilation)와 순응(accommodation)의 이론을 성인의 외상 사건에 대한 대처에 적용 하여 잘 설명하고 있다. 피아제에 따르면 동화(assimilation)란 아동이 새로운 대상에 기존의 가정을 맞추려 노력함으로써 그 사물에 대한 새로운 정보를 받아들이는 것이고, 순응(accommodation)이란 기존의 가정을 수정하여 새로운 정보를 받아들이는 것이다. 피아제에 따르면 학습은 동화와 순응 간의 균형을 찾는 활동이며, 어른의 경우 새로운 외상정보를 마주할 때 적용된다. 역경 후 성장은 외상 사건으로 인해서 개인의 신념이 위협을 받을 때, 새로운 정보를 기존의 가정에 맞추려는 동화과정이라기보다는, 개인이 가지고 있는 세계에 대한 가정과 신념을 수정하여 새로운 정보가 잘 일치되도록 하는 순응과정이며, 이 과정에서 성장이 일어난다(Joseph, 2013/2018). 외상 및 역경을 성공적으로 다루기 위해서는 기존의 정신적 틀을 새롭게 개정하는 노력이 필요한데, 순응은 기존의 가정을 포기하라고 하기 때문에 고통스러운 과정이다. 대부분의 사람은 자신들의 세계관을 유지하려고 하며, 외상을 경험하고 나서 기존의 가치관으로 문제를 해결하고자 하기 때문에 고통에 시달리며, 현실을 애써 무시하거나 왜곡하는 어려움을 겪는다. 따라서 동화와 순응이 평형을 이루는 것이 중요하다. 그 이유는 에우다이모니아적 행복, 더 큰 자율성과 환경에 대한 지배력, 자기 수용, 긍정적인 관계경험, 삶의 의미, 더 높은 성장을 추구하는 능력 등을 증가시키는 길이기 때문이다(Joseph, 2013/2018).

4) 사회적 지지와 노출

테데스키와 캘훈(Tedeschi & Calhoun, 2004b)은 역경 후 성장으로 이끄는 인지처리 과정에서 사회적 지지와 자기 노출의 중요성을 다음과 같이 사례를 들어 설명하고 있다.

노출이 글이나 언어로 더 잘 작용하는지 여부는 분명하지 않지만, 일기쓰기를 하는 동안 인지 과정을 향상시키는 구체적 개입으로 외상 후 성장이 증가할 수 있다는 연구 결과가 있다(Ullrich & Lutgendorf, 2002). 레포리 등(Lepore & Helgeson, 1998; Lepore, Silver, Wortman, & Wayment, 1996)은 사회적 제약(즉, 침습적 사고의 자기 노출을 막음)이 이러한 생각과 우울 사이에 강한 관계를 만들어 냈음을 보여 주었고, 놀렌-호에크세마와 데이비스(Nolen-Hoeksema & Davis, 1999)는 18개월 이상된 사별자 가족에 대한 연구에서 반추적 대처 유형을 가진 사람들이 처음에는 사고하지 않는 사람들보다 이야기하는 것이 편안하지 않지만, 사회적 지지를 더 많이 얻었고, 그러한 반추적 대처는 그들이 우울증에 빠지는 것을 피하도록 도와주면서, 더 많은 혜택을 얻는 것으로 결론이 났다. 놀렌-호에크세마와 라슨(Nolen-Hoeksema & Larson, 1999)은 같은 자료에 대해 보고하면서 18개월 동안 네 번의 인터뷰 중 두 곳에서 사회적 지지를 얻는 것이 외상 후 성장을 일으킨다는 사실을 발견했으며, 많은 사람이 지지를 요청했지만 그것을 얻어 내지 못했을 수도 있으며 사회적 지지는 시간이 지남에 따라 안정적이고 일관성을 유지할 때 외상 후 성장 발달에 중요한 역할을 할 수 있다.

외상 후 성장과 사회적 지지의 관계에 대한 직접적인 테스트가 유방암 생존자에 대한 연구에서 수행되었는데, 친구나 가족이 암 환자의 질병에 대해 듣고 싶지 않을 때 인지 과정이 억제되는 것으로 보이며, 인지 처리 과정이 적을수록 생존자들에 의해 보고된 외상 후 성장이 적었다(Cordova, 1999; Cordova et al., 2001: Tedeschi & Calhoun, 2004b 재인용). 유방암 생존자들과 그들의 남편들에 대한 또 다른 연구는 외상 후 성장이 사회적 지원에 의해 긍정적으로 영향을 받는다는 가설을 뒷받침하는데, 바이스(Weiss, 2000)는 아내의 외상 후 성장이 남편의 외상 후 성장에 대한 중요한 예측 변수이며, 이는 결혼생활의 갈등 정도와는 관련이 없다고 보고했다.

집단에서 외상 후 성장이 활발하게 촉진될 수 있다는 개념을 검토한 자료는 안토니 등(Antoni et al., 2001)의 연구인데, 이 연구자들은 초기 유방암 여성을 위한 10주 집단을 기반으로 하는 인지 행동주의 스트레스 관리 개입을 사용하여 암을 경험함으로써 얻을 수 있는 혜택에 대한 인식을 조사했다. 그 결과 낙관성이 높은 여성들과 달리, 낙관적인 성향이 낮은 여성들이 3개월에서 6개월에 걸친 암 경험에서 이익의 더 큰 증가를 가져왔음을 보고했다.

외상 후 성장과 사회적 지지와 노출사이의 관계에 대한 문화적 영향에 대한 논의들도 있다. 집단주의적 관점이 우세한 문화권에서는 개인의 성공이나 긍정적 경험에 관한 노출이 사회적으로 부적절하게 간주되어 개인이 자신을 사회에 노출할 가능성이 적어지고 사회적 불승인을 마주하게 될 가능성이 높지만, 반대로 전반적인 사회 문화가 개인의 성장 경험과 노출을 격려하고 개방적으로 반응할 때는 개인이 자신을 노출하여 사회적인 지지를 통하여 외상 및 역경 후 성장 경험의 가능성이 높아질 수 있다(Calhoun & Tedeschi, 2013/2015).

5) 지혜와 이야기 발달, 삶의 의미

테데스키와 캘훈(Tedeschi & Calhoun, 2004b)은 개인들이 외상 및 역경 후 성장을 경험하면서 삶에 대한 지혜의 발전과 삶에 대한 일반적인 틀, 이야기의 발전, 자신의 삶에 대한 생각에 지속적이고 상호적인 영향을 미친다고 가정했다. 주요한 생활 위기를 겪은 사람의 삶은 종종 그 사건의 전 후를 갖는 것으로 개념화된다. 예를 들어, 아기를 잃기 전후에, 전쟁이 끝나기 12일 전후, 주식 시장 사고 전후, 또는 폭행 전후(Tedeschi & Calhoun, 1995). 외상 사건으로 인한 투쟁은 외상 후 성장의 가능성과 함께 개정된 삶의 이야기로 이어질 수 있다(McAdams, 1993).

인간은 이야기하는 존재이며, 자신의 삶에 일어난 일을 이야기로 꾸며 삶에 의미를 부여하고, 그것으로 인하여 자신에 대한 이해, 정체성을 형성하며, 감정과 생각 행동이 자기 개념 및 과거력과 연속성을 가지도록 묶어 주는 역할을 한다(Joseph, 2013/2018). 사람들은 자신들에게 일어난 외상 사건을 온전히 기억하지 못하기 때문에, 단순하게 회상하기보다는, 해석을 통하여 그것을 기억하고 그 일의 중요성을 이해하게 된다(Joseph, 2013/2018). 개인은 삶 속에서 의미를 찾고, 그 의미를 발견하여 앞으로 나아가게 되는데, 이때 스토리텔링은 자신의 삶을 이해하게 만들고 정체감을 형성하여 인생의 방향성을 선택하는 이유를 제공하게 된다(Joseph, 2013/2018). 따라서 개인이 외상 사건을 경험할 때, 그 사건을 극복하고 이겨 내기 위하여 자신을 강인하고 어려움을 겪어 낸 생존자로 생각하며, 성장했다고 보는 적응적인 삶의 이야기를 만들어 내는 것이 성장과 밀접한 연관성을 지닌다(Calhoun & Tedeschi, 2013/2015). 외상 후 성장을 경험한 사람은 삶의 의미와 목적을 갖게 되었다고 보고할 가능성이 높고 삶의 의미는 높은 삶의 만족도의 수준과 관련성을 지니게 된다(Calhoun & Tedeschi, 2013/2015).

4. 외상 및 역경 후 성장과 행복

외상 및 역경 후 성장은 삶의 질, 정신건강 및 신체건강과 같은 행복과 어떤 연관성을 가지는가에 대한 많은 연구가 진행되어 왔다. 성장 모델의 종착점은 심리적 행복과 삶의 만족이다(Calhoun & Tedeschi, 2013/2015). 21세기 미국 심리학자들 사이에서 개인의 행복에 관한 일반적인 관점은 긍정적인 정서는 있지만 부정적인 정서는 없는 주관적 행복을 말하는 것이었다(Calhoun & Tedeschi, 2013/2015). 그러나 긍정심리학적 배경에서 행복(well-being)에 관한 새로운 논의, 즉 가치지향적인 행복론에 대한 담론이 전개되었다. 이를 토대로 행복의 정의는 심리적 행복(psychological well-being: PWB)과 주관적 행복(subjective well-being)을 구분할 필요가 있게 되었다(Linley & Joseph, 2006/2009). 심리적 행복과 주관적 행복은 에우다이모니아 행복론(eudaimonia)과 쾌락주의 행복론(hedonia)이라는 보편적 철학 관점으로부터 나왔다(Ryan & Deci, 2001). 에우다이모니아 행복론의 철학적 배경은 아리스토텔레스에 의해 발달된 관점인데, 그에 따르면 인간 삶의 일차적인 기능은 '행복(eudaimonia)'을 성취하기 위함이다. 에우다이모니아(eudaimonia)의 어원적 의미는 인간의 번영 및 온전한 삶을 위한 자신의 가능성을 완전하게 깨닫는 것을 뜻한다(Calhoun & Tedeschi, 2013/2015).

린리와 조셉(2006/2009)은 행복을 심리적 행복(psychological well-being: PWB)과 주관적 행복(subjective well-being: SWB)으로 잘 분류하고 있다. 이들은 호니(Horney)와 로저스(Rogers)가 이야기하는 행복을 심리적 행복으로 충분히 설명할 수 있다고 본다. 주관적 행복의 개념은 삶의 만족과 정서적 균형, 긍정 정서에서 부정정서를 제외한 총합으로 여긴다. 그러나 이런 행복의 이해는 지속적 행복을 유지하는 데 문제가 생긴다. 많은 연구는 행복의 지속적 추진에 대한 결과에서 주관적 행복보다는 감사연습, 친절함, 실천 등 심리적 행복의 관점을 취하고 있다. 주관적 행복은 지나가는 시간에 경험하는 쾌락의 양이 얼마인지를 계산하는 제한된 속성을 가지고 있지만, 심리적 행복은 교양, 인내, 책임감 같은 시민적 덕목들을 말한다.

역경 후 성장이 심리적 행복과 주관적 행복 중 어떤 것과 더 연관이 있는지에 대한 연구에서 고통을 경험한 125명 대학생들의 표본을 검토한 결과 성장경험이 주관적 행복이라기보다는 심리적 행복과 연관성이 있다는 결론을 얻었다(Durkin & Joseph, 2009). 그러므로 역경 후 성장에서 말하는 행복은 주관적 쾌락을 말하는 것이 아닌, 심리적으로 의미를 부여할 때 생기는 행복을 말한다.

역경 후 성장의 관점에서는 개인이 겪는 고통을 덜 느끼도록 하거나 긍정적인 감정이 커지도록 유도하는 것이 필수적이지 않기 때문에 성장은 삶을 잘 살아갈 수 있도록 무엇이 중요한지를 깨닫는 것이지, 주관적 느낌이 더 좋아지도록 반드시 유도하는 것은 아니다(Calhoun & Tedeschi, 2013/2015). 한편으로 최근의 연구에 따르면 외상 후 성장을 많이 할수록 삶의 질이 증가한다는 연구 결과가 있다. 유방암 초기 단계로 치료받은 161명의 여성들을 인터뷰한 결과 외상 후 스트레스 수준이 증가할수록 삶의 질이 감소하지만, 이러한 감소폭은 외상 후 성장 수준이 낮은 사람들에게서 더 뚜렷하게 나타났고, 117명의 암 환자 대상 연구에서 수술 후의 이득 발견이 치료 1년경과 시점의 높은 삶의 질과 낮은 걱정 및 우울 수준과 관련 있다는 사실 또한 발견하였다(Joseph, 2013/2018).

역경 후 성장으로 인하여 장기적으로 더 나은 정신건강으로 이어지는 사례도 있는데, 2010년에 발표된 한 연구에서 5,630명을 대상으로 55~56세 때 한 번 조사하고, 65~66세에 다시 조사한 결과 50대에 에우다이모니아적 행복 수준이 높았던 사람들이 낮은 사람들보다 10년 후에 우울 수준이 7배 낮은 것으로 결과가 나왔다(Joseph,2013/2018). 역경 후 성장이 신체건강에 미치는 영향에 대한 조사에서도 심장발작을 처음 경험한 적이 있는 287명의 남성들 중 50% 이상이 인생관의 긍정적 변화와 같은 이득을 보고하였는데, 심장발작이 있은 지 7주 후 이득을 지각한 환자들을 8년 경과 후 조사해 보니 그 후 심장발작을 덜 경험하였고 사망률도 낮아졌으며 건강 상태가 호전된 것으로 나타났다(Joseph, 2013/2018). 이와 같은 내용을 종합해 볼 때, 역경 및 외상 후 성장이 외상 후 스트레스를 감소시키며 반대로 외상 후 스트레스가 외상 후 성장으로 향하는 촉매제 역할을 한다는 것을 알 수 있다. 결론적으로 성장은 외상 경험과 투쟁하면서 발생하는 경우가 많으며, 당장 실재하는 고통의 경험이 줄어드는 것은 아니지만, 성장의 경험이 바람직한 방향으로 개인의 우선순위를 조절하여, 작은 일상에도 기쁨을 느끼고 감사하며, 현재 삶의 질문에 의미 있는 해석을 제공할 때 만족스러운 답을 찾게 되어 질적인 삶의 변화를 제공한다(Calhoun & Tedeschi, 2013/2015).

5. 외상 및 역경 후 성장 모델

이 절에서는 조셉과 린리(Joseph & Linley, 2006)가 분류한 '외상과 역경 이후에 발생하는 성장 이론'과 관련된 세 가지 성장 모델을 소개하고자 한다.

1) 기능 서술 이론 모델

테데스키와 캘훈(1995, 1998, 1999, 2004a, 2004b)은 최근까지 성장에 관하여 가장 이해할 만한 이론적 설명을 제공하고 있다. 그들의 모델은 평가 과정의 중요성을 가리키는 외상 후 스트레스 문헌(예, Janoff-Bulman, 1992)의 이론적 작업, 성장에 관한 그들 자신과 여러 사람들의 광범위한 경험적 작업(Tedeschi et al., 1998 참조) 그리고 그들의 임상적 경험(Calhoun & Tedeschi, 1999)의 빛에서 발전되었다.

이들이 제안한 기능적 서술 이론(Functional-descriptive theory) 모델은 외상적 사건이 외상 이전의 도식인 목표, 신념, 그리고 감정적 고통을 다루는 방식에 충격을 가함으로써 외상이전의 도식에 얼마나 지진적인 충격과 같은 도전을 제공하는지를 논의하고 있다(Calhoun & Tedeschi, 2013/2015). 이들의 모델은 외상으로 인한 도식구조의 변화로 성장이 일어난다는 것을 객관적으로 묘사하고 서술하는 모델이다.

이런 도식들이 충격을 받을 때, 이 충격들은 반추적인 활동을 이끌어 내는데 사람들은 무슨 일이 발생했는지 이해하기 위해 노력하고 외상에 대한 그들의 정서적 반응을 다루기 위하여 노력한다(Joseph & Linley, 2006).

반추(rumination)라는 것은 어떤 일로 인하여 핵심신념에 대한 도전이나 와해가 발생했을 때 반복적으로 일어나는 생각을 말한다. 초기에는 침투적인 성격을 띤 반추를 주로 하게 되다가 이후에 의도적이고 반영적인 반추를 통해서 사건을 이해하는 데 초점을 두는데, 이러한 반추는 외상 이후 성장에 중요한 역할을 한다(Calhoun & Tedeschi, 2013/2015). 외상 이후 핵심적인 신념을 재조정하는 과정 또한 외상 및 역경 이후 성장을 위한 중요한 촉매제가 된다(Calhoun & Tedeschi, 2013/2015).

초기 단계에서, 이런 반추적인 활동은 의도적이라기보다는 외상 후 스트레스 장애(PTSD)에서 회피적인 증상의 감정들과 재경험화와 일치되는 자동적 반응이다(American Psychiatric Association, 1994). 이런 반추적 활동은 새로운 외상 후 도식을 구성할 수 있는 선택권들과 새로운 대응 행동들에 의해 영향을 받을 뿐만 아니라 위로와 경감의 자원을 제공하는 사회적 지지 그물망에 의해 영향을 받는다(Tedeschi & Calhoun, 2004b). 이 단계에서의 성공적인 대응은 정서적인 고통의 감소와 외상 이전에 가졌던 신념과 목표로부터 자유하게 만들어 준다(Joseph & Linley, 2006).

외상 사건으로 인한 갈등은 개인의 삶의 이야기를 개정하고 발전시키며, 지혜를 발전시키는 것과 밀접한 연관성을 가진다(Tedeschi & Calhoun, 2004b). 비록 외상을 통한 성장이 고통의 감소와 연관성을 가지고 있을지라도, 어느 정도의 심리적인 고통과 괴로움은 성장의 과정에 시동을 걸 뿐만 아니라, 약간의 지속적인 혼란스러움은 외상 이후 성장의 유지와 증가에 동반될 수도 있다(Tedeschi & Calhoun, 2004b). 사회 문화와 외상 이후 성장의 관계에서 개인이 속한 사회문화적인 맥락 속에서 영향을 주고받으며, 사회문화가 개인의 자기 노출을 격려하고 긍정적인 피드백을 제공할 때에는 성장 경험의 가능성이 커진다고 보고한다(Calhoun & Tedeschi, 2013/2015). 또한 외상 후 생존자들보다 낮은 수준이기는 하지만 어떤 외상의 경험이 없이도 성장을 보고하는 사례가 있다(Tedeschi & Calhoun, 2004b).

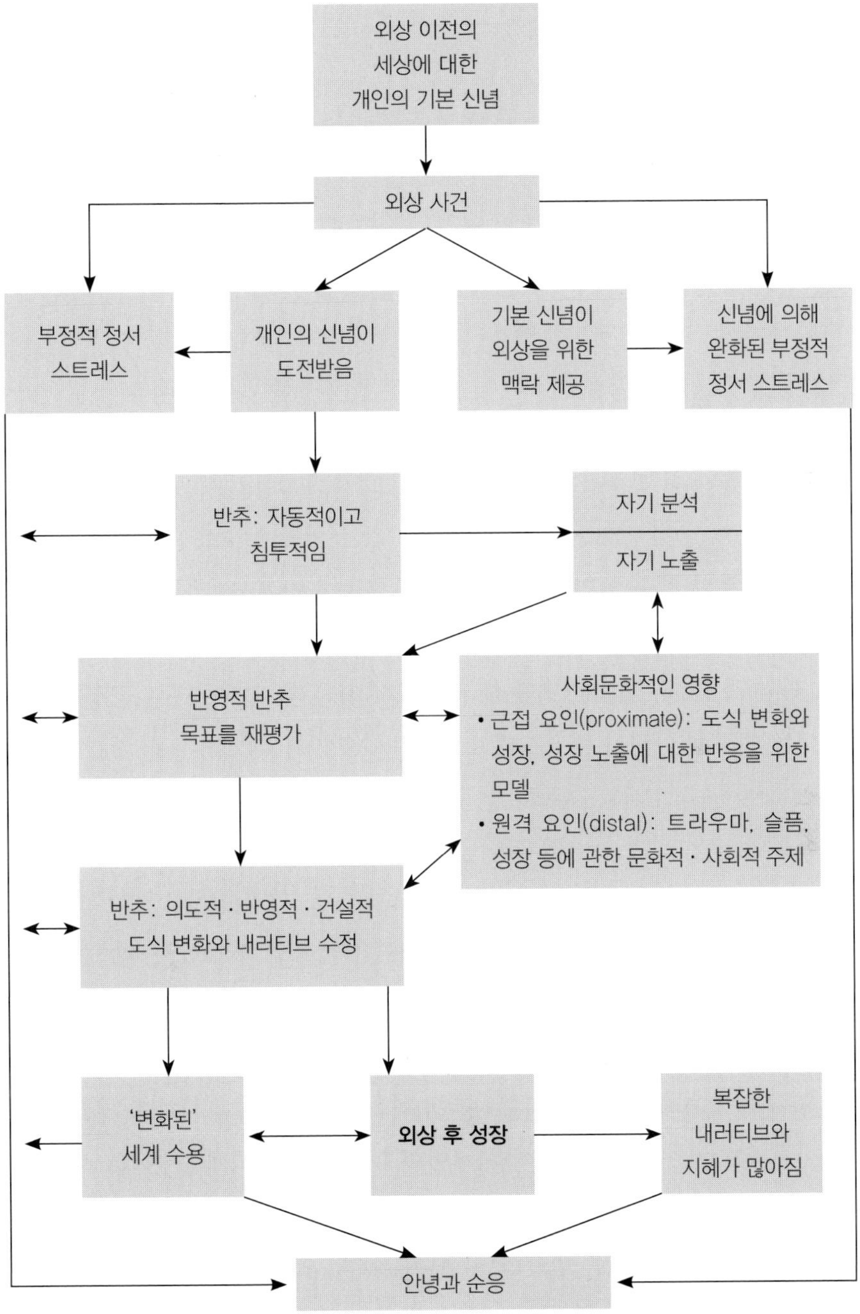

[그림 1] 외상 후 성장 모델(Calhoun, Tedeschi, & Cann)

2) 유기체 평가 이론 모델

조셉과 린리(2006)의 역경 후 성장에 관한 유기체 평가 이론(Organismic valuing theory)은 외상 이후 성장의 과정을 알려 주는 두 번째 중요한 이론이다(Hanley, 2016). 이들의 이론은 역경 후 성장을 좋은 삶, 의미 있는 삶, 가치 지향적인 삶으로 바라보는 관점으로서 '기능 서술 모델'과 차이가 있다. '기능 서술 모델'은 긍정적 성장에 대한 현상적 설명이라면, 유기체 평가 이론은 가치에 대한 주관적 규정을 담고 있는 모델로서 이해할 필요가 있다.

유기체적인 평가 과정이란 무엇이 사람들에게 중요한지 그리고 삶을 수행하기 위해 무엇이 필수적인지를 아는 인간의 본질적인 능력을 말한다(Joseph & Linley, 2006). 로저스(1959)의 관점은 인간 유기체가 그들의 환경으로부터 그들이 필요한 것을 알기 위해서 그리고 그들의 잠재성의 자기실현을 위하여 무엇이 옳은지를 알기 위하여 생리학적인 과정에 의존할 수 있다고 보았다(Joseph & Linley, 2006). 최근에 유기체적 평가 과정의 개념은 긍정심리학적 이론 연구에 의해서 재평가되고 있다(Ryan, 1995; Ryan & Deci, 2000, 2001; Sheldon, Arndt, & Houser-Marko, 2003: Joseph & Linley, 2006에서 재인용). 역경을 통한 성장은 로저스가 언급한 충분히 기능하는 사람의 특성과 동일하며 심리적 안녕의 발달에 관한 것이다(Joseph & Linley, 2006/2009). 충분히 기능하는 사람은 자신의 장점과 약점을 포함한 모든 면을 가치 있게 여기며 자신을 존중하고 수용할 줄 아는 사람이다. 긍정심리학에서 추구하는 행복은 순간적 쾌락과 만족을 추구하는 주관적 행복이 아니라, 심리적 행복을 말하는데, 심리적 행복이란 에우다이모니즘과 아리스토텔레스의 철학적 전통에 기반을 가지고 있으며, 좋은 삶이란 개인의 덕성에 부합되게 사는 삶, 즉 자율성과 숙달감, 내재적인 삶의 동기 측면, 자기 수용 및 삶의 목적, 타인과의 긍정적 관계 등을 가리키는 말을 의미한다(Joseph, 2013/2018). 그런 점에서 외상 및 역경을 통한 성장은 즐거운 삶으로 가는 길이라기보다는 삶에 대한 귀중한 새로운 관점을 인식하여 개인의 새로운 소질을 인식하고 타인과 만족스러운 깊은 관계를 누리는 것이다(Joseph, 2013/2018).

로저스에 따르면 인간은 잠재성을 실현하기 위한 고유한 경향성을 가지고 있는데, 사회적 환경이 무조건적인 긍정적 존중을 제공할 때, 사람들은 환경과의 상호작용을 현실적으로 평가하여 충분히 기능하는 상태로 움직이게 된다(Joseph & Linley, 2006/2009). 사람들은 유기체적 평가 과정과 만날 때 성장할 수 있게 되며, 외상에 대한 인간중심적 관점은 성장이 외상해결의 자연스러운 종착점이다(Joseph & Linley, 2006/2009).

조셉과 린리(2006, 2013)는 외상 반응에 대한 개인차를 동화와 순응이라는 피아제의 이론을 외상 경험에 적용하여 기존의 도식을 새롭게 재구성하는 회복의 과정으로 설명한다. 피아제에 따르면 동화란 아동이 새로운 대상에 기존의 가정을 맞추기 위해 노력하면서 그 사물에 대한 새로운 정보를 얻게 되는 반면, 순응은 기존의 가정을 수정하여 새로운 정보를 받아들이는 것을 말한다.

유기체적 평가 과정 이론에 따르면 인간은 경험에서 새로운 의미와 이익을 찾도록 내재적으로 동기화되어 있기 때문에, 외상을 경험했을 때 외상 정보를 긍정적으로 수정하여 개인의 세상에 대한 기본가정을 새롭게 수립하는 인간본성을 갖고 있다(Joseph & Linley, 2006/2009). 그런 점에서 역경을 경험하고 난 이후의 성장은 외상과 관련된 정보를 기존 가정에 맞추는 동화의 과정이라기보다는 가정을 수정하여 새로운 정보에 들어맞도록 하는 순응과정이라고 볼 수 있다. 순응이란 사람들로 하여금 그들의 세계관을 변화시키도록 요구한다(Janoff-Bulman, 1992). 동화와 순응의 차이를 이해하는 데 있어서 중요한 개념으로서 의미 만들기가 있는데, 외상 사건으로부터 적응을 이해하는 데 있어서 중심이 되는 것이 의미의 개념이다(Joseph & Linley, 2006). 자노프 불만(Janoff-Bulman)은 의미의 역할을 이해로서의 의미와 중요성으로서의 의미로 구분한다(Janoff-Bulman & Frantz, 1997). PTSD 이론들은, 예를 들어 왜 그 사건이 발생했는지와 그 사건에 대한 이해로서의 의미와 관련성을 가지는 경향이 있지만, 성장 이론들은, 예를 들어 어떤 사건에 대한 철학적, 영적, 세계관의 의미를 이해하고자 하는 중요성으로서의 의미와 연관성을 가진다(Janoff-Bulman & Frantz, 1997). 비록 이 두 가지 형태의 의미가 역경을 통한 성장을 이해하는 것과 연관성이 있을지라도, 중요성으로서의 의미가 성장에 필요하다고 주장한다. 이와 같은 정의에 따라서 인지적 순응 과정들은 중요성으로서의 의미를 요구하는데, 그것은 부정적인 혹은 긍정적인 방향으로 흐를 수 있으며, 세계관에서 부정적인 변화의 결과로서 정신병리와 세계관에서 긍정적인 변화로서의 결과인 성장으로 이끌 수 있다(Joseph & Linley, 2006).

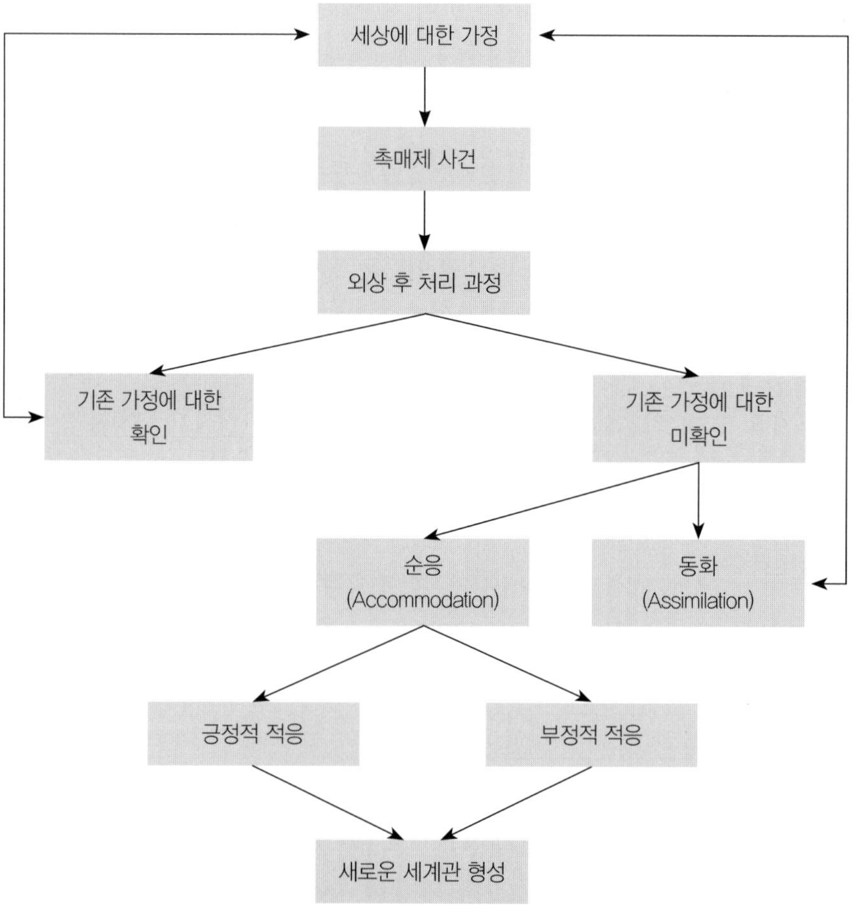

[그림 2] 역경 후 성장에 따른 유기체 평가 이론(Joseph, 2009)

외상에 대한 최근의 이론가인 크리스토퍼(Christopher, 2004)의 생물심리사회적 진화의 관점은 외상에 대한 반응이 병리적이기보다는 일반적인 반응으로 성장과 연관성이 있다는 관점을 제안함으로써 외상에 대한 인간본성이 부정적 순응보다 긍정적 순응으로 동기화되어 있다는 것을 설명한다(Joseph & Linley, 2006).

결과적으로 유기체 평가 이론이 외상과 관련된 문제들을 심리적으로 해결하는 데 세 가지 인지적 결과들을 제시하는데 이것은 조셉과 린리(2006)의 주요한 독창적 공헌점이다. 그 내용은 다음과 같다.

첫째, 그 경험은 외상 이전의 기준점으로 이끄는 동화이지만 미래에 재외상이 일어날 수 있는 취약성을 남겨 둔다. 둘째, 그 경험은 정신병리와 고통을 야기하는 부정적인 방향으로 순응한다. 셋째, 그 경험은 성장을 이끄는 긍정적인 방향으로 순응한다. 사람들이 새로운 외상 정보의 측면에서 그들의 세계관을 발전시키고 진전시키기 때문이다.

3) 이론적 통합 모델

조셉과 린리(Joseph & Linley, 2006)는 외상 및 역경 후 성장에 관한 세 가지 관점의 모델을 제시하였다. 그들은 외상을 해석하고 이해하는 관점에 따라 기능 서술 이론 모델, 유기체 평가 이론 모델, 생물 심리 사회 진화 이론 모델로 구분하였다. 그러나 이 세 가지 관점의 모델은 경쟁적인 이론이라기보다 보완적인 이론에 해당한다. 따라서 조셉과 린리(2006)는 이 세 가지 모델을 통합적인 관점에서 다음과 같이 기술하고 있다.

앞에서 살펴본 주요한 이론적 관점들은 이용 가능한 경험론적 증거들과 이론적 관점에서의 일치하는 면들이 있다(Linley & Joseph, 2004). 테데스키와 캘훈의 기능 서술 이론(functional-descriptive theory)에서는 개인의 도식에 대한 구조적 변화를 일으키는 가정적 세계에 대한 지진적인 충격을 묘사하는데 이러한 점은 성장과정에 대한 제한적 관점으로 비판을 받고 있다(Aldwin

& Levenson, 2004 참조). 조셉(2003, 2004, 2005)의 역경을 통한 인간중심적 성장 이론은 개인의 성장이 지진과 같은 충격적인 사건을 통해서도 일어나지만 점진적인 좌절과 개인의 세계에 대한 가정을 새롭게 세울 때도 일어날 수 있다고 본다. 또한 성장은 자기 구조의 어떤 면과 조화가 되지 않을 경우에 일어날 수 있으며 급격한 충격적 경험은 갑작스러운 성장을 일으킬 수 있다. 게다가 내담자 중심이론은 외상 후 스트레스에 대한 사회적 인지 이론들과 양립할 수 있는 성장 과정들에 대한 통합적인 관점을 제공한다(Janoff-Bulman, 1992).

반면에 테데스키와 캘훈의 이론은 성장과 연관된 사회와 심리적인 요인들에 대한 복잡한 이해를 제공한다. 그들의 이론은 해석적인 이론이라기보다 묘사적인 이론이다. 대조적으로 인간중심적 관점은 해석적인 힘을 공급하는 초이론적 기반을 제공한다. 생물심리사회 진화의 관점은 진화심리학적 호소를 통한 초이론적 인간 중심 관점을 지지한다. 그리고 생물학적 설명을 포함한 이해를 폭넓게 함으로써 테데스키와 캘훈의 심리사회적 접근을 확장시킨다. 그래서 이 이론들은 경쟁하는 이론들이 아니라, 사람들은 본질적으로 성장을 향하여 동기화된다는 초이론적 관점에 의해 지지를 받는 사회 인지적이고 생물학적 진화의 수준에서 다양한 수준의 설명을 제공하는 보완적인 이론들이다.

지금까지 살펴본 외상 및 역경 이후 성장에 관한 이론들을 실천적으로 적용해 볼 때 두 가지 질문을 제기할 수 있는데, 첫째 질문은, '고통의 경감이 일반적으로 성장을 촉진할 수 있는가?'이고 둘째 질문은, '행복(well being)을 위한 성장의 함의가 무엇인가?'이다(Joseph & Linley, 2006).

첫 번째 질문에 대한 답변은 고통의 경감이 자동적으로 성장의 촉진을 이끄는 것은 아니며, 유기체적 평가 이론에 따르면 고통의 완화는 동화와 순응의 과정을 통해서 이루어지는데, 순응의 과정만이 성장을 일으킬 수 있으며, 이 과정은 인지적 작업을 필요로 하는데 그 과정에서 고통을 경험할 수도 있다는 것이다. 결론적으로 치료적 개입의 목적은 성장의 촉진이며 이것이 긍정신리학적 이해로부터 나온 패러다임 변화이다(Linley & Joseph, 2005).

둘째 질문에 대한 답은 PTSD의 완화가 필수적으로 성장의 현재를 반영하지 않을지라도, 역경을 통한 성장은 오랜 기간에 있어서 더 나은 정서적인 적응을 예측하게 해 준다(Joseph & Linley, 2006). 성장은 임상, 건강 돌봄의 환경에서 유용한 치료적 개입의 목적이고, 그 목표는 오랜 기간 동안 정서적이고 육체적인 적응과 더 나은 대처를 가능하게 해 준다는 점에서 행복을 위한 의미를 제공한다(Joseph & Linley, 2006).

6. 유사한 개념들

테데스키와 캘훈(2004b)은 외상 후 성장(posttraumatic growth)과 회복탄력성(resilience), 강인함(hardiness), 낙관성(optimism) 그리고 일관성(sense of coherence) 사이의 개념적 차이를 다음과 같이 설명하였다. 그들에 따르면 회복탄력성(resilience)은 어려움과 역경을 겪은 후에 계속적으로 삶을 영위해 나갈 수 있는 능력이 있는 것 혹은 어려움과 역경을 경험한 후에 목적적인 삶을 계속해서 살아갈 수 있는 능력을 말한다. 강인함은 삶의 사건에 대한 반응으로 헌신, 통제, 도전에 대한 경향성으로 구성된다. 강인함이 높은 사람들은 호기심이 있고 적극적이며 사건들에 영향을 줄 수 있다고 믿는다. 그리고 개인적인 발전을 통해 삶에 도전할 수 있는 기회를 제공할 것으로 기대한다. 낙관성은 사건으로 인한 긍정적인 결과물들에 대한 기대와 연관이 있다(Scheier & Carver, 1985). 일관성(Antonovsky, 1987)은 스트레스를 다룰 수 있는 최고의 위치에 있는 사람들을 묘사한다. 왜냐하면 그들은 사건을 인식하고 이해하고, 또한 사건을 다루거나 대처할 수 있고, 그 안에서 의미를 발견할 수 있기 때문이다. 반면에 외상 후 성장(posttraumatic growth)의 개념은 높은 스트레스 환경에 의해서 손상을 입을 수밖에 없고 저항할 수 있는 능력이 없는 사람에게서의 변화를 말한다. 외상 후 성장은 외상 이전 수준의 적응을 넘어서는 움직임을 의미하며 질적인 변형, 기능의 질적 변화를 갖는다(Tedeschi & Calhoun, 1995).

데데스키와 캘훈(Tedeschi & Calhoun, 2004b)에 의하면 강인함과 일관성은 대처 능력이 높은 사람들의 특징을 일컫는다. 따라서 외상 경험에서 대처를 잘해 내는 사람들은 외상에 대한 투쟁이 일어나지 않으며, 외상적 투쟁이 없는 사람들은 성장을 경험할 수 없다. 그들은 외상 후 성장이 어린 아이들보다 청소년이나 성인들에게 더 적합한 구조일수 있다고 주장한다. 이유는 외상 후 성장은 정신적 충격이 발생한 후에 변화하는 일련의 확립된 도식을 의미하기 때문이다. 또한 삶의 지혜를 이미 습득한 노인들보다는 청년들이 학습과 변화에 개방되어 있기 때문에 더 많은 성장을 보고할 것으로 예측했다.

제11장 • Growth following divorce

이혼을 통한 성장 경험

1. 개인의 변화

이혼은 생각지 못한 선물을 준다. 바로 성장이라는 선물이다. 이혼이 주는 선물은 값비싼 고통의 대가를 치르고 얻을 수 있다. 누구나 선물을 바라지만 고통을 자발적으로 선택할 수 있는 사람은 없을 것이다. 이혼 자체는 한 개인과 가족에게 지울 수 없는 상처와 비극을 남겨준다. 그러나 이혼은 아이러니컬하게도 부정적인 결과만을 남겨 주고 떠나는 것이 아니라, 그 사건을 어떻게 대처하는지에 따라서 예상치 못한 값진 선물을 안겨 주고 떠난다. 그 첫 번째가 바로 개인의 성장 경험이다. 이혼이라는 외상 및 역경 경험은 개인에게 변화된 느낌을 제공한다.

그 내용은 '자기 재발견 및 성찰' '회복탄력성' '개인의 강점 발견' 등이다. 첫째, 이혼자들은 이혼을 경험하고 난 후 처음으로 자신이 누구인지를 탐색하는 주요한 계기가 된다. 이혼이라고 하는 외상 사건을 경험하기 전까지는 내가 누구인지를 진지하게 생각할 시간이 없었다. 그러나 이혼을 겪고 나서, 고통스러운 자신의 삶과 모습을 회복시키기 위해서 자신의 과거와 현재, 미래를 살펴보게 된다. 이혼이 아니었다면 평소 몰랐던 자기를 깨닫고 이해할 기회를 가질 수 없었을 것이다. 그런 면에서 이혼은 자신이 몰랐던 자기를 살펴 볼 수 있는 소중한 시간을 제공해 주며, 자신의 미래를 진지하게 고민할 수 있도록 해 준다.

둘째, 이혼자들은 이혼을 통해서 자신의 연약한 부분을 고칠 수 있는 기회를 삼게 된다. 이혼 전에 가지고 있었던 결핍과 약점들을 이혼 후에는 고치기 위해서 몸부림친다. 그리고 새롭게 회복된 삶으로 나아가기 위해서 책임감과 소통능력, 자기조절 능력을 개발한다. 그 결과 회복탄력성을 얻게 된다.

셋째, 이혼자들은 이혼을 극복하는 과정에서 생각지 못한 자신의 장점을 발견한다. 비록 이혼은 자신의 삶을 나락으로 떨어뜨린 사건이었지만, 바닥을 치고 다시 회복되는 과정에서 자신의 장점과 용기, 자신감 등을 발견한다. 이런 경험들을 통해서 이혼자들은 비록 원치 않는 고통을 경험했지만, 예상치 못한 자신의 참 모습과 장점을 발견하면서 새로운 성장을 경험한다.

역설적이게도 이혼의 사건이 개인들에게 가장 힘들고 아픈 경험이기 때문에, 그것을 이겨 내기 위해서 변화를 받아들이는 것이다. 힘들지 않다면 살기 위한 변화를 수용하지 않는다. 너무 힘들고 괴로워서 극복하려고 노력하는 중에 자신도 몰랐던 자신의 재능과 능력, 용기와 도전을 발견하고 '내 안에도 이런 장점이 있구나!'를 깨닫게 된다. 외상 후 성장 이론에서 적절한 강도의 고통이 개인의 삶에 성장을 가져온다고 말한다. 왜냐하면 감당할 수 있는 고통은 우리의 삶에 새로운 변화를 일으킬 의지를 제공하지 못하기 때문이다. 감당하기 힘든 고통이야말로 변화에 대한 의지를 불러와 생각지 못한 새로운 차원의 변화와 성장을 일으키게 되는 것이다.

1) 자기 재발견 및 성찰

이혼자들은 이혼의 사건을 통해서 자신을 찾고 발견하는 계기가 되었음을 고백한다. 또한 잘못된 결혼생활의 원인을 알게 됨으로써 자신의 잘못을 반성하는 성찰의 기회로 삼았다.

[나 자신을 성찰]

다 주는 게 좋지 않다는 것……. 내가 나로서 어느 정도 나를 지키고 자아가 있어야지 그래야 상대방도 안정감을 느낀다는 거. 내가 다 퍼줄 듯이 한다고 해서 상대방이 좋아하고 안정감을 느끼지 않는다는 것……. 인생에 있어서 이게 좋은 결과든 나쁜 결과든 내가 선택했을 때 그 후유증이라는 게 다르다는 것을~ 그런 것을 많이 느꼈던 것 같아요. 진짜 제가 성장할 수 있는 어떤 계기가 됐죠. 내가 왜 잘못했는지를 계속 돌아볼 수 있게 하고, 오히려 이혼했기 때문에 더 치열하게 사는 것 같아요. (이혼자 F의 사례)

[나 자신을 찾는 계기가 됨]

나를 찾아가는 여행을 시작했으니까 제가 누구인지 잘 몰랐어요. 근데 내가 이혼하는 과정에서 감정, 그 사람의 성격이, 다 저에 대해서 진짜 몰라서 저는 왜 이런 일이 나한테 일어났을까? 저는 나를 찾아가면서 회복으로~ 많이 긍정적으로만 가서 굉장히 자유하게 된 거죠. 그 발단이 이혼을 안 했으면 아마 나를 찾는 여행을 못했을 것 같아요. 그래서 나를 찾아가는 여행을 시작할 수 있어서 좋지 못한 감정 경험이지만 오히려 그게 나한테 축복이 되었어요. (이혼자 L의 사례)

[나 자신을 찾는 계기가 됨]

이혼을 통해서 나를 발견하는 시간이 된 건 맞아요. 그렇게 얘길 하자면 이혼을 통해서 나를 발견하는 시간이었어요. 나의 예전, 나의 과거, 나의 생각, 앞으로의 미래, 나라는 사람을 찾아가고 있는 계기가 된 것 같아요……. 그 우울과 그런 것들로부터,

이혼하고 나서 심리적 · 환경적으로 그런 것들이 밀려오면서 그 시기부터 지금까지 온 것 같아요. (이혼자 D의 사례)

[나를 점검하는 시간]

제 개인적인 삶에 있어서 처음에 제가 이혼 때문에 아파하고 힘들어했지만, 제 삶을 들여다보면서 내가 왜 이런 배우자를 만났고, 내가 이 사람을 선택할 수밖에 없었던 이유, 다른 배우자도 있는데 굳이 이 사람을 선택한 이유로 점점 가다 보니까, 어렸을 때 유년기 때 생활한 환경이라든가 내 성향을 깊이 들여다볼 수 있었기 때문에 제 자신을 바로 들여다볼 수 있는 그런 것들이 됐죠. 전체적인 점검도 됐고, 그 점검을 통해서 제 삶의 방향도 조금씩 바뀌어 갔죠. (이혼자 G의 사례)

[나 자신을 알고 성찰함]

가장 크게 얻은 것이 저를 알게 된 거예요. 제가 어려서부터 어떤 아픔이 있었고, 내가 왜 스스로 남편을 선택하게 되었고 그런 것들이 조금 이해가 되더라고요……. 그러면서 저는 그게 제일 컸던 것 같아요. 나를 돌아보거나 이런 쪽으로는 없었기 때문에 죄를 보고 회개하고 이런 그리고 나를 내 자신을 알게 되는 그런 계기가 됐던. (이혼자 H의 사례)

2) 회복탄력성

이혼자들은 이혼을 겪은 후 감당하고 이겨 내기 위해서 노력한다. 그 결과 자신을 잘 조절하고 대인관계의 향상 및 긍정성을 갖춘 회복탄력성을 얻게 된다. 이혼자 K는 이혼 이후 이성과의 관계에 대한 책임성이 중요하다는 사실을 발견했다. 그래서 그는 무분별한 만남을 지양하고 수도자의 삶을 살았다고 고백한다.

[자기조절 능력]

변한 게 있다면 이혼하고 나서는 그런 이성과의 관계가 내가 상대방의 삶을 책임져야 한다는 부분이 있다는 것을 알게 된 거죠. 이게 그냥 가벼운 게 아니구나. 알게 돼서 제 스스로가 3년 동안 수도자의 삶을 살았죠. 그러고 와이프를 만났는데……. 아니 그래야죠. 제가 그 가정을 이루어서 잘 살고 싶었는데 어쨌든 내 실수로 내가 부족해서 한 거잖아요. 그럼 절치부심해서 3년 동안 나를 만들어 가야죠. 그리고 다음에 내가 만나는 여자는 나는 결혼할 여자가 아니면 섹스를 안 한다고 생각을 하고. (이혼자 K의 사례)

이혼자 I는 이혼 이후 지지 집단 모임을 통하여 변화를 경험하고 자신의 분노 감정을 조절할 수 있게 되었다고 설명한다. 이혼이라는 큰 사건을 겪었기 때문에 다시는 관계의 어려움을 당하지 않기 위해서 감정 조절의 필요성을 절박하게 느낀 것이다. 이런 생각의 변화는 인지체계의 변화를 가져오고 감정의 변화와 행동의 변화를 수반한다.

[자기조절 능력]

○○○에 참석하고 나서 제가 큰 감동을 받았어요. 그때서부터 조금씩 제가 변화가 있더라고요. 작년 10월 달 걸 하고 나서부터……. 지금은 절제를 하죠. 누가 이렇게 아무리 그래도 거룩한 자녀라고 하지만 살아가다 보면 화가 날 일이 있기 때문에, 지금은 화를 내다가도 아휴, 주여……. 녹다운되니깐, 절제가 되니깐……. 결국은 제가 한 가지 부정적인 생각은 거의 없으니까. (이혼자 I의 사례)

이혼자 L은 이혼을 겪고 나서 소통 훈련을 통해서 그동안 표현하지 못하고 살았던 삶에서 자신의 감정과 생각을 솔직하게 표현하고 상대방에 대해서도 물어볼 수 있게 되었다. 소통의 어려움과 고통이 이혼을 야기했기 때문에, 다시는 똑같은 어려움을 당하지 않기 위해서 소통훈련을 열심히 한 결과를 다음 사례를 통해 확인할 수 있다.

[소통능력 회복]

저는 마음에 자유를 얻었어요. 구속받지 않는. 전에는 한번 결혼했으면 한번 참고 벙어리 3년, 귀머거리 3년, 뭐 이런 얘기했는데, 이제 의사표현도 할 수 있고 전에는 내 감정도 표현을 잘 못했어요. 그런데 이혼 후에는 내 감정을 솔직히 이야기할 수 있고, 상대방의 감정에 대해서도 물어볼 수 있고, 대화하는 것에 대해서 훈련이 잘 됐다고 해야 하나? (이혼자 L의 사례)

이혼자 B는 이혼 이후 가정을 꾸렸던 가장과 아빠로서 비록 이혼은 했지만 책임감 있는 존재가 되기 위하여 절제하는 삶을 살고 있다고 표현한다.

[자기조절 능력]

제 삶에 긴장을 주는 사람인 것 같아요. 잘돼서 무분별해질 수 있는 것인데 그런데도 나름 결혼을 한사람이고 내 아이를 키우고 있는 사람이기 때문에 더 중심을 지켜서 살아야 된다는 생각을 하는 것 같고, 헤어졌지만 그렇게 사랑을 했던 기억과 결혼을 했던 기억 덕에 이런 ○○하는 직업을 가지면서도 더 절제하고 그렇게 하는 것 같아요. (이혼자 B의 사례)

3) 개인의 강점 발견

이혼자들은 이혼의 고통을 겪고 나서 어떤 세상 일이든지 헤쳐 나갈 수 있는 강인함, 자신감, 용기, 장점 등을 발견한다. 이혼의 큰 고통도 겪었는데 세상에서 내가 못할 일이 어디 있겠는가 하는 생각이 든 것이다.

[용기 있는 존재가 됨]

저는 계속 말씀드린 것처럼 저한테 가장 아픈 일이지만 저한테 가장 큰 스승이죠, 하하하. 세상을 다시 살게 해 준……. 지금은 가장 큰 도구였던 것 같아요. 네, 제 인생에서 그런 계기가 없었으면 이렇게 못 살았을 것 같아요, 용기 있게. (이혼자 J의 사례)

[장점 발견]

내가 어떤 사람인지 많이 알게 되었습니다. 어떤 때 어떤 식으로 산다는 나 자신을 발견하기도 하였고요, 나에게 취약한 것, 장점 등등을 발견하게 된 시간이 되었습니다. 오히려 내가 가진 장점을 새로운 삶의 적응에 적용시키는 적응력을 발견하게 된 기회도 되었습니다. 물론 나에게 여유와 너그러움도 생긴 점도 있습니다. (이혼자 F의 사례)

[강점으로 정직하고 진지한 삶]

한편으로는 이게 저한테 강점이 된다는 걸 느끼기 시작했어요. 내가 이걸 할 수 있구나. 내가 이걸 극복할 수 있는 의지가 있구나라는 게 하나 있었고, 얘기하다 보면 속에서 사실 갈등을 해요. 나에 대해서 좋게 얘기를 해야겠다는 마음과 사실대로 말해야겠다는 마음이 솔직히 갈등이 돼요. 생활 자체가 저를 계속 리마인드시키는 것 같아요. 정직하게 살라고! 네 잘못을 인정해야지 발전하지 않겠어? 그러니까 좀 더 삶에 대해서 정직해지고 삶에 대해서 진지해지는 것 같아요. 그런 좋은 점이 있는 것 같아요. (이혼자 F의 사례)

[도전하는 용기]

그 두려움 속에서 살다 보니까 너무 남들보다 죽은 생활, 그런 생활을 했었던 거죠. 현재는 너무 감사한 거죠. 너무 긍정적인 거죠. 무엇이든지 내가 할 수 있는 것은 다 할 수 있다. 그런 마인드로 저는 새로운 도전을 하고 있는 게 있어요. 제가 젊었을 때부터 배우고 싶은 게 있었는데 특수 용접을 새로 배우고 있어요. 도전을 한 번도 못했는데 지금은 제가 처음으로 새롭게 도전하고 공부하고 있거든요. (이혼자 I의 사례)

[이전보다 강해짐]

상처 때문에 더 대담해졌던 것 같아요. 뭐든지 누굴 대하든지 그리고 어떤 부분에서 일을 하든지 사람을 만나든지 첫 번째 대담해졌다는 것은 담대해졌다는 말과 똑같거든요. 담대해졌다는 것은 굴하지 않고, 이것 때문에 내가 이 현실 때문에 꼭 해야 돼 이런 게 아니고 뭔가 좀 당당해졌다고 해야 하나 굴하지 않게 되었죠. 그러다 보니 하는 일을 하더라도 뭔가 더 자신감 있게 일을 하게 되고……. 첫 번째 내 자신에게 어떤 상황이 오더라도 잘 헤쳐 나갈 수 있는 힘이나 용기가 생긴 것 같아요. (이혼자 B의 사례)

2. 타자와의 관계 변화

외상 후 성장에서 일어나는 두 번째 변화는 이웃과의 관계에 대한 변화이다. 이혼자들 역시 마찬가지이다. 이혼의 과정을 잘 극복해 낸 이혼자들은 다른 사람과의 관계에서 변화된 느낌을 경험한다. 이혼자들은 이혼 후 고통을 극복하면서 나 외에 이웃, 세상이 존재한다는 사실을 깨닫는다. 그리고 나의 힘으로만 사는 것이 아니라 이웃과 더불어 살아야 하는 존재임을 알게 된다. 내가 겪은 아픔과 고통은 타인의 어려움을 헤아릴 수 있는 공감능력을 향상시켜 준다. 이혼 이후 내 가족과 친척 이웃들이 소중하다는 것을 느끼며 그들과의 관계를 감사하고 헌신하며 깊은 친밀감을 누리는 성장 경험을 한다. 또한 이혼을 계기로 이성을 보는 안목과 기준의 변화를 경험한다. 이혼과 관련된 최근의 연구에서 이혼자들의 긍정적 변화 경험에 대한 연구가 진행되었지만 주로 개인적 측면에서의 변화를 제시하는 한계가 있었다. 그러나 이 절에서 제시한 성장 경험의 요소인 타인을 향한 봉사와 섬김의 모습은 외상 및 역경 후 성장의 특징을 잘 보여 주는 사례이다.

이혼 후 타자와의 관계에서 경험하는 성장의 내용은 '타인에 대한 헌신' '이성에 대한 올바른 인식' '깊고 친밀한 관계 형성' 등이다.

1) 타인에 대한 헌신

이혼 경험 이후 일어나는 두 번째 성숙한 변화는 타인과의 관계성에 대한 새로운 인식이다. 그들은 이전과 달리 괴로움을 겪고 있는 사람들을 위하여 쉽게 자신을 개방하여 아픔을 공유하고, 그들에 대한 연민이 더 커지는 경험을 한다. 이혼 전에는 나 혹은 내 가족 중심으로 살아왔다면, 이혼을 계기로 이혼 후에는 타인에 대한 관심과 돌봄에 대한 욕구가 생긴다. 불쌍하고 힘든 사람들을 보면 공감적 연민이 커져 타인의 고통을 완화시킬 수 있는 헌신적인 봉사활동에 참여한다. 몇몇 이혼자는 같은 상처의 이혼자들을 돕는 일에 자원봉사를 하면서 자신의 상처가 다른 사람의 상처를 치유하는 데 밑거름이 된다는 사실에 큰 보람과 기쁨을 맛본다.

이혼자 G는 이혼자 집단 모임에서 그들의 아픔을 공감하기 위해서 자신의 이혼과 관련된 상처를 먼저 노출하는 용기를 보여 준다.

[공감적 자기 노출]

제가 경험을 했었잖아요. '상처받은 치유자'라는 말씀도 많이 하시는데, 대부분 제가 그런 것을 해내다가 보면 그분들이 가시면서 감사하다고 얘기하시는데, 처음에는 누구든 이 아픈 상처를 이야기하고 싶지 않았는데, 제가 먼저 그 상처에 대해서 말씀을 드리면 자기가 용기가 나서 말할 수 있었다고, 막상 기도하고 준비하고 신청을 하고 왔는데, 얘기할 수 없을 것 같고 너무 힘들고 수치스러워서 못했다는 분들이 워낙 많으세요. 그런 분들이 "○○○ 님께서 그렇게 솔직히 말씀해 주셔서 할 수 있었다." 이렇게 얘기하시는 분들도 있고, 또 저는 아무래도 그런 분들을 대하다 보면 판단보다는 너무 마음이 아파 같이 눈물을 흘리게 돼요. (이혼자 G의 사례)

이혼자 I와 D는 이혼의 아픔을 경험하고 난 후 타인의 고통과 아픔을 볼 수 있는 안목이 생겼다고 다음과 같이 묘사한다.

[공감적 연민]

예전에는 제가 타인을 보거나 길거리 누구를 보면 불쌍하다고 생각을 못했어요. 저 사람은 왜 그래 아주 더러워~ 깨끗하게 입고 다니지~ 제 모습은 생각도 안 하고 저도 똑같이 더러운데, 남을 몰아서 욕하고 그랬었죠! 제가 근데 지금은 그런 사람들 보면 불쌍하고 가슴 아프고, 지하철에도 장애인이 와 가지고 광고지를 돌리잖아요. 그걸 보면 너무 불쌍한 거예요. 그래서 제가 지갑에서 만 원짜리 꺼내서 주고 있더라고요. (이혼자 I의 사례)

[공감적 연민]

저는 오히려 이 이혼을 통해서 아이들을 보는 관점이나 가정을 보는 관점이나 이런 것들이 많이 달라졌거든요. 그전에는 왜 쟤는 어둡지? 이랬다면 지금은 그 아이의 어두움이 아빠로부터 왔나 엄마로부터 왔나? 아니면 아이의 성격인가? 그런 것들이 좀 더 마음이 가게끔……. 보게 해 주신 것 같더라고요. 보려고 본 게 아니고 그냥 그런 마음을 느끼게 해 주셨어요. (이혼자 D의 사례)

이혼자 H, L, I는 자신의 이혼 경험을 토대로 회복 집단 모임에서, 이혼의 아픔을 겪고 있는 이들을 위해 헌신적으로 봉사하면서 기쁨과 보람을 느낀다고 고백한다.

[헌신적 봉사]

○○○ 회복 모임에 오면서 제가 완전히 180° 다른 제 삶을, 예전에는 가정에서만 지냈다면 많은 사람, 고통을 받는 사람들을 만나면서 저의 고통이나 아픔이 그분들을 치유하고, 그런 도구가 될 수 있다는 게 굉장히 큰 보람이죠.

저의 고난을 통해서 같은 경험을 한 것을 통해서 공감대를 형성을 하는 거죠. 나만 이런 일을 겪은 것이 아니구나! 같이 들어주고, 같이 공유하면서 이해하고 공감을 하니까 정말 그 사람들이 다시 새 힘을 내고 살 수 있는 그런 원동력과 살 수 있는 모습을 보면서 그런 나눔을 하고, 고백을 하는 것을 들을 때 다시 새 삶을 찾고 새로운 좋은 사람들을 만나는 걸 보면서 굉장히 뿌듯하고 기쁘죠. 너무나 큰 보람이죠. (이혼자 H의 사례)

[헌신적 봉사]

남들을 긍휼하게 보고 같은 공감대를 형성할 수 있었고, 특히 부부생활이 안 좋은 사람을 많이 만나서 그들과 이야기하고 도와줄 수 있었어요. 왜냐하면 중년 후에 굉장히 부부의 문제, 교회 안에 교회부부라는 말이 있듯이 그들을 많이 만나서 여과 없이 그들을 도와줄 수 있었어요. 그 가정이 회복되고, 그분이 이런 문제 때문에 어려움을 겪을 때 얼른 상담이나 이런 걸로 권면해 줄 수 있었어요. (이혼자 L의 사례)

[헌신적 봉사]

제가 봉사하면서 즐거운 게 뭐나면 남을 도울 수 있다는 게 가장 기쁘고, 제가 하고 싶은 게 뭐냐? 하면 재혼 부부들 있잖아요. 제가 재혼자 부부들을 제가 배우고 좀 했던 걸 다 가르쳐 주고 동행하고 싶은 게 있죠. (이혼자 I의 사례)

2) 이성에 대한 올바른 인식

이혼자 J와 E는 결혼의 실패 이후 관계의 질을 구분하고 불필요한 관계를 걸러 낼 수 있는 시각과 안목의 변화를 가지게 되었다고 한다. 이혼자들은 그들의 결혼에서 배우자를 선택하는 안목 없이 맹목적으로 결혼했음을 성찰하고, 자신의 실수가 반복되지 않도록 사람을 볼 수 있는 인식의 성장을 경험했다고 진술한다.

[나에게 필요한 사람을 보는 안목]

사실 제가 눈높이를 팍 낮춘 게 뭐냐면 제가 맘 편하게 만날 수 있는 남자를 만나자 내 상황을 다 만나고 나를 이해해 주고 나를 사랑해 주는 사람을 만나면 되지 내가 뭐 많이 배우고 그 사람이 많이 가진 게 중요하지 않다는 것을 거기서 낮췄죠! (이혼자 J의 사례)

[좋은 사람을 볼 수 있는 안목]

남자를 만날 때 혹시 재혼을 하더라도 그 부분은 잘 하고 갈 것 같아요……. 나를 사랑해 주는 남자! 내가 남자를 만날 때 내가 많이 좋아했던 것 같아요. 연애를 하더라도 이 사람은 아니더라도 내가 미쳐 가지고 그랬던 것 같은데, 나를 많이 사랑해 주는 사람……. 음……. 그런 것을 볼 수 있는 눈이 생긴 것 같아요. (이혼자 E의 사례)

[외모보다 중요한 성격]

얼마전 기사를 봤는데, 돌싱남들이 여자를 보는 게, 결혼 전에는 외모와 성격인데, 결혼 후에는 성격만 본데요. 100% 공감하는 하 하 하! 물론 제가 나이가 그렇게 많지 않아서 외모를 보긴 보는데, 굳이 따지자면 외모는 고치면 돼요. 지금은 제 성격대로 사는 게 좋으니까. (이혼자 F의 사례)

3) 깊고 친밀한 관계 형성

세 번째 관계변화의 요소는 '깊고 친밀한 관계 형성'이다. 외상 및 역경 후 성장 이론에 따르면 고통을 겪은 사람의 주요한 변화는 자신의 감정을 진솔하게 털어놓을 수 있게 되고, 그것으로 말미암아 더 깊고 친밀한 관계를 가지게 된다(Calhoun & Tedeschi, 2013/2015). 심층 면담에 임한 성장 경험의 이혼자들은 이혼을 겪고 나서 가까운 부모, 형제 그리고 지원 집단 모임에서 동료들에게 자신의 감정을 편안하게 나누었다. 그 결과 주변과의 관계가 더 깊어졌다.

[부모 형제와의 관계가 깊고 강해짐]

오히려 이 친구와 별거하고 헤어지면서 부모님하고 정말 많은 얘기를 했고, 솔직하게 정말 터놓고, 진짜 많은 이야기를 하고 서로 정말 많이 알았고, 동생하고도 사이가 엄청 좋아졌어요……. 저는 이혼 때문에 너무 좋아졌어요. 아버지는 이렇게 표현해요. 너는 '구원받았다'고. 저는 '탈출했다'고 이야기해요. (이혼자 F의 사례)

[자기를 자유롭게 표현]

네 왜냐하면 ○○○ 모임은 같이 교제하고 그러잖아요. 그게 훈련이 되니까, 어느 누구하고 지금은 내 이야기를 하더라도, 내 상처나 아픔을 그 사람들하고 같이 이야기를 해요. 이제는 세상에 있는 사람들하고도. (이혼자 I의 사례)

3. 인생철학의 변화

외상 및 역경 후 성장 이론에서 세 번째 성장 경험의 주제는 '인생철학의 변화'이다. 이혼을 극복한 이들에게서도 동일한 결과가 발견되었다. 이혼 후 그들은 인생관, 가치관, 철학의 변화를 경험했다. 그들은 이혼 경험을 통해서 삶의 소중함을 깨닫고, 세상이 유한하고 한시적이라는 교훈을 얻는다. 또한 삶에서 무엇이 가장 중요한지를 새롭게 인식하여 우선순위를 조정한다. 이혼을 통한 고통과 심각한 절망의 경험은 삶의 실존과 영성적인 측면을 더 자각하게 만든다. 형식적인 종교생활에서 깊은 성찰을 통한 의미 있는 신앙인으로 거듭난다. 뿐만 아니라 목적과 방향성 없는 삶에서 새로운 목적을 발견하고 의미를 추구하는 삶으로 변화된다.

비록 이혼의 아픔을 겪었지만, 그 아픔을 통해서 성장할 경우 참된 만족과 삶의 안녕을 얻게 되는 역설을 경험한다. 이혼 후 인생철학의 변화를 보여 준 네 개의 주제는 '소명 발견' '우선순위의 변화' '삶의 목적 및 의미 발견' '삶에 대한 감사'로 구성된다. 이 같은 인생철학의 변화를 경험하는 데 있어서 종교가 큰 기여를 한다. 왜냐하면 종교가 바로 인간의 본질적 삶에 대한 질문과 대답을 제공하고 있기 때문이다. 그래서 다수의 이혼자는 이혼 경험 이후 종교적 대처와 지원을 통해서 삶의 가치관과 세계관의 변화를 경험한다.

첫째, 이혼 사건을 통해서 초월자를 만나고 자신이 의미 있게 여기는 일을 발견한 것에 대해 감사한다. 그들은 융이 말한 '개성화 과정'으로서 자신의 본래적 삶, 원형적 삶을 찾은 것이다. 그래서 자신이 이혼의 고통을 당해야 했던 이유를 발견하고, 의미부여를 통해서 자신의 삶을 해석할 수 있게 된 것이다.

둘째, 인생철학의 변화 경험으로 '우선순위의 변화'를 들 수 있다. 이혼을 하기 전까지는 당연하게 여겼던 삶에 새롭게 눈뜨는 경험을 하고 어떤 삶이 중요하고 의미 있는지를 새롭게 인식하게 된 것이다.

셋째, 이혼 사건을 통해서 목적과 의미 없이 살았던 인생을 다시 고찰하게 되었고, 종교를 만나 절대자 안에서 새로운 가치와 의미를 깨달았다고 고백한다. 한 이혼자는 이혼 전에는 그냥 삶을 살았다면, 이혼 이후 절대자를 만나고 나서 인생의 목적과 방향성을 발견했다고 고백한다.

넷째, 이혼을 겪고 나서 일어난 인생철학의 가장 큰 변화는 '감사'의 고백이다. 이혼자들은 공통적으로 자신에게 주어진 일상, 사람들과 삶이 주는 감사함을 깨닫는다. 세상을 바라보는 시각이 완전히 바뀐 것이다. 인생철학의 변화에 있어서 종교와 영성이 중요하게 작용한다. 이혼자들은 이혼의 경험을 통해서 자신의 유한성을 깨닫고 초월자에 대한 관심을 갖게 된다. 그 결과 종교를 받아들이고, 종교성 안에서 신적인 소명과 삶의 우선순위 확립, 의미 있는 삶에 대한 목적과 감사를 경험한다.

그런 점에서 다섯 번째 인생철학의 변화는 영성 경험이다. 초월자와의 만남을 통하여 그들은 자신의 삶을 반성하고, 이웃과 세상을 향한 성숙한 모습으로 변화됨을 보여 준다. 영성 경험은 앞서 소개한 '인생철학의 변화' 네 가지 주제에 직간접적으로 작용하고 있다. 따라서 각 주제를 기술할 때에 함께 기술될 것이며, 추가적으로 다루지는 않을 것이다.

1) 소명 발견

이혼자들은 이혼 사건으로 인해서 초월자와 연결되는 경험을 하고, 자신이 의미 있게 여기는 일을 발견한 것에 대하여 감사한다. 이혼 경험이 아니었다면 현재 누리고 있는 보람과 삶의 자리를 얻지 못했을 것이라고 생각한다. 시간이 지난 후 이혼의 고통을 당한 이유를 해석해 낸 것이다. 그것은 바로 절대자의 부르심 때문이다. '소명 발견'이라고 하는 주제는 기존의 외상 및 역경 후 성장 이론의 요소인 '인생철학의 변화'에서 소개되지 않은 내용이다. 소명 발견은 한 인간의 삶을 분명하게 바꾸어 준다. 그리고 성숙한 종교에서의 신적 부르심은 성숙한 삶으로 인도한다.

이혼자 G는 이혼으로 인해서 초월자를 만나고, 비전을 발견하여 자신의 광야 같은 삶이 의미 있었음을 깨닫게 된다.

[비전을 발견]

저는 솔직히 이혼 한 걸 지금은 감사해요. 제가 만약 이혼을 안 했다면 하나님을 이렇게 인격적으로 만날 수 있었을까? 근데 교회에서 솔직히 제 나름대로 비전이라면 내적 치유 모임을 섬기는 거예요. 내적 치유 섬김의 과정들에서 제가 할 수 있었던 것은 솔직히 직장 다니면서 살림하는 것도 벅차고 힘들었지만, 비전을 깨달은 게 하나님과의 그런 관계 때문이었어요. 솔직히 이전에 이혼할 때, 광야 같은 삶이 언제 끝나나 바뀌지 않을 것 같은 삶이었어요. 그러나 하나님이 계속 치유해 주시고 회복시켜 주시고 이끌어 주시는 부분들을 보면서 예전에는 광야생활이라고 하면 어두움이고 고난의 시간이라고 이야기를 하잖아요. 저는 그 생각이 이제 바뀌었어요. (이혼자 G의 사례)

이혼자 H는 자신의 내향적이고 소극적인 성격으로 인해서 하나님의 부르심을 발견할 수 없었기 때문에 이혼이라고 하는 고통의 사건을 통해서 부르심의 자리로 이끌림받았다고 해석한다. 그 결과 현재는 즐겁고 보람된 삶을 누리고 있다.

[소명의 자리로 이끈 이혼]

제가 현모양처였는데 이제는 제가 하고 있는 게 정반대잖아요. 어쨌든 제가 일을 하고 이런 상황이 됐지만, 그러니까 봤을 때 내가 이렇지 않으면 계속 집안에 있었을 것이고, 하나님께서 나를 향한 디자인이 이게 아닌데 계속 가정환경이라든지 숨어들어가고 집안에만 있게 될 상황이었지만, 하나님은 그게 아니어서 날 끌어내시고 저한테

도 맞고 좋아요. 즐겁고 너무 보람돼요. (이혼자 H의 사례)

2) 우선순위의 변화

성장의 결과로 나타나는 우선순위 변화의 두 가지 전형적인 특징이 있다. 먼저, 삶의 작은 일상을 의미 있게 여기게 된다. 두 번째는 이전까지 당연하게 여긴 관계의 중요성을 깨닫게 된다(Calhoun & Tedeschi, 2013/2015). 이혼자들은 이혼사건을 통해서 의미와 가치를 제공하는 일에 우선순위의 중요성을 두게 된다. K는 이혼 후 결혼생활에서 가족을 향한 봉사와 희생적인 책임의식이 가장 중요하다는 것을 깨달았다.

[결혼생활의 우선순위: 봉사와 희생]

결혼의 완성은 가족공동체 안에서 얼마나 내가 효율적인 봉사자로 서느냐, 아내에 대한 봉사, 자녀에 대한 봉사, 그다음에 가문에 대한 봉사, 사회에 대한 봉사 그런 희생과 봉사를 기쁘고 즐거운 마음으로 잘할 때, 이 가정이 유지가 되는 구나! 그래서 책임 있는 어른이 되는 과정이고, 그리고 그 책임이 있는 어른이 되기 위해서 내가 감당해야 하는 힘듦과 아픔에 대해서, 즐겁게 내가 수용 하겠다는 마음을 가져야, 정말 결국에 가서는 가정이 성공하겠구나! 라는 것을 배웠죠. (이혼자 K의 사례)

B는 이혼 경험 이후 종교생활을 통해서 일상에서 절대자를 만날 수 있는 것만으로도 만족하며 충분히 기쁘다고 자족한다.

[우선순위: 일상의 중요성]

원하지 않아요! 저는 아무것도 원하는 것이 없어요. 신앙생활을 하면서 뭔가를 바란 적이 한 번도 없어요. 그냥 저를 만나 주시고 기쁨을 주시고 그런 것만으로도 충분하기 때문에. (이혼자 B의 사례)

I는 가정의 소중함을 깨달으며, 아름다운 가정을 만들기 위해서는 배우자에 대한 진정한 헌신과 사랑이 필요하다는 것을 깨닫게 된다.

[우선순위: 진실한 사랑]

가정의 소중함을 느끼게 되더라고요. 그리고 이다음에 하나님이 저에게 여성을 주시겠다면 진짜 그리스도의 몸처럼 섬기려는 마음, 그리고 진정한 사랑이 아니면 이제는 만나지 않겠다는 마음. (이혼자 I의 사례)

3) 삶의 목적 및 의미 발견

이혼의 고통은 삶에 대한 진지한 물음을 제기하게 되고, 그에 대한 답변을 추구하게 된다. 그래서 이혼자들은 이혼 후 자기 삶의 목적과 의미를 새롭게 수립한다. 그전에는 그냥 살았고, 그냥 결혼했고, 헤어지고 싶어 이혼했는데, 이혼을 기점으로 삶에 대해서 진지하게 생각을 하게 된다. 특별히 인생의 본질적 질문인 '나는 어디로부터 왔는가? 나는 무엇을 위해 살고 있는가? 이 세상의 마지막에 어디로 가는가?'와 같은 것들은 종교 영역에서 탐구하는 내용이다. 이혼의 고통과 절망은 삶에 대한 궁극적 질문을 하게 만들기 때문에 다수의 이혼자는 종교와의 만남 속에서 새로운 가치와 의미를 발견한다. 이혼은 새로운 삶의 목적과 의미를 발견할 수 있도록 계기를 만들어 준 촉매적 사건인 셈이다. 이혼자 C, E, G는 이혼 전에는 세상을 왜 사는지 몰랐지만, 이혼을 기점으로 세상을 살아간다는 의미와 방향을 발견하게 되었다고 말한다.

[삶의 목적 탐색]

뭘 하고 싶다는 생각은 전보다 많이 한 것 같아요. 그전에는 결혼해야 하니까 하고, 살아야 되니까 살고, 그 생각하다가 이혼하고 싶다는 생각만 하고 살았는데, 이혼하고 나니까 이제 내 삶에도 그리고 제 아기도 있고, 아기에 대한 책임도 있고 하다 보니까 내가 뭘 하고 싶은지를 생각을 많이 하는 것 같아요. (이혼자 C의 사례)

[삶의 목적 발견]

저는 이혼 전후가 문제가 아니라 내가 하나님 만나고 안 만나고가 문제가 되니까. 지금은 그때랑 비교는 안 되죠. 행복도 예전에는요. 내가 누군지 잘 몰랐어요. 왜 사는지 잘 몰랐고, 태어나서 살긴 사는데 방향도 없고, 애들만 바라보고 걔들 잘 키워야지 그게 목표가 되어 버린 거죠. 나는 내 인생은 별로 생각을 안 해 봤어요. 늙어서 뭐가 되고 이런 생각 자체가 없고 회사 갔으니 가는 거고 먹고살아야 되니까 돈을 버는 거고, 타고난 성격 자체는 밝아서 남들은 내가 잘살고 행복하게 사는 걸로 보이고 그렇게 살았는데……. 신앙생활 하기 전에 내안에 그런 욕구가 있었는데 방법이나 길을 몰랐겠죠. 나는 원래 혼자 잘하고 싶은 사람인데 그런데 하나님을 딱 잡으면서 방향이 생기는 거예요. (이혼자 E의 사례)

[삶의 목적 발견]

제 인생의 전부 다예요. 특별히 어떤 부분에 의미를 붙이기는……. 내가 신앙을 저버리고 하나님을 저버리고 살 수 있다고 생각한 게 잘못 생각하고 있었구나! 그러니까 점검이 됐다고 할 수 있죠. 청년 시기부터 하나님을 알고 예배드리고 살았지만 모든 것의 주인이라고 생각하지는 않았어요. 그냥 예전에는 하나님께 감사하고 그렇게 살아야 된다고 생각했다면, 이제는 제 인생 자체가 달라진 거죠. 의미라고 말씀하시니까……. 하나님이 내 모든 영역의 부분들인데. (이혼자 G의 사례)

G와 J는 이혼을 통해서 기존에 가지고 있었던 세상에 대한 가치관을 수정하게 되었고, 그 결과 새로운 가치관 안에서 의미 있는 것을 발견할 수 있었다고 고백한다.

[소망을 가짐]

이혼을 하고 그런 생각이 들었어요. 제가 힘든 과정을 거치면서 지금은 내가 소망이 있어! 내가 하나님 안에서 내가 기대하는 것도 소망이 있어! 내가 남편하고 사는 동안은 어떻게 보면 혼자 사는 것보다 덜 힘들었겠지만 그때는 소망이 없었어! 언제 바꾈지 모르는 그런 상황들 때문에 힘들었고, 지금은 정리할 것은 정리했기 때문에 나는 하나님 안에서 소망이 있어. (이혼자 G의 사례)

[새로운 가치관 확립]

제가 교회를 안 다니면서 이혼을 겪었으면 굉장히 힘들고 굉장히 분노가 있고 약간은 이렇게……. 깨달음보다는 깨닫고 좋게 긍정정적으로 발전하기보다는 부정적으로 갔을 것 같아요. 세상의 시각과 기독교의 시각은 다르잖아요! 세상의 시각에서는 전 실패잖아요. 세상의 시각에서는 전 그전보다 못한 사람이 돼 있으니까! 더 못한 프로세스를 만든 건데, 기독교적 시각에서는 내 존재 자체를 다시금 생각하게 되고 내가 왜 이 일을 겪었는지를 다시 생각하게 되고, 내가 다시 깨닫게 돼야 하는지를 생각하게 되고. (이혼자 J의 사례)

[새로운 의미를 깨달음]

제가 너무 교만했다는 것을 잘 몰랐어요. 근데 제가 사랑받고 있다는 것도 몰랐고, 누가 나를 사랑해 주는 것도 몰랐어요. 내가 그냥 그거에 대해서 너무 간과하고 살았는데 이 이혼이라는 계기를 통해서 그 신뢰가 무너지면서 세상이 무너지는 경험을 하면서 '아 이게 사랑받는데 이게 쉬운 게 아니구나! 신뢰를 받는 게 쉬운 게 아니구나!'를 기도와 묵상을 통해서 깨달았죠. (이혼자 J의 사례)

4) 삶에 대한 감사

주요 스트레스를 겪은 후 성장하는 경험의 주요 형태는 삶에 대해서 많이 감사하는 것이다(Calhoun & Tedeschi, 2013/2015). 이혼과 같은 역경을 겪고 난 후 이혼자들은 일상의 삶이 그냥 흘러가는 것이 아니라 신의 은총이요, 이웃의 도움이요, 모든 것이 쉽게 되는 것이 아님을 깨닫는다. 그래서 삶의 일상 하나하나를 더 가치 있고 의미 있게 여기며 감사한다. 그들의 시각이 예전과는 완전히 달라진 것이다. 감사할 수 있는 눈이 생긴 것이다.

[삶에 대한 감사]

하나님이 옛날 그 시간이 없었으면 또 모르는 거죠. 사람이 아픔이 좀 있어야 크지 않나. 히히히! 외로움이 제게 오래 있었잖아요. 외롭지 않는 기죠. 꽃을 보면 저 꽃이 예쁘게 보여서 나는 감사한 거야! 저 꽃보다 내가 더 예쁘지요. 그런 기도가 나오고, 그러니까 매사가 그렇게 시선이 그렇게 되니까 그런 게 행복한 거죠. (이혼자 E의 사례)

[삶에 대한 감사]

저는 지금의 저의 생활에 만족합니다. 이혼을 통해 자유를 얻었고 세상의 눈과, 다른 사람의 눈이 아니고……. 찰나적인 관점이 아닌 좀 더 객관적이고 영원의 세계에 대하여 믿음이 생겨 감사드리며. 또한 이러한 어제의 나보다 오늘의 내 모습이 좋고 내일의 내가 더욱 발전할 수 있으므로 감사드립니다. (이혼자 J의 사례)

[감사하는 삶]

다른 사람이 볼 때 어떻게 보일지 모르지만, 제가 생각할 때는 만족해요. 불안하거나 평안이 깨지거나 그렇게 사는 게 아니라, 부유하지도 않고 아무것도 없고 힘들기는 하지만 저는 감사하게 살고 있어요. (이혼자 G의 사례)

[항상 감사]

나중에 알고 보니까 너무 자신감에 차 있는 제 모습에 겸손하고 좀 낮추라고 그리고 또 어디 가나 환영받는 모습을 보시면서 넌 좀 깎아 놔도 될 것 같은 생각에 살짝 깎지 않으셨나? 저는 그런 생각을……. 그렇게 해서 더 감사하죠. 항상 감사하죠. 매일 발걸음을 함께 해 주신데요, 뭐. (이혼자 B의 사례)

[아내에게 감사]

첫 번째 이혼의 경험 때문에 지금 나하고 살고 있는 와이프가, 와이프를 보면 항상 고맙고 감사해요. 나랑 살아 줘서! 나같이 부족한 사람인데도 불구하고, 또 하나는 제가 첫 번째 결혼을 해서 배우자로부터 인정을 못 받고 멸시와 천대를 받았는데 지금

나의 와이프는 나를 너무 인격적으로 대해 주고, 때로는 그 사람이 나를 존경하는 것을 느끼고, 그리고 그 사람이 나를 진짜 사랑한다는 것을 느끼기 때문에, 항상 와이프를 보면 사랑스럽고, 고맙고, 어떻게 하나님이 저런 사람을 나한테 주셨을까 하는 감사함이 늘 넘치죠. (이혼자 K의 사례)

제12장 • Growth following divorce

이혼 후 상담과 돌봄

1. 돌봄 전략

이혼 후 모든 이혼자가 상담이나 전문적 돌봄을 받는 것은 아니다. 그런 측면에서 돌봄 모델의 제시는 이혼자들 본인 혹은 이혼자 돌봄을 위한 개인, 가족, 사회나 기관, 종교 단체들을 위한 방향성과 전략을 제공하는 데 있다. 이혼자를 위한 상담 및 돌봄은 개입을 위한 구체적인 방법과 전문적인 기술을 필요로 한다. 따라서 이 장은 이혼자를 돌보기 위한 전반적인 이혼 및 이혼자 이해를 바탕으로 하는 상담 및 돌봄적 전망을 제공하는 데 그 목적이 있다.

이혼자들은 이혼 이후 고통의 크기와 상관없이 삶에 대한 실패감과 무기력감을 가지고 살아간다. 특별히 이혼자들 중 가정에 대한 가치관, 윤리와 도덕적 가치 그리고 종교적 신념에 대한 높은 기준을 가지고 있는 경우 삶의 적응과정에서 죄책감 및 수치심의 이중적 고통을 지니며 살아간다. 이들은 도덕적 죄책감 및 타인의 시각을 의식하면서 평생 동안 시지프의 신화에 나오는 시지포스처럼 산꼭대기에 바위를 밀어 올리는 것과 같은 삶을 살기도 한다. 그런 점에서 이혼자들의 회복과 성장을 위해서 이혼에 대한 거짓되고 신경증적인 죄책감과 타인의 부정적인 인식을 극복하고 자신의 본래적 모습을 받아들일 수 있도록 돕는 것이 필요하다. 이를 위하여 이 장에서는 테일러(Taylor, 1991/2002)의 변환 모델을 수정하여 이혼자들을 돌보기 위한 모델로 제안하고자 한다.

테일러(Taylor, 1991/2002)는 인간이 가지고 있는 문제들이 잘못된 신념으로부터 비롯된다고 보았다. 그는 죄책감, 염려, 분노와 같은 감정을 우상으로 보는 토마스 오든(Thomas Oden)의 신학과 사람의 감정과 행동을 변화시키는 가장 좋은 방법으로 해로운 믿음을 바꾸도록 하는 합리적 정서 요법을 가지고 돌봄 모델을 제시하였다. 테일러(Taylor, 1991/2002)가 제시한 돌봄 모형은 사람들이 가지고 있는 고통스러운 감정이나 행동에 영향을 미치는 잘못된 믿음을 변화시키도록 돕는 '변환 모델(the metanoia model)'이다. 그는 세 가지 종류의 기술인 돕는 기술, 왜곡된 사고에 대한 평가, 돕는 자원들을 사용한다. 변환 모델은 이혼의 과정 혹은 이혼 후 개인이 가지고 있는 왜곡된 사고나 감정을 교정하여 현실적 삶에 적응할 수 있도록 돕는다.

그러나 권수영(2007)은 개인의 고통스러운 감정과 행동들을 단순하게 그가 가진 신념만을 바꾼다고 해서 변화될 수 있는지에 의문을 제시하면서, 인간의 무의식 깊숙이 숨어 있는 역동들을 이해하는 체계적인 작업이 필요함을 주장한다. 따라서 이혼자들을 위한 돌봄의 방법으로 테일러의 변환 모델에 개인의 무의식적 삶에 대한 정신 역동적 탐색의 필요성을 추가한다.

1) 문제 탐색

수정된 변환 모델은 테일러의 3단계 모형을 따르면서 그 내용의 구성에 있어서 체계적 재구성을 시도 한다. 1단계에서는 상담학적 기술을 사용하여 개인의 문제를 탐구한다. 돌봄 제공자는 이혼자들의 원가족 이해, 결혼의 동기,

의사소통의 방법, 결혼 갈등의 요인 및 개인의 욕구, 이혼 후 감정과 자녀양육 및 삶의 변화와 같은 다양한 이슈를 탐색한다. 여기에는 상담 기술들이 필요하다. 공감과 경청의 기술, 반영과 다시 말하기, 가족의 구조에 대한 이해, 이혼자의 무의식 등을 파악하여 이혼자의 호소를 주의 깊게 들어야 한다. 또한 이혼은 상실과 슬픔의 감정을 남기기 때문에 애도 작업이 필요하다. 이혼자로 하여금 상실과 슬픔을 충분하게 표현할 수 있도록 도와야 한다.

탐구의 과정에서 또 하나 중요한 것은 이혼자들의 문화적 정황과 돌봄 제공자의 경험을 통괄적으로 엮는 관점이 필요하다. 이혼자들의 아픔과 고통의 사연에는 그들만의 환경과 배경적 요인들이 자리하고 있다. 단순하게 이혼자 개인의 원가족, 이혼자의 성향과 기질, 부부간의 의사소통 불일치, 이혼자가 속한 공동체의 문화만을 다루어서는 안 된다. 그들에 대한 사회적인 편견과 한국 사회의 인식 등도 함께 고려되어야 한다. 추가하여 이혼자들을 돌보는 상담가나 목회상담가 혹은 임상심리사, 사회복지사와 같이 돌봄을 베푸는 돌봄 제공자들의 이혼에 대한 인식 및 문화적 편견 등도 성찰되어야 한다. 이혼자를 돌보는 돌봄 제공자가 가진 이혼에 대한 사고나 견해는 이혼 돌봄을 하는 데 있어서 도움이 될 수도 있지만 방해가 될 수도 있다. 따라서 돌봄 제공자의 선 이해에 대한 자기 탐색과 성찰도 중요하다.

돌봄 제공자들이 자신의 편견을 인정하고 있는 그대로 이혼자들의 아픔을 들어 주기만 해도 1단계는 의미 있는 과정이 될 수 있다. 이혼에 대하여 부정적인 생각을 가지고 있을 것이라고 추측된 종교기관의 지도자는 이혼에 대하여 편견 없이 이혼자들의 이야기를 모두 다 들어 주었을 때, 이혼자들로부터 자신들의 이야기를 판단하지 않고 들어 준 첫 번째 사람이었다는 말을 들었다. 이혼의 이야기를 누군가에게 들려준다는 것은 판단받을 가능성의 두려움에 자신을 내맡기는 용기 있는 행동이다. 필자가 이혼자들을 면담하면서 가장 많이 들은 말은 다음과 같다. "제발 가르치거나 교훈하지 말고 있는 그대로 그냥 들어만 주세요."

2) 이해하기

두 번째 이혼자 돌봄 모델의 단계는 이혼자를 이해하는 것이다. 그가 가진 잘못된 인식과 부정적 생각에 대한 평가를 통해서 그의 이혼 사건을 살펴야 한다. 이혼 후 적응을 어렵게 만드는 이유는 이혼자들을 붙들고 있는 왜곡된 신념과 부정적인 감정들이다. 사고와 감정은 같이 움직인다. 부정적인 사고로부터 부정적인 감정이 유발된다. 이혼 후 건강하게 적응하는 사람들의 특징은 타인의 시선이나 사회의 고정관념에 지배당하지 않는다.

그러나 많은 경우 타인의 환대와 수용에도 불구하고 이혼자 자신이 가지고 있는 고정관념이나 편견은 그의 삶을 지배한다. 따라서 이혼 돌봄의 두 번째 단계에서는 이혼에 관한 편견과 부정적 인식에 대한 검토가 필요하다. 그것이 사회로부터 비롯된 것인지, 이혼자 개인의 성장 환경과 가정에서 유래된 것인지, 아니면 그가 속한 공동체로부터 영향을 받은 것인지 확인해야 한다. 그리고 이혼 후 느끼는 부정적인 감정들에 대해서 충분하게 표현할 수 있도록 격려해야 한다.

이혼의 경험은 단순하게 부부 두 사람의 갈등에서만 비롯된 것이 아니라, 각자의 원가족들이 안고 있었던 문화 혹은 문제의 충돌일 수도 있다. 이혼을 통해서야 비로소 자신의 문제가 자신만의 문제가 아니라 원가족으로부터 시작된 것임을 아는 경우도 있다. 상담가나 돌봄 제공자는 이혼과 관련된 부부 사이의 갈등뿐만 아니라 두 사람의 가족 환경, 성장 배경, 종교 와 문화 등에 대한 깊은 탐색을 통하여 이혼 현상을 이해하고 파악할 필요가 있다.

어떤 경우에는 개인의 종교적 이해가 결혼생활에 영향을 끼치기도 한다. 각자가 가지고 있는 거짓된 우상(偶像)의 신관(神觀)이 그들의 삶을 지배하여 결혼생활의 갈등을 야기하기도 한다. 이러한 역동은 무의식적이기 때문에 서로가 잘 알아차리지 못한 채 진행된다. 엄격한 교리 주의적 종교관을 지닌 부모로부터 자란 남성은 무섭고 권위적인 신관에 영향을 받는다.

반면, 자유롭고 수용적인 부모로부터 자란 여성은 친근하고 따뜻한 신관을 가진 채 삶을 살아간다. 이 두 사람은 자신이 가진 종교적 신관의 영향에 따라 인간을 바라보는 인간관을 형성하게 된다. 남편에게 아내는 절대자 앞에서 불순종하며 용서받지 못할 죄인으로 보인다. 아내에게 남편은 은혜로운 신을 알지 못하는 사랑 없고 교만한 존재인 것이다. 실상 이들은 그들의 무의식을 지배하고 있는 거짓된 신관인 종교에 사로잡혀 있다. 그들이 신앙했던 종교는 각자의 삶에 부정적으로 작용하고 있었던 것이다. 이 같은 경우는 이혼자 부부의 종교적 배경과 무의식적인 정신역동을 잘 이해하고 파악할 수 있을 때 비로소 발견할 수 있다(권수영, 2007).

따라서 상담가나 돌봄 제공자는 이혼자의 개인적 탐구뿐만 아니라 그가 속한 공동체와 문화 및 종교적 상황까지 성찰하고 이해하는 노력을 기울여야 한다. 또한 돌봄 제공자 자신의 이혼에 대한 편견과 고정관념에 대한 괄호치기의 자세도 필요하다.

이런 모든 것을 종합하여 이혼자 개인에 대한 평가가 이루어져야 한다. 그리고 그 평가를 기준으로 왜곡된 신념을 제거하기 위한 심리교육이나 상담 및 돌봄을 행해야 한다. 상담 및 돌봄 서비스는 이혼자의 거짓된 신념을 깨뜨릴 수 있는 좋은 소식이어야 한다.

3) 행동하기

3단계는 이혼자의 변환을 돕기 위해 다양한 자원을 활용하는 과정이다. 이혼자를 위한 개인상담, 집단상담이나 지원 집단, 그리고 종교적 자원 등을 활용할 수 있다.

테일러(Taylor, 1991/2002)의 경우는 종교적 자원들로 성직자, 경전, 전통, 신학과 윤리, 계약 공동체, 기도와 예술, 그리고 예식 등이 있다고 말한다. 덧붙여서 이 책에서 기술한 것처럼 이혼자의 건설적인 자기 노출로 사회적 지원을 얻는 것, 이혼자 자신의 내적 성찰을 위한 상담대학원 진학과 심리 세미나 프로그램 참여, 배우자 용서, 자신의 감정을 해소하기 위한 표현적 글쓰기인 모닝 페이지 작성과 자신을 돌보는 아티스트 데이트[1] 등의 자원들을 적극적으로 사용할 필요가 있다.

이혼자 입장에서는 이혼 후 자신을 돌보고 지지해 줄 지지자를 찾는 것이 우선적으로 필요하다. 개인상담이나 다양한 방식으로 자신의 이야기를 편견 없이 들어줄 전문가가 필요하다. 상담가나 돌봄 제공자는 이혼자를 위한 계획을 수립하고 이것들을 행동으로 옮기는 것이 매우 중요하다. 상담의 과정에서는 이혼 내담자가 적극적으로 상담에 임할 수 있도록 격려해야 한다. 더불어 이혼자 상담과 치료에 있어서 가장 효과적인 방법은 앞장에서 소개한 것처럼 동일한 이혼 경험을 가진 사람들과 집단상담 혹은 지지 집단 모임에 참석하는 것이다. 혹시나 이런 이혼자 집단 모임을 발견하기 어렵다면 마음을 털어놓을 수 있는 일반 집단상담에 참가하는 것도 도움이 될 수 있다. 그리고 그것도 어렵다면 주변에 있는 종교기관을 찾아 종교 공동체에 소속되어 마음과 영혼의 돌봄을 받는 것도 도움이 된다.

그리고 개인 일기쓰기, 모닝 페이지와 같은 표현적 글쓰기를 통해 자신의 감정을 솔직하게 표현하고 직면하라! 자신의 개인적 욕구를 충족시켜 주고 위로를 줄 수 있는 아티스트 데이트 등을 지속적으로 행하라! 그 외 자기 자신에게 자비를 베푸는 연습을 하라! 또한 웃음과 미소 짓기를 통하여 긍정정서를 활성화하라! 긍정정서를 활성화하기 위해서 당신을 웃게 만드는 영화나 코미디를 보고, 책을 읽으라! 이런 모든 활동이 부정적인 생각이나 마음을 개방시켜 회복을 위한 자원을 구축해 줄 수 있다. 그러면 이혼 이후 고통스러운 감정으로부터 속히 벗어날 수 있으며, 마음의 치유와 회복을 경험하여 새로운 삶으로 나아갈 수 있다.

---

1) 줄리아 카메론(Cameron, 1992/1997)은 그의 저서 『아주 특별한 즐거움(The artist's way)』에서 상처 받은 영혼이 자신의 삶을 돌보기 위한 방법으로 아티스트 데이트(Artist date)를 제안한다. 인생길을 가는 것이 예술 활동이며, 인간은 누구나 예술가이다. 예술가로서 자신의 삶을 돌보기 위해 자신과의 데이트를 할 때 건강한 창조의 샘이 터져 나온다고 말한다. 예를 들면, 나를 위해서 하루 시간을 정하고, 평소 내가 하고 싶었던 취미 활동을 하거나, 먹고 싶었던 음식을 먹거나, 사고 싶었던 물건 등을 사면서 나를 위로해 주는 시간을 갖는 것이다.

2. 이혼자를 위한 성장 상담

이혼의 경험이 비록 고통스러운 외상 경험일지라도, 외상 및 역경 후 성장 이론에 따르면 외상 경험을 통해서 오래된 자신의 핵심 신념을 수정하고, 건설적인 적응과 순응을 통해서 새로운 신념을 확립할 때 오히려 예전과 다른 삶의 질을 경험하고 성장할 수 있다고 본다. 물론 최근의 이혼 경향을 보면 예전과 달리 큰 고통과 어려움을 호소하지 않는 경우도 있다. 이런 경우라 할지라도 외상 및 역경 후 성장 이론에 따르면 꼭 직접적인 외상 경험이 아니더라도, 주관적으로 도전받는 경험은 성장에 영향을 미칠 수 있다. 따라서 외상 경험 혹은 도전적 경험으로 받아들이는 이혼자들에게는 성장 상담의 관점에서 상담을 진행하는 것이 효과적일 수 있다. 그러므로 이혼자를 상담하거나 돌볼 때 단순히 그들의 고통을 위로하고 치유하며 적응에 초점을 맞출 것이 아니라, 성장의 관점에서 접근할 필요가 있다. 다음의 성장 상담 기법은 캘훈과 테데스키(Calhoun & Tedeschi, 2013/2015)의 이론적 토대를 바탕으로 이혼자 상담에 적용하여 구성한 것이다.

1) 적극적 경청과 반영

(1) 동반자 관계

이혼의 경험은 어떤 이들에게는 외상 후 스트레스 장애를 겪게 할 정도로 고통스럽고 힘든 과정이지만 보편적으로 2년 정도가 지나면 극심한 스트레스 상황에서 벗어날 수 있게 된다. 하지만 이혼은 누구나 처음 겪는 낯선 사건이며 절망스러운 경험이기 때문에 이혼자들 중에는 상담가 혹은 전문가의 도움을 받고자 찾아온다. 캘훈과 테데스키(Calhoun & Tedeschi, 2013/2015)는 외상 경험을 한 내담자들을 돌보는 상담가를 동반자적 전문가(expert companionship)라고 부른다. 동반자적 전문가는 상담에 찾아온 외상 생존자들을 전문적으로 조력할 뿐만 아니라, 인간적인 동반자로서의 관계성을 가지는 것을 말한다. 다시 말하면 상담가는 상처 입은 내담자들의 삶을 새롭게 창조하는 창조자라기보다 촉진자로 볼 수 있으며, 구체적이고도 전문적인 지식을 제공하여 내담자로 하여금 자연스러운 치유와 성장이 일어나도록 돕는 동반자 역할을 하는 것이다. 이와 같은 관점에서 볼 때 이혼을 돌보는 상담가 역시 동반자적 전문가로서의 자세가 필요하다. 무수히 많은 이혼자는 그동안 자신의 이혼 사실을 누구에게도 털어놓지 못한 채 살아가는 경우가 많았다. 그 이유는 그들의 이혼을 있는 그대로 수용해 주지 못하는 사회적 분위기 때문이다. 그래서 이혼자들은 이혼 후 가족이나 친구 혹은 주변 사람들에게 자신의 이혼 소식을 쉽게 말하지 못한다. 그런 점에서 상담가는 이혼 상담을 행할 때 도덕적 판단이나 혹은 교육자로서의 모습을 내려놓고 전문가로서의 역할뿐만 아니라 함께 있어 주는 동반자 관계로서 기능할 필요가 있다. 초기 이혼 상담에서 가장 중요하고 필요한 상황은 이혼자와 안전하고 편안한 관계를 맺는 것이다.

(2) 경청하기

동반자적 전문가로서 이혼 내담자를 만났을 때 있는 그대로를 받아주고 수용하는 경청하기의 자세가 필요하다. 칼 로저스는 내담자를 위한 치료적 필요충분조건으로서 공감과 진실성 그리고 무조건적인 긍정적 존중이 필요하다고 서술했다. 종종 이혼자들의 이야기를 듣는 상담가들이 범하는 실수는 그들의 이야기를 이해하고자 인지적 분석을 시도하는 것이다. 이혼자들의 사연에 대한 인지적 분석 작업이 중요한 것이 아니라 그들의 복잡한 감정과 혼란스러운 마음을 읽는 것이 우선시되어야 한다. 상담가는 이혼자가 처한 특수한 상황, 고통스러운 부분, 죄책감, 당혹스러운 일, 죽을 것 같은 느낌, 공포, 불안과 같은 가장 부정적인 면에 대해서 기꺼이 들을 준비가 되어 있어야 한다. 이혼이라는 경험은 그동안 자신이 가지고 있었던 세상에 대한 가정이나 가치관 및 관점을 깨뜨리는 핵심신념의 붕괴경험이다. 신념이 무너져 내릴 뿐만 아니라 고통스러운 감정이 예기치 못하게 침투해 들어오기도 한다.

따라서 이혼자의 이야기를 들을 때는 그들이 겪었던 고통과 아픔에 대해서 잘 노출할 수 있도록 세부적인 것까지 묻고 답하는 과정을 통해서 그들을 위험에 빠뜨릴 수 있는 요소들을 검토해야 한다. 상담가 역시 언제든지 내담자와 같은 부부 갈등과 이혼의 어려움에 빠질 수 있다는 관점을 가지고 이혼자를 치료한다기보다 이혼자의 삶을 공감하고 배우고자 하는 자세로 접근할 필요가 있다. 이런 태도들이 이혼자로 하여금 자신의 어두운 이야기를 할 수 있도록 만드는 안전감을 제공한다.

또한 그들의 이야기를 들으면서 해결책을 제시하려 하거나, 교훈적인 충고를 하려고 하는 유혹에서 벗어나야 한다. 이혼자들과의 상담과정에서 들었던 가장 많은 이야기는 제발 자신들의 삶을 충고하려고 하지 말고, 그냥 들어 달라는 호소였다. 이혼자들은 이혼을 마음먹고, 결정하는 순간 사회로부터 쏟아질 부정적 소리에 미리 고통을 당해 왔다. 상담가가 이혼자들을 있는 그대로 전적으로 수용하기 위해서는 상담가 자신의 가치관 및 문화적 배경을 성찰할 필요가 있다. 상담가가 가지고 있는 이혼에 대한 선 이해나 혹은 윤리관, 종교적 이해 등은 이혼 내담자를 상담하는 데 방어기제로 작동할 수 있다. 상담가 자신에 대한 성찰과 이혼 내담자의 문화에 대한 이해를 바탕으로 괄호치기의 자세가 요청된다. 내가 이혼자들과의 인터뷰에서 그들의 이혼스토리를 청취할 때 그 어떤 비판이나 의심, 훈계 그리고 질문도 없이 온전히 그들의 이혼 경험만을 경청한 결과 그 인터뷰 자체만으로 치료적이었다는 고백을 들을 수 있었다.

(3) 이혼 심리교육

이혼의 경험은 외상 경험의 일종이다. 외상 사건은 여러 가지 후유증을 일으킨다. 이혼을 겪은 이들은 초기에 자신들이 느끼는 무기력감, 우울, 실패와 절망감 등을 통해서 일시적으로 자존감이 저하되고 자신감을 상실한다. 따라서 상담가는 이혼자들의 이런 반응에 대하여 적절한 심리교육의 필요성을 알려 주어야 한다. 이혼과 같은 외상 경험의 특징 중 하나는 재경험하기, 회피, 과각성 및 마비증상이다. 이혼자들은 대인관계뿐만 아니라 이혼과 관련된 모든 상황에 대한 고통스러운 감정의 재연과 회피, 불편하고 두려운 감정 및 마비의 증상을 느낄 수 있다. 이런 모든 것이 외상 후 스트레스 반응이라는 것을 알려 주는 것은 내담자들에게 도움이 된다.

또한 이혼은 상실의 경험이다. 상실의 과정에 대한 정보 제공은 이혼자로 하여금 두려움과 불안에서 벗어날 수 있게 만들어 준다. 자신들의 내면에 일어나는 감정의 변화를 미리 알고 대처한다면 과도한 공포나 두려움에서 벗어나 수용할 수 있게 된다.

애착이론을 만든 존 볼비(John Bowlby)는 애도 과정을 4단계로 설명한다. 마비, 그리움과 추구, 혼란과 절망, 재조직이다. 엘리자베스 퀴블러 로스(Elisabeth Kübler-Ross)는 애도의 5단계 이론을 제안했는데 부정, 분노, 타협, 우울, 수용의 순서로 되어 있다. 이혼의 경험 역시 상실과 분리에 대한 애도 과정을 거친다. 이혼자들이 겪는 심리적 문제는 사랑을 잃고 난 이후 찾아오는 상실과 관련된 감정을 제대로 처리하지 못해서 발생한다. 존 볼비와 퀴블러 로스의 애도 단계를 이혼 과정에 적용해 보면 다음과 같다. 첫째 단계는 충격과 마비의 단계이다. 이혼 자체가 충격적인 사건이며 그 경험은 정서를 마비시킨다. 내가 만난 이혼당한 한 여성은 몇 달 동안 멍한 감정의 상태를 보였다. 둘째 단계는 부정과 부인의 단계이다. 특별히 배우자로부터 이혼을 당한 경우 받아들이기가 쉽지 않다. 또한 가족 중에 이혼자가 없었던 이혼자는 자신이 이혼자가 되었다는 사실을 수용하는 것이 힘들다. 셋째 단계는 분노와 공격성의 표출 단계이다. 상대로 인해서 결혼생활이 깨졌으며, 이혼으로 말미암아 내 삶이 실패했다는 생각은 상대 배우자에 대한 분노와 공격성의 모습을 보여 준다. 넷째 단계는 공포와 불안을 경험하는 단계이다. 한 남성 이혼자는 이혼 때문에 직장을 떠나야 했다. 그에게는 안정된 삶의 터전과 경제적 어려움을 당하게 된 것이 큰 공포였다. 또한 다른 한 여성은 이혼 이후 자녀들을 혼자서 양육해야 한다는 경제적 두려움 때문에 뜬눈으로 밤을

지새우곤 했다. 다섯 번째 단계는 상실한 대상에 대한 그리움의 단계이다. 비록 고통스럽게 이별했을지라도 상대방에 대한 미련과 그리움, 죄책감이 남는다. 여섯 번째 단계는 수용 및 이상화의 단계이다. 적절한 애도 과정을 거친 이혼자들은 이혼을 받아들이며, 더 건설적으로 자신의 삶을 개척해 나간다. 가끔 떠난 배우자에 대한 이상화 작업으로 상실을 받아들이기도 한다. "그만한 남편 혹은 아내가 없었는데, 다시는 그런 사람을 만나기 쉽지 않을 거야!"라고 말한다.

한편으로 이혼 외상의 경험이 상실과 부정적인 결과만을 낳는 것이 아니라 이혼 후 외상 경험이 성장의 토대가 될 수 있다는 것을 내담자에게 이해시키는 것도 필요하다. 이혼의 경험이 외상 사건으로 개인의 가치관이나 세계관을 형성하는 핵심 신념을 무너뜨린다는 것과 무너진 삶의 가치관을 재건하는 과정에서 새로운 삶의 적응 방식을 선택하게 되는데, 여기서 성장의 경험이 일어날 수 있다는 것을 교훈할 필요가 있다. 따라서 동반자적 전문가인 상담가는 이혼 후 상담을 단순한 위로와 지지 혹은 치료와 회복상담이 아니라 성장으로 이끄는 촉진자와 동반자로서 기능할 필요가 있다.

2) 정서 반응 돌보기

이혼자들은 이혼 후 다양한 정서적 반응을 보인다. 우울, 외로움과 공허감, 죄책감, 자존감 상실, 분노와 억울함, 배신감, 실패의 감정, 불안 등을 경험한다. 상담가나 돌봄 제공자는 이혼자들이 호소하는 정서적 스트레스를 다루는 방법을 알려 줘야 한다.

앞서 말했던 것처럼 일단 이혼자들의 이런 감정반응들은 정상적인 외상 후 반응이라는 것을 이해시킬 필요가 있다. 또한 상담가는 이혼자와 동반자적 전문가 관계를 맺어 안전한 환경을 제공해야 한다. 그 누구에게도 털어놓을 수 없었던 이혼의 내밀한 감정을 이야기 할 수 있도록 신뢰관계를 구축해야 한다. 그리고 이혼 외상 이후 일어나는 생각과 감정의 변화를 솔직하게 표현할 수 있도록 도와야 한다. 그들이 느끼는 부정 정서가 안전한 공간에서 충분히 표현되고 수용될 때 그들은 더 이상 부정적 사고와 감정의 포로가 되지 않을 것이다. 동반자적 전문가로서의 상담가가 이혼자들에게 정서적인 스트레스를 다루는 방법을 소개하여 내담자가 침투적인 반추에서 의도적인 반추를 하도록 도움을 줘야 한다(Calhoun & Tedeschi, 2013/2015).

이혼과 연관된 것들을 떠올릴 때 일어나는 신체 반응은 의지적으로 조절하기 어렵다. 따라서 상담가는 내담자에게 호흡법이나 명상, 시각화 기법 등을 알려 주는 것이 도움이 된다. 힘들고 압도하는 감정이 찾아올 때 호흡법을 시도할 수 있다.

호흡법은 깊은 숨을 코로 들이쉬어 폐에 공기를 가득 채우고 난 다음 잠시 숨을 멈췄다가 다시 천천히 숨을 내보내는 과정을 반복하는 것이다. 호흡법의 장점은 교감신경계가 활성화될 때 개인이 의지적으로 심장박동이나 맥박을 떨어뜨리는 것은 어렵다. 그러나 호흡을 조절하는 것은 가능하다. 깊은 숨을 쉬어 호흡을 느리게 함으로써 호흡을 조절하면 교감신경계의 반응을 누그러뜨려 안정을 취할 수 있다. 상담현장에서 상담가는 이혼자와 함께 호흡법을 연습해 볼 수 있다.

시각화 기법도 호흡법과 함께 사용할 수 있다. 시각화 기법을 사용할 때는 상담가가 이미지를 선택해서 진행하는 '유도된 심상 기법'이 아니라 내담자, 즉 이혼자로 하여금 원하는 이미지를 선택하게 하는 것이 더 낫다. 시각화 기법은 호흡법을 하고 난 다음 진행하면 좋다. 동반자적 전문가로서 상담가는 내담자로 하여금 평화로운 장소를 머릿속에 떠오르게 한다. 가 본 적이 있거나 가고 싶은 상상의 장소를 어디든지 택하게 한다. 그리고 준비가 되면 손을 올려 표시하게 한다. 만약 중간에 시각화 작업을 할 때 내담자가 힘들어하거나 고통을 호소하면 중단하고 호흡법만 연습하는 것이 더 적합하다. 30초 정도 시간이 흐르면 상담가는 내담자의 경험을 생생하게 하기 위해서 그 장소에서 경험한 색깔들을 알아차리게 하고 떠올리게 한다. 내담자에 대한 안내는 강요적이지 않고 수동적인 지시여야 한다. 그다음에는 그 장소 안에 있는 사물들의 형태를 알아차리게 하고 윤곽을 살펴보게 한다. 예를 들면, "무엇 무엇을 해 보세요. 무엇 무엇을 살펴보세요." 하고 말하면 된다. 혹시나 내담자의 마음을 복잡하게 하고 산만하게 만드는 생각이나 느낌이나 감각이 있다면 괜찮다고 말해 주고, 원래의 평안과 편안함을 제공해 주는 장소로 되돌아가도록 말한다. 그리고 이어서 그 장소에서 마음에 드는 물건들의 촉각을 경험하게 한다. 이후 30초 정도 그것들을 만지고 경험할 시간을 준다. 이런 식으로 피부에 닿는 온도와 느낌, 소리, 향기 등을 경험하도록 순차적으로 안내한다. 그리고 마지막으로 되돌아온다. 되돌아올 때는 잠시 후에 눈을 뜨기 시작하라고 요청할 것이며, 3부터 1까지 셀 때마다 눈을 조금씩 열고 눈 아래로 작은 불빛이 들어온다고 말해 주며, 천천히 1까지 센다. 그러고 나서 내담자에게 시각화 연습을 하면서 편안했는지, 아니면 어떤 것이 어려웠는지 물어본다. 이 경험은 내담자가 직접 선택한 장소에서 편안함을 느끼도록 도와주는 것이다.

이혼자가 경험하는 사고 중에는 사후 가정 사고가 있다. 이것은 자신이 조금만 더 노력했더라면 이혼의 결과가 나오지 않았을 거라는 가정을 통해서 잠시 만족을 얻는 사고이다. 이런 사고는 지속적인 죄책감과 자존감의 저하를 가져올 수 있다. 그리고 이런 사고 이후에는 불쾌한 감정과 반추적 사고가 일어난다. 상담가는 이혼자와 함께 이런 사고에서 벗어날 수 있도록 의도적인 반추과정으로 전환을 도울 필요가 있다. 이런 작업들이 진행되다 보면 건설적인 사고로 생각이 바뀌고 성장의 관점을 가질 수도 있다. 한 이혼 여성은 이혼 후 자신의 남편도 부모로부터 사랑받지 못한 상처 입은 남자라는 사실을 깨닫는다. 만일 이혼 전에 자신이 알았더라면 이혼하지 않았을 텐데 하는 아쉬움을 느꼈다. 그러나 그녀는 이혼을 통해서 결국 자신과 남편 모두 부모로부터 사랑받지 못한 채 시키는 대로 살아온 마마보이, 마마걸이었음을 이혼의 결과로 깨닫게 되었다는 사실에 의미를 부여하게 되었다. 즉, 그녀에게 있어 이혼은 자신의 삶을 성찰하고 부모님으로부터 분리되어 주체적으로 살 수 있도록 도와 준 촉매제가 되었다. 상담을 통해서 침투적인 사고로부터 의

도적인 사고를 통해 성장을 경험한 내용을 보여 주는 사례이다.

3) 건설적 자기 노출과 관계 회복

이혼 후 이혼자들의 가장 큰 고민거리는 이혼 사실을 주변 사람들에게 어떻게 개방하느냐이다. 대체적으로 이혼사실을 주변 사람들에게 알리는 것은 쉽지 않다. 그래서 의도적이진 않지만 일부러 이혼 사실을 말할 이유가 없기 때문에 비밀에 붙인 채 그냥 시간이 흐르는 경우가 많다. 그러다 보니 직장에서 혹은 자녀들이 다니는 학교나 학부모들과의 관계에서 애매한 상황에 처한다. 대화 중에 자연스럽게 가족 이야기가 나와서 질문을 받곤 한다. 한 이혼 여성은 이혼 이후 자녀가 다니는 학교 학부모회에 나가지 않게 되었다고 한다. 그리고 동창회에 나가는 것도 꺼려졌다고 한다. 한국 문화는 서양과 달리 개인의 가족사를 자연스럽게 질문하는 경향이 있다. 질문하는 입장에서는 대수롭지 않겠지만, 이혼 사실을 의도하지 않게 비밀로 한 입장에서는 무척 곤혹스럽고 고통스러운 질문이다.

문제는 이혼 사실을 의도하지 않게 비밀로 하고 지내다 보니 어느 때에 개방해야 될지 타이밍을 놓치게 된다. 그러다 보면 자신도 모르게 이혼 사실을 비밀에 부치고, 거짓말을 해야 하는 난처한 상황에 직면하게 된다. 한 번의 거짓말은 이후 계속된 거짓말을 만들어 내야 하고, 그러다 보면 더 이상 비밀로 했던 대상자들과의 만남을 이어갈 수 없게 된다. 그렇게 인간관계가 점차 소원해지고, 자신도 모르게 고립된 삶을 살게 되는 경우가 많다. 따라서 이혼 상담에 있어서 이혼 사실에 대한 개방과 관련된 내용을 주제로 다룰 필요가 있다.

이혼 사실을 쉽게 타인에게 개방하지 못하는 이유는 상대방이 신뢰를 배반하거나 공감하지 못하거나 비판할지 모른다는 두려움 때문이다. 그래서 이혼자는 자기 노출을 힘들어하고 회피한다. 그러나 이혼자의 자기 노출은 자신의 경험을 이해하는 데 매우 중요하며, 타인의 지지와 이해를 얻기 위해서 자신의 경험을 노출할 필요가 있다. 최근의 연구들을 보면 말과 글의 형태로 표현되는 고통스러운 정서적 정보의 노출은 심리적으로 신체적으로 건강에 유익한 것으로 나타났다. 그런 의미에서 심리치료나 상담은 자신의 마음을 터놓고 들어 줄 수 있는 사람이 없는 이혼 내담자들에게는 매우 중요하다.

상담 상황에서 내담자들의 노출은 기본적이고 자연스러운 과정이다. 외상 경험을 다루는 상담에서는 트라우마 상황을 자세하게 묘사하도록 도울 필요가 있다. 상담가는 이점을 명확하게 인식하고 내담자의 외상 경험, 즉 이혼자의 상처 경험을 자세하게 다룰 필요가 있다. 인지적 접근을 하는 상담에서는 실제로 무슨 일이 일어났는지에 대한 충분한 이해와 외상 경험에 대한 잘못된 개념을 고치기 위해서 자기 노출을 권면해야 한다(Resick & Shnicke, 1993: Calhoun & Tedeschi, 2013/2015에서 재인용). 이혼과 같은 외상 경험이 고통스러운 경험이기 때문에 많은 경우 기억의 억압 및 사고와 감정을 회피하려고 한다. 이럴 경우 뜻하지 않은 상황에서 왜곡된 인식과 강렬한 감정이 떠올라 정상적인 삶의 활동을 방해할 수 있다. 또한 이혼 사실을 말하기 어려운 이유는 사회의 부정적 인식 및 사람들의 비판적 판단에 대한 두려움 때문이다. 따라서 상담가는 이혼자로 하여금 비록 고통스러운 기억이지만 안전한 공간에서 이혼과 관련된 사실과 감정을 표현하게 해야 한다. 상담이나 전문적 치료 장면이 좋은 이유는 바로 안전한 공간을 제공할 수 있기 때문이다.

이혼자는 이혼과 관련된 여러 사실과 감정을 표현하면서 상담가로부터 충분히 공감받고 수용받을 때 그의 부정적인 이야기를 긍정적인 삶의 이야기로 상쇄할 수 있다. 또한 상담가로부터의 적극적 경청과 공감은 이혼자가 겪은 사건에 대한 이혼자의 인식과 감정을 객관화시켜 준다. 대부분의 이혼자는 처음에는 모든 이혼의 책임이 상대방에게 있다고 생각한다. 그러나 이혼 사실을 반복적으로 이야기하는 과정에서 자신이 생각지 못했던 새로운 생각을 발견하게 되고, 그로 인하여 객관화시켜서 자신과 배우자를 돌아보게 된다. 이혼과 관련된 고통의 감정을 계속적으로 토로하는 것은 억압된 감정을 해소시키고 배출하는 효과가 있다. 그래서 더 이상 강렬한 감정이 이혼자의 삶을 지배하지 못하게 된다. 또 한편으로 이혼 사실과 연관된 고통스러운 기억들에 대한 생각과 감정을 표현하게 될 때, 따뜻하고 공감적으로 수용해 주는 상담가의 태도는 이혼자로 하여금 상실감, 소외감, 희생자의 감정에서 벗어나 인간의 자비심과 깊은 연결에 대한 믿음을 회복할 수 있게 된다. 이혼자들은 자기 노출 과정을 통해서 상담가 및 돌봄 제공자로부터 공감적인 연결과 지지를 받을 때 치유를 경험하며, 다시 회복하고 성장할 수 있는 힘을 가지게 된다. 그리고 이후 타인들에게 이혼 사실을 개방하는 데 있어 다른 사람들의 판단에 덜 염려하고 편안해질 수 있다.

그러나 이혼과 같은 외상 경험을 노출할 때 조심해야 할 사항이 있다. 상담가는 이혼자의 고백을 민감하게 들을 필요가 있으며, 과도한 노출은 요구하지 말아야 한다. 상담가는 동반자적 전문가로서 이혼자의 이야기에 귀를 기울이지만, 노출의 정도에 있어서는 내담자의 선택에 맡겨야 한다. 또한 민감한 이야기들을 나눌 때에는 늘 내담자와 협의하면서 진행할 필요가 있다.

상담을 통해서 이혼자가 자신의 이야기를 편하게 노출할 수 있게 된다는 것은 고무적인 일이다. 그런 과정을 통해서 내담자, 즉 이혼자로 하여금 자신의 강점을 발견할 수 있도록 도와야 한다. 처음에는 고통스러운 이혼의 과정을 이야기했지만, 그 대화의 과정에서 이혼자들은 자신이 생각보다 강하다는 것을 느끼게 되고, 생각지 못한 새로운 깨달음을 얻을 수 있다. 한 이혼자는 이혼 후에야 가족의 소중함과, 배우자를 선택하는 데 있어서 자신이 신중하지 못했음을 깨달았다. 뿐만 아니라 자신 또한 전 배우자에게 준비되지 못한 사람이었다는 것을 깨닫고 이후 좋은 배우자로서 어떻게 준비해야 될지를 배우며 노력하는 모습을 보여 주었다. 이혼 상담을 통해서 예상치 못한 자기 성찰과 깨달음 그리고 새로운 성장의 모습이 나타난 것이다.

상담 과정을 통해서 교정적 체험 및 안전감을 확보한 이혼자들은 주변의 관계에서도 자신감 있게 자기를 오픈하는 변화를 줄 수 있다. 그러나 자기 노출을 통해서 한편으로 신뢰가 부족한 사람으로부터는 배신감 및 버려짐의 고통을 통해 교훈을 얻을 수도 있다.

이혼자의 건설적인 자기 노출은 건강한 가족과 친구들, 이웃, 사회나 교회 공동체등으로부터 적극적인 지지와 수용을 경험하게 된다. 특별히 개인 상담과 더불어 이혼자 지지 모임에 동참한다면 훨씬 더 큰 공감과 수용을 경험하게 될 것이다. 상담가는 개인 상담과 더불어 건강한 지원 집단을 소개할 필요도 있다. 이런 과정을 통해서 이혼자들은 서서히 회복과 치유 및 성장의 길을 걷게 된다.

4) 성장을 위한 이야기 만들기

다음의 이야기는 이혼자들을 위한 어느 한 지지 집단 모임에서 자신이 쓴 글을 동료구성원들 앞에서 증언 형식으로 발표한 내용이다. 이 이야기 속에는 한 여성이 이혼 이후 지지 집단 모임과 종교적 성찰을 통하여 전 남편과 시어머니를 용서하는 성장의 이야기가 담겨 있다.

〈한 이혼자의 증언–성장 이야기〉

회복을 위한 방법으로 이곳 모임에 등록하여, 같은 상처를 가진 사람들과 거칠고 힘들었던 삶을 눈물과 격려와 축복으로 함께 나누며, 마른 뼈에 살이 붙고 생기가 더해지듯 회복이 되었습니다.

모르는 사람들에게 나의 치부와 상처를 드러냄이 힘들기도 했지만, 더 이상 회피하지 않고, 눈치 보지 않고, 직면하여 뚫고 나가는 것이 더욱 단단히 세움을 받는 은혜임을 이곳 모임에서 가장 크게 배웠기에 당당함과 웃음도 되찾을 수 있게 되었습니다.

이곳 모임에서 있었던 시간들을 통해 이혼의 책임이 100% 남편한테 있고, 저는 전적으로 피해자라 생각하던 마음이 깨졌고, '남편에게 있어 나 또한 가해자'라는 것을 깨닫게 되어, 남편에게 용서를 구하게 되었습니다.

전화를 받지 않았기에 장문의 카톡을 통해, 바른 삶만을 강조하며 결혼 전 했던 약속대로만 살 것을 끊임없이 요구하고, 신앙적인 가정을 꾸려야 한다는 명목 아래 나만의 잣대로 판단하며, 서로 다르다는 것을 인정하지 않았던 잘못이 나에게 있었음을, 그로 인해 남편에게 고통을 준 것에 용서를 구했습니다.

결혼의 선택과 함께, 죽어도 안 된다 버티던 이혼 또한 결국 지칠 대로 지친 제가 선택한 것이었음에 남편만을 탓할 순 없었던 것입니다.

하나님의 사랑이 크듯이 내 안에 용서의 마음 또한 강이 되고 바다가 되어, 그 사람을 축복할 수 있는 크기로 변할 거라 믿습니다.

많은 시련과 고난에도 하나님과의 끈이 끊어지지 않도록 이어 준 것이 묵묵히 출석했던 교회학교 봉사였기에, 사람이 이유가 되어 교회를 옮기는 것은 옳지 않다는 생각이 들어 이혼 전과 동일하게 교회학교에서 아이들을 가르치며 매주 일요일 시부모님을 마주하고 있습니다.

불편함도 분명히 있었지만, 이혼 후 다시 교회를 옮겼다면 그저 안 봄으로써 잊혀지는 것에 그쳤을 뿐, 달라지는 것은 아무것도 없었을 거란 생각에 지금껏 교회를 옮기지 않은 것에 대한 후회는 없습니다. 이혼 후 8년 차가 되는 지금, 아직까지 해결되지 않은 시부모님에 대한 상처와 두려움을 계속해서 하나님께 맡기고 나아가고 있습니다. 부쩍 많이 늙으신 시어머니의 모습을 보며 '하나님께서 또 도와주시겠지…….'라는 소망을 품고.

같은 상처를 가지고 그 상처를 나눌 수 있는 이곳이 있다는 것이 얼마나 큰 은혜인지, 가족과도 소통되지 않는 나의 상처를 드러내 놓고, 격려하고, 축복하는 동료들이 있다는 것이 얼마나 큰 힘이 되는지 감사할 수밖에 없습니다.

상처를 치유받고 다시금 꿈을 꾸는 ○○○ School을 통해 여러분도 건강하게 되는 은혜를 누려 보시길 소망합니다.

이혼을 경험한 순간 사람들은 그동안 자신이 세상에 대해서 가지고 있었던 생각들이 무너져 내리는 경험을 한다. 세상은 안전하고 좋은 곳이며, 의미 있는 삶이라고 여겼다면, 이혼 후 지각되는 생각과 감정은 세상은 내 의지대로 되지 않으며, 고통스럽고 무의미한 것으로 인식될 수 있다. 그 결과 이혼 후 '나에게 왜 이런 일이 일어났을까?'하고 실존적 질문을 제기하게 된다. 이

때 이혼자들은 그들이 경험한 강렬한 감정과 고통스러운 기억들을 정상적으로 처리하지 못해 예상치 못한 상황에서 자신의 삶에 침투해 들어오는 정서적 스트레스에 시달린다. 그 결과 이혼자들은 기억하기 힘든 생각과 감정들을 억압하고 회피하는 전략을 사용한다. 기억의 억압과 회피는 삶의 이야기를 파편화 시키고 조각나게 만든다. 이혼 외상을 통해서 더 이상 삶의 이야기를 자연스럽게 말하거나 쓰기 어려운 상황에 처하게 된다.

따라서 상담가나 돌봄 제공자는 이혼자들로 하여금 정서적 이야기 만들기를 통해서 자신의 생각과 감정을 조직화 하고 일관성 있는 이야기를 만들 수 있도록 도움을 주어야 한다. 고통스러운 외상 기억과 감정을 언어화해서 반복적으로 말하게 하다 보면 자신의 이야기를 조직화하게 되고 그 결과 생각지 못한 새로운 의미를 발견할 수 있다. 이것이 바로 이야기 만들기의 힘이다. 한 이혼 여성은 이혼에 관한 자신의 삶에 관하여 자서전적인 질문에 답하면서 어느 순간 자신의 깨달음을 다음과 같이 말했다.

> 이혼을 하고 나서 큰 도움을 받은 게 뭐냐면? 이혼 전에 가지고 있었던 모든 사고가 다 무너졌어요. 이혼 후에는 무엇이 옳고 그른지부터 다시 생각하게 됐어요. 사람들의 시각이 다 다르다는 것을 이제야 알게 됐지요. 그래서 어떻게든 시각을 넓히려는 노력을 많이 했던 것 같아요.

이혼으로 인해서 남편과의 신뢰가 완전히 깨졌지만 그녀는 이혼 경험을 통해서 사랑받는 것, 누군가를 신뢰하는 것이 당연한 것이 아니라 노력이 필요한 사항이라는 것을 깨닫게 되었다. 이처럼 정서적 이야기 만들기는 자신의 이혼 경험에 대한 인지적 부조화를 통합시키고, 고통스러운 감정을 다루는 대처 전략을 확대시켜 준다.

상담 과정에서 이혼 경험을 지닌 이들에게 그들의 이야기를 통합적으로 구성 할 수 있는 좋은 전략이 있다. 자신의 삶에 대한 연대표를 작성해 보게 하는 것이다. 그리고 각각의 사건에 대한 경험과 의미를 이야기하게 만든다. 그 과정을 통해서 이혼 내담자는 자기 삶의 방향과 가치관, 철학, 정체성, 핵심 신념 등이 어떻게 변화되었는지를 탐색할 수 있게 된다. 상담가는 그들에게 끼친 영향을 선명하게 만드는 질문을 던질 수 있다. 예를 들면, "이혼 이후로 어떤 변화가 있었습니까?" "이혼은 당신의 삶에 어떤 영향을 끼쳤습니까?" "이혼을 경험하면서 당신은 어떻게 달라졌습니까" 등의 질문들이다.

개인의 연대기적 삶에 대한 질문들을 통해서 이혼자는 자신의 이혼 전 삶, 이혼과 이혼 후의 삶에 대한 전반적인 삶의 이야기를 통전적으로 바라볼 수 있게 된다. 이야기를 하는 과정을 통해서 잊고 있었던 기억을 회상할 수도 있고, 새로운 관점에서 자신의 삶을 바라보게 되기도 한다. 또한 예상치 못한 깨달음을 통해서 새로운 가능성을 발견한다.

이혼자가 겪은 이야기 중에서 이해할 수 없는 실존적 문제에 대한 질문에 직면할 때 성장의 기회를 발견할 수 있다. 상담가는 성장의 다섯 가지 요소인 개인적인 힘, 타인과의 관계, 삶의 새로운 가능성, 삶에 대한 감사, 그리고 영성과 관련된 내담자의 이야기를 촉진할 필요가 있다. 내담자는 부정적인 삶의 측면과 이야기에 몰입할 가능성이 높다. 그러나 상담가는 이혼 내담자의 고통스러운 이야기 속에서 긍정적인 요소를 드러낼 수 있도록 도와야 한다.

이혼 내담자는 자신의 이야기를 재편집하고 검토하면서 이혼 사건이 삶의 전부가 아니라 일부이며, 다양한 정체성을 가지고 있다는 사실을 깨닫게 된다. 이혼 경험은 축소시키고 다른 측면의 삶을 확장시켜 새로운 출발을 할 수 있게 돕는 것이다. 다음은 이혼 이후 몇 차례의 인터뷰를 통해서 자신을 새롭게 인식한 이혼자의 고백 글이다.

> 저는 지금의 생활에 만족합니다. 이혼을 통해 자유를 얻었고 세상의 눈과 다른 사람의 눈이 아닌, 찰나적인 관점이 아니라 좀 더 객관적이고 영원의 세계에 대한 믿음이 생겨 감사합니다. 또한 이러한 어제의 나보다 오늘의 내 모습이 좋고 내일의 내가 더욱 발전할 수 있음으로 감사드립니다.

정서적 이야기 만들기는 이혼자의 삶 속에서 부정적인 측면을 발견하고 관련 사실에 대한 검토를 통하여 반박하거나 잘못된 정보에 대한 사실 입증을 통하여 왜곡된 사고와 감정을 제거할 수 있게 해 준다. 이야기를 하다 보면 개인은 가치지향적인 방향성과 목적으로 발전하게 되고 반가치적이고 무의미 한 것들을 제외하게 된다. 그리고 이야기를 통해서 자기를 노출할 때 자신의 이야기를 진심으로 들어 주는 상담가나 타인으로 인하여 깊은 유대감과 상호연결성을 경험하게 된다. 공감적인 경청, 수용과 지지를 보내는 상담가를 통해서 이혼자는 자신의 모습을 긍정적으로 재평가하게 되고 소외감과 무력감에서 벗어날 수 있다. 안전한 공간에서 자신의 이야기가 가치 있다고 평가될 때, 삶은 의미 있고 자신은 사랑받을 만하며 세상이 안전하다는 인식을 재건하게 된다.

한편으로 이런 정서적 이야기 만들기가 모든 사람에게 유용한 것은 아니다. 상담과정에서 자신의 이혼 이야기를 꺼내 놓다가 감당할 수 없는 감정에 빠져 재외상을 경험할 수도 있다. 또한 전문적인 상담가를 만나지 못해 정서적 이야기 만들기를 할 수 없는 경우도 있다. 종종 한국 사회에서는 비전문가 혹은 잘 훈련되지 못한 상담가를 만나 고통스러운 이혼 경험을 꺼내 놓았다가 오히려 더 큰 정서적 충격을 경험하는 사례도 있다. 믿었던 상담가에게 모든 이야기를 했지만 온전히 수용받기보다, 상담가의 편견이나 역전이로 인하여 더 큰 고통을 호소하는 경우도 있다.

그렇다면 간단하고 쉽게 이용할 수 있는 정서적 이야기 만들기의 방법은 없는 것일까? 다음과 같다. 페네베이커와 빌(Pennebaker & Beall, 1986)은 표현적 글쓰기를 개척하여 정서적 이야기 만들기 워크숍과 과정들에 많은 영향을 끼쳤다. 그들에 따르면 외상 경험에 대한 생각과 느낌을 글로 표현하여 쓰게 했을 때 신체적, 정서적으로 건강에 영향을 준다는 결과를 얻었다. 표현적 글쓰기는 이혼과 같은 외상 경험에 대한 공개적 표현에 두려움과 어려움을 느끼는 이들에게 효과적일 수 있다. 페네베이커의 표현적 글쓰기는 4일 동안 하루에 20분 정도 에세이를 쓰게 했다. 참가자들은 짧은 시간에도 불구하고 놀라운 신체 및 정서적 증상 완화를 보였다. 심리상담이나 치료는 단기의 경우 1회 상담에 50분을 기준으로 최소 10~12회기 정도 걸리지만 표현적 글쓰기는 비교적 짧은 시간과 손쉽게 활용할 수 있는 이점이 있다. 그런 측면에서 이혼의 경험을 쉽게 드러내기 힘들어하는 사람들에게 표현적 글쓰기는 매우 유용한 치료적 도구가 될 수 있다. 표현적 글쓰기는 장기간 억압된 감정과 생각들을 가진 사람들, 사회적 제약이나 표현에 대한 두려움이나 염려를 가진 사람들, 그리고 도움을 받을 수 있는 전문가나 상담가를 만나기 어려운 사람들에게 매우 효과적이다. 표현적 글쓰기는 자신이 심각한 스트레스 증상을 가지고 있다고 생각하는 사람에게 효과적이다. 또한 표현적 글쓰기를 반복해서 시도하면 자신의 정서적 반응을 잘 통제할 수 있고 타인에 대한 개방성이 증가되어 친밀감을 가질 수 있다.

정서적 이야기 만들기를 위한 실제적 방안으로 세 가지 방법을 소개하면 다음과 같다.

첫째, 삶의 연대표를 작성하게 하고 상담 회기에 각 사건에 대한 경험과 생각, 감정 등을 다룬다. 적당한 회기 동안 이 주제를 대화로 나누면 이혼자의 이야기를 통합하는 데 도움이 될 것이다. 이혼 상담 초기와 이혼 상담 후기에 이 과정을 진행하여 두 회기에 어떤 변화가 있었는지를 탐색해 보는 것도 유용할 것이다.

둘째, 페네베이커의 방법에 따른 표현적 글쓰기를 시도한다. 방법은 지시문에 따라 글쓰기를 하고 상담시간에 와서 그 내용을 토대로 상담가와 대화를 나눈다. 글쓰기 지시문은 페네베이커 및 선행연구를 토대로 작성한 설지윤(2018)의 지시문을 이혼자의 경험에 맞게 수정하여 소개한다. 세 개의 지시문을 한 회기씩 작성하여 상담에서 나누어 보기를 권한다. 상담가는 내담자에게 표현적 글쓰기 이후 어떤 생각이나 감정이 들었는지, 그리고 자신에 대한 생각이나 감정이 어떻게 변화되었는지를 살펴보는 것도 유익할 것이다. 표현적 글쓰기 역시 상담의 초기와 말기에 시행해 본다면 계속적인 내담자의 변화를 탐색하는 데 도움이 될 것이다.

〈표현적 글쓰기 지시문〉

(1) 첫 번째 지시문: 노출 글쓰기

당신의 이혼 경험에 대한 마음 깊은 곳에 있는 생각과 느낌을 자유롭게 글로 써 보세요. 글을 작성할 때 맞춤법이나 문법에 신경 쓰지 않아도 됩니다. 15분 정도 자유롭게 글로 쓰고 다 작성한 후에도 시간이 남는다면 앞에서 쓴말을 반복해도 좋습니다.

(2) 두 번째 지시문: 재평가 글쓰기

지난번 이혼 경험에 관하여 쓴 글에서 당신에게 고통을 주는 원인과 이유를 탐색해 보세요. 당신을 힘들게 하는 것은 당신의 배우자, 가족, 경제적인 문제, 타인의 시선, 당신의 반응, 이혼의 결과 등 다양할 것입니다. 또한 이를 타인에게 말할 수 없다는 점도 힘든 점일 것입니다. 그 원인을 찾은 다음 이혼 경험에 덜 힘든 방식으로 접근할 수 있는 새로운 관점을 찾아 기록해 봅시다. 다 작성한 후에도 시간이 남으면 앞에서 쓴 말을 반복해도 좋습니다. 15분간 그 경험에 대해 써 주세요.

(3) 세 번째 지시문: 의미부여 글쓰기

지난번 작성한 이혼의 경험에 대한 이야기가 당신의 삶에 어떤 영향을 끼쳤는지 자세히 떠올려 보세요. 이혼 경험은 당신의 삶에 어떤 의미와 중요성이 있습니까? 그리고 이혼 경험으로부터 깨닫거나 배울 수 있는 점은 어떤 것들이 있는지 생각해 보고 작성해 주세요.

셋째, 이혼자를 위한 치료적 인터뷰[2)]이다. 이혼의 전반적 과정에 대한 질문들을 통해서 이혼자의 삶을 성찰하고 돌아보게 할 수 있다. 질문은 결혼의 동기, 결혼생활, 이혼의 과정 및 이혼의 결과, 이혼 후 후유증, 이혼 후 적응 및 대처 방법, 가족들의 반응등과 같은 요소들에 대한 탐색 질문을 통해서 이

2) 필자가 사용한 인터뷰 질문지를 부록에 싣는다. 상담가 및 연구자의 상황에 맞게 수정하여 사용해 보길 권한다.

혼자 자신의 전반적인 삶을 성찰할 수 있도록 돕는다. 이 과정은 상담과 달리 오직 질문과 답변을 통하여 이혼자 본인의 이야기를 하게 만든다. 어떤 진단이나 평가도 없다. 단지 이혼자의 이야기를 잘 들어 주고 경청해 주면 된다. 필자는 이혼자 면담을 위해서 2~3회 정도 인터뷰 질문을 사용했었다. 그들은 자신의 결혼과 이혼을 처음부터 끝까지 이야기하는 과정을 통해서 자신의 삶이 정리되었음을 느꼈다. 또한 이혼에 관한 이야기를 나누면서 이혼 후 회복된 정도가 어느 위치에 있는지를 확인할 수 있었다고 고백했다. 뿐만 아니라 이혼에 관한 구체적인 대화를 통해서 자신이 잊고 있었던 생각과 감정을 솔직하게 표현하고 직면함으로써 자신을 더 잘 이해하게 되었다고 말했다. 그리고 자신의 삶 전반을 돌아보는 인터뷰가 정서적인 카타르시스와 더불어 새로운 삶의 의미와 깨달음을 발견하는 유익한 시간이 되었다고 표현했다.

5) 실존적, 종교적, 영적 성장 다루기

이혼자들은 이혼 후 가장 극단의 정서적 고통 속에서 역설적으로 자신의 한계와 유한성을 경험한다. 이혼과 같은 외상 경험자들은 자신의 힘으로 감당할 수 없는 삶의 고난을 겪을 때 자신의 한계를 체험한다. 그리고 세상과 이웃들과의 관계에서 겸손하게 된다. 뿐만 아니라 한계 경험을 통하여 초월적 세계나 절대자에 대한 관심을 가지기도 한다. 종교가 있는 사람들은 신 앞에서 자신의 유한함을 깨닫고, 신앙의 세계로 한걸음 더 나아간다. 그런 점에서 영성과 종교의 중요성이 이혼 상담에 점차 부각되고 있다.

이혼 경험을 한 내담자들 중에는 이혼 결정과 대처 및 적응과정에서 영성과 종교의 영향을 크게 받기도 한다. 상담가는 비록 그 자신이 종교를 가지고 있지 않을지라도 이혼 내담자의 종교나 영적인 측면이 그의 삶에 어떤 영향을 끼치는지 관심을 가질 필요가 있다. 그리고 상담과 심리치료에서 이러한 문제를 적절히 다루기 위해서는 상담가가 종교적이지 않을지라도 내담자의 영적이고 종교적인 체계에 관하여 공부해야 한다(Calhoun & Tedeschi,

2013/2015). 상담가는 내담자의 종교에 관한 충분한 지식이 없다는 이유만으로 영적이고 종교적인 배경과 문화에 대한 접근을 회피해서는 안 된다.

내담자의 종교나 영적인 측면이 이혼 결정과 과정, 이혼 적응에 긍정적인 작용을 하는 경우도 있지만 그렇지 못한 경우도 있다. 내담자가 자신의 이혼 사건을 절대자로부터의 버림받음이나 자신의 죄 문제로 해석하는 경우 그 적응에 상당한 어려움을 겪는다. 한 기독교인은 이혼은 죄라고 하는 교리적 해석에 매여 평생 동안 고통스러운 결혼 관계를 유지하다가 도저히 견딜 수 없어 이혼했다. 그는 이혼 후에야 자신이 속한 기독교 공동체의 경직된 교리 해석의 피해자라는 것을 알게 되었다. 이처럼 이혼 내담자가 가진 종교가 그(그녀)에게 어떤 작용을 하는지를 살펴보는 것은 상담과정에 있어서 중요하다. 둘째 종교 공동체가 내담자의 이혼을 부정적으로 반응할 경우 이혼자의 심리적 적응에 해가 된다.

이처럼 종교나 영성은 이혼과 같은 외상을 겪은 이들에게 도움이 될 수도 있고 상처가 될 수도 있다. 앞선 장에서 살펴보았듯이 종교 공동체는 이혼자에게 정서적 지지, 종교적 서비스, 봉사와 물질적인 도움을 제공할 수 있다. 또한 종교적인 핵심신념은 매우 단단해서 불행한 삶의 사건들을 인지적으로 동화하고 뒤흔들린 이혼자의 세계관을 균형 잡히도록 재건할 수 있게 해 준다(Calhoun & Tedeschi, 2013/2015).

따라서 상담가는 이혼 내담자의 가치, 도덕, 영성과 관련된 문제들에 대해서 중립성을 유지해야 한다. 그러나 종교나 영성의 해석이 내담자의 정신병리에 영향을 줄때, 내담자의 복지와 정상적인 심리 발달에 장애를 초래할 때, 내담자의 영성과 종교에 대한 태도가 극단적일 때는 개입하여 다루어야 한다. 내담자가 직접적으로 영적인 주제를 말하지 않더라도 삶을 어떻게 살아야 할 것인지에 관하여 표현할 때 귀를 기울이고 진지하게 대해야 한다. 상담가 또한 종교와 영성적인 부분에 대한 자신의 편견과 불안이 있는지를 살펴보고, 궁극적인 실존적 문제에 대한 답을 깨달아야 한다.

내담자의 이혼 후 성장과 관련하여 좋은 영적 결과를 어떻게 알 수 있을까?

내담자가 이혼 문제로 인하여 종교나 영적인 측면에 더 큰 관심을 갖게 되고 삶의 의미를 발견하며, 이전과는 다른 영적 길을 발견했다면 성장이 있다고 말할 수 있다. 한 이혼자는 자신이 이혼했음으로 말미암아 신을 만날 수 있게 된 것이 기쁘다고 표현했다. 자신의 이혼에 대한 조금의 후회도 없으며 새로운 삶의 소명을 발견하게 되었다고 말했다.

3. 지원 집단

이혼자 회복과 치유 및 성장에 있어서 가장 큰 효과를 제공하는 자원은 지지 집단 모임이다. 동일한 이혼의 경험을 한 사람들이 모여 서로를 지원하고 위로하는 집단은 가장 큰 공감능력을 가지고 있다. 현재 이혼자들을 위한 자조 모임은 사회복지기관이나 종교기관에서 주로 이루어지고 있다. 동질 집단 모임은 그 모임 자체만으로 이혼자들에게 위로가 된다. 한 이혼자는 이혼자 지원 집단 모임에 처음 나갔을 때 그냥 눈물이 났다고 한다. 자신과 동일한 경험을 한 사람들과 함께 있다는 것만으로 위로가 되고 힘이 된 것이다. 이혼자 지원 집단의 장점은 무엇보다 같은 경험을 공유하고 있다는 점이다. 이곳을 통해서 나를 객관화시켜 보게 되고, 동료 구성원 중에서 때론 가해자 혹은 피해자인 배우자를 발견하여 그들의 이야기 속에서 전 배우자를 이해하고 용서하게 된다. 그리고 반복된 고통의 호소에도 불구하고 끝까지 수용하고 견디어 주는 동료들로부터 큰 힘을 얻는다.

지원 집단 모임에서는 이혼 후 적응과 대처에 관한 다양한 방법을 배우고 훈련할 수 있다. 힘들고 고통스러운 감정의 처리와 자녀양육 및 사회생활에 대한 대처 방법을 경험의 선배들로부터 배울 수 있다. 또한 먼저 이혼을 경험한 선배 이혼자들은 이제 막 이혼의 터널을 통과한 후배들을 위로하고 지지해 줄 수 있다. 먼저 길을 가 본 사람과 동행하며 뒤따라가는 이혼자들은 두려움으로부터 신뢰와 희망을 발견한다.

지원 집단 모임을 통해서 다루어야 할 내용들은 다음과 같다. 첫째, 이혼 이해 교육이다. 이혼 후 겪게 되는 다양한 정서적 고통과 감정들에 대한 이해는 혼란스러운 삶을 정리해 준다. 처음 이혼을 겪은 이들은 자신에게 다가오는 복합적인 정서들로 인해서 혼란스럽고 정신이 없다. 이혼 상담 전문가로부터 이혼 후 겪게 되는 다양한 상황과 정서에 대한 교육은 적응과정에 큰 도움이 된다.

둘째, 자녀양육에 관한 부분이다. 이 책에서는 자세하게 다루진 않았지만, 이혼 이후 남성과 여성 모두에게 자녀양육은 가장 큰 어려움 중 하나이다. 부모-자녀 관계에 대한 이해, 자녀양육을 위한 부모의 협력 등에 대해서 배우고 나눈다면 적응에 유익할 것이다. 또한 자녀양육과 관련된 법적인 문제들, 양육비 지급이나 면접교섭 같은 것들에 대해서 자세한 도움을 받을 수도 있다.

셋째, 이혼 후 적응 및 대처에 관한 올바른 방안을 배울 수 있다면 시행착오의 어려움을 피할 수 있다. 필자가 이 책을 쓴 목적도 바로 이 부분에 있다. 이혼 이후 어떤 대처 방법이 효과적이며, 적응에 도움이 되는지를 배우는 것은 유익하다. 적응뿐만 아니라 성장까지 도달할 수 있다는 희망은 큰 위안을 준다.

넷째, 비록 이혼으로 배우자와 이별했지만 왜 내가 이혼에 이르게 되었는지를 살펴보는 것이다. 전문가를 통해서 나 자신의 성격 이해, 결혼의 동기와 부부생활의 욕구, 대인관계 의사소통 방법, 원가족 이해, 상처를 치유하고 돌보는 방법 등을 통해 자아상 회복을 다룬다. 이혼과 관련된 종교적 성찰 및 이해도 중요하다. 종교적 요인이 이혼의 결정과 적응에 영향을 끼치기 때문이다. 이들에게는 이혼에 관한 올바른 종교적 대처와 이해가 필요하다.

다섯째, 건강한 모델링을 학습하는 것이다. 이혼 이후 잘 적응된 삶을 살거나, 건강하게 이혼의 어려움을 극복하고 새로운 가정을 이루어 행복하게 사는 모델을 소개한다. 건강하게 회복하고 성장한 모델을 보면서 희망을 가지도록 돕는 것이다. 추가적으로 이 다섯 번의 회기 동안 주제 강연에 앞서 이혼 후 잘 회복된 스태프 중의 한 명이 자신의 삶을 짧게 증언해 준다면 참여자들에게 더 큰 공감과 도전을 제공할 수 있다. 그리고 이런 증언은 비록 이혼자 지지 집단 모임에 참가했으나 마음을 열지 못하고 있는 참여자들을 촉진시킬 수 있다.

지원 집단의 구조는 5회기 정도로 구성하고, 각 회기는 주제에 따른 전문가로부터의 주제 강의를 시작으로 강의 후에는 각 조별로 나눔을 갖고 토론한다. 이 토론의 성격은 그날 주제에 대한 각자의 생각을 나누고 지지하는 형식으로 진행하면 된다. 건강한 이혼자 지원 집단을 사회복지기관이나 종교단체들이 지원한다면 이혼자들의 회복과 성장에 큰 도움이 될 수 있다.

4. 제언

이혼 경험이 절망적인 결과만을 남기는 것이 아니라, 이혼 사건이 원인이 되어 개인적 삶의 가치관이 변화되고 예상치 못한 성장 경험이 일어날 수 있다. 이혼 경험이 성장의 동력과 촉매제로서 작용한다는 사실은 외상 및 역경 후 성장 이론을 통하여 설명할 수 있다. 역경 후 성장에 관한 유기체 평가 이론(Linley & Joseph, 2006/2009)에 따르면 인간은 유기체로서 잠재력을 실현하기 위한 실현 경향성을 가지고 있다. 그리고 그런 실현 경향성은 무조건적인 존중과 수용, 공감하는 사회적 환경이 제공될 때 충분히 기능하는 존재로서 나아가게 된다. 이혼과 같은 외상 사건이 촉진적 환경을 만날 때, 유기체적 평가과정을 통해서, 기존의 도식을 수정하고 새로운 가정적 세계를 재건하게 된다. 그 결과, 이혼의 경험은 개인들로 하여금 의미를 찾고 이익을 내도록 하는 동기화에 따라 새로운 성장 경험이 된다. 이러한 성장 경험은 궁극적으로 심리적 행복을 제공하고, 더 나아가서 주관적 행복에 이를 수도 있다.

마지막으로, 지금까지의 논의를 종합하여 세 가지 내용의 필요성을 재기술함으로써 앞에서 언급했지만 중요한 부분을 강조하고자 한다. 그리고 이 글의 한계점을 밝히고자 한다.

첫 번째, 이혼 이후 상담 혹은 교육의 법제화가 필요하다. 그 이유는 다음과 같다. 우리나라의 현행 법 규정에 따르면 법원의 권고에 의하여 가사상담을 실시할 수 있다(최은정 외, 2015). 협의 이혼 절차에서의 상담 권고 제도는 2007. 12. 21.「민법」 개정(법률 제8720호)을 통해서 도입되었고, 재판상 이혼 절차에서의 상담은 2008. 6. 5. 개정된「가사소송규칙」(제2177호) 제12조의2에서 상담 권고 규정을 명시한 이후부터이다. 이와 같은 가사상담 제도의 핵심은 자녀의 복리에 관한 법원의 후견적 개입에 있다(최은정 외, 2015). 현재 여러 가정법원에서 가사사건과 관련하여 가사 상담제도가 의무가 아닌 권고 사항으로 진행되고 있으며 시기는 이혼 판결 전 재판 과정에서 주로 이루어진다. 가사상담제도를 실시한 결과 많은 부모로부터 긍정적인 답변이 나오고 있다(최은정 외, 2015). 그러나 대다수의 연구 결과는 이혼 사건 중에는 갈등이 심각하여 부부의 문제를 정확하게 바라보기 어렵다고 말한다. 필자와 이혼에 관하여 인터뷰했던 면담자들은 이혼 이후 몇 년이 흘러 다시 면담을 실시했는데, 마지막으로 면담실시에 대한 느낌을 물어보았을 때 대부분의 면담자는 자신의 삶을 회고하고 정리할 수 있어서 좋았다 라고 답변했다. 뿐만 아니라 자신의 이혼을 처음으로 객관적으로 성찰하고 이전 배우자에 대한 생각을 조정할 수 있어서 의미가 있는 시간이라고 답변했다. 따라서 이와 같은 결과를 놓고 볼 때 이혼이 종결된 시점에 자녀양육, 면접교섭, 전 배우자와의 의사소통, 사회적응 및 직업생활에 관한 이혼 교육을 제공한다면 훨씬 더 이혼자들의 복리를 증진시켜 자녀들의 복지에 도움을 제공할 수 있을 것이다.

선행 연구를 보면 미국의 각 주에서 실시된 이혼 교육 수업이 비록 의무였을지라도 참가한 부모들은 유용했다고 보고하고 있다(Blaisure & Geasler, 2006). 따라서 한국 사회도 이혼자들의 건강한 적응을 위하여 의무 혹은 권고 사항으로 이혼 후 법원이 지정한 장소에서 교육을 받을 수 있는 기회를 제공한다면 이혼으로 인한 사회적 후유증과 비용을 줄일 수 있을 것이다. 특별히 이혼 교육 과정을 통하여 인지체계의 변화가 일어나고, 가치관을 재조정하여 성장을 경험한다면 이혼 가족들과 사회의 복리에 기여할 수 있을 것이다.

두 번째, 이혼자를 위한 다양한 지지 집단 모임의 제공이 필요하다. 사회복지기관이나, 건강 가정 지원센터 혹은 기업이나 종교 및 지원 단체들이 이혼자들의 적응과 복리 향상을 위한 이혼자 지지 집단을 제공하고 원조한다면 사회에 기여할 수 있을 것이다. 외상 및 역경 후 성장에 관한 유기체 평가이론에 따르면 사회가 무조건적으로 수용하는 환경을 제공할 때 개인은 자신의 방어를 내려놓고 자기실현을 하게 되어 자율성, 유능감, 관계성 등을 얻게 되고 더 완전하게 기능할 수 있게 된다. 그런 점에서 다양한 사회 기관이 이혼과 같은 역경을 겪은 이들에게 무조건적으로 품어 주는 환경을 제공할 수 있다면 이혼자들의 적응과 복리 향상에 큰 도움이 된다. 그들 삶의 복리 향상은 그들이 속해 있는 기업과 사회 그리고 지역 공동체의 발전에도 도움이 될 수 있다. 이런 점에서 기업이나 지역사회 및 종교기관들이 이 일들을 감당하기를 소망해 본다. 선행연구들을 검토해 보면 이혼자들에게 가장 효과적인 치료적 개입은 '지지 집단 모임'이다. 기업이나 종교기관과 같은 단체는 무조건적인 긍정적 존중과 지원 집단을 제공할 수 있는 최상의 기관이다. 왜냐하면 재정과 장소 그리고 사랑과 봉사를 베풀 수 있는 봉사자들을 보유하고 있기 때문이다.

세 번째, 이혼자들을 돕는 상담가, 목회상담가, 임상심리사, 정신과 의사, 사회복지사, 돌봄 전문가들은 이혼자들을 상담할 때 그들의 영적인 혹은 종교적 이슈를 중요하게 다루고 돌볼 수 있어야 한다. 왜냐하면 이혼자들의 영적 혹은 종교적 이슈가 그들의 적응에 큰 영향을 끼치기 때문이다. 왜곡되고 해로운 신앙의 영향에 관하여 함께 논의하고, 영성과 종교가 이혼자들의 삶에 건강하게 작용할 수 있도록 주의를 기울이고 도움을 제공할 필요성이 있다.

건강한 가정을 만들고 유지할 수 있도록 예방적 조치를 취하는 것도 매우 중요하다. 그러나 가정의 분열과 상실로 고통 받는 이혼자들과 그들의 자녀들을 돌보고 회복시키는 것 또한 필요하다. 비록 이혼이라는 사건이 많은 아픔과 후유증을 남길지라도 그 사건을 통하여 건강한 삶과 성장의 경험을 하게 된다면 우리 사회 발전에 긍정적일 수 있다. 이 땅의 모든 이혼자가 좌절과 슬픔에서 벗어나 회복과 성장의 길을 걷게 되기를 진심으로 바란다.

부록

인터뷰 질문지

〈이혼 후 적응 경험에 관한 질문〉

이혼의 과정

1) 전반적으로 결혼생활은 어떠했습니까? (결혼의 종류, 만남의 기간, 결혼 후의 관계성 등)
   - 결혼할 때 해결되지 못한 문제를 가지고 있었나요? 결혼생활과 이혼 후 만족도를 %로 표시해 본다면?

2) 당신의 삶에서 이혼을 중심으로 그 이전과 이후의 가장 큰 변화 경험은? 이름을 붙여 본다면?

3) 이혼을 결정하게 된 까닭은 무엇이었습니까?

4) 이혼의 과정은 어떠했습니까?

5) 이혼을 결정하는 데 누군가의 도움을 받았나요? 누구, 무엇이 영향을 끼쳤나요?

이혼과 개인적 경험

6) 이혼 직후 어떤 심리적인 변화를 경험하였나요? 대략적으로 몇 개월 혹은 몇 년 단위로 심리적인 적응 혹은 변화가 일어났는지의 경험을 말씀해 주세요.

7) 이혼으로 인해서 가장 아팠던 경험과 그때 주요 감정은 무엇입니까? 그것을 어떻게 이겨 내려고 노력하셨는지 경험을 말씀해 주세요.

8) 당신은 이혼의 경험이 당신이 겪은 삶의 다른 스트레스와 아픔 중에서 어느 정도의 순위에 위치하고 있다고 생각하십니까? 다른 삶의 문제와 비교해서 이혼만이 주는 특별한 고통이나 아픔의 경험이 무엇인지 말씀해 주세요.

9) 이혼 경험이 당신 자신의 가치와 자존감에 어떤 영향을 주었습니까? 만일 주었다면 그것을 변화시키기 위해서 어떤 노력을 하셨고 무엇이 도움이 되었는지 말씀해 주세요.

10) 이혼 경험으로 말미암아 정신과적 장애, 신체적 질환, 파괴적 경험(알코올, 도박, 성 등) 등의 어려움을 겪은 적이 있다면 무엇인지, 그것을 극복하는 데 무엇이 도움이 되었는지 말씀해 주세요.

이혼과 관계적 경험

11) 이혼 경험이 이혼 후 삶에서 당신의 관계성과 직업생활에 어떤 영향을 끼쳤습니까? 만일 그렇다면 어떤 영향이 있었는지, 그리고 그것을 극복하기 위해 어떤 노력을 기울이셨는지 말씀해 주세요.

12) 이혼 후 당신의 이성관에 어떤 변화가 있었나요? 이혼 후 부부관계의 단절로 인한 성적인 어려움이나 문제를 어떻게 해결해 나갔으며, 어떤 삶의 경험을 하게 되었나요?

13) 이전 배우자는 당신의 삶에서 어떤 의미와 영향을 끼쳤나요? 혹시 현재에도 영향을 주고 있나요? 어떤 관계 설정이 당신의 삶에 도움이 된다고 생각하시는지 말씀해 주세요.

14) 만일 재혼하셨다면 이혼 경험이 현재 배우자와의 관계에서 어떤 역할이나 작용을 하고 있나요? 그리고 지속적으로 끼치고 있는 영향이 있다면 무엇입니까?

15) 이혼 이후 가족들의 태도는 어떠했습니까? 그리고 그것은 당신의 삶에 어떤 긍정, 부정적인 영향을 끼치고 있는지 말씀해 주세요.

이혼과 종교, 공동체 경험

16) 이혼 후 당신이 속한 종교 공동체로부터 어떤 경험을 하셨나요?(시선, 생각 등) 그 경험은 당신 삶에 어떤 의미를 주고 있나요? 또한 당신의 이혼 경험 속에서 신앙이 주는 의미와 영향은 무엇이었는지? 그것이 긍정적으로 부정적으로 어떤 영향을 주고 있는지 말씀해 주세요.

17) 이혼 이후 종교 공동체로부터 어떤 도움이나 돌봄을 받으셨나요? (정신적, 물질적, 영적) 종교 공동체의 어떤 요소가 당신에게 부정적 혹은 긍정적인 영향을 주었는지 말씀해 주세요.

18) 이혼 후 사회로부터 어떤 시선과 태도 변화를 경험했나요? 사회의 시선이 당신에게 끼친 영향이 있다면 무엇인지 말씀해 주세요.

19) 이혼 후 자기 돌봄이나 회복을 위해 어떤 노력을 해 보셨나요? 그리고 어떤 요소가 가장 적응에 도움이 되던가요? 적응과 회복을 위해 심리치료나 상담서비스를 받는 것에 대한 필요성에 대해서 어떻게 생각하시는지 말씀해 주세요.

20) 이혼을 통해서 혹시 깨닫거나 교훈을 얻게 된 점이 있다면 말씀해 주세요.

21) 이혼 경험에서 아픔을 극복하고 적응하는 데 가장 큰 영향을 준 요소가 있었다면 무엇이라고 생각하세요? 그리고 이혼을 막 경험한 분들의 적응을 위해 조언을 해 준다면 어떤 말을 하고 싶으신가요?

22) 이 인터뷰는 당신의 이혼 경험을 되돌아보는 데 어떤 의미가 있었으며, 당신의 이혼 경험을 이해하는 데 긍정적, 부정적으로 어떻게 작용했나요?

• 참고문헌 •

곽배희(2002). 한국사회의 이혼실태 및 원인에 관한 연구. 이화여자대학교 대학원 박사학위논문.

권석만(2012). **현대 심리 치료와 상담 이론: 마음의 치유와 성장으로 가는 길**. 서울: 학지사.

권수영(2006). 기독 (목회) 상담에서의 영성 이해. **한국기독교신학논총, 46**(1), 251-275.

권수영(2006). **자기, 문화 그리고 하나님경험**. 서울: 크리스천헤럴드.

권수영(2007). **기독 상담, 어떻게 다른가요**. 서울: 학지사.

권수영(2016). **나쁜 감정은 나쁘지 않다**. 서울: 그리고 책.

김길현(2013). 신노년층 부부관계 변인이 결혼만족도 및 이혼의도에 미치는 영향. 호서대학교 대학원 박사학위논문.

김미숙, 원영희, 이현송, 장혜경(2005). **한국의 이혼실태와 이혼가족 지원정책 연구**. 서울: 한국보건사회연구원.

김설화(2011). 집단미술치료 프로그램이 모자보호시설 이혼여성의 불안, 우울 및 자아존중감에 미치는 영향. 원광대학교 대학원 박사학위논문.

김수완(2010). 결혼해체 이후 삶의 변화. **한국여성학, 26**(1), 35-67.

김수정, 권신영(2001). 이혼과정에 있는 여성에 대한 사회적 지원의 필요성–상담사례를 중심으로. **한국가족복지학, 8**, 41-75.

김순남(2009). 성별화된 이혼의 서사. **한국여성학, 25**(4), 41-72.

김영애(2017). 외상 경험자를 대상으로 한 현실치료가 외상후 성장에 미치는 효과. *Korean Journal of Clinical Psychology, 36*(4), 550-564.

김재연(2005). 이혼재판절차 중 부모교육프로그램의 효과: 이혼부모역할에 대한 인식과 이혼 조정효과를 중심으로. 숙명여자대학교 대학원 박사학위논문.

김정순(2012). 결혼이주여성의 이혼의사결정에 영향을 미치는 요인. 대구한의대학교 대학원 박사학위논문.

김주수(1970). 우리나라 혼인법 연구: 혼인 및 이혼의 자유와 관련하여. 경희대학교 대학원 박사학위논문.

김지혜(2008). 중년기 이혼여성의 이혼 경험에 관한 연구: 중년기 발달과업을 중심으로. 서울대학교 대학원 박사학위논문.

김혜선, 김은하(2010). 이혼한 여성 한 부모 어머니의 경험. **한국위기관리논집, 6**, 219-242.

노정자(2010). 이혼을 경험한 한 부모 남성의 홀로서기 과정 연구. 백석대학교 기독교전문대학원 박사학위논문.

동아일보(2005. 6. 22.). 미운정 옛말, 20년 이상 황혼이혼 23년새 4배나 늘어. http://www.donga.com/news/article/all/20050622/8202442/1에서 검색.

머니투데이(2019. 11. 6.). 지주연 "작년에 결혼했지만 곧 이혼… 섣부른 선택". https://news.mt.co.kr/mtview.php?no=2019110606260069461&outlink=1&ref=http%3A%2F%2Fsearch.daum.net에서 검색.

박미정(2011). 결혼이주여성 이혼경험 연구. 성균관대학교 대학원 박사학위논문.

박부진(2000). 특집 2: 현대 한국 사회-가족, 교육; 한국사회의 이혼실태와 이혼가족의 문제. **사회과학연구, 9**, 84-101.

박재식(2010). 독서치료를 통한 이혼여성의 부정적 정서 회복과정에 관한 연구. 평택대학교 대학원 박사학위논문.

박형숙, 배영실, 이성화, 유수정, 전소영(2016). 고학력 전문직 중년여성의 이혼후 삶의 경험. *Korean J Women Health Nurs*(**여성건강간호학회지**), **22**(1), 11-20.

방성수, 장보임(2003). 이혼증가에 대한 사회 복지적 접근방법. **복지행정논총, 13**(1), 160-175.

변화순, 김혜영, 윤홍식, 한지숙(2006). 이혼 후 여성의 사회 경제적 지위 변화. 서울: 한국여성정책연구원.

서영숙, 황은숙(2004). 한부모가정과 이혼 이해교육프로그램 개발. **한국유아교육 · 보육복지연구, 8**, 199-219.

서진환(2011). 크리스천 남성의 이혼경험 연구. 백석대학교 기독교전문대학원 박사학위논문.

설지윤(2018). 대인 간 외상 경험에 관한 글쓰기의 효과: 자서전적 기억 특성, 인지적 재평가와 정서반응을 중심으로. 서울대학교 대학원 박사학위논문.

성정현(2007). 이혼 공동체의 현황과 특징: 온라인, 오프라인 공동체를 중심으로. **한국가족복지학**, 20, 5-35.

성정현(2017). 이혼한 여성 한 부모들의 자립경험. **한국 콘텐츠 학회 논문지**, 17(5), 137-152.

손서희(2012). 이혼 후 비동거 아버지의 자녀양육 참여와 한 부모 어머니의 이혼 후 적응. **한국가족관계학회지**, 17(3), 13-41.

손서희(2013). 이혼한 여성 한부모의 홀로서기 경험. **한국가정관리학회지**, 31(2), 59-75.

손정연, 한경혜(2006). 결혼의 질, 이혼 장애 요인, 일상생활 스트레스와 이혼 후 적응. **한국가정관리학회지**, 24(1), 83-102.

송미강(2015). 이혼가정의 '부모따돌림증후군' 연구. 연세대학교 대학원 박사학위논문.

송미승(2001). 이혼여성의 자녀양육 경험. 중앙대학교 대학원 박사학위논문.

송욱(2013). 40대 이혼 여성의 이혼 후 적응과정에 관한 연구. **목회와 상담**, 20, 30-60.

송현, 이영순(2017). 외상 후 성장 과정의 구조적 관계 분석. **재활심리연구**, 24(4), 573-591.

신성자(2000). 이혼과정에 있는 부부. **가족과 가족치료**, 8(1), 31-58.

안병무(1967). 예수에 있어서 결혼과 이혼. **기독교사상**, 11(5), 124-129.

안윤지(2016). 결혼이주여성의 이혼에 관한 탐색적 연구. 동아대학교 국제전문대학원 박사학위논문.

양귀화, 김종남(2014). 외상 후 성장 과정에 대한 분석. **한국심리학회지: 건강**, 19(4), 1041-1065.

오은규(2019). 이혼자들의 이혼 후 성장 경험에 관한 연구. 연세대학교 대학원 박사학위논문.

옥선화, 남영주, 강은영(2007). 이혼자들의 이혼 인식에 관한 질적 연구. **한국가정관리학회지**, 24(1), 223-235.

유순희(2017). 황혼이혼 결정과정에 관한 연구: 근거이론 중심으로. 울산대학교 대학원 박사학위논문.

유순희, 정민자(2013). 이혼한 여성 한부모가족의 가족 레질리언스에 대한 질적분석. *Family and Environment Research, 51*(6), 603-612.

유영권(2000). 전인치유의 총체적 모델. **신학논단**, 28, 323-348.

윤성은(2007). 이혼여성의 자존감 회복 과정에 대한 연구. 백석대학교 대학원 박사학위논문.

이경희(2006). 이혼 후 한부모의 적응관련요인 탐색. 서울대학교 대학원 박사학위논문.

이무영(2003). 이혼결정과정에 영향을 미치는 요인분석. 숙명여자대학교 대학원 석사학위논문.

이미연, 김지혜, 조용래(2012). 외상유형, 자아 탄력성 및 외상 후 부정적 인지가 외상 후 성장에 미치는 영향 (초). **한국심리학회 연차 학술발표논문집, 2012(단일호)**, 241.

이부영(1998). **분석 심리학: CG Jung 의 인간 심성론**. 서울: 일조각.

이수림(2013). 외상 유형이 외상 후 성장 및 지혜에 미치는 영향: 사회적 지지와 대처의 매개효과. **한국심리학회지: 문화 및 사회문제, 19**(3), 319-341.

이양자, 정남운(2008). 외상후 성장에 대한 연구 개관. **한국심리학회지: 건강, 13**(1), 1-23.

이옥희, 이지연(2015). 상담일반: 역경후 성장 변인들의 군집유형에 따른 역경후 성장과 적응의 차이. **상담학연구, 16**(5), 107-122.

이태영(1969). 한국이혼연구: 법사회학적 고찰을 중심으로. 서울대학교 대학원 박사학위논문.

이해경(2014). 결혼이주여성의 이혼 후 삶의 경험. 전북대학교 대학원 박사학위논문.

이현정(2005). 이혼 가정의 자녀를 위한 부모교육프로그램 개발. 창원대학교 대학원 박사학위논문.

이현주(2017). 이혼가정아동을 위한 사회적 문제해결 향상 집단미술심리치료 프로그램 개발 및 효과. 서울여자대학교 대학원 박사학위논문.

임경택(2015). 이혼남성의 자녀양육 경험 연구. 백석대학교 기독교전문대학원 박사학위논문.

장창국, 강은숙, 서성민, 이숙영, 이유경, 채수진, 최형선(2011). **이혼 법정 이야기: 가사상담의 실제**. 서울: 도서출판 신정.

장홍길(2000). 신약 성경에서의 이혼. **장신논단, 16**, 154-174.

정석환(1998). 이야기 심리학과 목회상담. *Yonsei Review of Theology & Culture, 4*, 203-240.

정석환(1999). 이야기심리학의 심리전기적 인간탐구 방법론 연구. **신학논단, 26**, 251-273.

정석환(2001). 기독상담과 영성. **신학논단, 29**, 403-430.

정석환(2002). **목회상담학 연구**. 서울: 한국학술정보.

조정호(1975). 이혼제도의 비교법적 연구. 영남대학교 대학원 박사학위논문.

조진희, 정문경(2017). 중년여성의 삶의 의미와 외상 후 성장의 관계. **한국웰니스학회지, 12**(4), 343-357.

주혜주(2005). 이혼 여성의 이혼 결정과정. 서울대학교 대학원 박사학위논문.

중앙일보(2019. 7. 8.). 남편이 아내 살해 연 55건… 이혼 후 남남돼도 범행 많다. https://news.joins.com/article/23518401에서 검색.

차성희(2006). 노년기 부부갈등이 이혼행동에 미치는 영향: 사회적 자원 활용과 문제해결능력을 중심으로. 경기대학교 대학원 박사학위논문.

최동인(2008). 크리스천 중년 여성의 이혼후 적응형태. **신학논단, 54**, 363-399.

최은정, 계인국, 정채연(2015). 가사사건의 상담제도 발전방안에 관한 연구. **사법정책연구원 연구총서.**

최은화, 이윤화(2010). 이혼 후 여성의 자기인식 변화 과정 연구. **한국가족복지학, 28**(단일호), 119-149.

최정숙(2004). 여성의 이혼과정에 관한 근거이론 연구. 이화여자대학교 대학원 박사학위논문.

통계청(2012). 혼인 이혼 통계. http://kostat.go.kr/wnsearch/search.jsp에서 검색.

통계청(2018). 혼인 이혼 통계. http://kostat.go.kr/wnsearch/search.jsp에서 검색.

통계청(2019). 고령자 통계. http://kostat.go.kr/wnsearch/search.jsp에서 검색.

한경혜, 강유진, 한민아(2003). 이혼태도와 관련요인. **가족과 문화, 15**, 77-96.

한국경제(2011. 11. 17.). 돌싱 되보니 이런점 좋네 '자유로운 이성교제-속박 없는 생활' 등. https://www.hankyung.com/society/article/2011111730417에서 검색.

한준아(2008). 이혼 가정 아동의 자아지각 및 문제 행동. 연세대학교 대학원 박사학위논문.

현경자(2010). 중도장애, 이혼과 같은 생애위기 경험자의 자기해석 복합성과 심리적 안녕. **한국사회복지학, 62**(4), 193-222.

황은숙(2006). 이혼가정 부모교육 프로그램의 개발과 활성화 방안. 숙명여자대학교 대학원 박사학위논문.

Abraído-Lanza, A. F., Guier, C., & Colón, R. M. (1998). Psychological thriving among Latinas with chronic illness. *Journal of Social Issues, 54*(2), 405-424.

Affleck, G., Tennen, H., Croog, S., & Levine, S. (1987). Causal attribution, perceived benefits, and morbidity after a heart attack: An 8-year study. *Journal of Consulting and Counseling Psychology, 55*, 29-35.

Aldwin, C. M., & Levenson, M. R. (2004). Posttraumatic growth: A developmental perspective. *Psychological Inquiry, 15*(1), 19-22.

Allbaugh, L. J., Wright, M. O., & Folger, S. F. (2016). The role of repetitive thought in determining posttraumatic growth and distress following interpersonal trauma. *Anxiety, Stress & Coping, 29*(1), 21-37.

Allen, G. J. (2010). **트라우마의 치유.** (권정혜, 김정범, 조용래, 최혜경, 최윤경, 권호인 공역). 서울: 학지사. (원저는 2005년에 출판).

Amato, P. R. (2000). The consequences of divorce for adults and children. *Journal of Marriage and the Family, 62*(4), 1269-1287.

Amato, P. R. (2003). Reconciling divergent perspectives: Judith Wallerstein, quantitative family research, and children of divorce. *Family Relations, 52*(4), 332-339.

Amato, P. R. (2010). Research on divorce: Continuing trends and new developments. *Journal of marriage and family, 72*(3), 650-666.

Amato, P. R., & Hohmann-Marriott, B. (2007). A comparison of high-and low-distress marriages that end in divorce. *Journal of Marriage and Family, 69*(3), 621-638.

Ambert, A. (1988). Relationship between ex-spouses: Individual and dyadic perspectives. *Journal of Social & Personal Relationships, 5,* 327-346.

Anderson, W. P., & Lopez-Baez, S. F. (2008). Measuring growth with the posttraumatic growth inventory. *Measurement and evaluation in counseling and development, 40*(4), 215-227.

Andre, H. J., & Bröckel, M. (2007). Income and life satisfaction after marital disruption in Germany. *Journal of Marriage and Family, 69*(2), 500-512.

Antoni, M. H., Lehman, J. M., Kilbourn, K. M., Boyers, A. E., Culver, J. L., Alferi, S. M., ... & Price, A. A. (2001). Cognitive-behavioral stress management intervention decreases the prevalence of depression and enhances benefit finding among women under treatment for early-stage breast cancer. *Health Psychology, 20*(1), 20.

Antonovsky, A. (1987). *Unraveling the mystery of health: How people manage stress and stay well.* San Francisco: Jossey-Bass.

Arya, B., & Davidson, C. (2015). Sense of coherence as a predictor of post traumatic growth. *Indian Journal of Health & Wellbeing, 6*(6), 634-636.

Assor, A., Roth, G., & Deci, E. L. (2004). The emotional costs of parents' conditional regard: A Self-Determination Theory analysis. *Journal of Personality, 72*(1), 47-88.

Barrett, A. E. (2000). Marital trajectories and mental health. *Journal of Health and Social*

Behavior, 451-464.

Bevvino, D. L. (2000). *Divorce adjustment as a function of gender, education level, personality, length of separation, disentanglement, initiator status and meaning*. Pennsylvania: Lehigh University.

Bierman, A., Fazio, E. M., & Milkie, M. A. (2006). A multifaceted approach to the mental health advantage of the married: Assessing how explanations vary by outcome measure and unmarried group. *Journal of Family Issues*, *27*(4), 554-582.

Birnbaum, G. E., Orr, I., Mikulincer, M., & Florian, V. (1997). When marriage breaks up-does attachment style contribute to coping and mental health? *Journal of Social and Personal Relationships*, *14*(5), 643-654.

Björkenstam, E., Hallqvist, J., Dalman, C., & Ljung, R. (2013). Risk of new psychiatric episodes in the year following divorce in midlife: Cause or selection? A nationwide register-based study of 703, 960 individuals. *International Journal of Social Psychiatry*, *59*(8), 801-804.

Blaisure, K. A., & Geasler, M. J. (2006). Educational interventions for separating and divorcing parents and their children. In M. Fine & J. Harvey (Eds.), *Handbook of divorce and relationship dissolution* (pp. 575-602). Hillsdale, NJ: Erlbaum.

Blomquist, J. M. (1985). The effect of the divorce experience on spiritual growth. *Pastoral Psychology, 34*, 82-91.

Bloom, B. L., Asher, S. H., & White, S. W. (1978). Marital disruption as a stressor: a review and analysis. *Psychological Bulletin, 85,* 867-894.

Bonach, K., & Sales, E. (2002). Forgiveness as a mediator between post divorce cognitive processes and coparenting quality. *Journal of Divorce & Remarriage*, *38* (1-2), 17-38.

Brown, P., & Manela, R. (1978). Changing family roles: Women and divorce. *Journal of Divorce*, *1*(4), 315-328.

Browning, D. (1995). Christian Ethics and the Family Debate: An Overview. *The Annual of the Society of Christian Ethics, 15,* 251-262.

Bruce, M. L., & Kim, K. M. (1992). Differences in the effects of divorce on major depression in men and women. *American Journal of Psychiatry, 149,* 914-917.

Bursik, K. (1991). Adaptation to divorce and ego development in adult women. *Journal of Personality and Social Psychology*, *60*(2), 300.

Caldwell, R. A., & Bloom, B. L. (1982). Social support: It's structure and impact on marital disruption. *American Journal of Community Psychology, 10*, 647-667.

Calhoun, L. G., & Tedeschi, R. G. (1999). Facilitating posttraumatic growth: A clinician's guide. London: Routledge.

Calhoun, L. G., & Tedeschi, R. G. (2015). **외상 후 성장: 상담 및 심리치료에의 적용.** (강영신, 임정란, 장안나, 노안영 공역). 서울: 학지사. (원저는 2013년에 출판).

Cameron, J. (1992). *The artist's way: A spiritual path to higher creativity*. Los Angeles, CA: Tarcher.

Cameron, J. (1997). **(내안의 크리에이티브와 만나는) 아주 특별한 즐거움: 나의 창조적 재능을 발견하고 되살리는 12주간의 여행.** (이정기, 변영우, 곽영일 공역). 서울: 다정원. (원저는 1992년에 출판).

Capaldi, D. M., & Patterson, G. R. (1991). Relation of parental transitions to boys' adjustment problems: I. A linear hypothesis: II. Mothers at risk for transitions and unskilled parenting. *Developmental psychology*, *27*(3), 489.

Caplan, G. (1964). *Principles of preventive psychiatry*. New York: Basic Books.

Cavanagh, S. E. (2008). Family structure history and adolescent adjustment. *Journal of Family Issues*, *29*(7), 944-980.

Cavanagh, S. E., & Huston, A. C. (2006). Family instability and children's early problem behavior. *Social Forces*, *85*(1), 551-581.

Chiriboga, D. A., Roberts, J., & Stein, J. (1978). Psychological well-being during marital separation. *Journal of Divorce, 2*, 21-36.

Christopher, M. (2004). A broader view of trauma: A biopsychosocial-evolutionary view of the role of the traumatic stress response in the emergence of pathology and/or growth. *Clinical Psychology Review, 24*(1), 75-98.

Clinebell, H. (1988). **성장상담.** (이종헌 역). 서울: 한국신학연구소. (원저는 1979년에 출판).

Cooper, C. E., McLanahan, S. S., Meadows, S. O., & Brooks-Gunn, J. (2009). Family structure transitions and maternal parenting stress. *Journal of Marriage and Family*, *71*(3), 558-574.

Criddle, M. N., Allgood, S. M., & Piercy, K. W. (2003). The relationship between mandatory divorce education and level of post-divorce parental conflict. *Journal of Divorce and Remarriage, 39*, 99-111.

Csikszentmihalyi, M., & Seligman, M. E. (2000). Positive psychology: An introduction. *American Psychologist, 55*(1), 5-14.

Dabel, V. (2016). *The impact of perceived social support on event stressfulness, core beliefs disruption, and posttraumatic growth in college students*. Florida: Florida State University.

Davis, C. G., Nolen-Hoeksema, S., & Larson, J. (1998). Making sense of loss and benefiting from the experience: Two construals of meaning. *Journal of Personality and Social Psychology, 75*, 561-514.

DeGarmo, D. S., & Forgatch, M. S. (1997). Confidant support and maternal distress: Predictors of parenting practices for divorced mothers. *Personal Relationships, 4*, 305-317. doi: 10.111 l/j.1475-6811.1997.tb00148.x.

DeGarmo, D. S., Patras, J., & Eap, S. (2008). Social support for divorced fathers' parenting: Testing a stress-buffering model. *Family relations*, *57*(1), 35-48.

Dohrenwend, B. S. (1978). Social stress and community psychology. *American Journal of Community Psychology, 6*(1), 1-14.

Douglas, E. M. (2006). *Mending broken families: Social policies for divorced families*. Lanham, MD: Rowman & Littlefield.

Dupre, M. E., & Meadows, S. O. (2007). Disaggregating the effects of marital trajectories on health. *Journal of Family Issues*, *28*(5), 623-652.

Durkin, J., & Joseph, S. (2009). Growth following adversity and its relation with subjective well-being and psychological well-being. *Journal of Loss and Trauma, 14*(3), 228-234.

Earle, J. R., Smith, M. H., Harris, C. T., & Longino Jr, C. F. (1997). Women, marital status, and symptoms of depression in a midlife national sample. *Journal of Women & Aging, 10*(1), 41-57.

Evers, A. W. M., Kraaimaat, F. W., van Lankveld, W., Jongen, P. J. H., Jacobs, J. W. G., & Bijlsma, J. W. J. (2001). Beyond unfavourable thinking: The Illness Cognition Questionnaire for chronic diseases. *Journal of Consulting and Clinical Psychology, 69*, 1026-1036.

Fisher, H., & Low, H. (2016). Recovery from divorce: comparing high and low income couples. *International Journal of Law, Policy and the Family, 30*(3), 338-371.

Fomby, P., & Cherlin, A. J. (2007). Family instability and child well-being. *American Sociological Review, 72*(2), 181-204.

Forgatch, M. S., Patterson, G. R., & Ray, J. A. (1996). Divorce and boys' adjustment problems: Two paths with a single model. *Stress, Coping, and Resiliency in Children and Families*, 67-105.

Frankl, V. E. (1963). *Man's search for meaning: An introduction to logotherapy* (I. Lasch, Trans.). New York: Pocket.

Fredrickson, B. L. (2004). The broaden-and-build theory of positive emotions. Philosophical Transactions of the Royal Society of London. *Series B: Biological Sciences, 359*(1449), 1367-1377.

Frisby, B. N., Horan, S. M., & Booth-Butterfield, M. (2016). The role of humor styles and shared laughter in the postdivorce recovery process. *Journal of Divorce & Remarriage, 57*(1), 56-75.

Forste, R., & Heaton, T. B. (2004). The divorce generation: Well-being, family attitudes, and socioeconomic consequences of marital disruption. *Journal of Divorce & Remarriage, 41*(1-2), 95-114.

Gardner, J., & Oswald, A. J. (2006). Do divorcing couples become happier by breaking up? *Journal of the Royal Statistical Society: Series A (Statistics in Society), 169*(2), 319-336.

Geasler, M. J., & Blaisure, K. R. (1998). A review of divorce education program materials. *Family Relations, 47*, 167-175.

Godleski, L. (2010). Teaching residents to recognize the impact of divorce. *Academic Psychiatry, 34*(5), 378-380.

Gonzalez, H. A. (1999). Pastors' theological perspective on divorce and remarriage: Qualitative study. *Journal of Divorce & Remarriage, 31*, 141-159. doi: 10.1300/J087v31n01_08.

Grad, R. I., & Zeligman, M. (2017). Predictors of post-traumatic growth: The role of social interest and meaning in life. *Journal of Individual Psychology, 73*(3), 190-207.

Graff-Reed, R. L. (2004). *Positive effects of stressful life events: Psychological growth following divorce*. MA: Miami University.

Greeff, A. P., & Merwe, S. (2004). Variables associated with resilience in divorced families. *Social Indicators Research, 68*, 59-75.

Green, M., & Elliott, M. (2010). Religion, health, and psychological well-being. *Journal of Religion and Health, 49*(2), 149-163.

Grimaldi, J. (2017). *The efficacy of divorce education: A pilot study evaluating family kind's implementation of the new york state parent education and awareness program*. New York: Pace University.

Gul, E., & Karanci, A. N. (2017). What determines posttraumatic stress and growth following various traumatic events? A study in a turkish community sample. *Journal of Traumatic Stress*, *30*(1), 54-62. doi: 10.1002/jts.22161.

Hagedoom, M., Van Yperen, N. W., Coyne, J. C., van Jaarsveld, C. H. M., Ranchor, A. V., van Sonderen, E., & Sanderman, R. (2006). Does marriage protect older people from distress? The role of equity and recency of bereavement. *Psychology and Aging, 21*, 611-620. doi: 10.1037/0882-7974.21.3.611.

Hanley, A. W. (2016). *Mindful growth: The relationship between dispositional mindfulness, cognitive coping, posttraumatic stress and posttraumatic growth*. Florida: The Florida State University.

Harter, S., Marold, D. B., Whitesell, N. R., & Cobbs, G. (1996). A model of the effects of perceived parent and peer support on adolescent false self behavior. *Child Development, 67*(2), 360-374.

Hawkins, D. N., & Booth, A. (2005). Unhappily ever after: Effects of long-term, low-quality marriages on well-being. *Social Forces*, *84*(1), 451-471.

Hayward, H. (2013). Posttraumatic growth and disability: On happiness, positivity, and meaning(Doctoral dissertation).

Hetherington, E. M. (1993). An overview of the virginia longitudinal study of divorce and remarriage with a focus on early adolescence. *Journal of Family Psychology*, 7(1), 39.

Hetherington, E. M. (2003). Intimate pathways: Changing patterns in close personal relationships across time. *Family Relations*, *52*(4), 318-331.

Hetherington, E. M., & Kelly, J. (2002). For better or for worse: Divorce reconsidered. *National Review-Bristol Connecticut*, *54*(5), 50-51.

Hetherington. E. M., Cox, M., & Cox, R. (1978). The aftermath of divorce. In J. M. Stevens Jr. & M. Matthews (Eds.), *Mother-child, father-child relations* (pp. 148-176). Washington, DC: National A Holmes,

Hill, M. S., Yeung, W. J., & Duncan, G. J. (2001). Child family structure and young adult behaviors. *Journal of Population Economics, 14,* 271-299.

Hill, P. C., & Pargament, K. I. (2008). Advances in the conceptualization and measurement of religion and spirituality: Implications for physical and mental health research. *Psychology of Religion and Spirituality, Vol S*(1), 3-17.

Holmes, J. (2014). *John Bowlby and attachment theory*. London: Routledge.

Holmes, T. H., & Rahe, R. H. (1967). The social readjustment rating scale. *Journal of Psychosomatic Research*, *11*(2), 213-218.

Hughes, M. E., & Waite, L. J. (2009). Marital biography and health at mid-life. *Journal of Health and Social Behavior, 50,* 344-358. doi: 10.1177/002214650905000307.

James, S. L., & Amato, P. R. (2013). Self-esteem and the reproduction of social class. *Social Science Quarterly*, *94*(4), 933-955.

Janoff-Bulman, R. (1992). Shattered assumotions: Towards a new psychology of trauma. New York: Free Press.

Janoff-Bulman, R., & Frantz, C. M. (1997). The impact of trauma on meaning: From meaningless world to meaningful life. In M. Power, & C. R. Brewin (Eds.), *The transformation of meaning in psychological therapies* (pp. 91-106). Chichester, England: Wiley.

Jayawickreme, E., & Blackie, L. R. (2014). Post-traumatic Growth as Positive Personality Change: Evidence, Controversies and Future Directions. *European Journal of Personality*, *28*(4), 312-331. doi: 10.1002/per.1963.

Johnson, D. R., & Wu, J. (2002). An empirical test of crisis, social selection, and role explanations of the relationship between marital disruption and psychological distress: A pooled time-series analysis of four-wave panel data. *Journal of Marriage and Family*, *64*(1), 211-224.

Joseph, S. (2009). Growth following adversity: Positive psychological perspectives on posttraumatic stress. *Psihologijske Teme, 18*(2), 335-344.

Joseph, S. (2015). A person-centered perspective on working with people who have experienced psychological trauma and helping them move forward to posttraumatic growth. *Person-Centered & Experiential Psychotherapies, 14*(3), 178-190.

Joseph, S. (2018). **외상 후 성장의 과학**. (임선영, 김지영 역). 서울: 학지사. (원저는 2013년에 출판).

Joseph, S., & Linley, P. A. (2005). Positive adjustment to threatening events: An organismic valuing theory of growth through adversity. *Review of general psychology, 9*(3), 262.

Joseph, S., & Linley, P. A. (2006). Growth following adversity: Theoretical perspectives and implications for clinical practice. *Clinical Psychology Review, 26*(8), 1041-1053.

Joseph, S., & Williams, R. (2005). Understanding posttraumatic stress: Theory, reflections, context and future. *Behavioural and Cognitive Psychotherapy, 33*(4), 423-441.

Joseph, S., Williams, R., & Yule, W. (1993). Changes in outlook following disaster: The preliminary development of a measure to assess positive and negative responses. *Journal of Traumatic Stress, 6*(2), 271-279.

Joseph, S., Wood, A., Maltby, J., Stockton, H., Hunt, N., & Regel, S. (2012). Psychological well-being posttraumatic changes questionnaire: Reliability and validity. *Psychological Trauma: Theory, Research, Policy and Practice.*

Kalmijn, M., & Monden, C. W. (2006). Are the negative effects of divorce on well-being dependent on marital quality? *Journal of Marriage and Family, 68*(5), 1197-1213.

Kenyon, D., & Koerner, S. (2008). Post-divorce maternal disclosure and the father-adolescent relationship: Adolescent emotional autonomy and inter-reactivity as moderators. *Journal of Child and Family Studies, 17*, 791-808.

Kiecolt-Glaser, J. K., McGuire, L., Robles, T. F., & Glaser, R. (2002). Psychoneuroimmunology and psychosomatic medicine: Back to the future. *Psychosomatic Medicine, 64,* 15-28. doi: 10.1097/00006842-200201000-00004.

Kimball, T. G., Wieling, E., & Brimhall, A. (2009). A sense of sisterhood: A qualitative case study of a flexibly structured, long-term therapy group for divorced women. *Journal of Feminist Family Therapy*, *21*(4), 225-246.

King, V. (2003). The influence of religion on fathers' relationships with their children. *Journal of Marriage and Family*, *65*, 382-395.

Kitson, G. C. (1992). *Portrait of divorce: Adjustment to marita breakdown*. New York: Guilford.

Kitson G. C., & Raschke, H. J. (1981). Divorce research: What we know, what we need to know. *Journal of Divorce*, *4*, 1-37.

Krumrei, E. J. (2009). *A longitudinal analysis of the role of religious appraisals and religious coping in adults' adjustment to divorce*. Ohio: Bowling Green State University.

Krumrei, E. J., Mahoney, A., & Pargament, K. I. (2009). Divorce and the divine: The role of spirituality in adjustment to divorce. *Journal of Marriage and Family*, *71*, 373-383.

Krumrei, E. J., Mahoney, A., & Pargament, K. I. (2011). Spiritual stress and coping model of divorce: A longitudinal study. *Journal of Family Psychology*, *25*, 97-85.

Kübler-Ross, E., &Kessler, D. (2005). *On grief and grieving: Finding the meaning of grief through the five stages of loss*. Simon and Schuster.

Kumari, B., & Singh, R. (2016). The thematic analysis of post traumatic growth. *Indian Journal of Positive Psychology*, *7*(2), 229-231.

Lawson, E. J., & Satti, F. (2016). The aftermath of divorce: Postdivorce adjustment strategies of South Asian, black, and white women in the United States. *Journal of Divorce & Remarriage*, *57*(6), 411-431.

Lawton, L. E., & Bures, R. (2001). Parental divorce and the "switching" of religious identity. *Journal for the Scientific Study of Religion*, *40*(1), 99-111.

Lazarus, R. S., & Folkman, S. (1984). *Stress, appraisals, and coping*. New York: Springer.

Lepore, S. J., & Helgeson, V. S. (1998). Social constraints, intrusive thoughts, and mental health. *Journal of Social and Clinical Psychology*, *17*, 1.

Lepore, S. J., Silver, R. C., Wortman, C. B., & Wayment, H. A. (1996). Social constraints, intrusive thoughts, and depressive symptoms among bereaved mothers. *Journal of Personalily and Social Psvchology*, *70*, 271-282.

Linley, P. A., & Joseph, S. (2004). Positive change following trauma and adversity: A review. *Journal of Traumatic Stress*, *17*(1), 11-21.

Linley, P. A., & Joseph, S. (2005). The human capacity for growth through adversity. *American Psychologist*, *60*, 262-263.

Linley, P. A., & Joseph, S. (2009). **긍정심리치료**. (이훈진, 김환, 박세란 공역). 서울: 학지사. (원저는 2006년에 출판).

Linley, P. A., Joseph, S., Harrington, S., & Wood, A. M. (2006). Positive psychology: Past, present, and (possible) future. *The Journal of Positive Psychology, 1*(1), 3-16.

Liu, H.,& Umberson, D. J. (2008). The times they are a changin': Marital status and health differential from 1972 to 2003. *Journal of Health and Social Behavior, 49,* 239-253.

Lloyd, G. M., Sailor, J. L., & Carney, W. (2014). A phenomenological study of postdivorce adjustment in midlife. *Journal of Divorce & Remarriage*, *55*(6), 441-450.

Lopez, S. J. (Ed.). (2008). *Positive psychology: Exploring the best in people* (vol. 4). ABC-CLIO.

Lopez, S. J. (Ed.). (2011). **역경을 통해 성장하기**. (권석만, 박선영, 하현주 공역). 서울: 학지사. (원저는 2008년에 출판).

Lorenz, F. O., Simons, R. L., Conger, R. D., Elder Jr, G. H., Johnson, C., & Chao, W. (1997). Married and recently divorced mothers' stressful events and distress: Tracing change across time. *Journal of Marriage and the Family*, 219-232.

Lorenz, F. O., Wickrama, K. A. S., Conger, R. D., & Elder Jr, G. H. (2006). The short-term and decade-long effects of divorce on women's midlife health. *Journal of Health and Social Behavior*, *47*(2), 111-125.

Maddux, J. E., Snyder, C. R., & Lopez, S. J. (2004). Toward a positive clinical psychology: Deconstructing the illness ideology and constructing an ideology of human strengths and potential. In P. A. Linley & S. Joseph (Eds.), *Positive psychology in practice* (pp. 320-334). Hoboken, NJ: Wiley.

Mahoney, A., Pargament, K. I., Jewell, T., Swank, A. B., Scott, E., Emery, E., et al. (1999). Marriage and the spiritual realm: The role of proximal and distal religious constructs inmarital functioning. *Journal of Family Psychology, 13*, 1-18.

Mahoney, A., Pargament, K. I., Murray-Swank, A., & Murray-Swank, N. (2003). Religion and the sanctification of family relationships. *Review of Religious Research, 44*, 220-236.

Mahoney, A., Rye, M. S., & Pargament, K. I. (2005). When the sacred is violated: Desecration as a unique challenge to forgiveness. *Handbook of Forgiveness*, 57-72.

Marks, N. (1996). Flying solo at Midlife: Gender, marital status, and psychological well-being. *Journal of Marriage and The Family, 58(4), 917*. http://dx.doi.org/10.2307/353980

Marmarosh, C. L., Franz, V. A., Koloi, M., Majors, R. C., Rahimi, A. M., Ronquillo, J. G., ... & Zimmer, K. (2006). Therapists' group attachments and their expectations of patients' attitudes about group therapy. *International Journal of Group Psychotherapy, 56*(3), 325-338.

Martinez Jr, C. R., & Forgatch, M. S. (2002). Adjusting to change: Linking family structure transitions with parenting and boys' adjustment. *Journal of Family Psychology*, *16*(2), 107.

Masheter, C. (1991). Postdivorce relationships between ex-spouses: The roles of attachment and interpersonal conflict. *Journal of Marriage and the Family, 53*, 103-110.

McAdams, D. P. (1993). *The stories we live by: Personal myths and the making of the self*. New York: Guilford.

McCollum, E. E. (1985). Recontacting former spouses: A further step in the divorce process. *Journal of Marital & Family Therapy, 11*, 417-420.

McMillen, J. C., & Fisher, R. H. (1998). The Perceived Benefit Scales: Measuring perceived positive life changes after negative events. *Social Work Research, 22*(3), 173-187.

McNulty, J. K., & Fincham, F. D. (2012). Beyond positive psychology? Toward a contextual view of psychological processes and well-being. *American Psychologist*, *67*(2), 101.

Miller, N. B., Smerglia, V. L., Gaudet, D. S., & Kitson, G. C. (1998). Stressful life events, social support, and the distress of widowed and divorced women: A counteractive model. *Journal of Family Issues, 19*(2), 181-203.

Molina, O. (2004). Members' satisfaction with union-based divorce support groups. *Journal of Divorce & Remarriage, 42*(1-2), 145-157.

Moore, M. M., & Freeman, S. J. (1995). Counseling survivors of suicide: Implications for group postvention. *Journal for Specialists in Group Work, 20*(1), 40-47.

Nathanson, I. G. (1995). Divorce and women's spirituality. *Journal of Divorce and Remarriage, 22*, 179-188.

Nolen-Hoeksema, S., & Davis, C. G. (1999). Thanks for sharing that: Ruminators and their social support networks. *Journal of Personality and Social Psychology, 77*(4), 801.

Nolen-Hoeksema, S., & Larson, J. (1999). LEA series in personality and clinical psychology. *Coping with loss*. Mahwah, NJ: Lawrence Erlbaum Associates Publishers.

Nydam, R. J. (2005). The Messiness of Marriage and the Knottiness of Divorce: A Call for a Higher Theology and a Tougher Ethic. *Calvin Theological Journal, 40*(2), 211.

Ortman, D. C. (2005). Post-infidelity stress disorder. *Journal of Psychosocial Nursing & Mental Health Services, 43*(10), 46-54.

Osborne, C., & McLanahan, S. (2007). Partnership instability and child well-being. *Journal of Marriage and Family, 69*(4), 1065-1083.

Overbeek, G., Vollebergh, W., de Graaf, R., Scholte, R., de Kemp, R., & Engels, R. (2006). Longitudinal associations of marital quality and marital dissolution with the incidence of DSM-III-R disorders. *Journal of Family Psychology, 20*, 284-291. doi: 10.1037/0893-3200.20.2.284.

Øygard, L., Thuen, F., & Solvang, P. (2000). An evaluation of divorce support groups: A qualitative approach. *Journal of Divorce & Remarriage, 32*(3-4), 149-164.

Pargament, K. I. (1997). *The psychology of religion and coping*. New York: Guilford.

Pargament, K. I. (2007). *Spiritually integrated psychotherapy: Understanding and addressing the sacred*. New York: Guilford.

Pargament, K. I. (2011). Religion and coping: The current state of knowledge. In S. Folkman (Ed.), *Oxford handbook of stress, health, and coping*. New York: Oxford

University Press.

Pargament, K. I., & Mahoney, A. (2002). Spirituality: Discovering and conserving the sacred. In C. R. Snyder (Ed.), *Handbook of positive psychology* (pp. 646-675). Washington, D. C.: American Psychological Association.

Pargament, K. I., & Mahoney, A. (2005). Sacred matters: Sanctification as vital topic for the psychology of religion. *International Journal for the Psychology of Religion, 15*(3), 179-198.

Pargament, K. I., & Mahoney, A. (2005). Sacred matters: Sanctification as vital topic for the psychology of religion. *International Journal for the Psychology of Religion, 15*(3), 179-198.

Pargament, K. I., & Raiya, H. A. (2007). A decade of research on the psychology of religion and coping: Things we assumed and lessons we learned. *Psyche and Logos, 28*(2), 742-766.

Pargament, K. I., Kennell, J., Hathaway, W., Grevengoed, N., Newman, J., & Jones, W. (1988). Religion and the problem-solving process: Three styles of coping. *Journal for the Scientific Study of Religion*, 90-104.

Pargament, K. I., Koenig, H. G., & Perez, L. M. (2000). The many methods of religious coping: Development and initial validation of the RCOPE. *Journal of Clinical Psychology, 56*, 519-543.

Pargament, K. I., Magyar, G. M., Benore, E., & Mahoney, A. (2005). Sacrilege: A study of sacred loss and desecration and their implications for health and well-being in a community sample. *Journal for the Scientific Study of Religion*, *44*(1), 59-78.

Pargament, K. I., Smith, B. W., Koenig, H. G., & Perez, L. (1998). Patterns of positive and negative religious coping with major life stressors. *Journal for the Scientific Study of Religion*, 710-724.

Pargament, K. I., Tarakeshwar, N., Ellison, C. G., & Wulff, K. M. (2001). Religious coping among the religious: The relationships between religious coping and well-being in a national sample of Presbyterian clergy, elders, and members. *Journal for the Scientific Study of Religion*, *40*(3), 497-513.

Park, C. L. (1998). Stress-related growth and thriving through coping: The roles of personality and cognitive processes. *Journal of Social Issues, 54*(2), 267-277.

Park, C. L., & Helgeson, V. S. (2006). Introduction to the special section: Growth following highly stressful life events-current status and future directions. *Journal of Consulting and Clinical Psychology, 74*, 791-796.

Park, C. L., Cohen, L. H., & Murch, R. (1996). Assessment and prediction of stress-related growth. *Journal of Personality, 64*, 71-105.

Pearlin, L. I., & Johnson, J. S. (1977). Marital status, life-strains and depression. *American Sociological Review*, 704-715.

Pennebaker, J. W., & Beall, S. K. (1986). Confronting a traumatic event: Toward an understanding of inhibition and disease. *Journal of Abnormal Psychology, 95*(3), 274.

Peterson, C., & Seligman, M. E. P. (2004). *Character strengths and virtues: A handbook and classification.* Washington, DC: American Psychological Association.

Pinel, E. C. (1999). Stigma consciousness: The psychological legacy of social stereotypes. *Journal of Personality and Social Psychology, 76*(1), 114.

Pistello, J. P. (2013). *Posttraumatic growth and religious coping in parents of autistic children.* Virginia Beach, VA: Regent University.

Platovnjak, I. (2015). Divorce and remarriage of the divorced as a step toward engaging in a life with christ and the church? *Bogoslovni Vestnik(Theological Quarterly), 75*, 475-486.

Pledge, D. D. (1992). Marital separation/divorce: A review of individual response to a major life stressor. *Journal of Divorce & Remarriage, 17*, 151-181.

Pollet, S. L., & Lombreglia, M. (2008). A nationwide survey of mandatory parent education. *Family Court Review, 46*, 375-394. doi: 10.1111/j.1744-1617.2008.00207.x.

Price, G. E., Dinas, P., Dunn, C., & Winterowd, C. (1995). Group work with clients experiencing grieving: Moving from theory to practice. *Journal for Specialists in Group Work, 20*(3), 159-167.

Quinney, D. M., & Fouts, G. T. (2004). Resilience and divorce adjustment in adults participating in divorce recovery workshops. *Journal of Divorce & Remarriage, 40*(1-2), 55-68.

Riessman, C. K. (1990). *Divorce talk: Women and men make sense of personal relationships*. New Brunswick, NJ: Rutgers University Press.

Rijavec Klobučar, N. (2015). The role of spirituality in transition to parenthood: Qualitative research using transformative learning theory. *Journal of Religion and Health*. doi: 10.1007/s10943-015-0088-4.

Rogers, C. R. (1959). *A theory of therapy, personality, and interpersonal relationships: As developed in the client-centered framework* (vol. 3, pp. 184-256). New York: McGraw-Hill.

Rozin, P., & Royzman, E. B. (2001). Negativity bias, negativity dominance, and contagion. *Personality and Social Psychology Review, 5*, 296-320.

Ryan, R. M. (1995). Psychological needs and the facilitation of integrative processes. *Journal of Personality, 63*, 397-427.

Ryan, R. M., & Deci, E. L. (2001). On happiness and human potentials: A review of research on hedonic and eudaimonic well-being. *Annual Review of Psychology, 52*(1), 141-166.

Rye, M. S., Folck, C. D., Heim, T. A., Olszewski, B. T., & Traina, E. (2004). Forgiveness of an ex-spouse: How does it relate to mental health following a divorce? *Journal of Divorce & Remarriage, 41*(3-4), 31-51.

Salsman, J. M., Segerstrom, S. C., Brechting, E. H., Carlson, C. R., & Andrykowski, M. A. (2009). Posttraumatic growth and PTSD symptomatology among colorectal cancer survivors: a 3-month longitudinal examination of cognitive processing. *Psycho-Oncology, 18*(1), 30-41.

Sbarra, D. A. (2015). Divorce and health: current trends and future directions. *Psychosomatic Medicine, 77*, 227-236. doi: 10.1097/PSY.0000000000000168.

Sbarra, D. A., & Emery, R. E. (2008). Deeper into divorce: Using actor-partner analyses to explore systemic differences in coparenting conflict following custody dispute resolution. *Journal of Family Psychology, 22*, 144-152.

Sbarra, D. A., Hasselmo, K., & Bourassa, K. J. (2015). Divorce and health: Beyond individual differences. *Current Directions in Psychological Science, 24*, 109-113. doi: 10.1177/0963721414559125.

Sbarra, D. A., Law, R. W., Lee, L. A., & Mason, A. E. (2009). Marital dissolution and blood pressure reactivity: Evidence for the specificity of emotional intrusionhyperarousal and task-rated emotional difficulty. *Psychosomatic Medicine, 71*, 532-540. doi: 10.1097/PS Y.ObO 13e3181 a23eee.

Scheier, M. F., & Carver, C. S. (1985). Optimism, coping,and health: Assessment and implications of generalized outcome expectan cies. *Health Psychology, 4*, 219-247.

Schwartz, J. (2006). Effects of diverse forms of family structure on female and male homicide. *Journal of Marriage and Family, 68*, 1291-1312. doi: 10.1111/j.1741-3737.2006.00329.x.

Seligman, M. E. P., & Csikszentmihalyi, M. (2000). Positive psychology: An introduction. *American Psychologist, 55*, 5-14.

Seligman, M. E., & Csikszentmihalyi, M. (2014). Positive psychology: An introduction. In M. Csikszentmihalyi (Ed.), *Flow and the foundations of positive psychology* (pp. 279-298). Netherlands: Springer

Shakespeare-Finch, J., & Enders, T. (2008). Corroborating evidence of posttraumatic growth. *Journal of Traumatic Stress, 21*(4), 421-424. doi: 10.1002/jts.20347.

Sheldon, K. M., & Elliot, A. J. (1999). Goal striving, need satisfaction, and longitudinal well-being: The self-concordance model. *Journal of Personality and Social Psychology, 76*, 482-497.

Sheldon, K. M., & King, L. (2001). Why positive psychology is necessary. *American Psychologist, 56*, 216-217.

Simonič, B. (2015). Coping with divorce and relational family therapy. *Family Forum, 4*, 203-222.

Simonič, B., & Klobučar, N. R. (2017). Experiencing positive religious coping in the process of divorce: A qualitative study. *Journal of Religion and Health, 56*(5), 1644-1654.

Simons, R. L. (1996). *Understanding differences between divorced and intact families: Stress, interaction, and child outcome*. Sage Publications, Inc.

Snyder, C. R., & Lopez, S. J. (Eds.). (2009). *Oxford handbook of positive psychology*. New York: Oxford University Press.

Southwick, S. M., Satodiya, R., & Pietrzak, R. H. (2016). Disaster Mental Health and Positive Psychology: An Afterward to the Special Issue. *Journal of Clinical*

Psychology, *72*(12), 1364-1368. doi: 10.1002/jclp.22418.

Spanier, G. B., & Thompson, L. (1983). Relief and distress after marital separation. *Journal of Divorce*, 7(1), 31-49.

Steele, C. M., & Aronson, J. (1995). Stereotype threat and the intellectual test performance of African Americans. *Journal of Personality and Social Psychology*, *69*(5), 797.

Steiner, L. M., Durand, S., Groves, D., & Rozzell, C. (2015). Effect of infidelity, initiator status, and spiritual well-being on men's divorce adjustment. *Journal of Divorce & Remarriage*, *56*(2), 95-108.

Strelan, P., & Covic, T. (2006). A review of forgiveness process models and a coping framework to guide future research. *Journal of social and clinical psychology*, *25*(10), 1059-1085.

Symoens, S., Colman, E., & Bracke, P. (2014). Divorce, conflict, and mental health: How the quality of intimate relationships is linked to post-divorce well-being. *Journal of Applied Social Psychology*, *44*(3), 220-233.

Tallman, B. A. (2011). *Anticipating posttraumatic growth from cancer: a patient and collateral perspective*. Iowa City, IA: The University of Iowa.

Taylor, C. W. (2002). **합리적 정서 요법과 목회상담**. (황영훈 역). 서울: 한국장로교출판사. (원저는 1991년에 출판).

Taylor, R. J. (2004). Therapeutic intervention of trauma and stress brought on by divorce. *Journal of Divorce & Remarriage*, *41*(1-2), 129-135.

Taylor, S. E., Kemeny, M. E., Reed, G. M., & Aspinwall, L. G. (1991). Assault on the self: Positive illusions and adjustment to threatening events. In *The self: Interdisciplinary approaches* (pp. 239-254). New York: Springer.

Tedeschi, R. G. (1999). Violence transformed: Posttraumatic growth in survivors and their societies. Aggression and Violent Behavior. *A Review Journal, 4*, 319-341.

Tedeschi, R. G., & Blevins, C. L. (2015). From mindfulness to meaning: Implications for the theory of posttraumatic growth. *Psychological Inquiry*, *26*(4), 373-376. doi: 10.1080/1047840X.2015.1075354.

Tedeschi, R. G., & Calhoun, L. G. (1995). *Trauma & transformation: Growing in the aftermath of suffering*. Thousand Oaks, CA: Sage.

Tedeschi, R. G., & Calhoun, L. G. (1996). The Posttraumatic Growth Inventory: Measuring the positive legacy of trauma. *Journal of Traumatic Stress, 9*, 455-471.

Tedeschi, R. G., & Calhoun, L. G. (2004a). A clinical approach to posttraumatic growth. *Positive Psychology in Practice, 405*.

Tedeschi, R. G., & Calhoun, L. G. (2004b). Posttraumatic Growth: Conceptual Foundations and Empirical Evidence. *Psychological Inquiry, 15*(1), 1-18.

Tedeschi, R. G., Cann, A., Taku, K., Senol-Durak, E., & Calhoun, L. G. (2017). The posttraumatic growth inventory: A revision integrating existential and spiritual change. *Journal of Traumatic Stress, 30*(1), 11-18. doi: 10.1002/jts.22155.

Tedeschi, R. G., & Kilmer, R. P. (2005). Assessing strengths, resilience, and growth to guide clinical interventions. *Professional Psychology: Research and Practice, 36*(3), 230.

Tedeschi, R. G., Park, C. L., & Calhoun, L. G. (Eds.). (1998). *Posttraumatic growth: Positive changes in the aftermath of crisis*. London: Routledge.

Thomadaki, O. O. (2017). Bereavement, post-traumatic stress and post-traumatic growth: through the lenses of positive psychology. *European Journal of Psychotraumatology, 8*(4).

Thompson, D. A. (1995). **이혼 상담**. (남상인 역). 서울: 두란노. (원저는 1988년에 출판).

Tschann, J., Johnston, J., & Wallerstein, J. (1989). Resources, stressors, and attachment as predictors of adult adjustment after divorce: A longitudinal study. *Journal of Marriage and Family, 51*(4), 1033-1046. doi: 10.2307/353214.

Ullrich, P. M., & Lutgendorf, K. (2002). Journaling about stressful events: Effects of cognitive processing and emotional expression. *Annals of Behavioral Medicine, 24*, 244-250.

Veevers, J. E. (1991). Traumas versus strens: a paradigm of positive versus negative divorce outcomes. *Journal of Divorce & Remarriage, 15*(1-2), 99-126.

Waite, L. J., Luo, Y., & Lewin, A. C. (2009). Marital happiness and marital stability: Consequences for psychological well-being. *Social Science Research, 38*(1), 201-212.

Wallerstein, J. S. (1986). Women after divorce: Preliminary report from a ten-year follow-up. *American Journal of Orthopsychiatry, 56*(1), 65.

Wang, H., & Amato, P. R. (2000). Predictors of divorce adjustment: Stressors, resources, and definitions. *Journal of Marriage and Family*, *62*(3), 655-668.

Webb, A. P. (2008). A religious coping model of divorce adjustment. Unpublished doctoral disertation, University of Texas at Austin.

Webb, A. P., Ellison, C. G., McFarland, M. J., Lee, J. W., Morton, K., & Walters, J. (2010). Divorce, religious coping, and depressive symptoms in a conservative protestant religious group. *Family Relations*, *59*(5), 544-557.

Weiss, R. S. (1975). *Marital separation*. New York: Basic Books.

Weiss, T. (2000). Posttraumatic growth in husbands of women with breast cancer (Doctoral dissertation, Adelphi University).

Weiss, T. (2002). Posttraumatic growth in women with breast cancer and their husbands: An intersubjective validation study. *Journal of Psychosocial Oncology*, *20*, 65-80.

Wiesenthal, N. L. (2006). Posttraumatic growth in a cognitive behavioral couple intervention for women with early stage breast cancer (Doctoral dissertation, University of North Carolina at Chapel Hill).

Wild, N. D., & Paivio, S. C. (2004). Psychological adjustment, coping, and emotion regulation as predictors of posttraumatic growth. *Journal of Aggression, Maltreatment & Trauma*, *8*(4), 97-122.

Williams, K., & Dunne-Bryant, A. (2006). Divorce and adult psychological well-being: Clarifying the role of gender and child age. *Journal of Marriage and Family*, *68*, 1178-1196. doi: 10.1111/j.1741-3737.2006.00322.X.

Williams, K., & Umberson, D. (2004). Marital status, marital transitions, and health: A gendered life course perspective. *Journal of Health and Social Behavior*, *45*(1), 81-98.

Wolfinger, N. H. (2000). Beyond the intergenerational transmission of divorce: Do people replicate the patterns of marital instability they grew up with? *Journal of Family Issues*, *21*(8), 1061-1086.

Wu, L. L., & Martinson, B. C. (1993). Family structure and the risk of a premarital birth. *American Sociological Review*, 210-232.

Yalom, I. D. (1980). *Existential psychotherapy* (vol. 1). New York: Basic Books.

Yalom, I. D., & Leszcz, M. (2008). 최신 집단 정신치료의 이론과 실제(5판). (최혜림, 장성숙 공역). 서울: 하나의학사. (원저는 2005년에 출판).

Yárnoz-Yaben, S. (2009). Forgiveness, attachment, and divorce. *Journal of Divorce & Remarriage*, *50*(4), 282-294.

Yárnoz-Yaben, S. (2010). Hacia la coparentalidad post-divorcio: percepción del apoyo de la ex pareja en progenitores divorciados españoles. *International Journal of Clinical and Health Psychology*, *10*(2).

Yárnoz-Yaben, S. (2015). Forgiveness, adjustment to divorce and support from the former spouse in Spain. *Journal of Child and Family Studies*, *24*(2), 289-297.

Yárnoz-Yaben, S., Plazaola, M., & Etxeberria, J. (2008). Adaptation to divorce: An attachment-based intervention with long-term divorced parents. *Journal of Divorce & Remarriage*, *49*(3-4), 291-307.

Zhang, Z., & Hayward, M. D. (2006). Gender, the marital life course, and cardiovascular disease in late midlife. *Journal of Marriage and Family, 68,* 639-657. doi: 10.1111/j.1741-3737.2006.00280.x.

Zoellner, T., & Maercker, A. (2006). Posttraumatic growth in clinical psychology-A critical review and introduction of a two component model. *Clinical Psychology Review, 26*, 626-653.

• 찾아보기 •

인명

A
Allen, G. J. 40
Amato, P. R. 40, 47, 51, 60, 113, 116, 128
Ambert, A. 114
Aronson, J. 83

B
Barrett, A. E. 61
Beall, S. K. 293
Blomquist, J. M. 120
Booth, A. 113
Bowlby, J. 282
Brimhall, A. 184
Bures, R. 121

C
Calhoun, L. G. 40, 224, 279
Cameron, J. 145, 278
Caplan, G. 224
Christopher, M. 247
Csikszentmihalyi, M. 221

D
DeGarmo, D. S. 176
Dohrenwend, B. S. 224
Dunne-Bryant, A. 115
Dupre, M. E. 75
Durand, S. 124

E
Eap, S. 176

Earle, J. R. 60
Emery, E. 175

F
Fincham, F. D. 177
Folkman, S. 152
Fouts, G. T. 183
Frankl, V. E. 224

G
Gardner, J. 60, 128
Groves, D. 124

H
Harris, C. T. 60
Hawkins, D. N. 113
Hetherington, E. M. 118
Hohmann-Marriott, B. 47
Holmes, T. H. 39
Hughes, M. E. 75

J
Janoff-Bulman, R. 227
Johnson, D. R. 117
Joseph, S. 225, 226
Jung, C. 215

K
Kenyon, D. 175
Kimball, T. G. 184
Koerner, S. 175
Krumrei, E. J. 121, 123, 128
Kubler-Ross, E. 282

L
Larson, J. 236
Lawson, E. J. 124
Lawton, L. E. 121
Lazarus, R. S. 152
Lewin, A. C. 117
Linley, P. A. 225
Longino Jr, C. F. 60
Lopez, S. J. 176, 177, 220
Lorenz, F. O. 75
Luo, Y. 117

M
Maddux, J. E. 220
Mahoney, A. 120, 127
Marmarosh, C. L. 183
Maslow, A. 215, 220
McAdams, D. P. 238
McNulty, J. K. 177
Meadows, S. O. 75

Molina, O. 184

N

Nathanson, I. G. 120

Nolen-Hoeksema, S. 236

O

Oden, T. 274

Oswald, A. J. 60, 128

P

Pargament, K. I. 119, 120, 127

Park, C. L. 233

Patras, J. 176

Pennebaker, J. W. 293

Piaget, J. 235

Pinel, E. C. 81

Q

Quinney, D. M. 183

R

Rahe, R. H. 39

Riessman, C. K. 130

Rijavec Klobučar, N. 124

Rogers, C. 212

Rozzell, C. 124

S

Satir, V. 53

Satti, F. 124

Sbarra, D. A. 175

Seligman, M. E. P. 178, 219

Simonič, B. 124

Smith, M. H. 60

Snyder, C. R. 176, 220

Steele, C. M. 83

Steiner, L. M. 124

T

Taylor, R. J. 130

Tedeschi, R. G. 40, 224, 79

Thompson, D. A. 53, 114

W

Waite, L. J. 75, 117

Wang, H. 47, 113

Webb, A. P. 121, 123, 128

Wieling, E. 184

Williams, R. 115

Wu, L. L. 117

Y

Yalom, I. D. 185, 224

Yárnoz-Yaben, S. 175, 179

ㄱ

곽배희 26, 28

권석만 212

권수영 69, 127

김설화 30

김순남 36

김재연 29

김지혜 36

ㄴ

노정자 34

ㅂ

박미정 34

박재식 30

ㅅ

송미강 99

송미승 28

ㅇ

오은규 92

유순희 32, 37

유영권 126

이경희 35

이무영 26

이현정 30

임경택 35

임선영 227

ㅈ

정민자 37

정석환 119, 125

주혜주 28

ㅊ

차성희 32

최정숙 27

ㅎ

한준아 29

현경자 36

황은숙 30

내용

6호 사유 26
CPE 126
DSM-5 226
EMDR 130
NLP 130

ㄱ

가사상담제도 129, 301
감사연습 239
강경파 감정 69
강인함 249
개성화 215
개성화 과정 263
개인의 강점 발견 256
건설적 자기 노출 157
결혼이주여성 33
경제적 · 공동양육의 이혼 54
고령화 사회 32
고정관념 위협 83, 194
공감 185
공감적 웃음 130
공동체와의 이혼 55
공황 발작 45
과각성 45
과제 중심적 대처 140
국내 이혼 연구 동향 24
국제결혼 비율 33
궁극적 실재 120
귀인 재훈련 194
긍정 정서 177
긍정심리학 219
긍정적 대처 133
긍정적 변화 224
기능적 서술 이론 241
기독상담 125
기본 가정 233
깨진 꽃병 이론 227

ㄴ

낙관성 249
낙인 의식 81
남성 이혼 34
내담자 중심 이론 212

ㄷ

대인기피증 68
도식 구조 234
돌봄 모델 273
돌봄 제공자 275
돌싱 109

동반자적 전문가 215, 279
동화 235
두려움 74

ㅁ
만성적 스트레스 모델 117
메타 심리학 222
모닝 페이지 145
무조건적인 긍정적 존중 214

ㅂ
반성적 사고 148
반추 234
번영 224
변환 모델 274
복합적 정체성 195
부모교육 프로그램 30
부모따돌림 증후군 99
부정 정서 61, 177
부정적 대처 133
부정적 이혼 인식 90
분리불안 41
불안 74

ㅅ
사회적 지지 236
사회적 편견 90
사후 가정 사고 285
상담 144
상담 기술 275
상담학 144
상실과 역경을 통한 성장 224
생물심리사회적 진화 247
성 욕구 105
성생활 109
성장 상담 279
성적 충동 109
성찰적 반추 148, 234
소명 발견 265
수면장애 44
수치심 66
순응 235
스트레스 관련 성장 224
스트레스 사건 39
시각화 기법 284
시지프의 신화 273
신(神) 개념 127
신(神) 인식 127
신경증적 죄책감 66
신성 120
실존적 외상 40
실패 감정 73
실현경향성 213
심리적 이혼 56

심리적 행복 239

ㅇ
아버지 학교 171
아티스트 데이트 278
애도 과정 282
애도의 5단계 이론 282
애착이론 282
양육비 이행 관리원 제도 100
에우다이모니아 행복론 218, 239
역경 후 성장 225
역경을 통한 성장 224
영성 119, 120
영적 대처 122
영적 성장 120
영적 평가 126
영적인 이혼 56
영혼 돌봄 125
온건파 감정 69
외상 40
외상 후 성장 225
외상 후 성장 척도 228
외상 후 스트레스 장애 43
외상의 재경험 증상 44
용서 176
용서 교육 177
용서 교육 프로그램 177
우울 증상 61
원형적 삶 263
위기 모델 116
유기체 평가 이론 215, 244
유기체적 평가 과정 216
육체적인 성 109
은총 경험 200
은혜 204
의도적 반추 134
이해로서의 의미 245
이혼 교육 129
이혼 돌봄 275
이혼 사건 40
이혼 사유 26
이혼 심리교육 281
이혼 이해교육 30
이혼 인식 변화 92
이혼 조정 129
이혼 후 부적응 50
이혼 후 성장 130, 211
이혼 후 자녀양육 115
이혼 후 적응 165
이혼개입 129
이혼의 실태 및 원인 25
인간 중심 치료 212
인간 중심 치료사 215
인지 처리 과정 233

인지된 이익 224
일관성 249

ㅈ

자격지심 85
자기 결정 이론 217
자기 노출 161
자기 치료적 행위 146
자조 모임 298
자존감 상실 67
재판상 이혼 52
적극적 경청 279
전인건강 126
전인치유 126
접근 지향 133
접근 지향적 대처 140
정서 중심적 대처 140, 198
정서적 이야기 만들기 293
정서적 이혼 53
정서적 지지 115
정서적인 성 109
정서지능 이론 178
종교 120
종교 공동체 192
종교 체험 202
종교적 대처 123, 152
종교적 성찰 207
종교적 신관 277
종교적 안녕 179
종교적 자원 34, 277
죄책감 66
주관적 쾌락 239
주관적 행복 239
주홍글씨 80
중요성으로서의 의미 245
지능이론 194
지지 집단 183, 278
지지 집단 모임 298
지지경험 185
집단 응집력 184
집단 치료 183
집단상담 183, 278

ㅊ

초월적 존재 120
촉매제 122
충분히 기능하는 사람 214
치료적 인터뷰 295
침습적 증상 46
침습적인 사고 134

ㅋ

쾌락주의 행복론 239

ㅍ

표현적 글쓰기 293
플래시백 45

ㅎ

한 부모 가정 97
한국건강가정진흥원 100
한부모 적응 요인 35
합리적 정서 요법 274
해외 이혼 연구 23, 76
핵심 신념 234
헤도니아 행복론 218
협의상 이혼 52
호흡법 284
황혼 이혼 32
회개 206
회복탄력성 249
회피 지향적 대처 133
회피와 마비 46

memo

memo

저자 소개

오은규(Oh Eun Gyu), oeungyu@hanmail.net

연세대학교를 졸업하고 동 대학원에서 상담학 석 · 박사학위를 받았다. 의정부 지방법원 고양지원 가사상담위원, 장로회신학대학교 학생생활상담소 연구원으로 있었으며, 현재 연세대학교 상담코칭지원센터 상담 전문가이자 아이앤유상담코칭연구원 소장이다. 대학, 기업, 군, 교회, 상담소 및 각종 기관 등에서 심리와 상담 강연을 하고 있고, 이혼자 지원 모임에서 전문 강사로 활동 중이다. 이혼 이후 절망적인 생각을 하는 사람들이 자신의 삶을 추스르고 개척해 나갈 뿐만 아니라 성장하는 인생이 되기를 바라는 마음으로 이혼자들을 위한 상담과 강연을 하고 있다. GOODTV 방송 상담 프로그램 '노크토크'에 고정 패널로 출연 중이기도 하다. 이 책을 통해 이혼에 관한 인식이 바뀌고 이혼자들이 이혼 후에도 건강하고 행복하게 살아가기를 바란다.

이혼 후 성장
Growth following divorce

2020년 4월 10일 1판 1쇄 발행
2021년 10월 20일 1판 2쇄 발행

지은이 • 오 은 규
펴낸이 • 김 진 환
펴낸곳 • (주) 학지사
04031 서울특별시 마포구 양화로 15길 20 마인드월드빌딩 5층
대표전화 • 02) 330-5114 팩스 • 02) 324-2345
등록번호 • 제313-2006-000265호
홈페이지 • http://www.hakjisa.co.kr
페이스북 • https://www.facebook.com/hakjisabook

ISBN 978-89-997-2089-5 93180

정가 19,000원

이 도서의 국립중앙도서관 출판시도서목록(CIP)은 서지정보유통지원시스템 홈페이지(http://seoji.nl.go.kr)와 국가자료공동목록시스템(http://www.nl.go.kr/kolisnet)에서 이용하실 수 있습니다.
(CIP제어번호: CIP2020011220)